Wanderführer Kärnten

Die 100 schönsten Wanderungen

- **Rund- und Streckenwanderungen**
- **Naturlehrpfade**
- **Bergwanderungen**

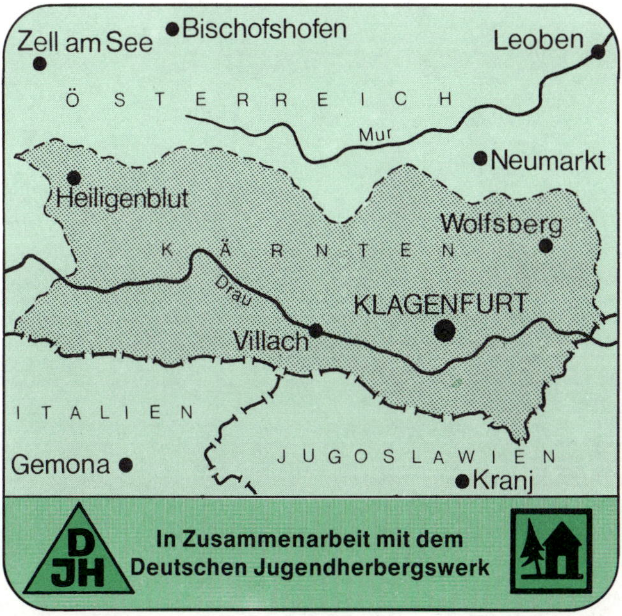

DJH In Zusammenarbeit mit dem Deutschen Jugendherbergswerk

Kompass Wanderführer

Wanderführer Kärnten

Ausgewählt, begangen
und beschrieben
von Ernst Kreutzer und Anton Suppan

Deutscher Wanderverlag
Dr. Mair & Schnabel & Co. · Stuttgart

wandern + radwandern

Die große Wanderbuch-Reihe
für grenzenloses Wandern

Zu diesem »KOMPASS-Wanderführer«
die Generalkarten für Österreich
1:200000
(Mairs Geographischer Verlag, Stuttgart)

Umschlagbild: Ulrich Schnabel, Archiv DWV

ISBN 3-8134-0089-1

Satz: Remsdruckerei, 7070 Schwäbisch Gmünd
Druck: Siegfried Roth, 7311 Owen/Teck
Printed in Germany

INHALT

Orts- und Sachverzeichnis 9
Übersichtskarte 18/19
Wanderland Kärnten – Vorwort 17
Wanderausrüstung 237
10 Regeln für richtiges Verhalten in den Bergen 239
Was man beim Bergfahren wissen sollte 240
Erste Hilfe – 12 Verhaltensmaßregeln für jedermann am Unfallort 242
Anschriften-Verzeichnis 243
Jugendherbergen in Kärnten 245
Berg- und Almhütten zum Selberbewirtschaften 246
Einfache Unterkünfte – Berghütten 250
Schutzhütten 256
Unterkünfte für Jugendgruppen in Kärnten 261
Bergbahnen und Sessellifte 265
Orte, die Wandernadeln ausgeben 266
Organisierte Wanderungen 269
Schneegeräumte Spazierwege in Kärnten 273
Verzeichnis der Kompass-Wanderführer 274
Kleine Bücherei für den Wanderer 277
Verzeichnis der Kompass-Wanderkarten 278

Rundwanderungen

Raum Klagenfurt – Villach

4 St. Bartlmä – Hoher Gallin – Töpriach – St. Bartlmä (8 km) ... 28
6 Velden – Forstsee – Hohes Kreuz – Velden (8 km) 31
7 Velden – Kranzelhofen – Saissersee – Kranzelhofen – Velden (6 km) 33
8 Ossiach – Tauern – Köstenberg – Sakoparnig – Ossiach (14 km) 34
11 Warmbad Villach – Graschlitzen – Federraun – Warmbach Villach (7 km) 41
12 Egg am Faakersee – Tabor – Egg am Fakersee (5 km) 43
13 Maria Wörth – Pyramidenkogel – St. Anna – Maria Wörth (8 km) 44

Gurktaler Alpen und Nockgebiet

17 St. Veit an der Glan – Dornhof – Lorenziberg – Fachau – St. Veit an der Glan (16 km) 54
19 Friesach – Ruine Rotenturm – Kulmitzer Teiche – Michel-dorf – Friesach (13 km) 58
21 Niederwinklern – Goggausee – Simonhöhe – Hocheck – Niederwinklern (16 km) 62
22 Alpl – Kruckenspitze – Kruckenhütte – Alpl (8 km) 64
23 St. Lorenzen – Großer Speikkofel – Bretthöhe – St. Lorenzen (15 km) 66

24 Flattnitz – Hirnkopf – Lattersteighöhe – Weißes Kreuz – Flattnitz (18 km) 68
25 Turracher Höhe – Schwarzsee – Schoberriegel – Grünsee – Turracher Höhe (10 km) 70
26 Turracher Höhe – Kornock – Rinsenock – Turracher Höhe (9 km) 72
27 Falkertsee – Falkertspitze – Moschelitzen – Falkertsee (7 km) 74
28 Die Gipfelrunde um das Falkert-Schutzhaus (13 km) 75
30 Karlbad – Großer Königsstuhl – Friesenhalshöhe – Karlbad (9 km) 80
33 Kaning – Erlacher Hütte – Großer Rosennock – Feldhöhe – Kaning (17 km) 86
34 Spittal an der Drau – St. Wolfgang – Seeboden – Liesersteig – Spittal an der Drau (10 km) 88
35 Seeboden – Egelsee – Lug ins Land – Südufersteig – Seeboden (15 km) 90
36 Obermillstatt – Lammersdorfer Hütte – Millstätter Alpe – Millstätter Hütte – Obermillstatt (18 km) 92
38 Döbriach – Gasthof Possegger – Mirnock – Gasthof Bergfried – Döbriach (18 km) 96
41 Kanzelhöhe – Hotel Berger – Gipfelhaus Gerlitzen – Steinwenderhütte – Kanzelhöhe (13 km) 102

Sau- und Koralpe

49 Hipfelhütte – Koralpenhaus – Großer Speikkogel – Grillitschhütte – Eiblerhütte – Hipfelhütte (16 km) 119

Karawanken

51 Siebenhütten – Kniepsattel – Hochpetzen – Krischa-Kar – Siebenhütten bzw. Talstation der Petzenbahn (12 km) 123
53 Terklbauer – Simon-Rieger-Steig – Hochobir – Eisenkappler Hütte – Obir Alm – Schaidasattel – Terklbauer (20 km) 129
54 Seebergsattel – Kärntner Storschitz – Pasterk Sattel – Seebergsattel (10 km) 131
61 Bärental – Hochstuhl – Klagenfurterhütte – Bärental (18 km) . 145
65 Riegersdorf – Korpitsch – Steinberg – Krainberg – Riegersdorf (16 km) 154
66 Arnoldstein – Seltschach – Dreiländereck – Arnoldstein (13 km) 156

Karnische und Gailtaler Alpen

69 Görtschach – Dellacher Alpe – Egger Almsee – Poludnig – Poludnig Alpe – Dellacher Alpe – Görtschach (26 km) 164
70 Möderndorf – Garnitzenklamm – St. Urbani – Möderndorf (16 km) 167
76 Roßtratte – Bärengraben – Dobratsch – Roßtratte (8 km) 180
80 Techendorf – Mittagsnock – Techendorf (11 km) 188

81 Techendorf – Rauna – Naggler Alm – Kohlrösl Hütte – Golz – Bodenalm – Paterzipf – Naggl – Techendorf (23 km) 190

Hohe Tauern mit Sadnig-, Kreuzeck- und Reißeckgruppe

87 Möllbrücke – Sachsenweg – Salzkofel – Salzkofelhütte – Nigglaital – Möllbrücke (32 km) 203
92 Sadnig-Haus – Mohar – Albitzen – Sadnig-Haus (11 km) 216
97 Kölnbreinsperre – Großelendtal – Osnabrücker Hütte – Schwarzhornsee – Kleinelendtal – Kölnbreinsperre (22 km) ... 227

Streckenwanderungen

Raum Klagenfurt – Villach

2 Kreuzbergl – Taferleiche – Schrottenturm oder Krumpendorf (7 km) 23
3 Hotel Wörthersee – Falkenberg – Waldwirt – Kreuzberglkirche (7 km) 25
5 St. Martin am Techelsberg – Arndorf – Karl – Taubenbühel (4,5 km) 29
9 St. Andrä – Ruine Landskron – Oberwinklern – Ossiach (15 km) 36
10 Villach – Groß Vassach – Oswaldiberg (5 km) 39
14 Maria Saal – Ottmanach – Magdalensberg (12 km) 46
15 St. Donat – Magdalensberg – Hochosterwitz – Launsdorf (12 km) 49
16 Karnberg – Ulrichsberg (5 km) 52

Gurktaler Alpen und Nockgebiet

20 Niederwinklern – Goggausee – Zammelsberger Dichtersteine – Weitensfeld (16 km) 60
29 St. Oswald – Falkert-Schutzhaus – Pregat-Scharte – Turracher Höhe (20 km) 78
31 Nockalm-Hütte – Priedröf – St. Oswald (7 km) 82
32 Nockalm-Hütte – Wiesernock – Spitzegg – Brunnachhöhe – Mallnock oder Erlacher Hütte (10 bzw. 13 km) 84
39 Kaiserburg-Hütte – Wöllaner Nock – Walder Hütte – Geiger-Hütte – Haidenbach (15 km) 98
40 Weißenstein – Amberg – Schwarzsee – Palnock (12 km) 100
42 Hotel Berger – Manessen – Tiffen (16 km) 104

Sau- und Koralpe

43 Klippitztörl – Forstalpe – Ladinger Spitze – Wolfsberger Hütte (12 km) 106
44 Wolfsberger Hütte – Speikkogel – Wolftratten – Diex (13 km) . 109
45 Diex – Zauberkogel – St. Stefan – Völkermarkt (14 km) 111
46 Twimberg – Theissenegg – Almkainz – Stoffhütte (20 km) 113
47 Pack – Hebalpe – Stoffhütte – Weinebene (19 km) 115

48 Weinebene – Grillitschhütte – Großer Speikkogel – Koralpenhaus – Hipfelhütte (14 km) 117
50 Koralpenhaus – Brandl Wirtshaus – Roßhütte – Lavamünd (28 km) 121

Karawanken

52 Eisenkappel – Pruggersteig – Eisenkappler Hütte – Wildensteiner Wasserfall – Wildenstein (17 km) 126
55 Zell-Pfarre – Koschutahaus – Mejniksattel – Terklbauer (13 km) 133
56 Zell-Pfarre – Uschnigkreuz – Freiberg (7 km) 135
57 Unterloibl – Tscheppaschlucht – Tschaukofall – Bodental (7 km) 136
58 Deutscher Peter – Ferlacher Horn – Waidisch (13 km) 138
59 Windisch-Bleiberg – Singerberg – Weizelsdorf (8 km) 140
60 Bodental – Klagenfurterhütte – Bielschitza – Hochstuhl (13 km) 142
62 Rosenbach – Quadia – Kahlkogel (8 km) 147
63 Rosenbach – Bertahütte – Ferlacherspitze – Ledenitzen (19 km) 149
64 Latschach ob dem Faakersee – Untergreuth – Bertahütte – Mittagskogel (12 km) 152

Karnische und Gailtaler Alpen

67 Thörl-Maglern – Göriacher Alpe – Feistritzer Alpe (20 km) ... 159
68 Feistritzer Alpe – Dolinza Alpe – Görtschacher Alpe – Vorderberg (17 km) 162
71 Naßfeldpaß – Watschinger Alm – Gartnerkofel (8 km) 169
72 Mauthen – Mauthner Alpe – Valentin Alpe – Plöckenhaus (14 km) 171
73 Mauthen – Polinik Alpe – Polinik – Spielbodenalpe – Plöckenhaus (14 km) 173
74 Plöckenhaus – Obere Valentin Alpe – Valentin Törl – Rauchkofel – Eduard-Pichl-Hütte am Wolayersee (16 km) 175
75 St. Lorenzen – Hochweißsteinhaus – Monte Peralba (15 km) .. 177
77 Bleiberg – Almlahnersteig – Dobratsch – Lärchgraben – Nötsch (15 km) 182
78 Neusach am Weißensee – Ronacherfels – Steinwand – Ortsee (10 km) 184
79 Oberdorf – Weiße Wand – Hochtratten – Techendorf (11 km) . 186
82 Goldeck – Gusenscharte – Stosia – Neusach (17 km) 193
83 Greifenburg – Egg – E. T. Compton-Hütte – Reißkofel (12 km) 195
84 Waidegg – Staudachberg – Hochwarter Höhe (7 km) 197
85 Gailbergsattel – Röthenkreuz – Mussen – Schatzbühel – Kötschach (20 km) 199
86 Oberdraubeg – Hochstadelhaus – Hochstadel (15 km) 201

Hohe Tauern mit Sadnig-, Kreuzeck- und Reißeckgruppe

88 Steinfeld – Stagor – Radlberger Alm – Kleblach (23 km) 206
89 Döllach – Zirknitz – Kulmer Kogel – Mittener Kaser – Apriach – Heiligenblut (17 km) 208
90 Heiligenblut – Alter Pocher – Zirmsee – Hoher Sonnblick (12 km) 211
91 Mörtschach – Asten – Sadnig-Haus – Sadnig-Scharte – Hoher Sadnig – Fraganter Hütte – Innerfragant (25 km) 213
93 Flattach – Raggaschlucht – Obervellach (9 km) 217
94 Häusleralm – (Lonzaköpfl –) Steineralm – Schloß Goppenstein – Obervellach (14 bzw. 16 km) 219
95 Mallnitz – Konrad-Hütte – Arthur von Schmid-Haus – Säuleck (13 km) 222
96 Mallnitz – Ankogelbahn – Hannoverhaus – Ankogel (5 bzw. 9 km) 224
98 Kölnbreinsperre – Kattowitzer Hütte – Großer Hafner – Gmünder Hütte (18 km) 229
99 Gmünd – Frido-Kordon-Hütte – Stubeck (11 km) 232
100 Sporthotel Reißeck – Riekentörl – Großes Reißeck (9 km) 234

Naturlehrpfade

Raum Klagenfurt – Villach

1 Waldlehrpfad Naturpark Kreuzbergl Klagenfurt (3 km) 21

Gurktaler Alpen und Nockgebiet

18 Waldlehrpfad Friesach (5 km) 56
37 Waldlehrpfad Döbriach (6 km) 94

Orts- und Sachverzeichnis

Mit Nummern-Angaben der betreffenden Wanderungen; *schräg*-gedruckte Zahlen weisen auf Kurzbeschreibung im Text hin.

Afritz 40
Achomitzer Alpe 67
Achomitzer Berg 67
Agnes-Quelle 52
Agoritschach 66
Almlahnersteig 77
Amberg 40
Amberger Alpe 40
Angerbachtal 73
Ankogel 96
Apriach 89
Arlsdorf 45
Arndorf 5
Arnoldhöhe 96
Arnoldstein *66*
Arthur-von-Schmid-Haus 95
Astental 91
Aussichtspunkt Dolomitenblick 94
Aussichtspunkt Lug ins Land 35
Aussichtspunkt Rauna 81
Aussichtsturm am Kreuzbergl 1, 3

Bacherhütte 36
Bad Kleinkirchheim *39*

Bärenkreuz 13
Bartolosattel 67
Benediktinerstift Ossiach 8
Berensteiner Ofen 50
Bergstation Ankogelbahn 96
Bergstation der Brunnachalmbahn 32
Bergstation der Nockalmbahn 32
Bergstation-Kanzelbahn *41*
Bertahütte 63, 64
Bielschitza 60
Bielschitzasattel 61
Bischofskreuz 46
Bleiberg *77*
Bodenalm 83
Bodenbach 57
Bodensdorf 42
Bodental 57, 60
Breitriegel 44
Brenner Kogel 80
Brett-Höhe 23
Bruggen 83
Brunnachhöhe 32
Burg Federaun *11*
Burg Groppenstein 94
Burg Hochosterwitz *15*
Burg Landskron *9*

Dellach 5, 69
Dellacher Alpe 69
Derve-Bach 63
Dichtersteine 20
Diex 44, *45*
Dobratsch 76, 77
Döbriach 37, 38
Doktorweg 11
Dolinza-Alpe 68
Döllach *69*
Dornach 59
Dösener Hütte 95
Dösener See 95
Dösener Tal 95
Drachsel-Bildstöckl 81
Drau 83, 86
Dreiländerecke 66
Dreiländereckhütte 66
Dreulach 67
Dristallkofel 83

Ebene Reichenau 22
Eckwandsattel 82
Edling 20
Eduard-Pichl-Hütte 74
Egg 12, 83
Egger Alm 95
Egger Almsee 69
Egger Alpe 69
Eiblerhütte 49
Eisenkappel *52*
Eisenkappler Hütte 52, 53
Eisernes Kreuz 43
Elferspitz 73
Engelsee 35
Erlacher Hütte 32, 33
Eselsattel 58
E. T. Compton-Hütte 83

Faakersee *12*
Fachau 17
Falkenberg 3
Falkertsee 27
Falkertspitze 27, 28
Falkert-Schutzhaus 28, 29
Falkkofel 88
Feistritz an der Gail 67
Feistritzer Alpe 67
Feistritzer Spitze 51
Feldhöhe 33
Feldhütte 33
Ferlach *57,* 58
Ferlacher Alm 64
Ferlacher Horn 58
Ferlacher Spitze 63
Finsterbach 41
Flaschberg 86
Flattach 93
Flattnitz 24
Fleiß 89
Fleißbad 89
Fleißkapelle 89
Fleißwirt 89
Fliehburghöhe 3
Forchenbichl 99
Forstalpe 43
Fraganter Hütte 91

Franzens-Warte 70
Frauenkogel 74
Freiberg 56
Fressen 42
Frido-Kordon-Hütte 99
Friesach *18*
Friesenhalshöhe 30
Friesenhalssee 30
Frohn 75
Frohntal 75

Gail 69
Gailitz 66
Gailtal 68
Gajacher Alm 79
Gammersdorf 14
Ganschitzkofel 78
Garnitzenbach 70
Garnitzenhütte 70
Garnitzenklamm *70,* 71
Gartnerkofel *71*
Gauerstall 17
Geiger Hütte 39
Gerlitzen 41
Gertrusk 43
Geyerkogel 43
Gmünd *99*
Gmünder Hütte 98
Goggausee 20
Goldeck 82
Goldenes Brünndl 57
Golz 81
Groppensteiner Wasserfall 94
Göriach 7, 14, 67
Göriacher Alpe 67
Göriacher Berg 67
Göritzer Törl 92
Görtschach 69
Görtschacher Alpe 68
Görtschitztal 44
Gosaria-Wiesen 78
Grafendorf 19
Graschlitzen 11
Gratschach 9
Grauleitenspitze 96
Greuthbach 64
Gridlegg 33
Grillitschhütte 48, 49
Großer Fleißbach 90
Großer Mühldorfer See 100
Großes Reißeck 100
Großer Rosennock 33
Großer Sauofen 44
Großer Speikkofel 23
Großer Speikkogel 48, 49, 50
Große Steinwand 78
Großer Hafner 98
Groß Vassach 10
Gruft 25
Grünes Törl 36
Grünsee 25
Gurk *20*
Gurktal 20
Gusenscharte 82

Hafner 98
Haidenbach 39
Handalpe 47
Harrach Alm 87
Haslacher Alm 87
Hazar 52
Heiligenblut 89
Heiligengestade 9
Hermagor 83
Herzoghütte 36
Hiereben 88
Hinterjoch 72
Hintnausdorf 17
Hipfelhütte 48, 49
Hirnkopf 24
Hoaz Höhe 23
Hochalpenjoch 75
Hocheck 21
Hochobir 53
Hochosterwitz 15
Hochstadel 86
Hochstadelhaus 86
Hochstuhl 60, 61
Hochtratten 79
Hochtrattensattel 79
Hochwarter Höhe 84
Hochwart-Hof 84
Hochweißsteinhaus 75
Hofbaueralpe 47
Hofmanns-Alpe 52
Höhenrain-Sessellift 76
Hoher Sadnig 91
Hoher Sonnblick *90*

Hohe Warte *72*
Hörndl 90
Hornigkreuz 50
Hubenbauer 99
Hühnerkogel 80
Hühnerstützen 48, 49
Hundsfeldscharte 27, 28

Ida-Warte 70
Illitsch-Rauth 63
Ingrid-Hütte 75
Innerfragant 91

Jankitzkogel 50
Jauk 50
Joch 72
Johanneseben 75
Julische Alpen 67
Jungfernsprung 9

Kahlkogel 62
Kahlschlag 66
Kaiserburg 39
Kaiserburg-Hütte 39
Kaiserofen 43
Kalte Herbergsscharte 100
Kalte Quelle 53
Kalter Grund 55
Kamplnock 36
Kanin 63
Kaning 33
Kanzelhöhe 41
Kanzelhöhe-Gerlitzen *41*
Kapin 67
Kappel 59
Karawanken 61
Karawankenblick 44
Karl 5
Karlbad 30
Karlnock 30
Karnburg 16
Karnischer Höhenweg 67
Karnischer Kamm 67
Kärntner Storschitz 54
Kaser Höhe 23
Katscher-Hütten 25
Kattowitzer Hütte 98
Kellerspitzen 72
Keppalm 54
Kesselwaldgraben 68
Kienberg 43
Klagenfurt *1*
Klagenfurterhütte 60, 61
Kleblach 88
Kleinelendbach 97
Kleinelendtal 97
Kleiner Ankogel 96
Kleines Fleißtal 90
Kleiner Mühldorfer See 100
Kleiner Reißkofel 83
Kleiner Sauofen 44
Kleiner Speikkofel 23
Kleiner Speikkogel 49
Kleine Saualpe 44
Kleine Steinwand 78
Kleinstuhl 60
Klein Vassach 10
Klementkogel 47
Klettersteig 61
Klippitztörl *43*
Klomnock 28, 29
Kneislhütten 23
Knieps 51
Kniepssattel 51
Kobla 55
Köfeletörl 83
Koglereck 50
Kohlrösl Hütte 81
Kolinkofel 72
Kölnbreinsperre *97*
Königstuhl 30
Königstuhlscharte 30
Konrad-Hütte 95
Konrad-Lacke 95
Koralpe *49*
Koralpenhaus 48, 49, 50
Kornock 26
Korpitsch 65
Korpitschgraben 65
Koschuta 55
Kotschutahaus 55
Koschuta-Höhenweg 55
Koschutnikturm 55
Köstenberg 8
Kötschach 72
Kötschendorf 20
Koutschitz Alpe 68
Krainberg 65

Krainersteig 54
Krakaberg 50
Kranzelhofen 7
Kreuth 84
Kreuzberglkirche 1, 2, 3
Kreuzberglteich 1, 3
Krischa-Kar 51
Kruckenhütte 22
Kruckenspitze 22
Krumpendorf 2
Krumpenkar 98
Kuhberg 53
Kühweger Klause 70
Kühweger Törl 71
Kulmer Kogel 89
Kulmitzer Teiche 18, 19

Ladinger Spitze 43, 44
Lahnerkreuz 77
Lammersdorfer Berg 36
Lammersdorferhütte 36
Lamprechtbauer 72
Landskron 9
Langgang Hütte 33
Lassacher Kees 96
Latschach 64, 69
Latschur 82
Lattersteig 24
Lattersteighöhe 24
Lavamünd 50
Lavanttal 44
Lavanttaler Höhenweg 44, 47, 50
Lawesen 21
Lednitzen 63
Litzelhofer Lacken 88
Loiblbach 57
Loisenhütte 54
Lomsattel 68
Lonzahöhe 94
Lonzaköpfl 94
Lorenzen-Kreuz 23
Lorenziberg 17
Luckerter Stein 50
Ludwig-Walter-Haus 76, 77

Magdalensberg *14,* 15, 16
Mallnitz *96*
Mallnock 28, 29, 32
Manessen 42
Märchenwiese 60
Maria Elend 62
Maria Saal *14,* 15
Maria Wörth *13*
Matschacher Almhütten 61
Matschacher Sattel 60
Mauthen 72, 73
Mauthner Almhaus 72
Mauthner Alpe 72
Mejnik 55
Mejniksattel 55
Micheldorf 19
Millstatt *36*
Millstätter Almkreuz 36
Millstätter Alpe 36
Millstätter Hütte 36
Millstättersee 35
Mirnock 38
Missoria Alpe 73
Mittagskogel 64
Mittagskogelhütte 63
Mittagsnock 80
Mittener Kaser 89
Mittnerwirt 89
Möderndorf 70
Mohar 92
Möll 93
Möllbrücke 87
Mölltal 89, 91
Monte Peralba 75
Mörtschach *91*
Moschelitzen 27
Moschkogel 48
Multererbach 50

Naggl 80, 81
Naggler Alm 81
Nampolach 69
Naßbodensee 33
Naßfeld *71*
Neuberschstein 51
Neusach 78, 82
Niederwinklern 20, 21
Nigglaital 87
Nockalm 31
Nockalm-Hütte 31, 32
Nördlicher Höhenweg 79
Nord-Süd-Weg 47
Nötsch 77

Oberdorf 79
Oberdrauburg 86
Obere Lorenzer Alm 81
Obere Moar Alm 98
Oberer Schwarzhornsee 97
Obere Spielbodenalpe 73
Obere Valentin Alpe 74
Ober Federaun 11
Obermillstatt 36
Oberscheiderhütte 33
Ober Thörl 67
Obervellach *93*, 94
Oberwinklern 9
Oberwolliger Alm 94
Obir-Alm 53
Ochsenboden 88
Ochsenkare 98
Oetting 86
Ofen 66
Ofenjoch 75
Ogrisalm 60
Osnabrücker Hütte 97
Ossiach 8, 9
Ossiachersee 4, *8*
Ossiacher Tauern 4
Osternig 67
Ostriach 9
Oswaldeck 28
Oswaldiberg 10
Ottmanach 14

Pack 47
Packwinkel 47
Padiaursteig 83
Palnock 40
Pasterksattel 54
Paterzipf 81
Peloschen 82
Perau 10
Petersberg 18
Petodnig Hütte 32
Petzen *51*
Petzenkapelle 51
Pirkach 86
Pirkerkogel 19
Pirknerbach 86
Plöckenhaus 72, 73, 74
Plöckenpaß *73*
Pöckau 66
Polinik 73
Polinik Alpe 73
Pöllandbach 36
Poludnig 69
Poludnig-Alpe 69
Poludnig-Sattel 69
Pontniger Alm 50
Pöschlkreuz 47
Potschula-Sattel 52
Pregat-Scharte 29
Premersdorfer Alm 87
Preschernhütte 61
Priedröf 31
Prieshütte 29
Puckbrünndl 18
Pyramidenkogel 13

Quadia-Alm 62

Rabenkogel 8
Radendorf 65
Radendorfer Alm 65
Radlberg 88
Radlberger Alm 88
Radlkopf 100
Radniger Sattel 81
Ragain 9
Raggabach 93
Raketensteig 58
Rauchkofel 74
Reißkofel 83
Riedbock 100
Riegersbach 36
Riegersdorf 65
Riekentörl 100
Rifugio Calvi 75
Rifugio Nordio 68
Rinsennock 26, 29
Römerquelle 11
Römerschlucht 6
Rosenbach *62*, 63
Rosental 59
Rosentaler Alpe 29
Roßalm 63
Roßhütte 50
Roßtratte 76, 77
Rotapfel 21
Röthenkreuz 85
Rudnigscharte 86

Ruine Federaun 11
Ruine Landskron 9
Ruine Rotenturm 19

Sachsenweg 87
Sadnig-Haus 91, 92
Sadnig-Scharte 91
Sagranberg 68
Saifnitz 67
Saissersee 7
Sallach 42
Salzkofel 87
Salzkofelhütte 87
Sam-Hütten 25
Saualpenzug 43, 44
Säuleck 95
Schachnern 89
Schaidasattel 53
Schartentörl 83
Schatzbühel 85
Scheibstatt 50
Scheljakoutzgraben 53
Schleierwasserfall Neun Brunnen 89
Schloß Dornhof 17
Schloß Geiersburg 18
Schloß Lodron 99
Schmelzhütten 93
Schoberriegel 25
Schönfeld 41
Schrockgebirgs-Alpe 73
Schwaigeralm 36
Schwaigkogel 44
Schwarzer See 40
Seealpe 52
Seebergsattel 54
Seeboden 34, *35*
Seekopf 48
Seenock 30
Seetalnock 82
Seltschach 66
Seltschacher Alm 66
Siebenhütten 51
Simmerleck 29
Simonhöhe 21
Simon-Rieger-Steig 53
Singerberg 59
Sirnitz 22
Sonnberg 42
Speikkogel 44, 48
Spielbodentörl 73
Spittal an der Drau *34*
Spitzegg 32
Spitzstein 44
Stagor 88
St. Andrä 9
Stangboden 30
Stangnock 30
St. Anna 13
Starhand 68
Staudachberg 84
St. Bartlmä 4
St. Donat 15
Steinberg 65
Steindorf 42
Steineralm 94
Steinerne Hochzeit 43
Steinfeld 88
Steinnock 28
Steinwenderhütte 41
St. Leonhard 65
St. Lorenzen *23*, 50, *75*
Stoffhütte 46, 47
Stosia-Alm 82
St. Oswald 28, 29, 31
St.-Oswald-Bach 29
Stouhütte 61
Strutzikogel 45
St. Sebastian 45
St. Siegmund 34
St. Stefan 45
Stubeck 99
Studenza-Quelle 11
St. Urban 21
Stuttern 14
St. Veit an der Glan 17
St. Wolfgang 34
Südalpen-Weitwanderweg 62
Südlicher Waldweg 80, 81

Tabor 12
Taborhof 12
Taferleiche 2
Talstation der Nockalm-Seilbahn 31
Tanzboden 28
Taubenbühel 4, 5
Tauern 8
Tauernteich 8, 9

Techelsberg 5
Techendorf 79, 80, 81
Teixlkreuz 13
Theißenegg 46
Theresienhöhe 72, 74
Thörl-Maglern 67
Tiffen *42*
Tiffener Berg 42
Töpriach 4
Torer 23
Töschling 5
Trattnig-Teich 13
Treffelsdorf 17
Treffenboden 99
Treffener Bach 41
Tschamutsch 21
Tschaukofall 57
Tschölankofel 78
Turnerhütte 41
Turracher Höhe 23, *25*, 29
Turracher See 25, 26, 29
Twimberg 46

Ulrichsberg *16*
Ulrichsbergalm 16
Unholden-Alm 86
Unterer Schwarzhornsee 97
Untere Spielbodenalpe 73
Untere Valentin Alpe 72
Untergreuth 64
Unterpirkach 86
Unterwinklern 6
Urbansee 21
Ursula-Quelle 22
Uschnigkreuz 56

Valentin Alpe 72
Valentinbach 72, 73, 74
Valentintörl 74
Velden *6*, 7
Verditz 40
Villach 10
Villacher Alpe 76, 77
Vituspark 17
Vitusquelle 17
Völkermarkt 45
Vorderberg 68

Waidegg 84
Waidisch 58
Walder-Hütte 39
Waller-Teich 9
Wallfahrtskirche Maria Siebenbrunn 65
Warmbad Villach *11*
Watschinger Alm 71
Weinebene 47, 48
Weißbriach 80, 83
Weißenbach 78
Weißensee 78
Weißenstein 40
Weißes Kreuz 24
Weiße Wand 79
Weitensfeld 20
Weizelsdorf 59
Wiesernock 32
Wildbach 68
Wildbachalpe 47
Wildenstein 52
Wildensteiner Bach 52
Wildensteiner Hütte 52
Wildensteiner Wasserfall 52
Wimitzbach 20
Wimitzer Berge 21
Windisch-Bleiberg 59
Windische Kirche 76, 77
Winkleralm 29
Winklern 14
Wolayersee 74
Wolfsberger Hütte 43, 44
Wolftratten 44
Wöllaner Nock 39
Wörthersee 1, 4, *13*
Worunitzabach 64
Wurlabach 45

Zammelsberg 39
Zauberkogel 45
Zedlitzdorf 39
Zehnerkopf 76
Zell-Pfarre 55
Zgartensee 23
Zillhöhe 2, 3
Zirknitzbach 89
Zirknitzfall 89
Zirknitzgrotte 89
Zirknitztal 89
Zirmsee 90
Zwischenelendscharte 97
Zwölfernock 76

Wanderland Kärnten

Zwischen den mächtigen, zum Teil vergletscherten Urgesteinsgipfeln des Alpenhauptkammes und den Felswänden der Südlichen Kalkalpen liegt Kärnten, eines der schönsten und beliebtesten Urlaubsgebiete Europas. Herrliche Berge, prächtige Badeseen und gepflegte, malerische Ferienorte bieten dem Gast alles, was er sich vom Urlaub erträumen kann.

Kärnten liegt mit einer Bodenfläche von 9533 km² und mit einer Einwohnerzahl von 523 000 Menschen jeweils an der fünften Stelle unter den Bundesländern der Republik Österreich.

Verkehrsmäßig ist Kärnten bestens erschlossen. Neben den internationalen Eisenbahn-Nord-Süd-Verbindungen München – Salzburg – Villach – Laibach und Wien – Klagenfurt – Villach – Venedig kommt auch der Strecke Fortezza/Franzensfeste (Südtirol) – Lienz – Spittal-Millstättersee wichtige Bedeutung zu. Lokale Bahnlinien führen durch das Rosen-, Jaun- und Lavanttal, in das Gailtal, in das Görtschitztal und an den Ossiachersee.

Durch die erst im Sommer 1980 fertiggestellte Tauernautobahn ist Kärnten an das Mitteleuropäische Fernstraßennetz angeschlossen. Die berühmte Großglockner-Hochalpenstraße vermittelt den landschaftlich großartigsten Zugang nach Kärnten. Im Land selbst verbinden erstklassig ausgebaute Autostraßen die vielen prächtigen Ferienorte und stoßen von dort aus oft weit ins Gebirge vor.

Von Wien und von Frankfurt am Main besteht Linienflugverkehr nach Klagenfurt.

Der vorliegende Führer bietet dem Leser eine Auswahl der schönsten Wanderungen in Kärnten an. Die Palette der Tourenvorschläge reicht vom bequemen Spaziergang bis zur anspruchsvollen Bergtour. Dementsprechend sind auch die Anforderungen, welche an den Wanderer gestellt werden. Benützen Sie auf Ihren Touren unbedingt festes Schuhwerk, geben Sie einen Regenschutz in den Rucksack und nehmen Sie auch an schönen Tagen warme Kleidung mit. Immer wieder muß auf die Gefahren des Hochgebirges hingewiesen werden. Auch leichte Wanderungen können bei plötzlich eintretenden Wetterumschwüngen schwierig werden (Abrutschgefahr durch Nässe, Schnee oder Vereisung; Orientierungsschwierigkeiten durch schlechte Sicht; Blitzgefahr in ausgesetzten Positionen). Beachten Sie den Rat von Einheimischen und von erfahrenen Bergsteigern. Bedenken Sie außerdem, daß Schwierigkeitsangaben immer relativ sind und daß Schwierigkeiten stark von der Gewandtheit und der Erfahrung des einzelnen Wanderers abhängen. Beginnen Sie Ihren Aufenthalt in den Bergen mit

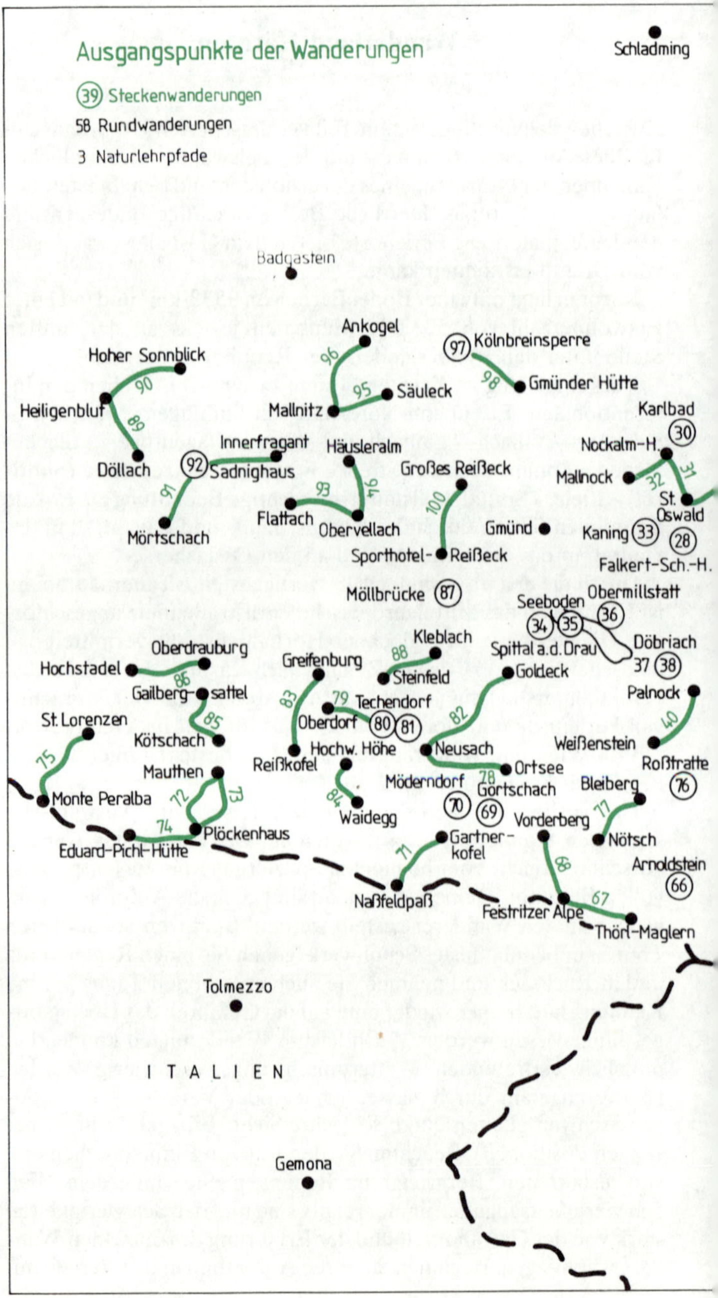
Ausgangspunkte der Wanderungen
39 Steckenwanderungen
58 Rundwanderungen
3 Naturlehrpfade
Schladming
Badgastein
Ankogel
Kölnbreinsperre
Hoher Sonnblick
Gmünder Hütte
Säuleck
Heiligenblut
Mallnitz
Karlbad
Innerfragant
Häusleralm
Nockalm-H.
Döllach
Sadnighaus
Großes Reißeck
Mallnock
St. Oswald
Flattach
Obervellach
Gmünd
Kaning
Mörtschach
Sporthotel-Reißeck
Falkert-Sch.-H.
Möllbrücke
Seeboden
Obermillstatt
Kleblach
Spittal a.d. Drau
Döbriach
Oberdrauburg
Hochstadel
Greifenburg
Steinfeld
Goldeck
Gailberg-sattel
Techendorf
Palnock
St. Lorenzen
Oberdorf
Kötschach
Hochw. Höhe
Neusach
Weißenstein
Reißkofel
Roßtratte
Mauthen
Ortsee
Möderndorf
Görtschach
Bleiberg
Monte Peralba
Waidegg
Vorderberg
Plöckenhaus
Gartner-kofel
Nötsch
Eduard-Pichl-Hütte
Arnoldstein
Naßfeldpaß
Feistritzer Alpe
Thörl-Maglern
Tolmezzo
I T A L I E N
Gemona

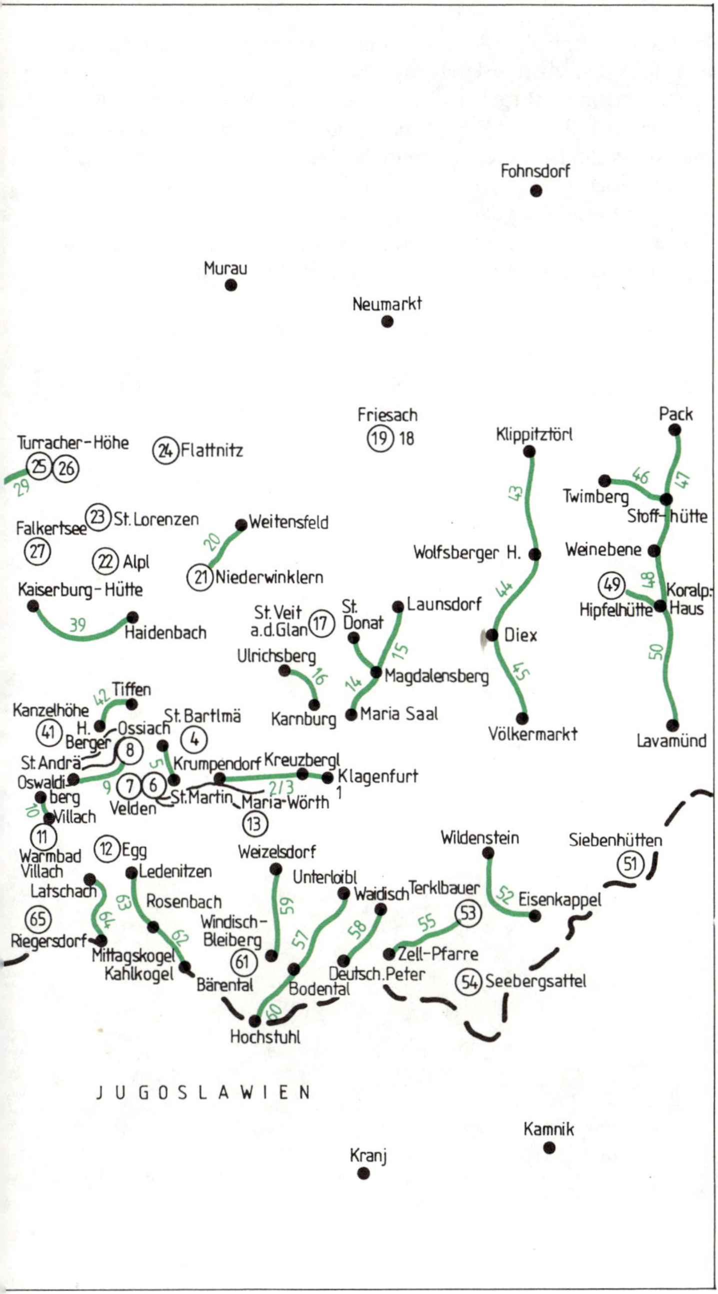
Fohnsdorf
Murau
Neumarkt
Friesach
19 18
Pack
Klippitztörl
Turracher-Höhe
25 26
24 Flattnitz
29
46
47
43
Twimberg
Stoff-hütte
Falkertsee
23 St. Lorenzen
Weitensfeld
27
20
Weinebene
Wolfsberger H.
22 Alpl
21 Niederwinklern
49
48
Koralp-Haus
Hipfelhütte
Kaiserburg-Hütte
44
St. Veit a.d. Glan
17
St. Donat
Launsdorf
39
Haidenbach
Diex
50
Ulrichsberg
15
16
Magdalensberg
45
14
Tiffen
42
Kanzelhöhe
St. Bartlmä
Karnburg
Maria Saal
41
H. Berger
Ossiach
4
Völkermarkt
Lavamünd
8
St. Andrä
5
Krumpendorf
Kreuzbergl
Oswaldiberg
9
7 6
2/3
Klagenfurt
1
10
Villach
Velden
St. Martin
Maria-Wörth
13
11
Wildenstein
Siebenhütten
Warmbad Villach
12 Egg
Weizelsdorf
51
Ledenitzen
Unterloibl
Latschach
63
Rosenbach
Waidisch
Terklbauer
52
Eisenkappel
65
64
59
58
55
53
Windisch-Bleiberg
57
Riegersdorf
Mittagskogel
Kahlkogel
62
61
Zell-Pfarre
Bärental
Bodental
Deutsch.Peter
54 Seebergsattel
60
Hochstuhl
JUGOSLAWIEN
Kamnik
Kranj

leichten, kurzen Wanderungen und steigern Sie Ihre Leistungen erst nach dem dritten Urlaubstag.

Zuletzt einige Bitten: Halten Sie auf Ihren Wanderungen Ruhe und schonen Sie Wald, Feld, Flur und Ödland. Rauchen Sie niemals im Wald. Berühren Sie niemals aufgefundenes Wild. Erhalten Sie die noch unberührte Natur für jene, die gleich Ihnen deren Schönheit erleben wollen.

Freude, Erholung und reiches Erleben in Österreichs südlichstem Bundesland wünschen Ihnen die Verfasser dieses Führers

Ernst Kreutzer und Anton Suppan

Abschnitt I

Raum Klagenfurt – Villach

1 Waldlehrpfad Naturpark Kreuzbergl Klagenfurt

Verkehrsmöglichkeiten Buslinie P vom Heiligengeistplatz bis Endstelle Kreuzbergl.
Parkmöglichkeiten Am Ende der Radetzkystraße.
Wegmarkierungen Richtungstafeln mit der Aufschrift Waldlehrpfad.
Tourenlänge 3 km.
Wanderzeit 1 Stunde.
Höhenunterschiede 120 m. Meist ebene oder sanft ansteigende Wege.
Wanderkarten Kompass-Wanderkarte 1:50 000 Blatt 61; Stadtplan, erhältlich im Fremdenverkehrsamt Klagenfurt.
Anmerkung Kaum eine Wanderung im Bereich von Klagenfurt schenkt in so kurzer Zeit so viele schöne Eindrücke wie der hier beschriebene Waldlehrpfad. Man bewundert die Mosaike an den Kreuzwegkapellen sowie die reizvoll gelegene barocke Kreuzberglkirche. Man lernt die Bäume des Kärntner Waldes kennen, der in den vielen folgenden Wandervorschlägen so oft beschrieben wird. Und man genießt vom Aussichtsturm auf dem Kreuzbergl einen prachtvollen Anblick der Kärntner Landeshauptstadt, der imposanten Karawankenkette und des glitzernden Wörthersees.
Wissenswertes Klagenfurt (445 m) liegt im größten inneralpinen Becken der Ostalpen am Ostufer des Wörthersees. Die Siedlung wurde im 12. Jahrhundert von Herzog Hermann von Spanheim an einer Furt an der Glan gegründet. Sein Sohn Bernhard gab ihr im 13. Jahrhundert das Stadtrecht, welches 1338 von den Habsburgern bestätigt wurde. 1518 übergab Kaiser Maximilian die Stadt den Kärntner Landständen, welche Klagenfurt anstelle von St. Veit an der Glan zur Landeshauptstadt erhoben. Die »Gartenstadt am Wörthersee« zählt heute etwa 85 000 Einwohner und besitzt alle denkbaren kommunalen Einrichtungen. Ein durch eine grüne Pfeilmarkierung gekennzeichneter Rundweg durch die Innenstadt berührt alle bedeutenden Sehenswürdigkeiten. Besonders hervorgehoben seien die Domkirche St. Peter und Paul (1591 von den protestantischen Ständen errichtet, 1604 von den Jesuiten übernommen), die barocke Stadtpfarrkirche, die Kapuzinerkirche, die Kreuzberglkirche, das Landhaus (im 16. Jahrhundert an der Stelle

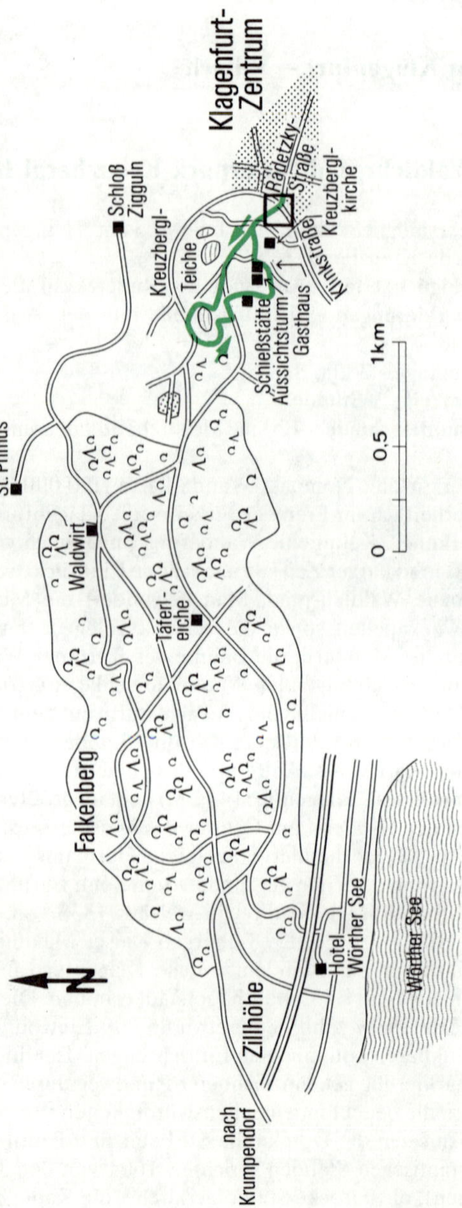
Klagenfurt-
Zentrum
Radetzky-
Straße
Kreuzbergl-
kirche
Kinkstraße
Gasthaus
Schießstätte
Aussichtsturm
Kreuzbergl-
Teiche
Schloß
Zigguln
St. Primus
Waldwirt
Täferl-
eiche
Falkenberg
Zillhöhe
Hotel
Wörther See
Wörther See
nach
Krumpendorf
0
0.5
1km

der Burg errichtet, zweigeschoßiger Laubengang, prächtige Fresken im Wappensaal), der Lindwurmbrunnen, das Maria Theresien Denkmal, das Diözesanmuseum, der Botanische Garten, das Freilichtmuseum, das Bergbaumuseum sowie die Miniaturstadt Minimundus.

Alle Klagenfurt betreffenden Auskünfte erteilt das Fremdenverkehrsamt Klagenfurt, A-9010 Rathaus.

Tourenbeschreibung Am Ende der Radetzkystraße steht man vor der, über einem interessanten Kreuzweg errichteten *Kreuzberglkirche.* Rechts vom Kreuzweg und der Kirche leitet der Waldlehrpfad sowie der Wanderweg Nr. 1 leicht ansteigend in 5 Minuten zu einer Wegteilung. Man hält sich nach halbrechts und gelangt absteigend in 10 Minuten zum idyllischen obersten *Kreuzbergltteich* und zu einer asphaltierten Straße. Diese wird nach wenigen Schritten nach links verlassen, der Teich wird sodann fast zur Gänze umgangen. Der Waldlehrpfad führt nun – wenig ausgeprägt, doch gut bezeichnet – wieder bergan, kreuzt einen Fußweg und erreicht nach weiteren 10 Minuten eine kleine Baumschule (den »Kindergarten des Waldes«). Hier wendet man sich auf einem breiten Weg nach links, verläßt ihn aber bald wieder und steigt nun etwas steil zum bereits nahen Aussichtsturm am *Kreuzbergl* (516 m) an.

Der Abstieg führt etwas rechts von der Warte mäßig steil bergab. Man gelangt bald zu einem kleinen, von einem alten Steinbruch umgebenen Teich und wenig später zum *Gasthaus Schweizerhaus.* Hier hält man sich links und erreicht bei der *Kreuzberglkirche* wieder den Ausgangspunkt der Wanderung.

2 Kreuzbergl – Taferleiche – Schrottenturm oder Krumpendorf

Verkehrsmöglichkeiten Buslinie P vom Heiligengeistplatz bis Endstelle Kreuzbergl. Rückfahrt zum Heiligengeistplatz mit der Buslinie K.

Parkmöglichkeiten Am Ende der Radetzkystraße und beim Gasthaus Jerolitsch.

Wegmarkierungen Tafeln mit schwarzer Nummer 1 auf weißem Grund.

Tourenlänge 7 km.

Wanderzeit 2 Stunden.

Höhenunterschiede 170 m. Keine nennenswerten Steigungen.

Wanderkarten Kompass-Wanderkarte 1:50 000 Blatt 61; Stadtplan.

Anmerkung Diese bequeme Wanderung verläuft (mit Aus-

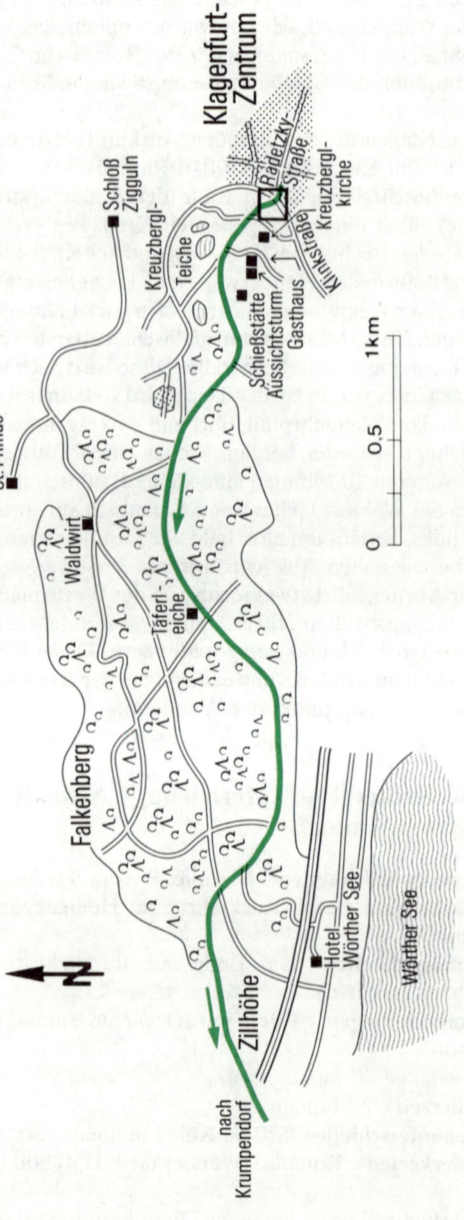
Klagenfurt-Zentrum
Radetzky-Straße
Kreuzbergl-kirche
Kreuzbergl-Teiche
Schloß Zigguln
St. Primus
Waldwirt
Falkenberg
Täferl-eiche
Schießstätte Aussichtsturm
Gasthaus
Klinkstraße
Hotel Wörther See
Wörther See
Zillhöhe
nach Krumpendorf
0
0.5
1km

nahme des unmarkierten Straßenstückes nach Krumpendorf) zur Gänze im Gemeindegebiet von Klagenfurt. Sie führt durch prächtigen Nadelwald, bietet jedoch nur wenige Ausblicke.

Tourenbeschreibung Die Wegbezeichnung beginnt gemeinsam mit jener des Waldlehrpfades rechts von der *Kreuzberglkirche.* Nach 5 Minuten wird eine Wegteilung erreicht, wo man dem Bachmannweg nach halblinks folgt (Achtung! Auch der nach rechts führende Weg trägt die Nummer 1). Bei einer kleinen Baumschule kreuzt man nochmals den Waldlehrpfad. Entlang eines Fitneß-Parcours steiler ansteigend,gelangt man kurz darauf zur Vereinigung mit dem Weg Nummer 3. Hier wendet man sich nach rechts und gelangt leicht auf- und absteigend zu einer Siedlung, die rechts liegen bleibt. 20 Minuten später trifft man bei der *Taferleiche* auf den Wanderweg Nummer 4 (¾ Stunden von der Kreuzberglkirche). Der Weg 1 führt nun leicht bergab, wendet sich später nach rechts und stößt nach etwa 20 Minuten auf den Weg Nummer 7, der aber bald nach links zur Zillhöhe abbiegt (Ein Abstecher dorthin beansprucht kaum 10 Minuten. Schöne Aussicht!). Nach dem Überschreiten eines Baches folgt noch ein kurzer Anstieg, dann wendet sich der Weg Nummer 1 der Jerolitschstraße zu, die in unmittelbarer Nähe der Autobahn erreicht wird. Nach links gelangt man auf der Jerolitschstraße unter der Autobahn hindurchgehend in 10 Minuten zur Bushaltestelle *Schrottenturm.* Nach rechts führt die Jerolitschstraße zum gleichnamigen Gasthaus, von wo man in 20 Minuten nach *Krumpendorf* gelangt.

3 Hotel Wörthersee – Falkenberg – Waldwirt – Kreuzberglkirche

Verkehrsmöglichkeiten Buslinie K vom Heiligengeistplatz bis zum Hotel Wörthersee. Rückfahrt vom Kreuzbergl zum Heiligengeistplatz mit der Buslinie P.

Parkmöglichkeiten Am Christlweg, oberhalb des Hotels Wörthersee, beim Waldwirt und in der Nähe der Kreuzberglkirche. Öffenliche Verkehrsmittel sind vorzuziehen!

Wegmarkierungen Tafeln mit den Wegnummern 7 (bis zum Waldwirt), 10 (von dort zum Bachmannweg) und 1 (vom Bachmannweg zur Kreuzberglkirche).

Tourenlänge 7 km.

Wanderzeit 2½ Stunden.

Höhenunterschiede 280 m. Bis zum Falkenberg zum Teil etwas steiler Anstieg (230 m), dann nur mäßige Höhenunterschiede.

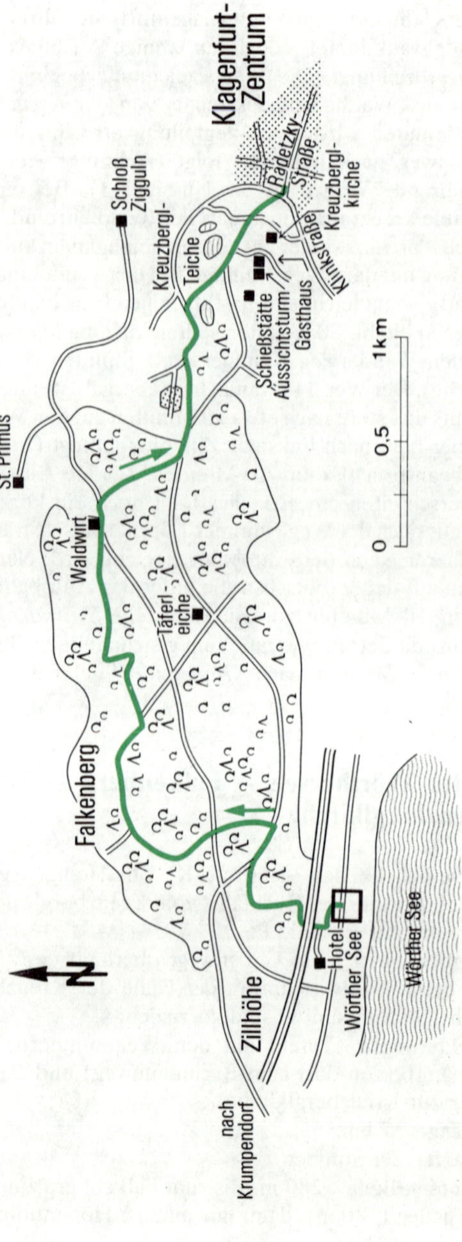

Klagenfurt-
Zentrum
Schloß
Zigguln
Kreuzbergl-
Teiche
Radetzky-
Straße
Kreuzbergl-
kirche
Klinkstraße
Schießstätte
Aussichtsturm
Gasthaus
0
0,5
1km
St. Primus
Waldwirt
Täferl-
eiche
Falkenberg
Zillhöhe
Hotel
Wörther See
Wörther See
nach
Krumpendorf

Wanderkarten Kompass-Wanderkarte 1:50 000 Blatt 61; Stadtplan.

Anmerkung Auch diese Wanderung verläuft zur Gänze im Gemeindegebiet von Klagenfurt, sie läßt sich gut mit den Wanderungen 1 und 2 verbinden. Von der etwas abseits des Weges gelegenen Zillhöhe genießt man einen schönen Blick auf den Wörthersee und die dahinter aufragende Karawankenkette. Die Fliehberghöhe bietet schöne Ausblicke nach Nordosten, besonders zum Ulrichsberg.

Tourenbeschreibung Vom *Hotel Wörthersee* folgt man dem Christlweg nach rechts aufwärts. Nach wenigen Minuten (schöner Blick über den See) wendet sich dieser nach rechts und führt unter der Autobahn hindurch. Oberhalb dieser zweigt die Markierung 7 vom asphaltierten Weg nach links ab und folgt einem breiten Weg, der nach gut 5 Minuten nach rechts verlassen wird. Auf einem etwas steilen Steig gelangt man nun in weiteren 7–10 Minuten zur felsigen *Zillhöhe.* Der Weg Nummer 7 führt nun ziemlich eben weiter und vereinigt sich bald mit dem Weg Nummer 1. Ihm folgt man nur kurz und wendet sich dann über eine Waldblöße in wieder steilerem Anstieg nach links. Bald nach der Rodung wird ein Bächlein überschritten, worauf der Weg wieder nach rechts dreht. Durch schönen Föhrenwald gelangt man auf den Bergrücken, wo man den Weg Nummer 4 kreuzt und kurz darauf den durch einen Gipfelstein markierten *Falkenberg* (672 m) erreicht (1 Stunde vom Hotel Wörthersee).

Der Abstieg erfolgt auf einem weniger gut ausgeprägten Steig in südöstlicher Richtung. Nach etwa 5 Minuten stößt man jedoch auf den gut erkennbaren, den Gipfel umgehenden Weg Nummer 4. Dieser wird nach einigen Schritten nach links verlassen. Der Weg 7 beginnt wieder anzusteigen und erreicht 5 Minuten nach der Abzweigung die *Fliehburghöhe.* Immer durch schönen Wald leicht bergab wandernd, gelangt man nach weiteren 20 Minuten zum *Gasthaus Waldwirt* (45 Minuten vom Falkenberg).

Die mit der Nummer 8 markierte, zur Schleppe-Brauerei führende Straße wird sofort nach dem Gasthaus nach rechts verlassen. Nach einer Bachüberschreitung erreicht man in einem kurzen, leichten Anstieg den Wanderweg Nummer 1. Dieser teilt sich bald darauf. – Man wählt den linken Ast, der zum malerischen obersten *Kreuzbergltteich* führt. Beim Teich gelangt man auf eine Straße, die jedoch sofort wieder über den See-Staudamm nach rechts verlassen wird. In einem letzten, leichten Anstieg kreuzt man mehrere Wanderwege und den Waldlehrpfad und kommt bald nach dem See zu einer markanten Wegkreuzung: Von rechts kommt der Bachmannweg (der obere Ast des Weges 1), nach rechts aufwärts führt ein Fahrweg in etwa 5 Minuten zum Aussichtsturm am Kreuzbergl (ein Abstecher, den sich niemand entgehen lassen sollte!), nach links abwärts gelangt man in wenigen Minuten zur *Kreuzberglkirche* und zur Endstelle der Buslinie P in der Radetzkystraße.

4 St. Bartlmä – Hoher Gallin – Töpriach – St. Bartlmä

Verkehrsmöglichkeiten Bus von Pörtschach am Wörthersee über St. Marin am Techelsberg nach Töpriach und St. Bartlmä.
Parkmöglichkeiten In St. Martin, Töpriach und St. Bartlmä.
Wegmarkierungen Blaue Wegtafeln mit der Nummer 34, später mit der Nummer 32. Im Abstieg zusätzlich orange Farbmarkierung Nummer 23.
Tourenlänge 8 km.
Wanderzeit 2–2½ Stunden.
Höhenunterschiede 290 m.
Wanderkarten Kompass-Wanderkarte 1:50 000 Blatt 61; Freytag & Berndt-Wanderkarte 1:100 000 Blatt 23.
Anmerkung Diese Halbtagswanderung stellt wegen der etwas mangelhaften Tafelmarkierung gewisse Ansprüche an den Orientierungssinn. Die Aussicht vom Hohen Gallin ist durch Wald auf den Süden beschränkt, aber trotzdem reizvoll.
Wissenswertes Zwischen dem Wörthersee und dem Ossiachersee erhebt sich das Mittelgebirge der Ossiacher Tauern. Der Taubenbühel und der Hohe Gallin stellen die Kulminationspunkte dieser von Feldern, Wiesen, Wäldern und freundlichen Ortschaften geprägten Landschaft dar.
Tourenbeschreibung Bei der Kirche von *St. Bartlmä* führt eine asphaltierte Straße nach links aufwärts. Sie geht bald in einen Waldweg über, der vorerst in Kehren steil ansteigt, dann aber ohne bedeutende Steigungen nach Westen führt. Bei Wegkreuzungen hält man sich anfangs halblinks, später aber eher nach rechts und trifft so auf die den Gipfel umrundende Markierung Nr. 32. Ihr folgt man in nördlicher Richtung geradeaus bergan und trifft bald auf rote Tafeln mit der Nummer 21. Parallel zu ihnen leitet die blaue Markierung nun von Norden her auf den *Hohen Gallin* (1046 m, 1 Stunde von St. Bartlmä).

Der Abstieg erfolgt auf einem wesentlich besser bezeichneten Steig in westlicher Richtung. Nach etwa 15 Minuten tritt man aus dem Wald (schöner Blick auf den Wörthersee und auf die Karawanken; im Westen ganz nahe der Taubenbühel, rechts davon die Gerlitzen). Der Steig leitet in mäßigem Gefälle bergab und biegt

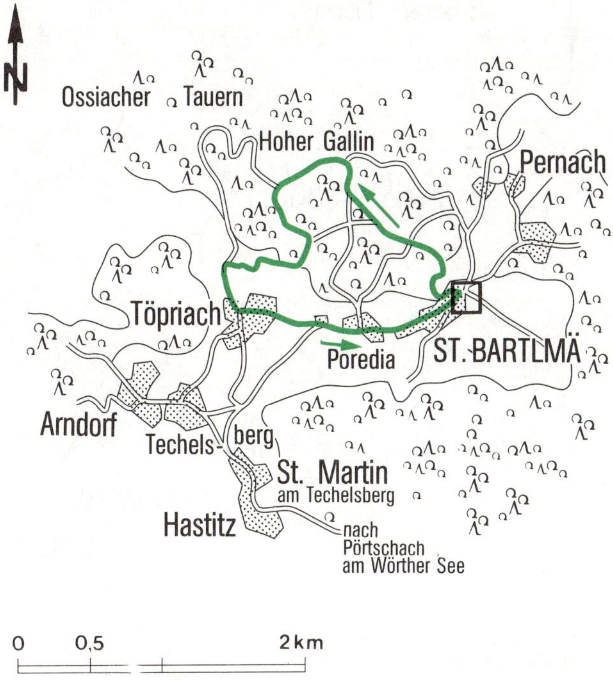

später in einen breiten, ebenen Querweg ein, dem man nach links folgt. 40 Minuten ab dem Gipfel ist das Gasthaus im kleinen Ort *Töpriach* erreicht. Ein guter Fahrweg leitet von dort in 30 Minuten über Poredia zurück nach *St. Bartlmä.*

5 St. Martin am Techelsberg – Arndorf – Karl – Taubenbühel

Verkehrsmöglichkeiten Bus bis St. Martin am Techelsberg.
Parkmöglichkeiten In St. Martin am Techelsberg, Arndorf und Karl.
Wegmarkierungen Vereinzelt blaue Wegtafeln mit der Nummer 30, später mit der Nummer 31.
Tourenlänge 4,5 km, hin und zurück 9 km.
Wanderzeit Aufstieg 1¾ Stunden, Rückweg 1¼ Stunden.
Höhenunterschiede 400 m.
Wanderkarten Kompass-Wanderkarte 1:50 000 Blatt 61; Freytag & Berndt-Wanderkarte 1:100 000 Blatt 23.

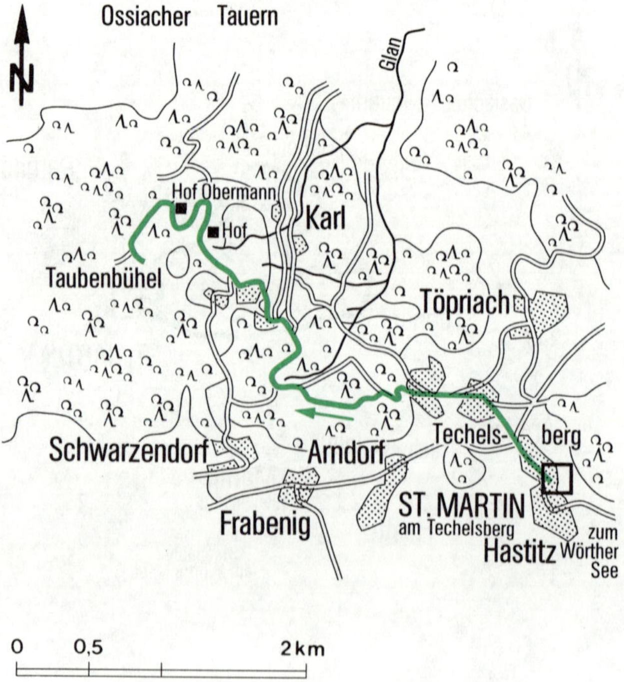

Anmerkung Diese bequeme Wanderung läßt sich gut im Anschluß an die Tour 4 durchführen. In diesem Fall folgt man noch vor dem Gasthaus in Töpriach der Markierung 30 über einen Fahrweg nach rechts. Dieser erreicht nach 15 Minuten das nordwestliche Ortsende von Arndorf und damit die Straße nach Karl.

Tourenbeschreibung Beim Gemeindeamt von *Techelsberg* verzweigt sich die von Töschling am Wörthersee heraufführende Straße. Der linke Ast leitet in 10 Minuten nach *Arndorf,* wo am nordwestlichen Ortsende Wegtafeln nach Karl und nach Dellach weisen. Man folgt der bezeichneten Straße, die etwa 25 Minuten später im Wald einen mit der Wegnummer 31 markierten Fahrweg aufnimmt. Wenig später erreicht man die ersten Häuser der kleinen Ansiedlung *Karl.* Die gute Straße nach links verlassend, steigt man nun auf einem Güterweg an Einzelhöfen vorbei bis zum hochgelegenen Anwesen Obermann (weitreichende Aussicht nach Südosten). Hier betritt man nach links den Wald und erreicht nach 20 Minuten steilen Anstieges den bewaldeten höchsten Punkt des Taubenbühel (1069 m).

6 Velden – Forstsee – Hohes Kreuz – Velden

Verkehrsmöglichkeiten Bahn oder Bus bis Velden am Wörthersee.
Parkmöglichkeiten In Velden am Wörthersee, in Unterwinklern und beim Gasthof Hobelebauer.
Wegmarkierungen Von Unterwinklern bis nach dem See rot. Von dort zurück bis zum Anstiegsweg gelb. Der Weg ist außerdem mit den Wegnummern 1 (bis zum Staudamm des Forstsees), 21 (am Südufer des Sees) und 16 (im Bereich des Aussichtspunktes beim Hohen Kreuz) bezeichnet.
Tourenlänge 8 km.
Wanderzeit 3 Sunden.
Höhenunterschiede 250 m. Leicht ansteigende, zum Teil ebene Wege.
Wanderkarten Kompass-Wanderkarte 1:50 000 Blatt 61; Freytag & Berndt-Wanderkarte 1:100 000 Blatt 23.

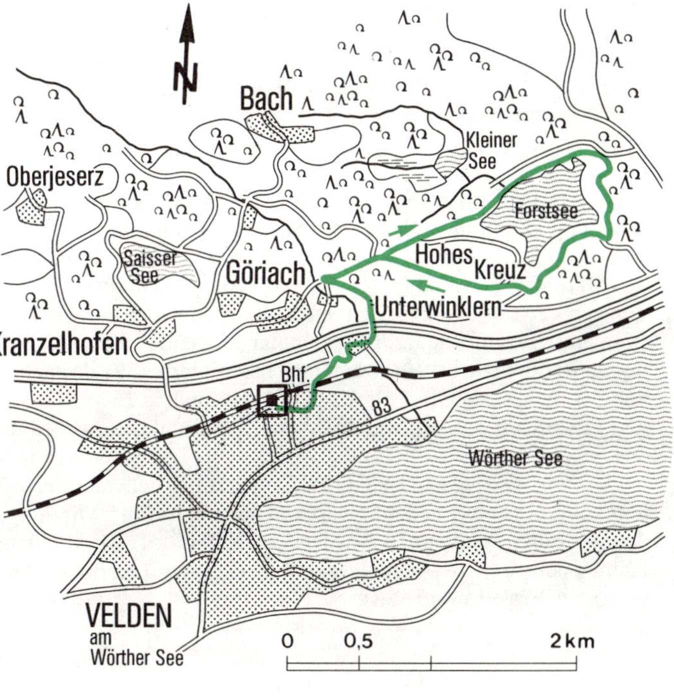

Anmerkung Bequeme Wanderung durch ein schönes Waldgebiet. Bademöglichkeit an einem idyllischen Waldsee. Vom Aussichtspunkt beim Hohen Kreuz genießt man einen schönen Blick auf den Wörthersee und auf die Karawankenkette.
Wissenswertes Velden, der Weltkurort am Westende des Wörthersees, erfüllt alle wie immer gearteten Ansprüche seiner Gäste. Sehenswert ist das zu einem mondänen Hotel umgestaltete Schloß Khevenhüller (Renaissanceportal aus dem 16. Jahrhundert), die Peter und Paul Kapelle in Unterwinklern, sowie die schöne, spätgotische Nikolaus-Kirche von Kranzelhofen.
Tourenbeschreibung Vom Bahnhof *Velden* gelangt man auf einem in östliche Richtung führenden Fußweg zur Unterwinklernstraße. Diese führt unter dem Bahnkörper durch, wendet sich dann nach rechts und erreicht bald die Ortschaft *Unterwinklern* (15 Minuten vom Bahnhof Velden, 30 Minuten vom Zentrum des Kurortes). Bei den ersten Häusern weist die Markierung Nummer 1 nach links, führt unter der Autobahn hindurch und wendet sich gleich darauf nochmals nach links in die romantische *Römerschlucht.* Diese wird auf einem gut angelegten Weg in 15 Minuten durchwandert. Am Ausgang der Schlucht hält man sich rechts und gelangt in knapp 10 Minuten zu einer Wegteilung, wo man der roten Markierung nach links folgt. Mehrere Zweigwege unberücksichtigt lassend, genießt man nach etwa 10 Minuten die ersten Blicke durch den Wald auf den *Forstsee,* dessen Ufer in weiteren 10 Minuten erreicht wird (1–1½ Stunden von Velden, schöner Karawankenblick).

Die Markierung verläuft nun bis zur Staumauer am Ostende des Sees auf einem Fahrweg. Ab der Staumauer folgt man der Wegnummer 21, die entlang des Sees nach Süden führt und später auf die Markierung Nummer 16 stößt. Beide Bezeichnungen folgen nun gemeinsam dem Ufer, leiten an einer Pumpstation vorbei und trennen sich dann wieder. Die Nummer 16 wendet sich nach links und führt durch den Wald zu einer gut beschilderten Wegkreuzung, von der man, sich erst rechts, dann links haltend, in 15 Minuten einen prächtigen Aussichtspunkt erreicht (1 Stunde vom Nordufer des Sees).

Der Abstiegsweg nach Velden ist vorerst noch gelb markiert. Er leitet anfangs etwas steiler bergab und mündet nach 15 Minuten in den uns bereits bekannten Anstiegsweg Nummer 1. Oberhalb der Römerschlucht ladet der *Gasthof Hobelebauer* (herrliche Aussicht) zur Einkehr und Rast.

7 Velden – Kranzelhofen – Saissersee – Kranzelhofen – Velden

Verkehrsmöglichkeiten Bahn bis Velden am Wörthersee, eventuell Bus bis Kranzelhofen.
Parkmöglichkeiten In Kranzelhofen (Parkplatz unterhalb der Kirche).
Wegmarkierungen Von Velden bis Kranzelhofen sporadisch Tafeln mit der Nummer 2. Von Göriach bis kurz nach dem Gasthaus Feidig Tafeln mit der Nummer 12. Zwischen dem Saissersee und Kranzelhofen weiß-blau-weiße Farbzeichen.
Tourenlänge 6 km.
Wanderzeit 2 Stunden.
Höhenunterschiede 150 m. Kaum nennenswerte Steigungen. Kurzer, etwas steiler Abstieg nach Kranzelhofen.
Wanderkarten Kompass-Wanderkarte 1:50 000 Blatt 61; Freytag & Berndt-Wanderkarte 1:100 000 Blatt 23.
Anmerkung Von Göriach genießt man einen herrlichen Blick über den Wörthersee und auf die Karawankenkette. Der moorhal-

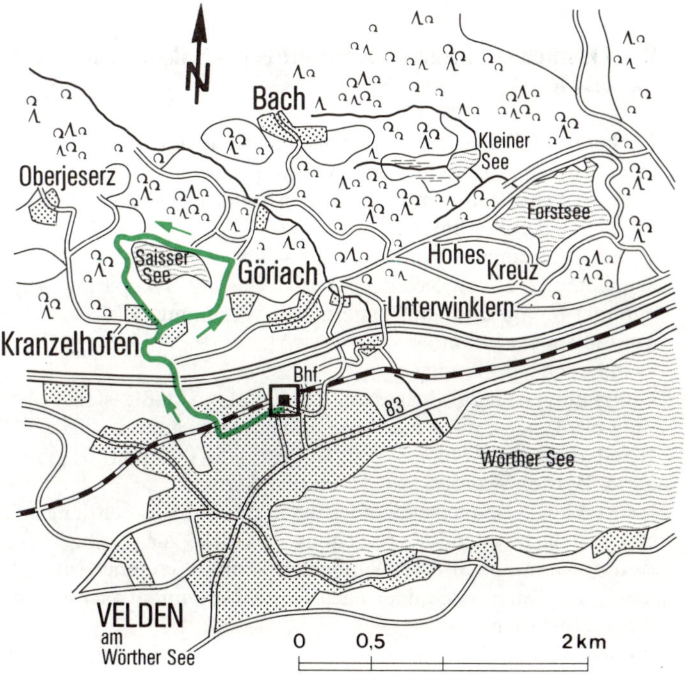

tige Saissersee (auch Jeserzersee genannt) wird auf bequemen Wegen umwandert.

Tourenbeschreibung Vom Bahnhof *Velden* gelangt man westwärts durch die Birkenallee zu der vom Ortszentrum nach Kranzelhofen führenden Straße; die Bahnstrecke Klagenfurt – Villach und die Autobahn kreuzend, erreicht man auf ihr in 20–30 Minuten *Kranzelhofen.* Bei der schönen, spätgotischen Kirche wendet sich die Straße scharf nach rechts und steigt nun steil in 10 Minuten nach *Göriach* an (prachtvolle Aussicht). Die Straße biegt nun nach Süden und wird bei einer Bushaltestelle nach links verlassen (Beginn der blauen Wegbezeichnung). In wenigen Minuten wird nun der schon länger sichtbare *Saissersee* erreicht. An seinem Ufer führt der Weg durch Wiesen und durch Wald bis zu einem kleinen Minigolfplatz. Hier biegt man nach links ab und erreicht bald das *Gasthaus Feidig* (½ Stunde von Kranzelhofen).

Nach dem Gasthaus führt die blaue Markierung weiter am See entlang nach links, wendet sich aber nach etwa 8 Minuten nach rechts in den Wald. Man überschreitet ein Bächlein, steigt leicht an und kehrt dann in etwas steilem Abstieg zurück nach *Kranzelhofen* (25 Minuten vom Gasthaus Feidig).

8 Ossiach – Tauern – Köstenberg – Sakoparnig – Ossiach

Verkehrsmöglichkeiten Bus von Villach und von Feldkirchen nach Ossiach, von Velden am Wörthersee nach Köstenberg.

Parkmöglichkeiten In Ossiach, beim Tauernteich, in Köstenberg und beim Gasthof Sakoparnig.

Wegmarkierungen Von Ossiach bis Kösterberg Tafeln mit der Wegnummer 2, von Köstenberg zum Gasthof Sakoparnig Wegnummer 9, von dort zum Tauernteich Wegnummer 10.

Tourenlänge 14 km.

Wanderzeit 4 Stunden.

Höhenunterschiede Insgesamt etwa 600 m. Mäßig steiler Anstieg bis Tauern, dann nur mehr geringe Höhenunterschiede.

Wanderkarten Kompass-Wanderkarte 1:50 000 Blatt 61; Freytag & Berndt-Wanderkarte 1:100 000 Blatt 23.

Anmerkung Bequeme Wanderung durch eine abwechslungsreiche Mittelgebirgslandschaft. Schöne Ausblicke zur Gerlitzen und zu den Karawanken. Die Wanderzeit kann durch eine Autoauffahrt zum Tauernteich oder nach Köstenberg um etwa 1 Stunde verkürzt werden.

Wissenswertes Der Besuch des berühmten, im 11. Jahrhundert

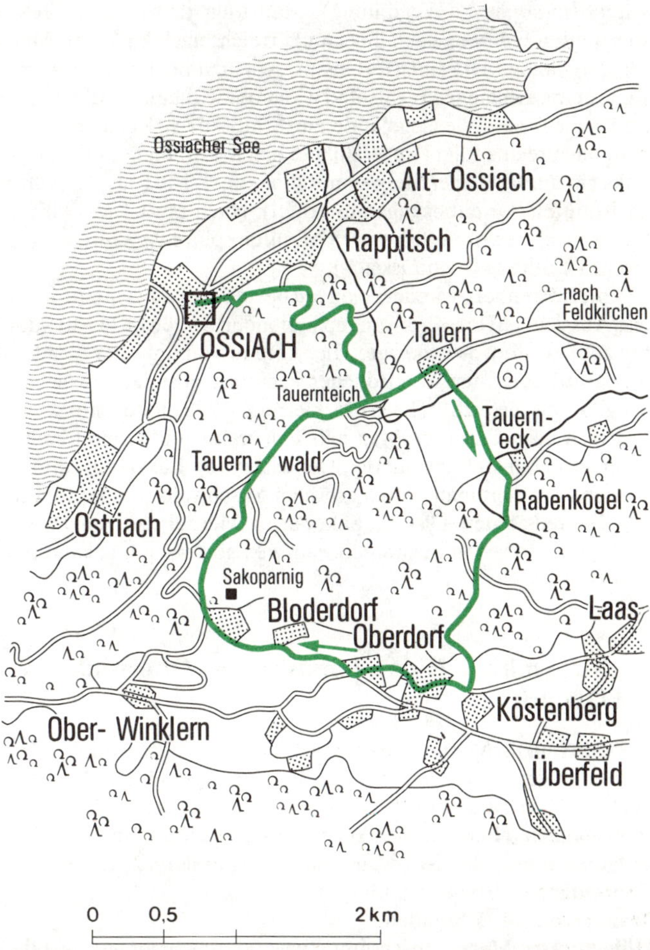

erbauten und später dem Stil der jeweiligen Epoche angepaßten ehemaligen Benediktinerstiftes Ossiach ist ein Erlebnis für sich. Aber auch das Kirchlein am Tauern und die spätgotische Kirche von Köstenberg sind sehenswert. – Der Ossiachersee ist 11 km lang, bis zu 1,5 km breit und 47 m tief. Er ist somit der drittgrößte See Kärntens.

Tourenbeschreibung Bei der Volksschule *Ossiach* zweigt von der Straße nach Feldkirchen ein anfangs asphaltierter Fahrweg ab. Ihm entlang wandernd, gelangt man in etwa 50 Minuten zum romantischen *Tauernteich* (Wegteilung). Man folgt dem nun schlechter werdenden Fahrweg nach links und erreicht nach knapp 10 Minuten den kleinen Ort *Tauern* (Gestüt, Aufzuchthof). Bei der Kirche wendet man sich nach rechts und wandert zwischen Pferdekoppeln und über freies Wiesengelände zur Straße nach Köstenberg, der man nach rechts folgt (Im Wald, bei einem Kilometerstein, zweigt links ein unmarkierter Steig zum Rabenkogel, 1061 m, ab. Gehzeit 20 Minuten. Orientierungssinn nötig!). Nach etwa 1 km wird die Straße nach rechts verlassen. 15 Minuten später ist *Kösterberg* erreicht (2 Stunden von Ossiach).

Von Köstenberg wandert man am besten entlang der eine herrliche Aussicht auf die Karawanken bietenden Straße in 25–30 Minuten zum Gasthof *Sakoparnig.* Hier kommt von links der »Tauernweg«, auf dem man in nördlicher Richtung absteigend bald eine Wegteilung erreicht (Die Markierung 1732 leitet links über Ostriach nach Ossiach). Man hält sich rechts und kommt bald zu einer Ruhebank (Blick auf den Ossiachersee). Leicht auf- und absteigend erreicht man, durch schönen Mischwald wandernd, etwa 50 Minuten ab dem Gasthof Sakoparnig wierder den *Tauernteich.* Auf dem nun schon bekannten Fahrweg absteigend, gelangt man zurück nach *Ossiach.*

9 St. Andrä – Ruine Landskron – Oberwinklern – Ossiach

Verkehrsmöglichkeiten Bus von Villach nach St. Andrä. Rückfahrt mit dem Bus von Ossiach. Im Sommerhalbjahr Überfuhr nach Ossiach-Bodensdorf, von dort Bahnanschluß nach Villach.
Parkmöglichkeiten In St. Andrä, in Ostriach und in Ossiach.
Wegmarkierungen Rot-weiß-rot, Wegnummer 1732.
Tourenlänge Etwa 15 km.
Wanderzeit 4–5 Stunden.
Höhenunterschiede Insgesamt etwa 600 m. Kurzer, etwas steiler Aufstieg zur Ruine Landkron. Von dort zum Gasthof Sakoparnig nur geringe Höhenunterschiede. Steiler Abstieg nach Ostriach.
Wanderkarten Kompass-Wanderkarte 1:50 000 Blatt 61; Freytag & Berndt-Wanderkarte 1:100 000 Blatt 23.
Anmerkung Diese Wanderung führt großteils durch Wald, gibt aber immer wieder herrliche Ausblicke zum Ossiachersee und ins Gebirge frei. Ab dem Gasthof Sakoparnig kann die Tour gut mit der Wanderung Nr. 8 kombiniert werden.
Wissenswertes Die Burg Landskron wurde 1351 erstmals ur-

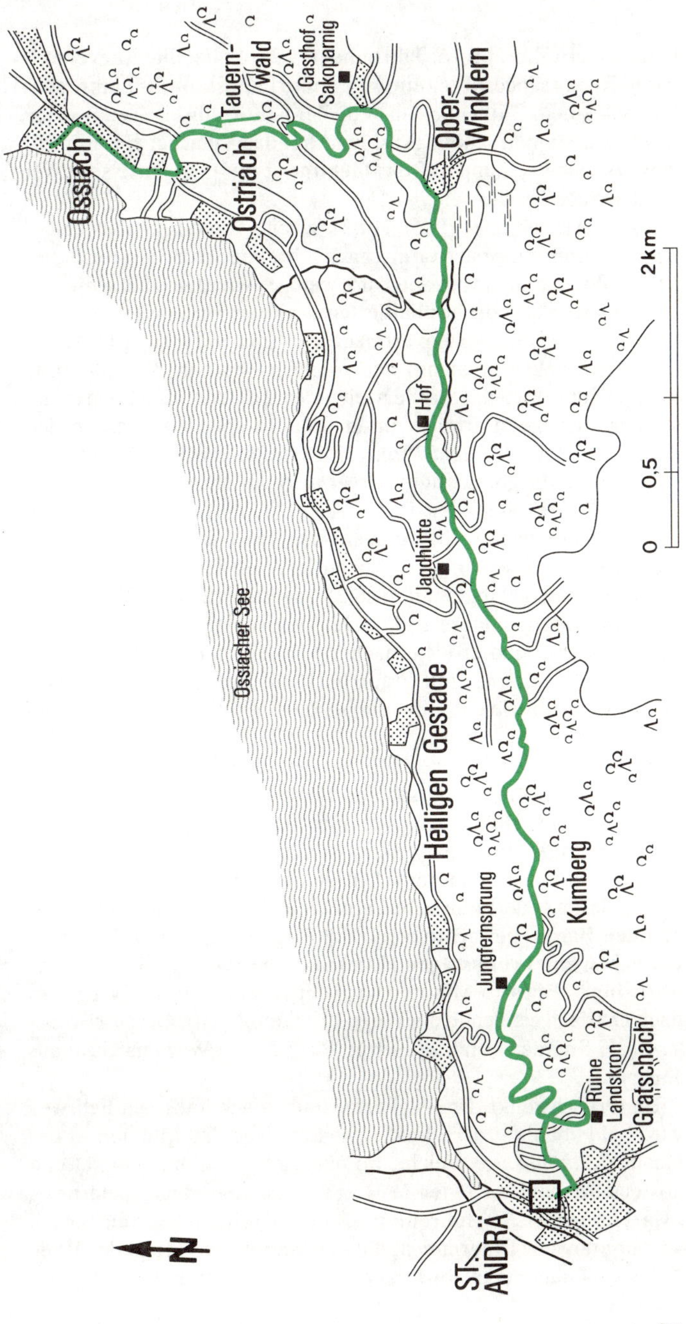
Ossiach
Ostriach
Tauern-
Wald
Gasthof
Sakoparnig
Ober-
Winklern
Hof
Jagdhütte
Ossiacher See
Heiligen Gestade
Jungfernsprung
Kumberg
Ruine
Landskron
Gratschach
ST.
ANDRÄ
N
0
0,5
2 km

kundlich erwähnt. Im 16. Jahrhundert von der Familie Khevenhüller im Renaissancestil erweitert, brannte Landskron 200 Jahre später nach einem Blitzschlag ab. Von der heute teilweise renovierten Burg genießt man schöne Ausblicke auf das Villacher Becken, auf den Ossiachersee und auf das Gebirge. Eine Gaststätte sorgt für das leibliche Wohl.

Tourenbeschreibung In *St. Andrä* zweigt von der Ossiachersee-Süduferstraße eine nach Gratschach führende Straße ab (Bushaltestelle, Wegtafeln). Man folgt ihr wenige Minuten und schwenkt dann nach links in den asphaltierten »Schloßweg« ein. Ein von ihm rechts abzweigender Steig erreicht den Schloßweg nach 15 Minuten wieder (Wegkreuzung) und folgt ihm bis zum *Waller-Teich;* kurz nachher wird die Straße nach links verlassen. Erst eben, dann stärker ansteigend erreicht unser Steig in etwa 10 Minuten den Eingang zur *Ruine Landskron* (35 Minuten von St. Andrä).

Nach der Burgbesichtigung folgt man der steil abwärts führenden Straße bis nach dem *Waller-Teich.* Hier wendet man sich am »Tauernweg« nach rechts, umgeht den Teich fast zur Gänze und schwenkt dann nach links ab. Auf gutem Weg durch Hochwald stetig ansteigend, gelangt man noch 25 Minuten zu einer Wegteilung (links Abstieg zum Hotel Lido). Der Tauernweg steigt geländergesichert steil an und erreicht nach 5 Minuten den *Jungfernsprung,* einen Aussichtspunkt mit Prachtblick auf den Ossiachersee. Der Weiterweg führt leicht auf- und absteigend bzw. eben durch den Wald nach Osten. Abzweigungen leiten nach Gratschach und Ragain. Man kommt an einer Jagdhütte vorbei und gelangt gut 1½ Stunden nach dem Abmarsch von Landskron zur Abzweigung eines Weges nach Heiligengestade (Die Bus- und Bootshaltestelle ist in 30 Minuten erreichbar). Bald nach dieser Abzweigung betritt man eine Forststraße, die aus dem Wald hinaus in offenes Gelände führt. Man wandert nun neben einem, von einem Moorteich kommenden Bach. Hier achtung auf die Wegbezeichung, die vor dem Erreichen eines verlassenen Hofes über die Wiese nach rechts abwärts führt. Etwa 15 Minuten nach der Abzweigung des Weges 7a nach Ostriach erreichen die Wege 1723 und 10 den Ort *Oberwinklern* (2½ Stunden von Landskron. Rechts vom Weg das Gasthaus Jäger).

Im Ort schwenkt die Wegbezeichnung nach links, ein Fahrweg wird bald ebenfalls nach links verlassen. Nach 20 Minuten ist der Gasthof *Sakoparnig* erreicht, wo man sich nach links wendet und absteigend bald zu einer Wegteilung gelangt. Der Tauernweg (Markierung Nr. 10) führt hier geradeaus weiter und erreicht nach 45 Minuten den Tauernteich; die Markierung 1732 folgt dem Weg Nr. 3 steil nach links abwärts, erreicht bald eine Forststraße und führt, diese nach einer Kehre nach links verlassend, weiterhin stark fallend nach *Ostriach* (Bushaltestelle, Gasthaus Kölbl). Auf der Straße wird in 15 Minuten das Stift und die Schiffsstation *Ossiach* erreicht (1 Stunde von Oberwinklern).

10 Villach – Groß-Vassach – Oswaldiberg

Verkehrsmöglichkeiten Bahn bis Villach Hauptbahnhof.
Parkmöglichkeiten In Groß-Vassach und beim Restaurant auf dem Oswaldiberg.
Wegmarkierungen Rot-weiß-rot, Wegnummer 3.
Tourenlänge 5 km.
Wanderzeit 1¾ Stunden, Abstieg 1¼ Stunden.
Höhenunterschiede 470 m. Ab Groß-Vassach mäßig steiler Anstieg.
Wanderkarten Kompass-Wanderkarte 1:50 000 Blatt 61 oder Blatt 64; Freytag & Berndt-Wanderkarte 1:100 000 Blatt 22 oder 23.
Anmerkung Der kurze Anstieg führt über viel Asphalt. Der Gipfel des Oswaldiberges vermittelt jedoch einen einmaligen schönen Blick auf Villach und auf die wunderschöne Umgebung der Stadt an der Drau.
Wissenswertes Villach, der im Zentrum des Seengebietes gelegenen zweitgrößten Stadt Kärntens, kommt verkehrsgeographisch überragende Bedeutung zu. Die wichtigsten Nord-Süd- und West-Ost-Verbindungen auf Schiene und Straße begegnen einander im Stadtbereich. Regionale Verkehrsadern verlassen die Stadt in allen Richtungen. – Die heute 53 000 Einwohner zählende Draustadt wurde 878 erstmals erwähnt, kam 1007 zum Bistum Bamberg und wurde 1759 von Maria Theresia käuflich erworben. Villach entwickelte sich schon früh zu einem wichtigen Handelszentrum. Es entstanden prächtige Bauten im venezianischen Stil, die der Stadt auch heute noch ein südliches Gepräge verleihen. Besonders sehenswert ist der Hauptplatz mit seinen Renaissance-Häusern (Paracelsus-Hof) und der Dreifaltigkeitssäule sowie die 1348 erbaute dreischiffige Stadtpfarrkirche mit ihrem 95 m hohen, freistehenden Turm, dem barocken Hochaltar, dem bekannten Christophorusfresco und interessanten Grabdenkmälern (u.a. Khevenhüllergrab). Im Villacher Stadtteil Perau befindet sich der wohl schönste barocke Sakralbau Kärntens, die Heiligenkreuzkirche. Empfohlen wird weiters der Besuch des Stadtmuseums sowie des Schillerparkes mit dem »Relief von Kärnten«.
Tourenbeschreibung Westlich vom *Villacher Hauptbahnhof* überquert man auf einer Brücke die Bahnanlagen und stößt auf

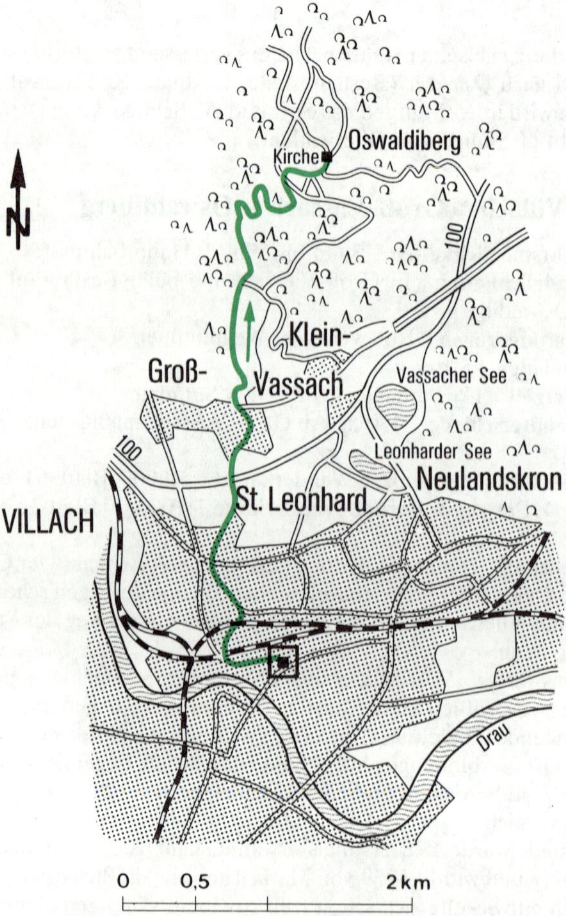

eine große Wegetafel der Stadtgemeinde Villach. Hier wendet man sich nach rechts und gelangt durch die Rennsteinerstraße in die Vassacherstraße, die unter der Autobahn hindurch nach *Groß-Vassach* führt (1½ Stunde vom Hauptbahnhof). Vorbei an der Kirche gelangt man zum Gasthof Gasser, wo die Markierung nach rechts in einen steilen, anfangs asphaltierten Fahrweg einschwenkt. Nach etwa 25 Minuten mündet der nun geschotterte Weg in eine von Klein Vassach kommende Asphaltstraße ein. Die Markierung folgt dieser Straße längere Zeit, erst höher oben werden Serpentinen wiederholt abgekürzt. 1¼ Stunden ab Groß-Vassach ist das Berggasthaus und die Gipfelkirche (mit interessanter Aussichtsplattform) auf dem *Oswaldiberg* (963 m) erreicht.

11 Warmbad Villach – Graschlitzen – Federaun – Warmbad Villach

Verkehrsmöglichkeiten Ideale Bahn- und Busverbindung von Villach Hauptbahnhof/Autobusbahnhof.
Parkmöglichkeiten In Warmbad Villach.
Wegmarkierungen Rot-weiß-rot, bis Federaun Wegnummer 15, Rückweg Wegnummer 17.
Tourenlänge 7 km.
Wanderzeit 3 Stunden.
Höhenunterschiede 210 m. Mäßig steiler Anstieg bis unter die Graschlitzen, dann leicht bergab, später wieder bergan bis zur Ruine. Sehr bequemer Abstieg nach Warmbad.
Wanderkarten Kompass-Wanderkarte 1:50 000 Blatt 64; Freytag & Berndt-Wanderkarte 1:100 000 Blatt 22 oder 23.
Anmerkung Der Kurpark von Warmbad Villach ist Ausgangspunkt vieler Wanderwege. Eine der beliebtesten Touren ist hier beschrieben. – Der Rückweg nach Warmbad kann ab Ober-Federaun auch auf dem mit der Nummer 16 bezeichneten »Doktorweg« erfolgen.
Wissenswertes Die Thermen von Warmbad Villach sind seit der römischen Antike bekannt. Heute zählt Warmbad zu den bekanntesten Herz-Kreislauf-Kurorten des Alpenraumes.

Die Burg Federaun wurde im 12. Jahrhundert von Bischof Eberhard II. von Bamberg erbaut. Von der einst stolzen Feste sind nur mehr Mauerreste erhalten. Der Rückweg nach Warmbad vollzieht sich auf einer alten Römerstraße, die von Aquileia über den Federauner Sattel nach Lauriacum führte.

Tourenbeschreibung Vom Bahnhof bzw. vom Kurhotel *Warmbad Villach* folgt man vorerst der alten Bundesstraße in südlicher Richtung. Nach etwa 700 m zweigt rechts der »Doktorweg« und ein Weg zur »Römerquelle« ab, 300 m weiter, nach einer Brücke, weist die Markierung 15 von der alten Bundesstraße nach rechts und steigt in einem Hohlweg sofort steil an. Nach knapp 10 Minuten bietet sich zur Linken ein herrlicher Blick auf das Gailtal und auf Villach (die Stadt wird von der Gerlitzen und vom Oswaldiberg überragt, an den Ausläufern der Ossiacher Tauern ist die Ruine Landskron zu erkennen). Der Weg steigt in schönem Wald weiter an, quert dann den Gipfelaufbau der *Graschlitzen* und erreicht etwa 1½ Stunden ab Warmbad eine Wegteilung: Links leitet ein Stichweg in knapp 10 Minuten zur *Ruine Federaun*, nach rechts führt die Markierung 15 in 10 Minuten zur kleinen Ansiedelung *Ober Federaun* (knapp vor dem Ort Einmündung des »Doktorweges«). Im Ort trifft man auf den anfangs asphaltierten Römerweg. –

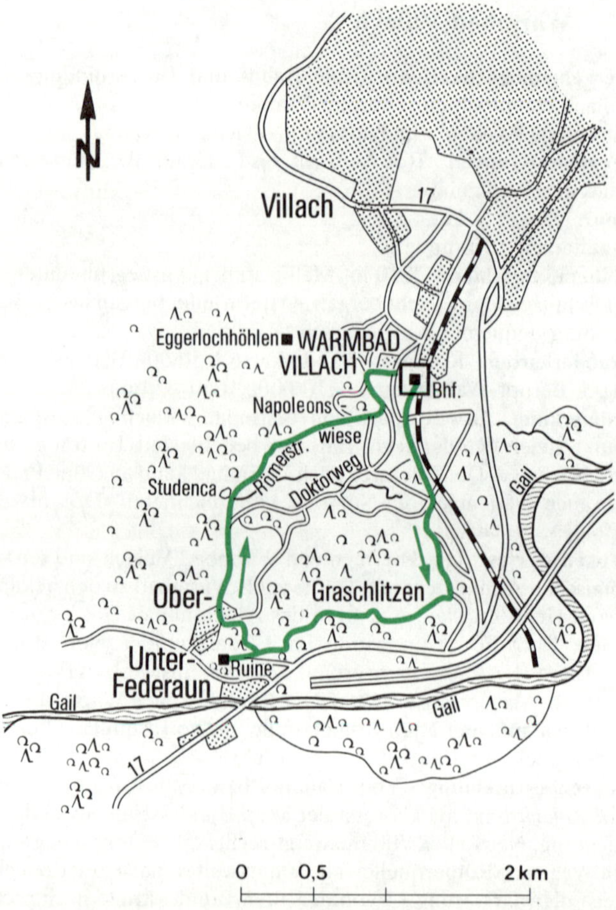

Dieser wendet sich bald nach rechts und erreicht nach etwa 20 Minuten die *Studenza-Quelle*. Immer wieder sind am Weg Spuren der in antiker Zeit hier eingehauenen Fahrrinnen erkennbar. – Kurz nach der Quelle gelangt man zu einer Wegteilung: Beide Äste des Weges sind markiert und treffen einander wieder! Bei einer späteren Weggabelung hält man sich rechts und gelangt auf eine Waldstraße. Vor einer kleinen Brücke verläßt man diese nach rechts und gelangt so zu den Kuranlagen von *Warmbad Villach* und damit zum Ausgangspunkt der Wanderung.

12 Egg am Faakersee – Tabor – Egg am Faakersee

Verkehrsmöglichkeiten Bus von Villach nach Egg am Faakersee.
Parkmöglichkeiten In Egg am Faakersee, in Petschnitzen und am Tabor.
Wegmarkierungen Vom Hotel Sonnblick in Neuegg weiß-rote Farbmarkierung bis zur Aussichtswarte am Tabor. Der Abstieg nach Egg ist überwiegend rot markiert. Zusätzliche Hinweistafeln.
Tourenlänge 5 km.
Wanderzeit 1½ bis 2 Stunden.
Höhenunterschiede 160 m. Kurzer aber anfangs steiler Aufstieg von Petschnitzen zum Tabor. Wahlweise steilerer oder bequemer Abstieg.
Wanderkarten Kompass-Wanderkarte 1:50 000 Blatt 61 oder 64; Freytag & Berndt-Wanderkarte 1:100 000 Blatt 23.
Anmerkung Die kurze aber wunderschöne Wanderung auf den Tabor kann zu jeder Jahreszeit unternommen werden. Von der am Gipfel errichteten Aussichtswarte genießt man einen Prachtblick auf den Faakersee und zu den Karawanken.
Wissenswertes Der Faakersee liegt in einer lieblichen, der Kara-

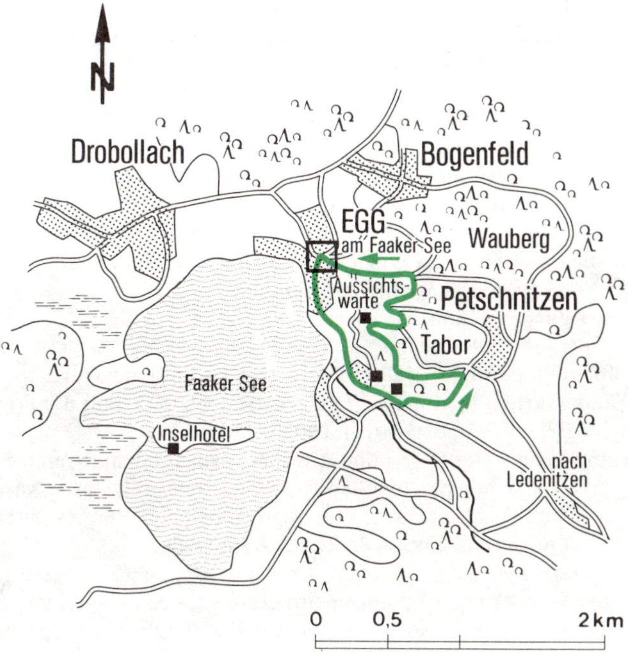

wankenkette vorgelagerten Hügellandschaft. Seine Wassertemperatur liegt im Sommer dank warmer Bodenquellen bei 26° Celsius.
Tourenbeschreibung Von der Seeuferstraße zweigt vor einer Tankstelle am südlichen Ortsende von *Egg* der Dreimühlenweg ab. Er mündet beim Hotel Sonnblick in die Straße Egg–Ledenitzen. Kurz nach dem Hotel leitet links eine Fahrstraße in Richtung Petschnitzen–Tabor. Ihr folgt man bis zum *Taborhof* (etwa ½ Stunde von Egg). Die Wegmarkierung teilt sich hier; man wählt den linken Ast, der auf einem schmalen Fußsteig über Treppen steil nach aufwärts führt. Bei späteren Wegteilungen hält man sich ebenfalls links und gelangt so 1 bis 1¼ Stunden nach dem Abmarsch von Egg zur Jausenstation und zur Aussichtswarte am Gipfel des *Tabor* (711 m).

Im Abstieg folgt man kurz dem asphaltierten Fahrweg. Bald leitet ein steiler, rot bezeichneter Steig zur Spielwiese Egg. Bequeme Wanderer folgen noch einige Minuten der Straße und zweigen erst dann auf einem guten Weg nach links ab. Durch schönen Wald wird ebenfalls bald die Kinderspielwiese erreicht. Etwa 10 Minuten nach der Wiese gelangt man zum kleinen Kirchlein von Egg. Hier wendet man sich nach links und betritt wieder die Seeuferstraße.

13 Maria Wörth – Pyramidenkogel – St. Anna – Maria Wörth

Verkehrsmöglichkeiten Bus oder Schiff bis Maria Wörth.
Parkmöglichkeiten In Maria Wörth, auf den Parkplätzen am Pyramidenkogel und in St. Anna.
Wegmarkierungen Allgemein rot. Bis zum Teixlkreuz Wegnummer 1, von dort bis zu den Parkplätzen Wegnummer 5. Abstieg nach St. Anna Wegnummer 6, dann Wegnummer 13. Von St. Anna bis Maria Wörth Wegnummer 7.
Tourenlänge 8 km.
Wanderzeit 3 Stunden.
Höhenunterschiede 450 m. Meist nur mäßig steile Wege.
Wanderkarten Kompass-Wanderkarte 1:50 000 Blatt 61; Freytag & Berndt-Wanderkarte 1:100 000 Blatt 23.
Anmerkung Der 54 m hohe Aussichtsturm auf dem Pyramidenkogel bietet einen prachtvollen Rundblick über weite Teile Kärntens. Zum Turm und dem ihm angeschlossenen Bergrestaurant führt von Reifnitz eine asphaltierte Autostraße.
Wissenswertes Maria Wörth, der Ausgangspunkt der beschriebenen Wanderung, liegt ungemein reizvoll auf einer Halbinsel am Südufer des Wörthersees. Die gotische Pfarrkirche war ursprüng-

lich befestigt und Mittelpunkt eines Stiftes. In dem die Kirche umgebenden Friedhof befindet sich ein interessanter romanischer Rundkarner. Westlich der Pfarrkirche erhebt sich auf einem kleinen Hügel die 1155 geweihte Liebfrauenkirche. Sehr sehenswert ist auch die herrlich gelegene, spätgotische Filialkirche St. Anna.

Der Wörthersee, Sh 440 m, ist der größte See Kärntens. Er ist 16 km lang, 1 bis 1½ km breit und 86 m tief. Die Wassertemperatur beträgt bis zu 28 Grad. Der See besitzt keine bedeutenden Zuflüsse, seine Entwässerung erfolgt durch die Glanfurt. Am Wörthersee besteht im Sommer ein planmäßiger Schiffsverkehr.

Tourenbeschreibung Beim Hotel Ebner übersetzt man die Wörthersee-Südufer-Straße und folgt dem in westliche Richtung führenden Wanderweg Nummer 1. Dieser beginnt erst später stärker anzusteigen, erreicht nach 45 Minuten das *Bärenkreuz* (einen Bildstock) und 5 Minuten später das *Teixlkreuz*. Der Weg Nummer

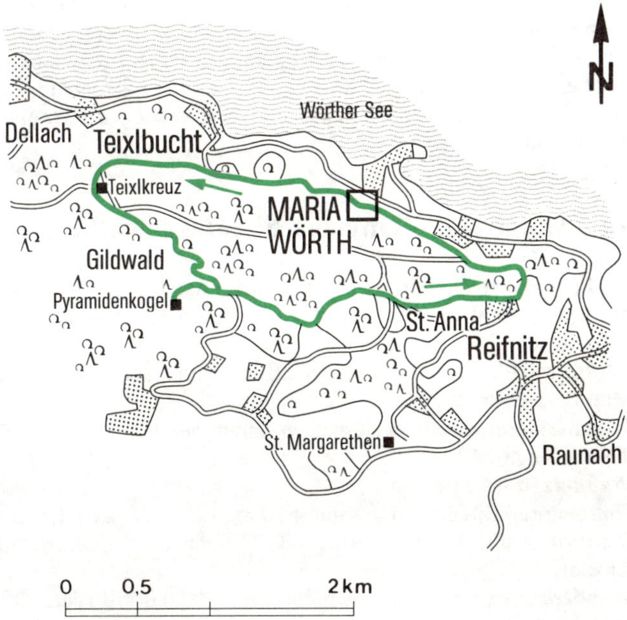

1 behält hier die Richtung bei und führt zum Trattnig-Teich. Der Weg zum Pyramidenkogel wendet sich beim Teixlkreuz nach links und trägt die Wegnummer 5. Zuerst leicht auf und ab führend, steigt er später steiler an, mündet aber dann in einen bequemen Fahrweg, der in Kehren zu den Parkplätzen unter dem Gipfel leitet. In wenigen Minuten gelangt man von hier zum Bergrestaurant und zum Aussichtsturm auf dem *Pyramidenkogel* (846 m, 1½ bis 2 Stunden von Maria Wörth).

Zum Abstieg folgt man der Bergstraße etwa 8 Minuten. Unterhalb der Parkplätze, beim Straßenkilometer 4 gelangt man zur Abzweigung des Weges Nummer 6 in Richtung Reifnitz. Bei einem Bildstock, der nach etwa 10 Minuten erreicht wird, lohnt es sich, den Abstieg zu unterbrechen und nach rechts aus dem Wald zu treten: Von einer Wiese genießt man einen herrlichen Blick zum Keutschachersee und zu den Karawanken. – Vom Bildstock führt die Markierung in wenigen Minuten zu einer Wegteilung, von der die Bezeichnung Nummer 6 direkt nach Maria Wörth führt. Der Weg Nummer 13 erreicht bald einen alleinstehenden Hof, von wo er durch Wald in 20 Minuten nach *St. Anna* leitet (Die wunderschöne Kirche sollte unbedingt besucht werden!). Im kleinen Ort wendet man sich, nun der Markierung Nummer 7 folgend, nach links und erreicht nach einem kurzen Gegenanstieg in 20 Minuten wieder *Maria Wörth.*

14 Maria Saal – Ottmanach – Magdalensberg

Verkehrsmöglichkeiten Bahn bis Maria Saal, Bus von Klagenfurt nach Maria Saal, nach Ottmanach und (nur an Sonn- und Feiertagen) auf den Magdalensberg.
Parkmöglichkeiten In Maria Saal, in Ottmanach und auf dem Magdalensberg.
Wegmarkierung Rot-weiß-rot, Wegnummer 106.
Tourenlänge 12 km.
Wanderzeit 4 Stunden.
Höhenunterschiede Insgesamt 620 m. Leichter Aufstieg nach Stuttern, mäßig steiler Aufstieg von Ottmanach auf den Magdalensberg.
Wanderkarten Kompass-Wanderkarte 1:50 000 Blatt 134; Freytag & Berndt-Wanderkarte 1:100 000 Blatt 23.
Anmerkung Dieser leichte, durch altes Kulturland führende Wanderweg ist fast das ganze Jahr über begehbar. Vom Gipfel des Magdalensberges genießt man eine schöne Sicht auf das Zollfeld und das Klagenfurter Becken sowie zu den Karawanken. Während

des Sommerhalbjahres bietet sich an Sonn- und Feiertagen zur Rückfahrt ein Postautobuskurs vom Tempelplatz am Magdalensberg über Maria Saal nach Klagenfurt an.

Wissenswertes Der am Rande des Zollfeldes gelegene Wallfahrtsort Maria Saal war von 767 bis zur Mitte des 10. Jahrhunderts Bischofssitz. Der prächtige, spätgotische Dom wurde während der Türkeneinfälle befestigt. Er besitzt zwei Türme, der Nordturm trägt die größte Glocke Kärntens. Das Kircheninnere ist reich an Fresken und Schnitzereien. Besonders sehenswert sind der barocke Hochaltar sowie die gotischen Flügelaltäre. An der Außenseite der Kirche findet man römische Reliefsteine. Nordöstlich von Maria Saal befindet sich das Kärntner Freilichtmuseum, in dem bäuerliche Wohn- und Lebensformen gezeigt werden. Im Norden von Maria Saal führt die Bundesstraße 17 am Herzogstuhl, der Huldigungsstätte der Kärntner Herzöge, vorbei.

Auf dem Magdalensberg befinden sich die wohl bedeutendsten archäologischen Ausgrabungen des Alpenraumes. Auf dem von einer spätgotischen Kirche gekrönten Gipfel stand vor 2000 Jahren die Königsburg des keltischen Stammes der Noricer. Unterhalb der Burg erstreckte sich die etwa 3 qkm große Hauptstadt von Noricum. Unter den Römern entstand auf dem Südhang des Berges ein großes Kult-, Verwaltungs- und Handelszentrum. – Durch die umfangreichen Ausgrabungen finden von Mai bis Oktober Führungen statt.

Tourenbeschreibung Von Maria Saal gelangt man nach etwa 30 Minuten Straßenmarsch in den Ort *Winklern*. Dort wendet man sich nach links, um kurz darauf in einen nach rechts führenden Feldweg einzubiegen. Man kommt zum Waldrand, hält sich links, tritt später in den Wald ein und gelangt zu einem Moorsee. Hier biegt man wieder links ab, passiert einen Steg und erreicht, einer Stromleitung folgend, wieder den Waldrand. Auf einer Fahrstraße gelangt man sodann, nach links ansteigend, nach *Stuttern* (1¼ Stunden ab Maria Saal).

Nachdem man den Ort durchquert hat, zweigt man von der Straße rechts ab, um gleich darauf nach links in einen Fahrweg einzuschwenken. Wieder wird der Waldrand erreicht, dem man einige Zeit nach links folgt. Nun schwenkt die Markierung nach rechts in den Wald, durchquert ihn und leitet, bei einem Kreuz nach links drehend, nach *Gammersdorf*. Über einen Wiesenweg gelangt man von dort zur Straße Maria Saal–Pischelsdorf, der man kurz nach links folgt. Nach einigen Schritten wendet man sich nach rechts und gelangt ins Ortszentrum von *Ottmanach* (2½ Stunden ab Maria Saal).

An der Kirche vorbeiwandernd, erreicht man nun, stark anstei-

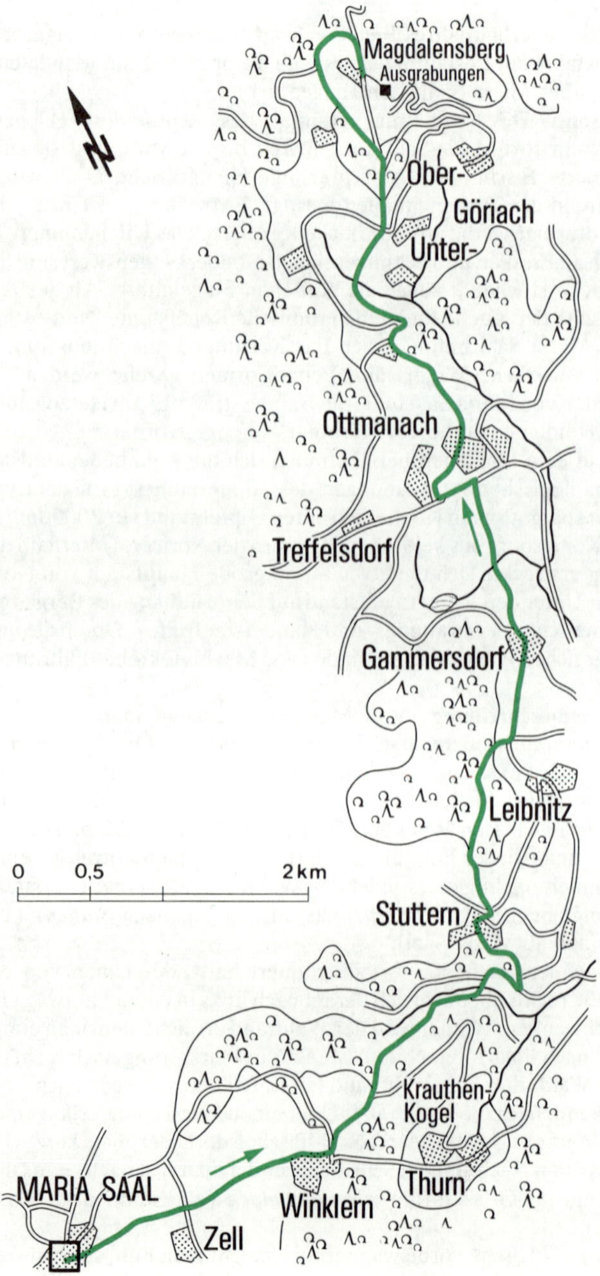
Magdalensberg
Ausgrabungen
N
Ober-
Göriach
Unter-
Ottmanach
Treffelsdorf
Gammersdorf
Leibnitz
0
0,5
2 km
Stuttern
Krauthen-
Kogel
MARIA SAAL
Winklern
Thurn
Zell

gend, die gut ausgebaute Straße zum Magdalensberg. Bei einer Linkskurve wird die Straße nach rechts verlassen, man gelangt nach *Göriach* und stößt bald darauf neuerlich auf die Straße, der man nun bei Schlechtwetter oder bei Schneelage bis zum Gipfel folgen sollte. Der Wanderweg verläßt die Straße oberhalb von Göriach nach links, führt durch den Wald steil bergan und erreicht bald nach einem Bauernhaus die von St. Donat heraufkommende Markierung. Gemeinsam führen nun beide Wege, zuletzt nach rechts drehend, in 25 Minuten zum Gipfel des *Magdalensberges* (1059 m – 1½ Stunden von Ottmanach). Unterhalb der Kirche ladet ein gutgeführter Gasthof zur Rast.

15 St. Donat – Magdalensberg – Hochosterwitz – Launsdorf

Verkehrsmöglichkeiten Bus von Klagenfurt bis St. Donat. Rückfahrt mit der Bahn oder mit dem Bus von Launsdorf-Hochosterwitz.
Parkmöglichkeiten In St. Donat, in Hochosterwitz und auf dem Magdalensberg.
Wegmarkierungen Von St. Donat bis auf den Magdalensberg rot-weiß-rot, Wegnummer 160. Vom Magdalensberg bis zum Ort Hochosterwitz rot.
Tourenlänge 12 km.
Wanderzeit 4 bis 5 Stunden.
Höhenunterschiede Insgesamt 750 m. Mäßig steiler Auf- und Abstieg.
Wanderkarten Kompass-Wanderkarte 1:50 000 Blatt 134, Freytag & Berndt-Wanderkarte 1:100 000 Blatt 23.
Anmerkung Die Überschreitung des Magdalensberges ist die dankbarste Tour im Gebiet des Zollfeldes. Der Anstieg zum Gipfel kann auch von Maria Saal aus erfolgen (Wanderung Nr. 14), die Wanderzeit erhöht sich dann um etwa 1½ Stunden. Die hier beschriebene, bequeme Tagestour findet im Besuch der berühmten Feste Hochosterwitz ihren Abschluß.
Wissenswertes Neben den Ausgrabungen auf dem Magdalensberg zählt auch die Burg Hochosterwitz zu den bekanntesten Sehenswürdigkeiten Kärntens. Die imposante Feste wurde im 16. Jahrhundert auf einem, das Tal um 150 m überragenden Felsen erbaut. Die Burg befindet sich seither ununterbrochen im Besitz der Familie Khevenhüller. Vor dem Erreichen des obersten Burghofes müssen 14 Tore passiert werden. Schon während dieses Aufstieges genießt man prächtige Ausblicke. Durch die Hochburg finden Führungen statt. Ein Restaurant sorgt für das Wohl der Gäste.

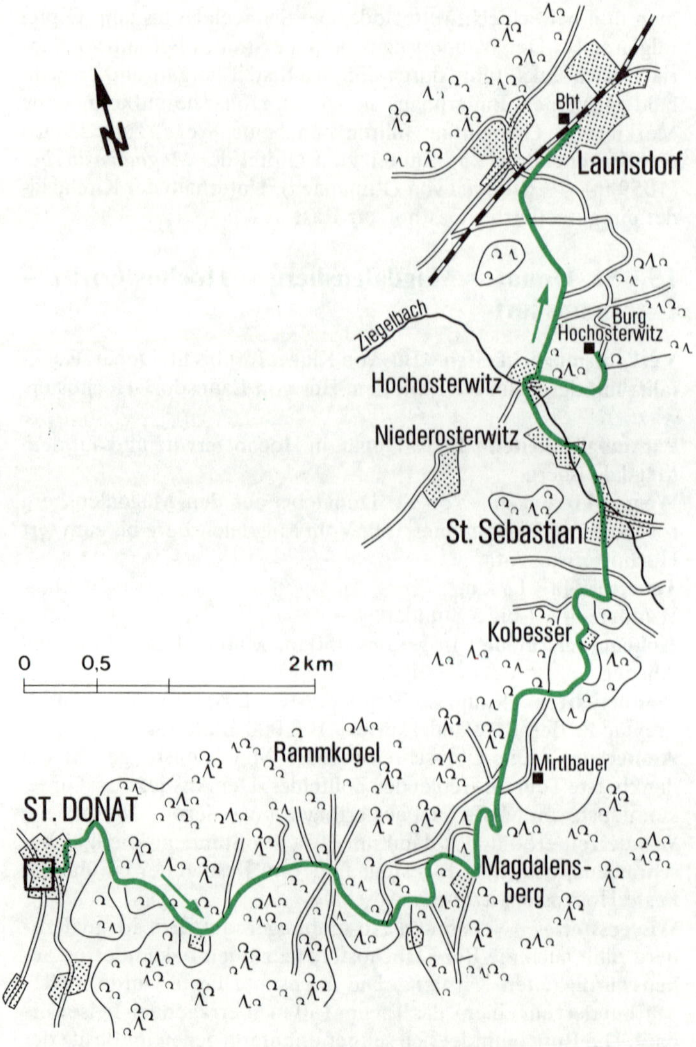

Launsdorf
Bht.
Burg
Hochosterwitz
Ziegelbach
Hochosterwitz
Niederosterwitz
St. Sebastian
Kobesser
0
0,5
2 km
Rammkogel
Mirtlbauer
ST. DONAT
Magdalens-
berg

Tourenbeschreibung Ab der reizvollen Kirche von *St. Donat* folgt man der Straße nach Hochosterwitz etwa 7 Minuten. Dort zweigt bei Wegtafeln ein Steig ab, der vorerst den Berghang schräg nach aufwärts quert, dann kurz einer Erdgasleitung folgt und sich später nach links wendet. Bald wird ein Gatter durchschritten und eine große Wiese erreicht. Ein Stallgebäude bleibt rechts liegen. Der Weg beschreibt nun zwei große Kehren und verläßt noch vor dem nächsten Viehstall die Wiese nach links (45 Minuten ab St. Donat).

Mäßig ansteigend wandert man durch Hoch- und Jungwald, bei Wegverzweigungen hält man sich erst links, dann rechts. Etwa 1½ Stunden ab St. Donat wird ein Bildstock und wenig später eine Forststraßenkreuzung erreicht. Man schwenkt hier halblinks in einen Waldweg ein und gelangt auf ihm in etwa 30 Minuten zu einem Bergrücken, wo die Markierung in den von Maria Saal kommenden Unterkärntner Hügellandweg einmündet. Beide Wege führen nun gemeinsam bergan, wenden sich später nach rechts und erreichen etwa 25 Minuten nach ihrer Vereinigung die Kirche und den Gasthof auf dem *Magdalensberg* (1059 m).

Beim Abstieg geht man den Anstiegsweg knapp 5 Minuten bis zur letzten Wegtafel zurück, biegt dann aber nicht links ab, sondern folgt dem geraden Weg in Richtung Launsdorf–Hochosterwitz. Achtung! Bald kommt man zu einem Überstieg. Hier verläßt man die rot-weiß-roten, in Richtung Gräberstraße führenden Marken und folgt der roten Bezeichnung über den Zaun nach links abwärts. Der anfangs schlechte Weg wird bald besser und erreicht nach etwa 30 Minuten einen Stall. Der Wald tritt hier zurück und gibt einen schönen Blick auf Hochosterwitz frei; die Markierung dreht nach links und führt an einem Hof vorbei, der rechts liegenbleibt. Über Wiesen, durch Wald, Hohlwege und Felder gelangt man 1¼ Stunden nach dem Abmarsch vom Magdalensberg nach *St. Sebastian.*

Die Markierung folgt nun einer asphaltierten Nebenstraße, die nach 1 km beim *Ort Hochosterwitz* in die Straße St. Donat–Launsdorf mündet (Gasthaus). Der Eingang zur Burg wird von hier aus entweder auf der Zufahrtsstraße oder auf einem links von ihr bergan führenden Fußweg in 10 Minuten erreicht. Von St. Sebastian führt ein unmarkierter Fußweg direkt zur *Burg Hochosterwitz*.

Nach der Besichtigung der Feste kehrt man zum Ort Hochosterwitz zurück, von wo man auf der Straße in 15 Minuten die Bushaltestelle Hochosterwitz–Abzweigung, in 25 Minuten den Bahnhof *Launsdorf-Hochosterwitz* erreicht.

16 Karnburg – Ulrichsberg

Verkehrsmöglichkeiten Bus von Klagenfurt nach Karnburg. Bahn bis Maria Saal, von dort 2,5 km Straße nach Karnburg.
Parkmöglichkeiten In Karnburg und beim Gasthof Kollerwirt.
Wegmarkierungen Rot-weiß-rot.
Tourenlänge 5 km.
Wanderzeit 2½ Stunden.
Höhenunterschiede Insgesamt 515 m. Bis zum Gasthaus Kollerwirt (740 m) mäßige Steigung, dann teilweise etwas steiler Anstieg.
Wanderkarten Kompass-Wanderkarte 1:50 000 Blatt 134, Freytag & Berndt-Wanderkarte 1:100 000 Blatt 23.
Anmerkung Sehr lohnende Wanderung, die kulturelle Erlebnisse mit schönen Landschaftsbildern verbindet. Wenn der Gasthof Kollerwirt mit dem Kraftfahrzeug erreicht wird, beträgt die Anstiegszeit nur 1 Stunde. Der Gipfel des Ulrichsberges gewährt eine prächtige Aussicht auf das Klagenfurter Becken und auf das Gebirge.
Wissenswertes Die aus der karolingischen Zeit stammende Kirche stellt eine kulturelle Kostbarkeit ersten Ranges dar, sie wird als der älteste bestehende christliche Kultbau der Ostalpen bezeichnet und war Krönungsstätte der Kärntner Herzöge.

Auf dem Gipfel des Ulrichsberges befand sich ein Tempel der keltischen Göttin Norica. Die Ruinen einer späteren christlichen Kirche beherbergen heute eine Gedenkstätte für die Gefallenen beider Weltkriege. Neben der Kirchenruine erhebt sich ein mächtiges Gipfelkreuz.

Tourenbeschreibung Vom Gasthaus Moser in *Karnburg* folgt man der nach Stegendorf führenden, stark ansteigenden Straße. Nach etwa 10 Minuten Gehzeit erreicht man bei einer Linkskehre einen Bildstock (Ein Abstecher von hier zur nahen, hochgelegenen Kirche wird unbedingt empfohlen!). Kurz nach einem weiteren Bildstock zweigt von der Straße nach rechts ein Feldweg ab (Beginn der Markierung!), der am Waldrand nach links verlassen wird. Im Wald steigt die Markierung mäßig steil an und erreicht nach etwa 30 Minuten eine von Karnburg über Pörtschach am Berg heraufführende schmale Asphaltstraße. Auf ihr gelangt man in Kürze zum schöngelegenen *Gasthaus Kollerwirt* (1¼ Stunden von Karnburg. Von einer nahen Anhöhe herrlicher Ausblick!).

Kurz nach dem Gasthaus biegt die Asphaltstraße nach links ab, die Markierung führt auf einer Waldstraße geradeaus weiter. Einige Minuten nach der Einmündung eines Fahrweges von links weisen die Marken ebenfalls nach links und leiten auf einem steilen

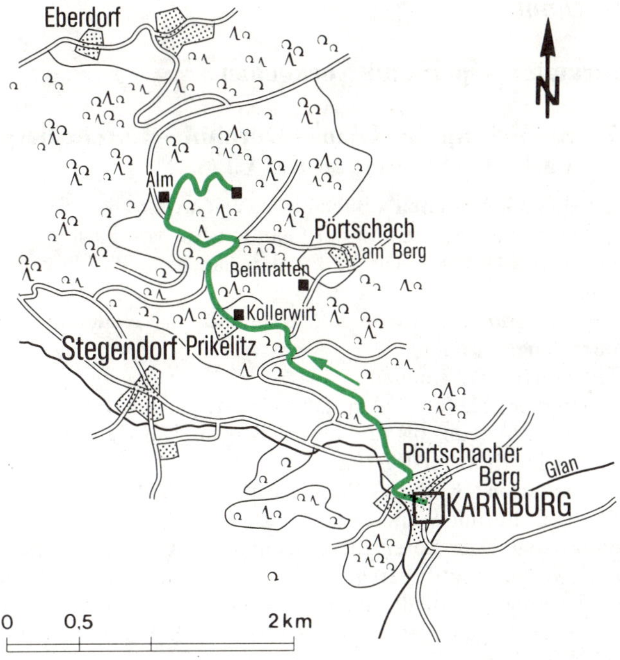

Steig durch Wald zur *Ulrichsbergalm*. Die in Kehren ebenfalls hierher führende Waldstraße wird gekreuzt; über steiles Wiesengelände erreicht man den bewaldeten Gipfelaufbau. Hier hält man sich, weniger steil ansteigend, nach links und gelangt auf eine neuangelegte Schotterstraße. Ihr folgt man kurz bergan, wendet sich dann nach rechts und steht wenig später vor der Kirchenruine am Gipfel des *Ulrichsberges* (1015 m).

Gurktaler Alpen und Nockgebiet

17 St. Veit an der Glan – Dornhof – Lorenziberg – Fachau – St. Veit an der Glan

Verkehrsmöglichkeiten Bahn bis St. Veit an der Glan. Eventuell Rückfahrt nach St. Veit an der Glan mit Bus von Fachau.
Parkmöglichkeiten In St. Veit an der Glan, beim Stachlhof und in Fachau.
Wegmarkierungen Keine. Die Wegführung ist eindeutig.
Tourenlänge 16 km.
Wanderzeit 4½ Stunden.
Höhenunterschiede 490 m. Der Weg steigt ohne Höhenverlust in geringer Steigung bis zum Lorenziberg an. Das Gefälle des Abstiegsweges ist äußerst gering.
Wanderkarten Kompass-Wanderkarte 1:50 000 Blatt 134, Freytag & Berndt-Wanderkarte 1:100 000 Blatt 23.
Anmerkung Der Lorenziberg ist ein prächtiger Aussichtspunkt. Da die Wanderroute überwiegend auf Waldstraßen und asphaltierten Fahrwegen verläuft, kann die Wanderung auch nach länger dauernden Regenfällen empfohlen werden. Bei Busrückfahrt ab Fachau verkürzt sich die Wanderzeit um 1 Stunde.
Wissenswertes St. Veit an der Glan war bis 1518 Landeshauptstadt von Kärnten. Zahlreiche noch erhaltene Bauten und Kunstdenkmäler künden von dieser Zeit. Besonders sehenswert der Hauptplatz mit seinen schönen Bürgerhäusern, dem Waltherbrunnen und der Pestsäule, die romanisch-gotische Basilika, die Herzogsburg sowie die teilweise noch vorhandenen Stadtbefestigungen. Die Umgebung der Stadt ist reich an Burgen und Schlössern. St. Veit ist ein wichtiger Bahnknotenpunkt.
Tourenbeschreibung Vom Hauptbahnhof gelangt man durch die Bahnhofsstraße und über den Schillerplatz in 10 Minuten in das Zentrum der Stadt. Am Hauptplatz wendet man sich sofort nach rechts und wandert durch die Spitalgasse und die Parkgasse zum *Vituspark*. Für den Weiterweg bieten sich nun zwei Möglichkeiten an: Entweder überschreitet man am Parkbeginn einen Steg und steigt jenseits des Mühlbaches in 3 Minuten zur *Vituskapelle* an, oder man wählt den Weg durch den Park, an dessen Ende sich beide Varianten wieder vereinigen. Man folgt nun noch etwa 15 Minuten dem Bach, dann weitet sich der Graben und man stößt auf eine Asphaltstraße, auf der man nach links in Kürze den Lindenwirt in *Hintnausdorf* erreicht (1 Stunde von St. Veit).

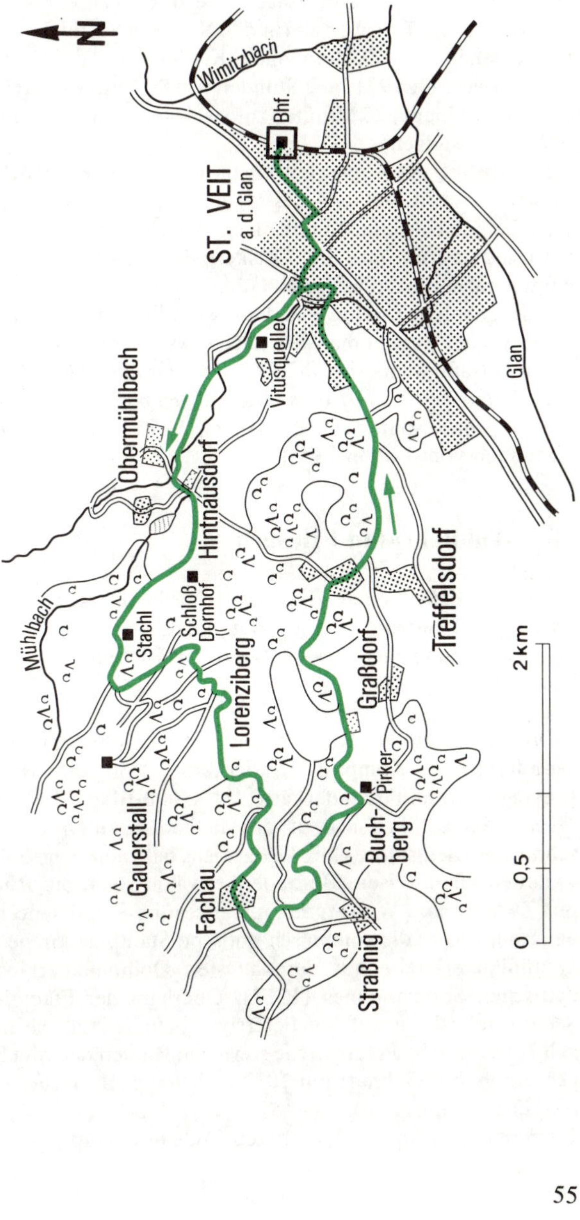
N
Wimitzbach
Bhf.
ST. VEIT
a. d. Glan
Glan
Vitusquelle
Obermühlbach
Hintnausdorf
Mühlbach
Stachl
Schloß
Dornhof
Lorenziberg
Gauerstall
Fachau
Treffelsdorf
Graßdorf
Pirker
Buch-
berg
Straßnig
0
0,5
2 km

Gleich nach dem Gasthaus wendet man sich bei einem Wegkreuz nach rechts. Bald sieht man das *Schloß Dornhof*, welches links liegen bleibt. Die Straße steigt nun etwas stärker an, führt am Stachlhof vorbei und beschreibt danach eine große Kehre. Kurz nach ihr zweigt links ein Fahrweg ab (in der Nähe ein Schilift), auf ihm erreicht man in etwa 30 Minuten das Kirchlein und das Gasthaus auf dem *Lorenziberg* (971 m, 2 Stunden von St. Veit. – Gipfelsammler können von hier in 25 Minuten zum waldverwachsenen Gauerstall, 1129 m, ansteigen).

Im Abstieg quert man auf einem guten, fast ebenen Weg den aussichtsreichen Südhang des Gauerstalls. Im Wald beginnt der Weg dann leicht zu fallen und erreicht nach knapp 20 Minuten die Streusiedlung *Fachau*. Im Ortskern hält man sich nach links, kommt auf einen asphaltierten Güterweg und gelangt bald zu einer Straßengabelung (Haltestelle der Postbuslinie St. Veit an der Glan – Sörg). Hier wendet man sich nach links und erreicht, nun immer auf der Straße wandernd, in 25 Minuten *Graßdorf* (Gasthaus) und kurz darauf *Treffelsdorf* (das Ortszentrum bleibt rechts im Tal liegen). ½ Stunde später ist man wieder in *St. Veit an der Glan* (1½ bis 2 Stunden vom Lorenziberg).

18 Waldlehrpfad Friesach

Verkehrsmöglichkeiten Bahn und Bus bis Friesach.
Parkmöglichkeiten Friesach Hauptplatz.
Wegmarkierung Rot-blau sowie Hinweistafeln.
Tourenlänge 5 km.
Wanderzeit 1½ Stunden.
Höhenunterschiede Keine nennenswerte Höhenunterschiede.
Wanderkarten Kompass-Wanderkarte 1:50 000 Blatt 133, Freytag & Berndt-Wanderkarte 1:100 000 Blatt 23.
Wissenswertes Friesach, die älteste Stadt Kärntens und eine der schönsten Kleinstädte ganz Österreichs hat zahlreiche Sehenswürigkeiten aufzuweisen. Besonders erwähnt seien die Ringmauer mit Zwinger und Wassergraben, der schöne Renaissancebrunnen am Hauptplatz, die romanisch-gotische Stadtpfarrkirche und die Dominikanerkirche mit dem ältesten Dominikanerkloster des deutschen Sprachraumes (1217). Oberhalb der Stadt liegt das Schloß Geiersburg; auf dem Petersberg befinden sich die ursprünglich karolingische Peterskirche sowie die Ruinen der vom Salzburger Erzbischof Gebhart um 1077 errichteten Burg (Friesach war bis 1805 salzburgisch).
Tourenbeschreibung Am oberen Ende des Hauptplatzes zweigt

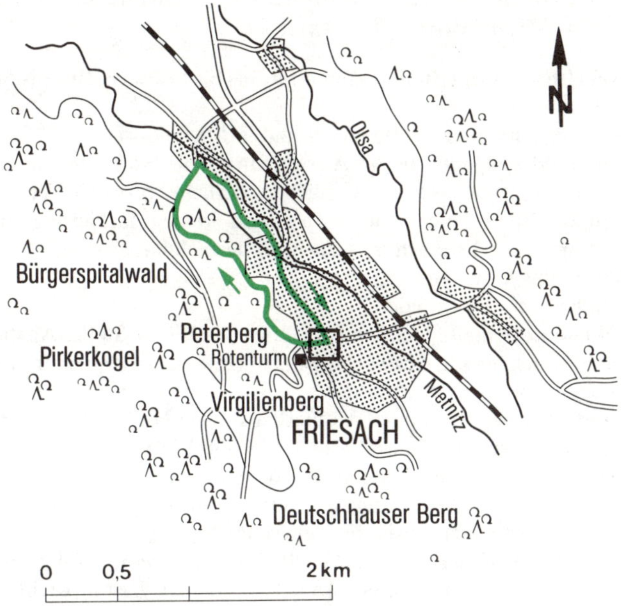

rechts vom Gasthof *Metnitztalerhof* die Sackgasse ab. Man folgt ihr, schwenkt nach rechts und passiert einen Torbogen. Neben einer Mauer entlanggehend, kommt man bald zur Abzweigung des zu den Kulmitzer Teichen führenden Wanderweges (siehe Wanderung Nr. 19); zum Waldlehrpfad geht man geradeaus weiter. Bei einer Kreuzung mit einem, zu den Ruinen des Petersberges führenden Fahrweg, zweigt man in den Babarabadweg ein. Nahe dem mächtigen, noch heute bewohnten Schloß Geiersburg wird der Wald betreten. Wenige Minuten später ist das *Puckbrünndl* (Quelle mit Rastplatz) erreicht. Bei der folgenden Weggabelung hält man sich links. Bald darauf hat man einen schönen Blick auf den Höhenzug der Grebenzen (1892 m). Einige Minuten später mündet unser Steig in einen Güterweg ein, dem man nach rechts bis an den Waldrand folgt. Hier wird der Güterweg wieder verlassen. Man wendet sich wieder nach rechts, kommt an einer Baumschule vorbei und erreicht bald darauf bei einem Sägewerk das Ende des Waldlehrpfades (1 Stunde ab Friesach). – Um wieder zum Ausgangspunkt zu gelangen, benützt man einen schmalen, entlang eines Wasserlaufes führenden Steig. Dieser führt bis zur Neumarkterstraße, über die man zurück zum Friesacher Hauptplatz wandert.

19 Friesach – Ruine Rotenturm – Kulmitzer Teiche – Micheldorf – Friesach

Verkehrsmöglichkeiten Bahn oder Bus bis Friesach, Bus bis Micheldorf.
Parkmöglichkeiten In Friesach und in Micheldorf.
Wegmarkierungen Bis zur Abzweigung in die Höll rot-weiß-rot, von dort bis zu den Kulmitzer Teichen spärliche rot-weiße Wegzeichen, von den Teichen bis Grafendorf keine Markierung; der Rückweg nach Friesach ist blau-weiß bezeichnet.
Tourenlänge 13 km.
Wanderzeit 3½ Stunden.
Höhenunterschiede Gesamtsteigung etwa 350 m. Steiler Anstieg von Friesach bis zur Abzweigung in die Höll, dann bequemer Weiterweg.
Wanderkarten Kompass-Wanderkarte 1:50 000 Blatt 133, Freytag & Brendt-Wanderkarte 1:100 000 Blatt 23.
Anmerkung Diese leichte Wanderung kann zu jeder Jahreszeit, hohe Schneelage ausgenommen, durchgeführt werden. Sie führt durch die östlichen Ausläufer der Metnitzer Alpen.
Tourenbeschreibung Vom Gasthof *Metnitztalerhof* folgt man dem bei der Wanderung Nr. 18 beschriebenen Weg in Richtung Waldlehrpfad, steigt aber bald zum Waldrand auf und erreicht die *Ruine Rotenturm*. Beim Wegweiser in Richtung Teichgraben hält man sich rechts, passiert mächtige Gesteinsblöcke und gelangt steil ansteigend zu einer Wiese, die an ihrem oberen Ende überquert wird. Beim ersten der bald darauf erreichten Häuser hält man sich rechts, übersetzt einen Fahrweg und steigt entlang des Waldrandes sowie später über eine weitere Wiese bis zu einer Kapelle an. Hier stößt man auf einen Güterweg, dem man nach links folgt (nach rechts würde man zum Pirkerkogel und in die Höll kommen). Bald wird eine Weggabelung erreicht, bei der man sich rechts hält. Bei der nächsten, unter dem Deutschhauserberg gelegenen Abzweigung wählt man den linken Ast und erreicht nach etwa 25 Minuten den ersten der beiden *Kulmitzer Teiche* (1½ Stunden ab Friesach). An seinem linken Ufer bleibend, kommt man bald darauf zum zweiten Teich und zu einer Jausenstation. Von dieser wandert man zuerst auf einem schönen Waldweg, dann auf einem Güterweg zum *Kneippkurbad Micheldorf*. Von der Anstalt leitet eine kurvenreiche Straße in rund 15 Minuten in den Ort *Micheldorf* (1 Stunde vom oberen Teich). Am Ortsbeginn quert man bei einem Bildstock nach links, gelangt zur Landstraße nach Friesach und erreicht auf ihr nach etwa 35 Minuten die Straßenabzweigung nach Grafendorf. Genau ihr gegenüber zweigt ein schöner Promenadenweg ab,

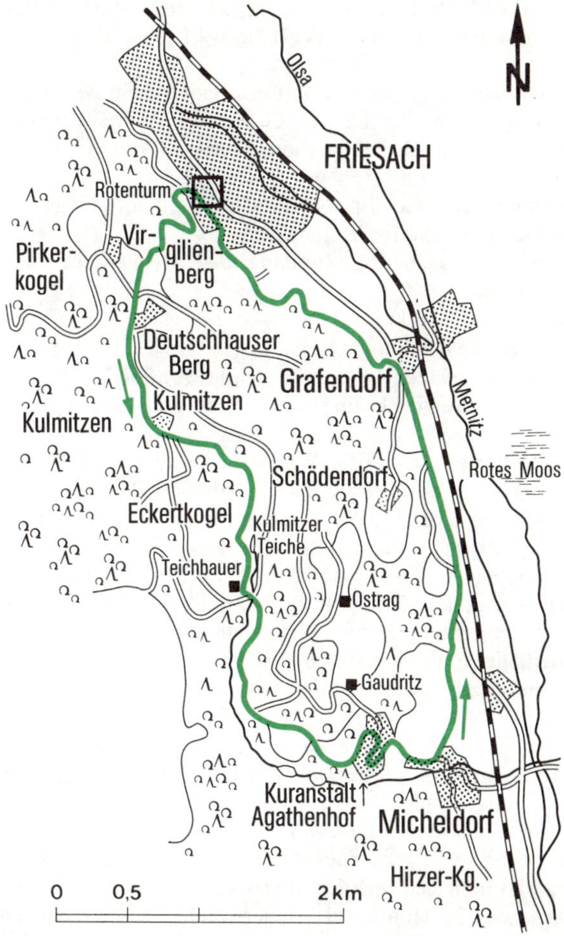

auf dem man in etwa 25 Minuten zurück zum Friesacher Hauptplatz gelangt.

20 Niederwinklern – Goggausee – Zammelsberger Dichtersteine – Weitensfeld

Verkehrsmöglichkeiten Bahn bis Feldkirchen, von dort Bus bis Niederwinklern ober bis zum Goggausee. Von Weitensfeld Busverbindungen nach Feldkirchen, Treibach-Althofen und Klagenfurt.
Parkmöglichkeiten In Niederwinklern, am Goggausee, im Zammelsberg und in Weitensfeld.
Wegmarkierungen Nur entlang des Goggausees blau-weiße Farbzeichen.
Tourenlänge 16 km.
Wanderzeit 4½ Stunden.
Höhenunterschiede Gesamtsteigung etwa 350 m. Steiler Anstieg vom Goggausee bis Edling, dann angenehme Neigungsverhältnisse.
Wanderkarten Kompass-Wanderkarte 1:50 000 Blatt 134, Freytag & Berndt-Wanderkarte 1:100 000 Blatt 23.
Anmerkung Leichte Wanderung durch das stille und einsame Mittelgebirgsland der Wimitzer Berge.
Wissenswertes 10 km talaus von Weitensfeld, dem Zielort dieser Wanderung, liegt Gurk, berühmt durch seinen Dom, der als eines der bedeutendsten romanischen Bauwerke gilt. Sein Besuch muß unbedingt empfohlen werden.
Tourenbeschreibung Ausgangspunkt dieser Wanderung ist die zur Gemeinde Steuerberg gehörende Ortschaft *Niederwinklern*. Gegenüber vom Gasthof Leitgeb (Busstation) zweigt ein Fahrweg von der Straße ab (alter Markierungspfeil zur Simonhöhe) und führt in etwa 10 Minuten zum Waldrand. Links abbiegend, steigt man nun an und geht bei einer oberhalb eines Fischteiches gelegenen Rechtskurve geradeaus weiter. Bei einer folgenden Weggabelung hält man sich rechts und erreicht in Kürze das Südende des *Goggausee* (20 Minuten ab Niederwinklern). Am rechten Seeufer steigt die Markierung neuerlich an und führt zur Abzweigung des Wanderweges zur Simonhöhe. Man hält sich links und benützt den schönen, oberhalb des Sees verlaufenden Steig bis zu seiner Einmündung in einen Fahrweg, auf dem man das Nordende des Sees erreicht. Nach der Überschreitung des Wimitzbaches stößt man auf eine Straße, auf der man, links einschwenkend, zum *Gasthaus Goggauwirt* gelangt (45 Minuten ab Niederwinklern, Bushaltestelle).

Von Goggauwirt wandert man etwa 15 Minuten auf der Straße in Richtung Edling, folgt bei einer Rechtskurve einem Güterweg nach links und gelangt nach etwa 20 Minuten zu einer Wegver-

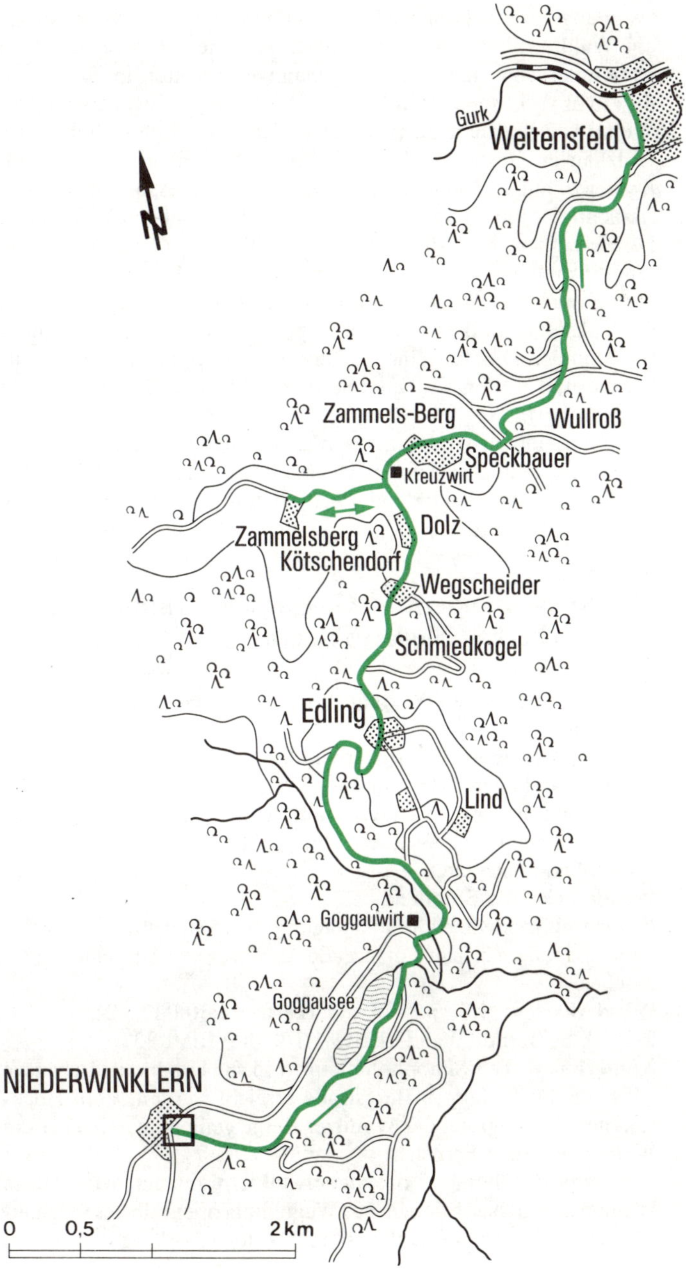
Gurk
Weitensfeld
N
Zammels-Berg
Wullroß
Speckbauer
Kreuzwirt
Dolz
Zammelsberg
Kötschendorf
Wegscheider
Schmiedkogel
Edling
Lind
Goggauwirt
Goggausee
NIEDERWINKLERN
0
0,5
2 km

zweigung. Hier hält man sich rechts und steigt durch Wald, später am Waldrand zu einzelnen Häusern an. Hier nach rechts, dann nach links schwenkend, erreicht man wenig später im Ort *Edling* die zuvor verlassene Straße wieder (1 Stunde ab Goggauwirt). Der Weiterweg vollzieht sich nun über Kötschendorf (schöne, alte Holzhäuser, Gasthaus Michelwirt) bis zur Paßhöhe beim Gasthof *Kreuzwirt* auf der Landstraße. Nahe des Gasthofes, bei einem Bildstock an der linken Straßenseite, weist eine Tafel den Weg zu den *Dichtersteinen*. Man steigt leicht an, hält sich bei einer Weggabelung links, bei einer weiteren rechts und erreicht, 15 Minuten ab dem Kreuzwirt, die in stimmungsvoller Umgebung aufgestellten Gedenksteine für österreichische, speziell aber für Kärntner Dichter. Von den Dichtersteinen gelangt man in wenigen Minuten zur Kirche und in den Ort *Zammelsberg* (1103 m, 2 Stunden vom Goggauwirt).

Vom Zammelsberg wandert man auf der Straße zurück zum Kreuzwirt, wendet sich dort nach links und erreicht, die Kehren der Straße mehrmals abkürzend 1½ bis 2 Stunden ab Zammelsberg *Weitensfeld* im Gurktal.

21 Niederwinklern – Goggausee – Simonhöhe – Hocheck – Niederwinklern

Verkehrsmöglichkeiten Bahn bis Feldkirchen, Bus bis Niederwinklern.
Parkmöglichkeiten In Niederwinklern und auf der Simonhöhe.
Wegmarkierungen Bis zum Goggausee blau-weiß, von dort bis zur Simonhöhe rot-weiß, Wegnummern 6, später 9. Im Abstieg ab Gehöft Tschamutsch Wegbezeichnung D.
Tourenlänge 16 km.
Wanderzeit 5½ Stunden.
Höhenunterschiede Gesamtsteigung etwa 550 m. Steiler Anstieg vom Goggausee bis zur Forststraße sowie von der Simonhöhe aufs Hocheck.
Wanderkarten Kompass-Wanderkarte 1:50 000 Blatt 134, Freytag & Berndt-Wanderkarte 1:100 000 Blatt 23.
Anmerkung Die Simonhöhe kann von St. Urban am Urbansee auf einer 11 km langen Bergstraße erreicht werden. Vom Hocheck, dem Hauptgipfel der Wimitzer Berge genießt man bei klarem Wetter eine gute Fernsicht.
Tourenbeschreibung Von Niederwinklern gelangt man, wie in Wanderung 20 beschrieben, zur Wegteilung oberhalb des Goggausees. Nach der Abzweigung nach rechts steigt der Weg steil an. Bei

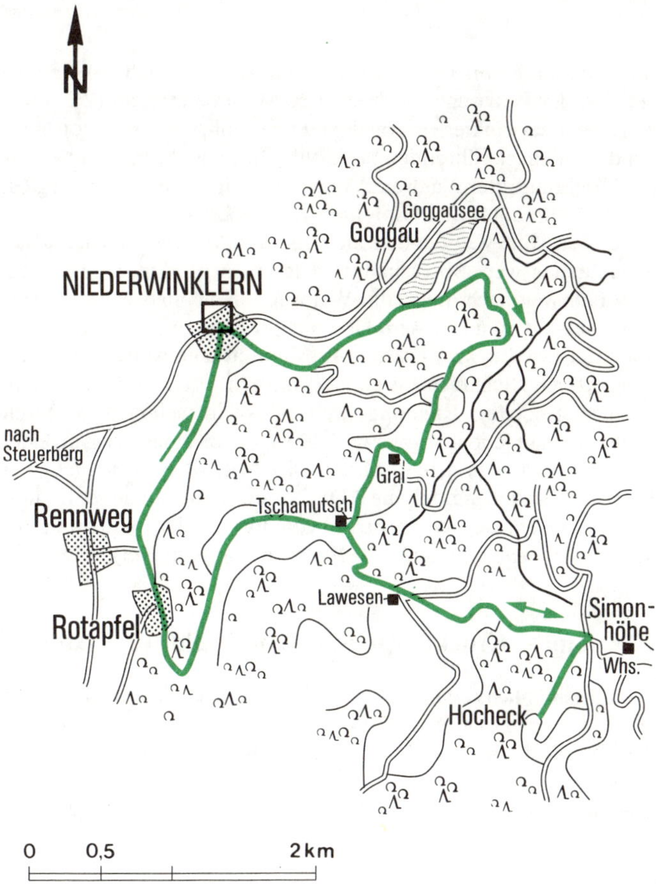

zwei Gabelungen hält man sich neuerlich nach rechts und stößt bald auf den ebenfalls vom See heraufführenden Weg Nr. 9. Man folgt auch ihm nach rechts, hält sich bei den folgenden Verzweigungen erst links, dann aber wieder rechts und quert sodann einen Güterweg (30 Minuten ab dem Goggenausee). Nun sanfter ansteigend, zweigt man bei einer Rechtskurve gegen eine Anhöhe ab (schöner Ausblick), hält sich dann links und gelangt durch Fichtenwald absteigend zu einer von Niederwinklern kommenden Straße. In diese nach links einschwenkend, erreicht man nach etwa 15 Minuten das Gehöft Grai und bald darauf das Anwesen Tschamutsch. Etwas später gelangt man in den kleinen Ort *Lawesen* (1½ Stunden vom Goggausee). Eine Tafel zeigt hier den Weg zum

Gasthof Simonhöhe (1227 m), den man auf dem nach links leitenden Ast des Fahrweges nach etwa 20 Minuten erreicht (2½ Stunden ab Niederwinklern). Von der hier befindlichen Talstation eines auf das Hocheck führenden Schleiflifte führt ein Weg in südwestlicher Richtung zum Waldrand. Von dort steigt man, zuletzt weglos, in 20 Minuten auf den Gipfel des *Hocheckes* (1338 m).

Für den Rückweg benützt man bis zum Anwesen Tschamutsch den Aufstiegsweg. Ab Tschamutsch leitet die Markierung D auf einem Fahrweg nach links zum Waldrand. Nochmals links abzweigend, gelangt man zu einem Überstieg. Zuerst durch Wald, später über Bergwiesen wird in etwa 45 Minuten eine weitere Abzweigung erreicht. Scharf rechts einbiegend, geht es leicht absteigend in entgegengesetzter Richtung weiter. Nach weinigen Minuten schwenkt man jedoch wieder nach links, kreuzt einen Weg, erreicht eine Fahrstraße und bald darauf die Ansiedlung *Rotapfel* (1¼ Stunden von der Simonhöhe). Der Straße weiter folgend, kommt man nach Rennweg-Grabern und von dort auf der Landstraße zurück nach *Niederwinklern* (30 Minuten von Rotapfel).

22 Alpl – Kruckenspitze – Kruckenhütte – Alpl

Verkehrsmöglichkeiten Bus von Feldkirchen bis Hochrindl, von dort 2 km Fahrweg bis zum Gasthof Alpl.
Parkmöglichkeiten In Hochrindl und beim Gasthof Alpl (1529 m).
Wegmarkierungen Bis zur Kruckenhütte grün-weiß, Wegnummer 14; dann rot-weiß, später rot-weiß-rot, Wegnummern 8 und 158.
Tourenlänge 8 km.
Wanderzeit 2½ Stunden.
Höhenunterschied 380 m.
Wanderkarte Freytag & Berndt-Wanderkarte 1:100 000 Blatt 23.
Anmerkung Bequeme, auch für kleinere Kinder geeignete Wanderung durch eine prächtige Wald- und Almlandschaft. Der Gasthof Alpl liegt inmitten von Bergwiesen am Straßensattel zwischen Ebene Reichenau und Sirnitz im Quellgebiet der Gurk. Die den Nockbergen vorgelagerte Kruckenspitze wird gegen Süden und Südosten bis zur Karawankenkette bzw. bis zur Saualpe von keinem Gipfel überragt und bietet daher eine prächtige ungehinderte Fernsicht.
Tourenbeschreibung Vom *Gasthof Alpl* gelangt man auf einem guten, leicht bergab führenden Fahrweg bald in den Wald. Der

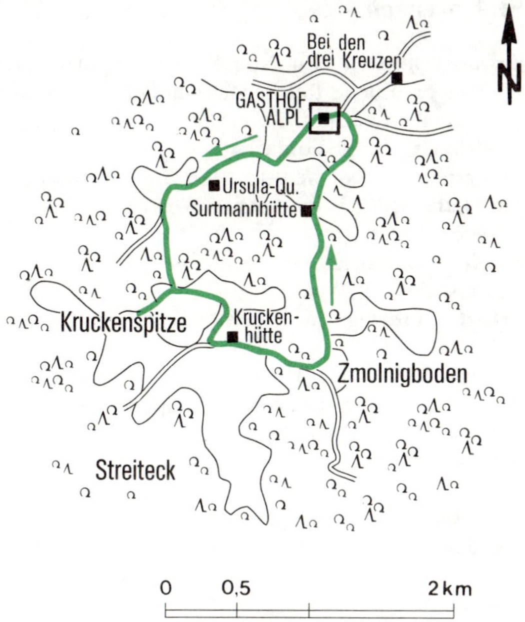

Weg führt später über Wiesen und steigt dann wieder etwas an. Nach etwa 20 Minuten Gehzeit verläßt die Markierung den breiten Weg nach links aufwärts und führt, die *Ursula-Quelle* berührend, durch herrlichen lichten Lärchenwald und über Almwiesen zu einem nach rechts ansteigenden Rücken, wo man auf den von der Kruckenhütte zum Gipfel führenden Weg stößt. Man steigt nach rechts an und erreicht bald den höchsten Punkt der *Kruckenspitze* (1886 m – 1 Stunde vom Gasthof Alpl).

Im Abstieg geht man bei der Abzweigung des zur Ursula-Quelle führenden Weges geradeaus weiter. Erst später hält man sich halbrechts und gelangt durch schönen Lärchenwald zur *Kruckenhütte* (Im Sommer bewirtschaftetes Almgasthaus – 20 Minuten vom Gipfel. Unterhalb der Hütte leitet ein Wirtschaftsweg in östlicher Richtung fast eben durch den Wald zu einer großen Wiese. Hier verläßt man den breiten Weg im rechten Winkel nach links und erreicht nach etwa 15 Minuten Waldwanderung die auf einem Almboden stehende *Surtmannhütte* (40 Minuten von der Kruckenhütte). Ein guter Fahrweg führt von hier in etwa 20 Minuten zurück zum *Gasthaus Alpl*.

23 St. Lorenzen – Großer Speikkofel – Beretthöhe – St. Lorenzen

Verkehrsmöglichkeiten Bus von Klagenfurt oder von Spittal-Millstättersee bis Ebene Reichenau, von dort in 1 Stunde durch den Schußergraben nach St. Lorenzen (Weg Nr. 154).
Parkmöglichkeit In St. Lorenzen.
Wegmarkierungen Rot-weiß-rot. Bis zur Beretthöhe Weg Nr. 155, dann kurz Nr. 153. Im Abstieg Weg Nr. 154.
Tourenlänge 15 km.
Wanderzeit 5 Stunden.
Höhenunterschied 950 m.
Wanderkarte Freytag & Berndt-Wanderkarte 1:100 000 Blatt 23.
Anmerkung Die Wanderung führt über weite, meist sanft geneigte Almhänge zu den östlichen Hochgipfeln der Nockberge. Es bestehen keinerlei Schwierigkeiten. Bei Gewittergefahr oder bei Nebel muß von dieser herrlichen Tour jedoch unbedingt abgeraten werden.
Wissenswertes St. Lorenzen ist das höchstgelegene Pfarrdorf Kärntens. Sehenswert sind die ursprünglich romanische, später barockisierte Pfarrkirche sowie die etwas außerhalb des Ortes gelegene Filialkirche St. Anna.
Tourenbeschreibung Bald nach dem Ort führt die Bezeichnung 155 in den Hochwald und erreicht, mäßig ansteigend, bereits nach etwa 1 Stunde die Baumgrenze. 20 m westlich vom Almzaun entspringt hier beim Lorenzen-Kreuz das letzte Wasser. Über freies, aussichtsreiches Almgelände wandernd, gelangt man immer entlang des Weidezaunes in weiteren ¾ Stunden zum *Kleinen Speikkofel* (2109 m). Bei Gewittergefahr kann von hier zur westlich unterhalb des Gipfels gelegenen Lorenzenhütte abgestiegen werden! – Der Weiterweg führt anfangs eben, dann steiler ansteigend zum *Großen Speikkofel* (2270 m), von wo man bereits einen großartigen Ausblick genießt. Bis zum *Torer* (2205 m) begleitet usn noch der Weidezaun, dann wird der Weg »alpin« und leitet durch zum Teil felsiges Gelände über die *Torerscharte* zum höchsten Punkt der Wanderung, auf die *Beretthöhe* (2320 m, 3 Stunden von St. Lorenzen). Die Aussicht ist umfassend! Tief unten liegen der Gurksee, der Torersee und der Zgartensee.

Nach einer ausgiebigen Gipfelrast folgen wir dem Grat nach Westen bis in die Scharte zwischen der Berett-Höhe und der Hoaz Höhe. Hier zweigt der Abstiegsweg nach St. Lorenzen von dem über die Kaser Höhe und die Gruft zur Turracher Höhe führenden Weg 153 ab. In kurzem, etwas steilem Abstieg wird der *Zgartensee*

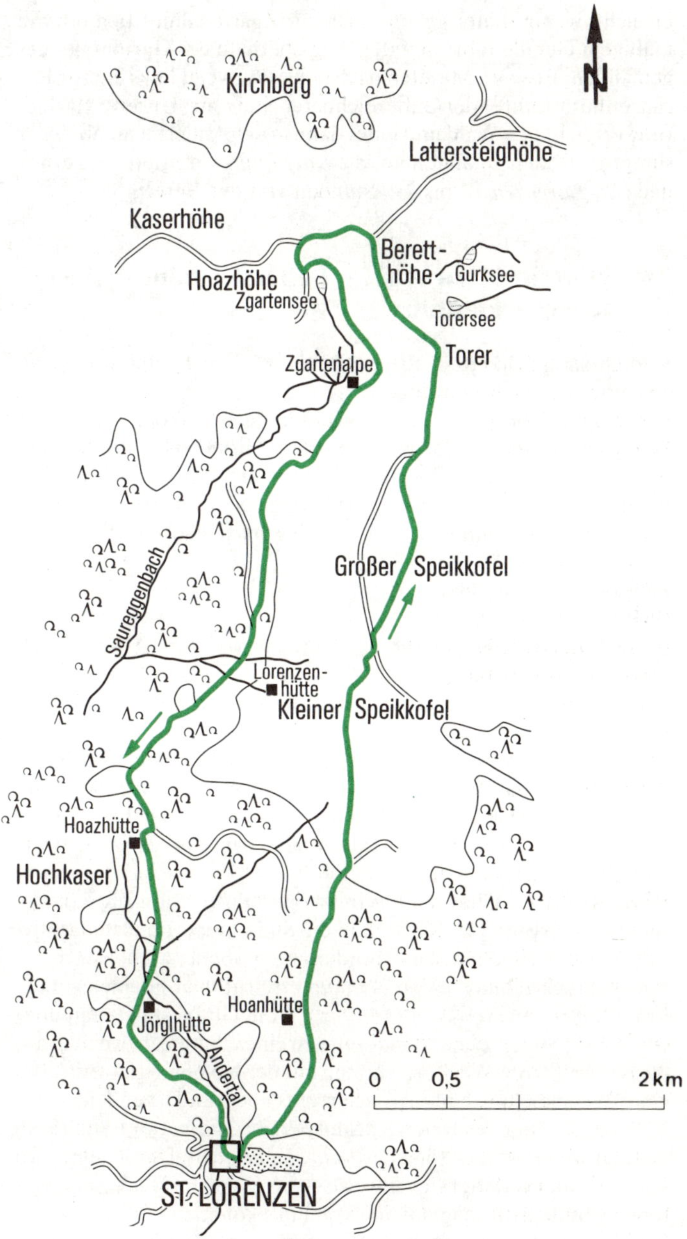

N
Kirchberg
Lattersteighöhe
Kaserhöhe
Berett-
höhe
Gurksee
Hoazhöhe
Zgartensee
Torersee
Torer
Zgartenalpe
Saureggenbach
Großer Speikkofel
Lorenzen-
hütte
Kleiner Speikkofel
Hoazhütte
Hochkaser
Hoanhütte
Jörglhütte
Andertal
0 0,5 2 km
ST. LORENZEN

erreicht, wenig später gelangt man zur Zgartenalm. Eben oder in mäßigem Gefälle führt nun der Weg oberhalb des Gartentales gegen Süden. Etwa 45 Minuten nach der Alm zweigt links ein zur Lorenzenhütte führender unbezeichneter Steig ab. Unsere Markierung erreicht den Wald und leitet dann in das Andertal hinab. Über sumpfige Böden gelangt man, die *Kneislhütten* passierend, zurück nach *St. Lorenzen* (2 bis 2½ Stunden von der Beretthöhe).

24 Flattnitz – Hirnkopf – Lattersteighöhe – Weißes Kreuz – Flattnitz

Verkehrsmöglichkeiten Busverbindung von Feldkirchen und von Friesach nach Flattnitz.

Parkmöglichkeiten Bei der Talstation des Hirnkopf-Liftes.

Wegmarkierungen Rot-weiß-rot. Vom Hirnloch bis zum Lattersteig Wegnummer 157, dann Wegnummer 156, Gipfelanstieg Wegnummer 153. Der Rückweg erfolgt bis zum Weißen Kreuz entlang der Wegnummer 156, Abstieg nach Flattnitz Wegnummern 1571 bzw. 157.

Tourenlänge 18 km.

Wanderzeit 5 Stunden.

Höhenunterschiede Gesamtsteigung etwa 550 m, Abstieg nach Flattnitz etwa 950 m.

Wanderkarten Freytag & Berndt-Wanderkarte 1:100 000 Blatt 23.

Anmerkung Diese Wanderung über die weiten, freien Kämme der östlichen Nockberge verlangt in ihrem letzten Teil Trittsicherheit und Schwindelfreiheit. Geübte können von der Lattersteighöhe den etwa 30 Minuten beanspruchenden Übergang zur Bretthöhe (Tour 23) wagen.

Wissenswertes Über die Flattnitzhöhe führte schon zur Römerzeit ein Übergang von Kärnten in die Steiermark. Im Ort Flattnitz ist die eigenartige gotische Rundkirche besonders sehenswert.

Tourenbeschreibung Von *Flattnitz* erreicht man in einer kurzen Liftauffahrt den *Hirnkopf* (1840 m). Vom Gipfel steigt man über einen nach Süden ziehenden Kamm zu einem Sattel ab, wo man auf die rot-weiß-rote Wegbezeichnung mit der Nummer 157 trifft. Bei einer Weggabelung hält man sich rechts und wandert entlang eines Viehzaunes über den freien Rücken bergan. Nach etwa 1 Stunde ab dem Hirnkopf ist die Höhe der *Kalteben* erreicht. Der Kamm wird schmäler und verlangt stellenweise etwas Vorsicht. Nach einer weiteren Stunde trifft man auf den von links kommenden Lattersteig, der noch vor dem Gipfel in Richtung Turrach-Wintertalernock

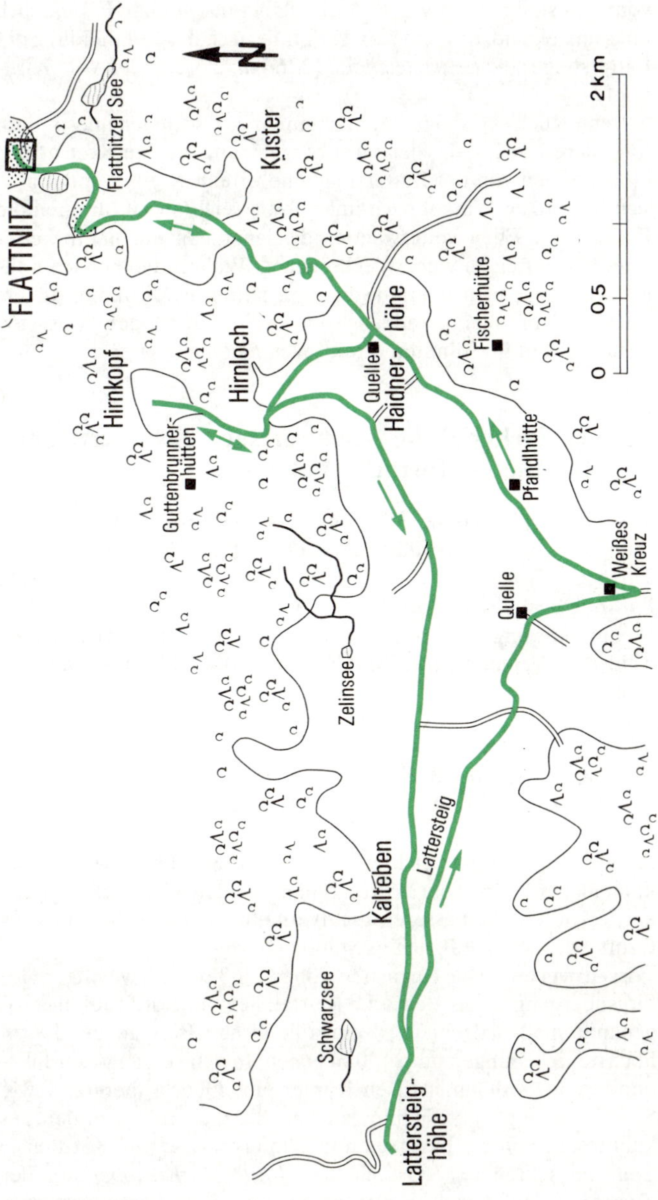
FLATTNITZ
Flattnitzer See
Kuster
Hirnkopf
Hirnloch
Guttenbrunner-
hütten
Quelle
Haidner-
höhe
Fischerhütte
Pfandlhütte
Weißes
Kreuz
Quelle
Zelinsee
Kalteben
Lattersteig
Schwarzsee
Lattersteig-
höhe
0
0,5
2 km

vom nun steilen Gratweg abzweigt. Über ausgesetzte Felsen nach links ansteigend, erreicht man ½ Stunde nach der Einmündung des Lattersteiges die *Lattersteighöhe* (2264 m, 2½ Stunden vom Hirnkopf).

Beim Rückweg steigt man nicht mehr zur Kalteben an, sondern folgt dem Lattersteig, der sanft bergab zum Weißen Kreuz führt (1½ Stunden von der Lattersteighöhe). Beim Kreuz wendet man sich im spitzen Winkel nach links und erreicht in 10 Minuten die Pfandlhütte. Eben weiterwandernd gelangt man von hier in weiteren 25 Minuten zu einer Wegkreuzung. Während man nach links leicht ansteigend in ½ Stunde die Bergstation des Hirnkopfliftes erreicht, gelangt man geradeaus (nordöstlich) durch den Wald steil absteigend in 40 Minuten direkt nach *Flattnitz*.

25 Turracher Höhe – Schwarzsee – Schoberriegel – Grünsee – Turracherhöhe

Verkehrsmöglichkeiten Postbus von Klagenfurt über Feldkirchen und von Spittal-Millstättersee über Bad Kleinkirchheim zur Turracher Höhe.
Parkmöglichkeiten Auf der Turracher Höhe.
Wegmarkierungen Bis zum Sattel nach dem Schoberriegel rotweiß-rot, Wegnummer 153, dann kurz grün, zuletzt wieder rotweiß-rot.
Tourenlänge 10 km.
Wanderzeit 3 Stunden.
Höhenunterschied 450 m.
Wanderkarten Freytag & Berndt-Wanderkarte 1:100 000 Blatt 22 oder Blatt 23.
Anmerkung Diese leichte und bequeme Halbtagswanderung kann ideal mit der Tour 26 kombiniert werden. Fotografen finden am Vormittag die besseren Lichtverhältnisse. Der Abstecher zur Gruft erfordert zusätzlich ½ Stunde Gehzeit.
Wissenswertes Die Turracher Höhe (1763 m), ein wichtiger Gebirgsübergang in das steirische Murtal, liegt im Nordosten des sogenannten »Nockgebietes«, eines lieblichen Berglandes, dessen höchste Erhebungen um 2400 m liegen. In den vergangenen Jahrhunderten wurden hier Eisen-Kupfer- und Quecksilbererze sowie Steinkohle abgebaut. Heute zählt die Turracherhöhe zu den bekanntesten Sommerkurorten und Wintersportzentren Kärntens.
Tourenbeschreibung Östlich des *Hotels Hochschober* auf der Turracher Höhe weisen Wegtafeln zum Schwarzsee und zum Schoberriegel. Die Bezeichnung führt vorerst auf einem breiten

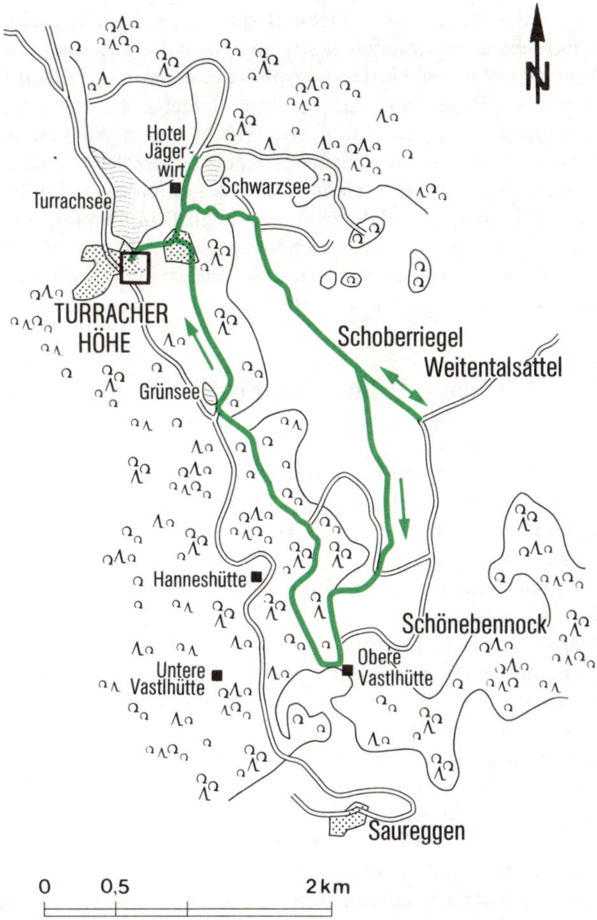

Fahrweg oberhalb des Turracher Sees zu einer Wegkreuzung, die auch von dem am Ostufer des Sees gelegenem *Hotel Jägerwirt* erreicht werden kann. In nördlicher Richtung weiterwandernd, gelangt man leicht ansteigend zum reizvoll gelegenen *Gasthaus Schwarzsee*. Hier wendet man sich nach Süden und steigt anfangs entlang einer Schleiflifttrasse, später auf einem felsigen Rücken bergan (schöne Tiefblicke!). Nach 1½ Stunden ist das prächtige Gipfelkreuz des *Schoberriegel* (2208 m) erreicht (sehr schöne Aussicht!).

Der Weiterweg führt in einen Sattel, von dem aus ein Abstecher zur *Gruft* (2232 m) unternommen werden kann (Die rasige Gipfelfläche des Berges ist in eigenartiger Weise gespalten. Zwischen senkrechten Felswänden klafft eine tiefe Furche, die »Gruft«). Vom Sattel leiten Markierungspflöcke, die von der Gruft herabziehenden Rasenhänge querend, in südlicher Richtung abwärts. Man passiert eine Heuhütte, tritt wieder in den Wald ein und gelangt (35 Minuten vom Schoberriegel) zu den *Sam-Hütten*. Hier wendet man sich in spitzem Winkel gegen Norden. Entlang von rot-weiß-roten, parallel zur alten grünen Bezeichnung laufenden Wegmarken, gelangt man leicht ansteigend zu den *Katscher-Hütten* und wenig später zum *Grünsee*. Beiderseits des Sees führen markierte Wege in etwa 15 Minuten zur *Turracher Höhe*.

26 Turracher Höhe – Kornock – Rinsennock – Turracher Höhe

Verkehrsmöglichkeiten Postbus von Klagenfurt und von Spittal-Millstättersee zur Turracher Höhe.
Parkmöglichkeiten Auf der Turracherhöhe und bei der Talstation der Kornockbahn.
Wegmarkierungen Rot-weiß-rot, Wegnummer 149.
Tourenlänge 9 km.
Wanderzeit 2½ Stunden.
Höhenunterschiede 650 m.
Wanderkarten Freytag & Berndt-Wanderkarte 1:100 000 Blatt 22 oder Blatt 23.
Anmerkung Der Rinsennock ist der hervorragendste Aussichtspunkt im Nahbereich der Turracher Höhe. Besonders schöner Blick auf die Nockberge, herrliche Fernsicht.
Wissenswertes Das Gebiet westlich der Turracher Höhe wird von 2 Sesselliften und im Winter von mehreren Schleifliften erschlossen. Der Kornock und der Rinsennock sind prachtvolle Schiberge mit weiten, freien Hängen.
Tourenbeschreibung Der Wanderweg 149 beginnt nordwestlich der Paßhöhe und erreicht, durch lichten Wald mäßig ansteigend, bald steirisches Gebiet. Hier wendet sich die Wegbezeichnung nach links und erreicht über weite begrünte Hänge von Norden den *Kornock* (2193 m). Der Gipfel kann vom Nordende des Turracher Sees bequem mit einem Doppelsessellift erreicht werden (Zeitersparnis 1 Stunde). Vom Kornock gelangt man über einen felsigen Kamm, der aber immer leicht begehbar ist, in 30 Minuten zum Gipfelkreuz des *Rinsennock* (2334 m).

Der Abstieg zur Turracher Höhe vollzieht sich zunächst am Aufstiegsweg. Bei der *Bergstation der Kornockbahn* wendet man sich

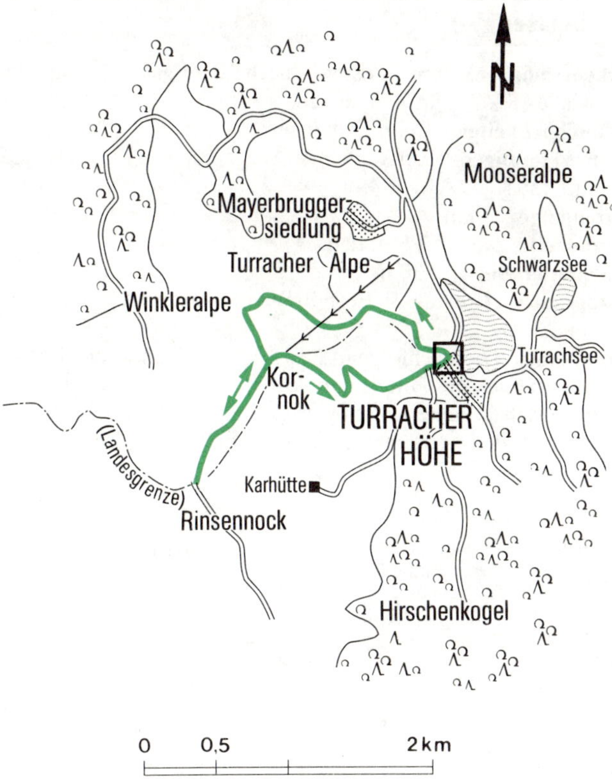

jedoch nach halbrechts, folgt kurz einem Rasenrücken und schwenkt dann links gegen das schon sichtbare *Gasthaus Obermann* ab (50 Minuten vom Rinsennock). Vom Gasthaus Obermann führt ein Sessellift hinab zur Turracher Höhe; entlang seiner Trasse leitet die Wegbezeichnung durch Wald (herrliche Zirben!) in 20 Minuten zur Paßhöhe. Kurz vor derselben trifft man wieder auf den Anstiegsweg.

27 Falkertsee – Falkertspitze – Moschelitzen – Falkertsee

Verkehrsmöglichkeiten Postbus nach Patergassen, von dort Bergstraße (8 km) zum Falkertsee.
Parkmöglichkeiten Beim Falkertsee
Wegmarkierungen Rot-weiß-rot, Wegnummern 3, 161, 159, 160 und 1591.
Tourenlänge 7 km.
Wanderzeit 2½ bis 3 Stunden.
Höhenunterschied 530 m.
Wanderkarte Freytag & Berndt-Wanderkarte 1:100 000 Blatt 22 oder 23.
Anmerkung Die nachfolgend beschriebene Rundtour führt auf die »Hausberge« des Hotels und der Gaststätten um den Falkertsee. Es bestehen keinerlei Schwierigkeiten, der Wanderer hat genügend Zeit, den herrlichen Fernblick von zwei typischen Nock-

bergen zu genießen und dabei die Eigenart des Nockgebietes zu erleben.

Wissenswertes Das Gebiet um den Falkertsee wurde in den letzten Jahren sowohl für den Wintersport als auch für den sommerlichen Wanderbetrieb bestens erschlossen. Gutgeführte Gaststätten bieten jeden Komfort.

Tourenbeschreibung Vom *Hotel Falkertsee* folgt man vorerst dem Wanderweg Nr. 3 in nordwestlicher Richtung bis in die *Hundsfeldscharte* (40 Minuten). Hier wendet man sich nach links und gelangt entlang eines breiten Kammes zum Gipfel der *Falkertspitze* (2308 m, 1¼ Stunden vom Falkertsee). Näher aber steiler ist der ebenfalls vom Hotel Falkertsee ausgehende direkt zum Gipfel führende Weg Nr. 159.

Von der Falkertspitze wird in anfangs etwas steilem Abstieg in 15 bis 20 Minuten die *Falkertscharte* erreicht. Von ihr gelangt man in weiteren 25 Minuten auf die breite Kuppe der *Moschelitzen* (2310 m). Den Gipfel ziert ein großer Steinmann. Die Aussicht ist besonders nach Süden hin fast unbeschränkt.

Der Abstieg von der Moschelitzen erfolgt am Aufstiegsweg bis zur Falkertscharte. Von hier weisen Wegmarken unter den felsigen Südabstürzen der Falkertspitze zu einem kleinen Seelein, von wo ein Fahrweg vorbei an einem Wasserreservoir zurück zum *Falkertsee* führt.

28 Die Gipfelrunde um das Falkert-Schutzhaus

Verkehrsmöglichkeiten Postbus von Bad Kleinkirchheim nach St. Oswald.

Parkmöglichkeiten In St. Oswald, ev. am Weg zum Falkert-Schutzhaus.

Wegmarkierungen Rot-weiß-rot. Wegnummern 8, 1, 3 und 12.

Tourenlänge 13 km.

Wanderzeit 5 bis 6 Stunden.

Höhenunterschied 950 m.

Wanderkarte Freytag & Berndt-Wanderkarte 1:100 000 Blatt 22 oder 23.

Anmerkung Diese landschaftlich großartige Wanderung ist leicht, sie verlangt jedoch an einigen Stellen etwas Trittsicherheit. Da sich die Tour großteils oberhalb der Baumgrenze bewegt, bestehen ständig herrliche Ausblicke. Die Aussicht reicht von der Sau- und Koralpe im Südosten über die Karawanken, die Julischen- und die Karnischen Alpen bis zu den Eisgipfeln der Hohen Tauern. Der Hüttenzugang von St. Oswald ist bei der Zeit- und bei

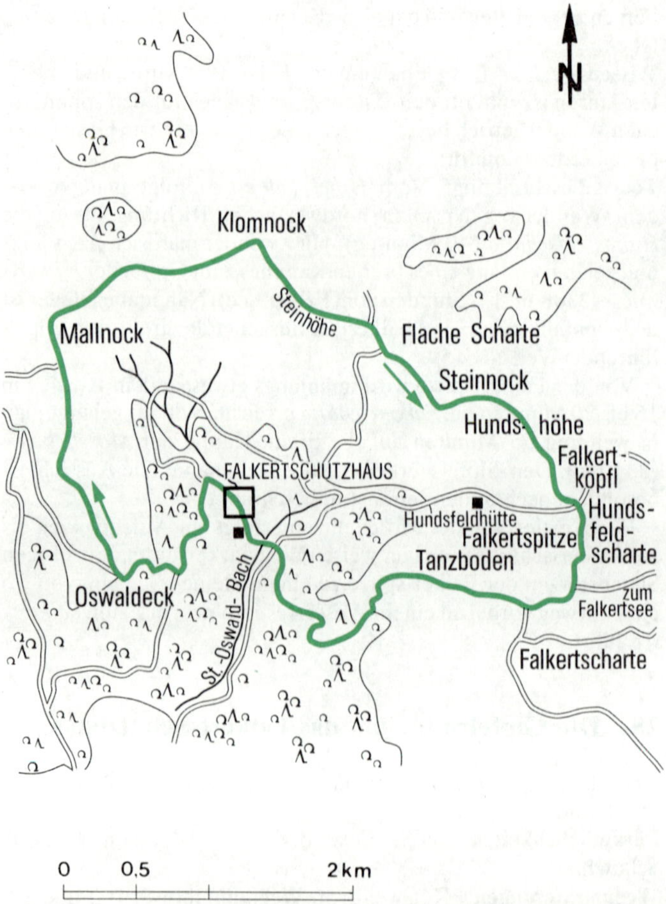

der Höhenangabe nicht berücksichtigt (siehe Wanderung 29).

Tourenbeschreibung Rechts vom reizvoll im Talschluß gelegenen *Falkert-Schutzhaus* durchschreitet man ein Gatter und folgt dem Weg Nr. 8 entlang eines Baches aufwärts. Nach 15 Minuten kommt man zu einer Wegteilung: Rechts gelangt man über das Schönfeld direkt zum Mallnock, links führt die Markierung Nr. 8 bequem zur Vereinigung mit dem direkt von St. Oswald kommenden Weg Nr. 7. Beide Markierungen leiten sodann gemeinsam in südwestlicher Richtung durch schönen Lärchenwald (letztes Wasser!) zum *Oswaldeck* (1863 m – 1 Stunde vom Falkert-Schutzhaus).

Mit dem Oswaldeck wurde die Baumgrenze erreicht, aussichtsreich führt der Weg nun entlang eines Rasenrückens bergwärts und erreicht nach 35 bis 40 Minuten eine Wegkreuzung (hoher Almweg). Hier behält man, nun der Wegnummer 1 folgend, die Richtung bei und steht nach knapp 15 Minuten beim schönen Gipfelkreuz des *Mallnock* (2226 m). Der Bergkamm wendet sich hier leicht nach rechts und wird, bald steile Abstürze bildend, schmal und felsig. Schöne Tiefblicke erhöhen nun den Reiz der Wanderung. Etwa 45 Minuten ab dem Mallnock ist mit dem Gipfel des *Klomnock* (2331 m) der höchste Punkt der Bergrunde um das Falkert-Schutzhaus erreicht.

Nach der Gipfelrast folgt man entlang der Wegnummer 1 dem nach Südosten abfallenden Kamm. Die Steilheit nimmt bald ab und man stößt noch oberhalb der Flachen Scharte auf den Weg Nr. 10, der einen raschen Abstieg zum Falkert-Schutzhaus ermöglicht. Wer weiter will, quert nun die Rasenhänge zur Flachen Scharte, von wo die Markierung wieder ansteigend unter dem Steinnock (der auch erstiegen werden kann) zur *Hundsfeldscharte* leitet. Man folgt nun dem breiten Kamm nach rechts und erreicht 1½ Stunden nach dem Aufbruch vom Klomnock den Gipfel der *Falkertspitze* (2308 m). Die Aussicht ist prachtvoll. Tief unten liegt der Falkertsee, dessen Besuch ausdauernde Wanderer in die beschriebene Tour einbeziehen können (siehe Wanderung 27).

Der Abstieg entlang der Markierung Nr. 12 führt anfangs etwas steil in westlicher Richtung zum *Tanzboden*. Hier betritt man wieder den Wald, übersetzt einen Bach und kommt zu einer Wegteilung. Der links abbiegende Steig führt zum Fahrweg nach St. Oswald. Rechts gelangt man zur Vereinigung mit den Wegen 10 und 11 und zum *Falkert-Schutzhaus* (1½ Stunden von der Falkertspitze).

29 St. Oswald – Falkert-Schutzhaus – Pregat-Scharte – Turracher Höhe

Verkehrsmöglichkeiten Postbus von Klagenfurt über Feldkirchen und von Spittal-Millstättersee über Bad Kleinkirchheim nach St. Oswald. Von der Turracher Höhe Rückkehr mit Postbus nach den genannten Orten.
Parkmöglichkeiten In St. Oswald und auf der Turracher Höhe.
Wegmarkierungen Rot-weiß-rot. Von St. Oswald bis zur Rosentaler Alpe Wegnummer 123, von dort bis zur Pregat-Scharte Nr. 1231, bis zur Turracher Höhe Nr. 126. Von der Flachen Scharte bis zur Turracher Höhe zusätzlich Weitwanderwegmarkierung 09.
Tourenlänge 20 km.
Wanderzeit 7 bis 8 Stunden.
Höhenunterschiede 1300 m Aufstieg, 850 m Abstieg.
Wanderkarten Freytag & Berndt-Wanderkarte 1:100 000 Blatt 22.
Anmerkung Diese Tour stellt eine landschaftlich großartige Durchquerung des Nockgebietes von Süden nach Norden dar. Es bestehen keine technischen Schwierigkeiten, die Wanderung sollte jedoch nur bei guten Sichtverhältnissen unternommen werden. Ausdauer ist Voraussetzung.
Tourenbeschreibung Von *St. Oswald* führt ein Fahrweg in nordöstlicher Richtung hinunter zum St. Oswald-Bach. Dieser wird auf einer Brücke übersetzt, worauf man sich nach links wendet. Die Markierung führt entlang des Baches bergwärts und erreicht nach etwa 50 Minuten eine Wegteilung: Die lokalen Wegnummern 10, 11 und 12 führen taleinwärts, ein Zweigweg führt in 7 bis 8 Minuten zu dem jenseits des St. Oswald-Baches gelegenem *Falkert-Schutzhaus* (1552 m, idealer Stützpunkt für Bergtouren, 1 Stunde von St. Oswald).

Vom Schutzhaus kehrt man auf einem Abkürzungssteig wieder zum Hauptweg zurück, der etwas oberhalb der vorerwähnten Wegteilung bei der Abzweigung des Weges 12 in Richtung Falkertspitze erreicht wird. Wenig später wendet sich auch der Weg 11 nach rechts, während der Weg 10–123 nach einer Bachüberschreitung erst durch Wald, dann über steile, baumfreie Hänge zu einer weiteren Wegverzweigung emporleitet. Der Hohe Almweg führt von hier nach links zum Mallnock, der Weg 1 leitet in 30 Minuten unschwierig zum Klomnock (2331 m), dem höchsten Gipfel des Gebietes. Unser Weg quert nach rechts zu einer oberhalb der *Flachen Scharte* gelegenen Einsattelung (2144 m, 1½ Stunden vom Falkert-Schutzhaus). Man stößt hier auf den vom Falkertsee kommenden Weg Nr. 3 sowie auf den Weitwanderweg 09.

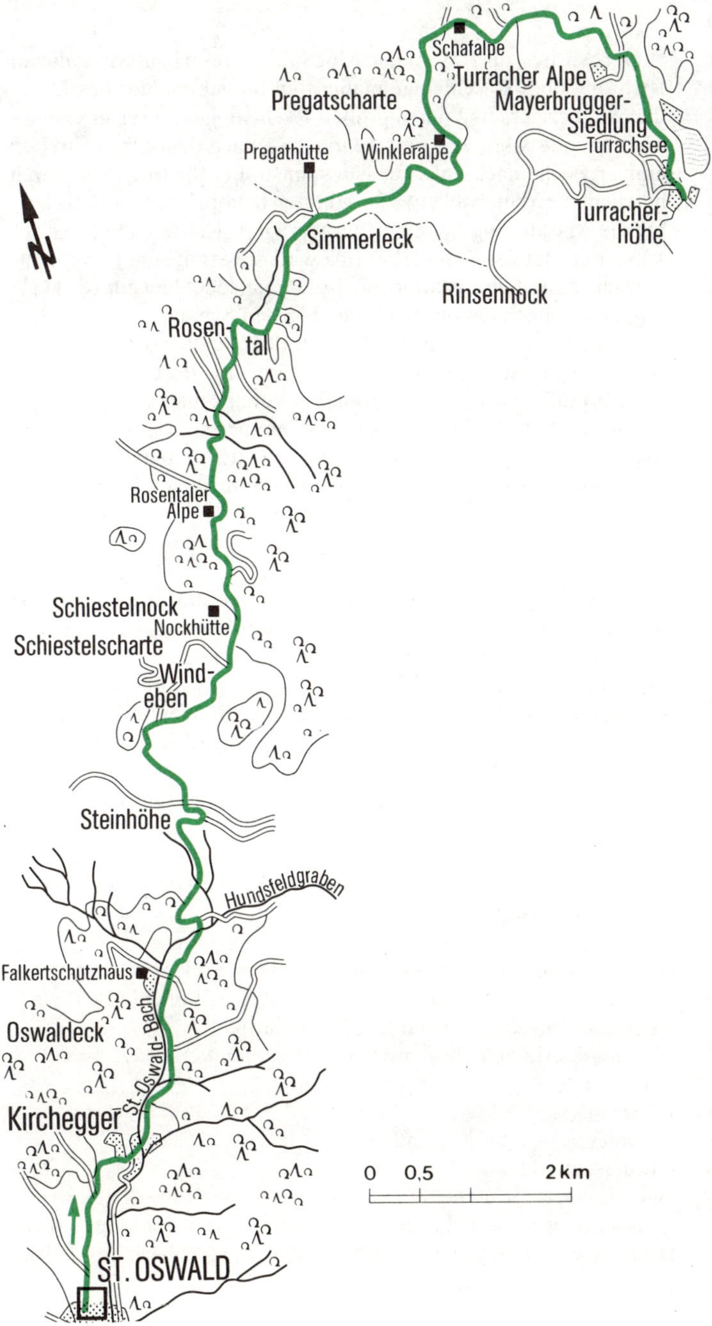
Schafalpe
Turracher Alpe
Mayerbrugger-
Siedlung
Turrachsee
Pregatscharte
Pregathütte
Winkleralpe
Turracher-
höhe
Simmerleck
Rinsennock
N
Rosen-
tal
Rosentaler
Alpe
Schiestelnock
Nockhütte
Schiestelscharte
Wind-
eben
Steinhöhe
Hundsfeldgraben
Falkertschutzhaus
Oswaldeck
St.-Oswald-Bach
Kirchegger
0 0,5 2 km
ST. OSWALD

Der Abstieg zur Rosentaler Alpe führt vorerst in nordwestlicher Richtung über Rasenhänge mäßig steil bergab. Später beschreibt die Wegbezeichnung einen großen Rechtsbogen, erreicht eine alleinstehende Almhütte und wendet sich nach dem Überschreiten einiger Bäche nach links zur Nockalmstraße. Ihr folgt man durch herrlichen Zirbenwald etwa 20 Minuten in nordöstlicher Richtung, bis die Markierung bei einer ausgeprägten Kehre nach links abschwenkt. Bei der *Rosentaler Alpe* wird die Straße dann nochmals erreicht. Eine Jausenstation, die *Prieshütte*, ladet hier zur Rast (1½ Stunden vom Sattel oberhalb der Flachen Scharte).

Kurz ober der Prieshütte teilt sich der Weg wieder: Man folgt dem weniger ausgeprägten rechten Ast, der durch Wald leicht bergab führt. Nach etwa 15 Minuten verläßt man den Weg nach rechts und gelangt auf einem kaum erkennbaren, aber gut markierten Steig zur Sohle des Rosentales. Nach dem Überschreiten des Baches stößt man wieder auf einen besseren Weg, der etwas steil durch den Wald bergan führt, Almhütten berührt und wenig später die *Pregat-Scharte* erreicht (1½ Stunden von der Rosentaler Alpe, Grenze Kärnten-Steiermark).

Bei der Pregat-Scharte wendet man sich, weiterhin leicht ansteigend, nach rechts. Der Weg quert die Nordhänge des Simmerlekkes und des Rinsennock und führt dann in leichtem Gefälle zur Winkleralm. Leicht ansteigend gelangt man von dort zur *Schafalm* und über einen kleinen Sattel zur Turracher Bundesstraße. Auf der Straße erreicht man bald den *Turrachsee*, betritt wieder Kärntner Gebiet und gelangt wenig später zu den Hotels und Gasthöfen auf der *Turracher Höhe* (1¾ bis 2 Stunden von der Pregat-Scharte).

30 Karlbad – Großer Königstuhl – Friesenhalshöhe – Karlbad

Verkehrsmöglichkeiten Bus bis Innerkrems oder bis Ebene Reichenau. Auf der Nockalmstraße besteht kein Linienbusverkehr!
Parkmöglichkeiten Beim Gasthaus Karlbad.
Wegmarkierungen Rot-weiß-rot. Wegnummern 117, 125, 118 und 122.
Tourenlänge 9 km.
Wanderzeit 3 bis 4 Stunden.
Höhenunterschiede 750 m.
Wanderkarte Freytag & Berndt-Karte 1:100 000 Blatt 22.
Anmerkung Landschaftlich sehr schöne, unschwierige Tour. Vom Königstuhl, der alle umliegenden Berge überragt, genießt man eine prachtvolle Fernsicht.

Wissenswertes Die inneren Teile des Kärnter Nockgebietes waren bis vor kurzem praktisch unerschlossen. Um dieses herrliche Bergland, dessen fast unüberschaubare Weitläufigkeit in den Alpen einmalig ist, für den Fremdenverkehr zu öffnen, wurde 1970 der Bau der Nockalmstraße begonnen. 8 Jahre später konnte diese 34 km lange, von Innerkrems nach Ebene Reichenau führende Alpenstraße für den durchgehenden Verkehr freigegeben werden. Die Nockalmstraße ist heute durchgehend asphaltiert und zählt zu den schönsten Aussichtsstraßen Kärntens.

Der Ausgangspunkt unserer Wanderung, das Karlbad (der Name deutet auf ein kleines Kar, ein »Karl« hin), zählt zu den ältesten Bauernbädern Kärntens und ist heute noch in seiner ursprünglichen Form erhalten. Dem Bad ist ein gut bewirtschaftetes Almgasthaus angeschlossen.

Tourenbeschreibung Der oberhalb des *Karlbades* beginnende Weg 117 führt anfangs etwas steil über die Stangalm hinauf zum

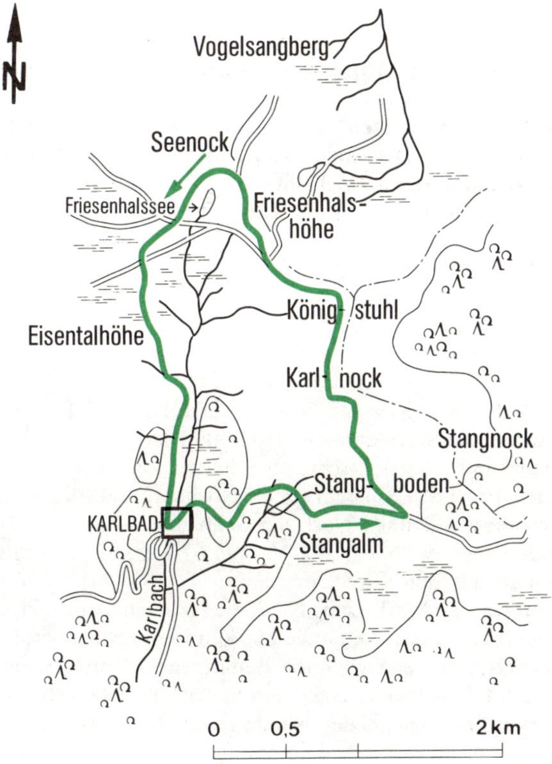

Stangboden, wo man auf den vom weiter östlich gelegenen Stangsattel kommenden Weg 125 trifft. Ihm in westlicher Richtung folgend, gelangt man, die Hänge des Stangnock in mäßiger Steigung querend, zum *Karlnock*. Ein gut begehbarer Kamm führt von hier zum Gipfelkreuz am *Königstuhl* (2336 m, 2 Stunden vom Karlbad).

Vom Königstuhl, dem Berührungspunkt der Bundesländer Kärnten, Steiermark und Salzburg, steigt man nordwestlich hinab in die *Königstuhlscharte* (Eilige können von hier aus auf dem Weg 118 den Abstiegsweg 122 erreichen), von wo man in etwas steilem Anstieg die *Friesenhalshöhe* (2246 m) erreicht. Vom Sattel zwischen dieser und dem *Seenock* (2260 m), der mit geringem Zeitaufwand »mitgenommen« werden kann, leitet der Weg 122, den *Friesenhalssee* westlich umgehend, zur Kreuzung mit dem Weg 118. Im Moorgelände des Friesenhalses hält man sich bald nach halblinks und erreicht, entlang des Karlbaches absteigend, wieder den Ausgangspunkt der Wanderung.

31 Nockalm-Hütte – Priedröf – St. Oswald

Verkehrsmöglichkeiten Postbus von Klagenfurt, Villach und Spittal-Millstättersee über Bad Kleinkirchheim nach St. Oswald. Seilbahnauffahrt zur Nockalm.
Parkmöglichkeiten Bei der Talstation der Nockalmbahn in St. Oswald.
Wegmarkierungen Rot-weiß-rot mit den Nummern 1 und 3.
Tourenlänge 7 km.
Wanderzeit 2 Stunden.
Höhenunterschiede Gesamtsteigung etwa 80 m. Steiler Abstieg (etwa 700 m) vom Priedröf nach St. Oswald.
Wanderkarten Kompass-Wanderkarte 1:50 000 Blatt 63, Freytag & Berndt-Wanderkarte 1:100 000 Blatt 23.
Anmerkung Kurze, leichte aber äußerst lohnende Familienwanderung. Prächtige Aussicht auf die Nockberge, herrliche Talblicke.
Tourenbeschreibung Nach der Seilbahn-Auffahrt zur Nockalm wandert man, vorbei an der *Nockalm-Hütte*, bequem in etwa 25 Minuten auf den Gipfel des *Priedröf* (1959 m). Zum Abstieg nimmt man die Markierung Nr. 3, die vorerst neben einer Schipiste zu Tal führt. Später leiten die Marken nach rechts, berühren eine Privathütte und erreichen die Baumgrenze. Durch schönen Lärchenwald steigt man zu einer verfallenen Unterstandshütte ab, hält sich dort links und gelangt wieder zu einer Schipiste. Nun wendet man sich nacht rechts und kommt in Serpentinen zu einem Kahl-

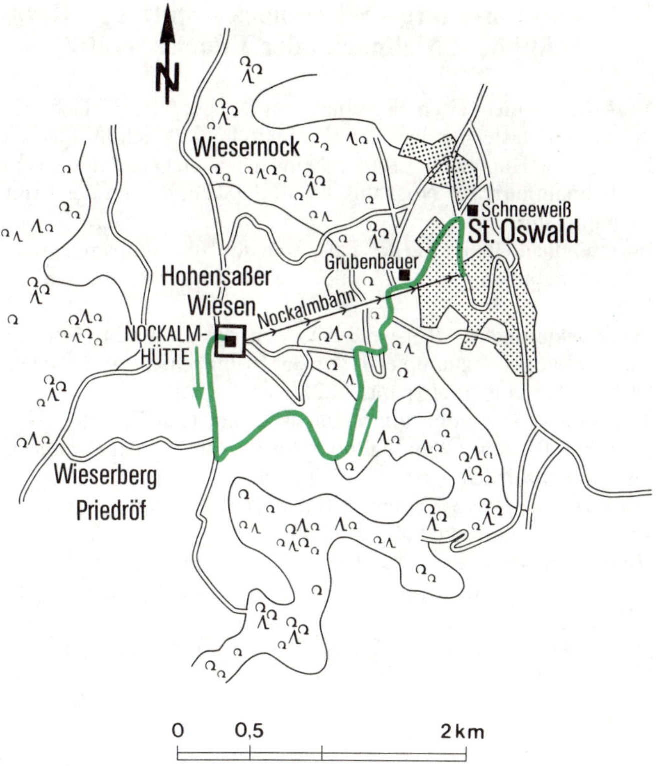

schlag, an dessen oberen Rand der Abstiegspfad einen Forstweg gewinnt, der steil bergab zu einer Straße leitet. Eine Linkskurve abschneidend, kommt man wieder zur Straße, verläßt sie aber bald und gelangt auf einem steilen Weg zu einem Wildbach, der überschritten wird. Entlang des Baches absteigend, stößt man auf einen Fahrweg, der zur Seilbahn-Trasse führt. Diese kreuzend gelangt man in den Ort St. Oswald, hält sich dort nach rechts und erreicht wieder die Talstation der Nockalm-Seilbahn (1½ Stunden vom Priedröf).

32 Nockalm-Hütte – Wiesernock – Spitzegg – Brunnachhöhe – Mallnock oder Erlacher Hütte

Verkehrsmöglichkeiten Postbus von Klagenfurt, Villach und Spittal-Millstättersee über Bad Kleinkirchheim nach St. Oswald. Postbus von Kaning über Radenthein nach allen genannten Orten. Seilbahnauffahrt zur Nockalm. Eventuell Talfahrt mit der Brunnachalmbahn.

Parkmöglichkeiten Bei der Talstation der Nockalmbahn und der Brunnachalmbahn in St. Oswald, bei der Erlacher Hütte und in Kaning.

Wegmarkierungen Rot-weiß-rot. Von der Nockalm-Hütte bis zum Mallnock Wegnummer 1, von der Brunnachalm zur Erlacherhütte Wegnummern 161 und 122.

Tourenlänge Sowohl zum Mallnock als auch zur Erlacher Hütte je 10 km. Rückweg vom Mallnock zur Bergstation der Brunnachalmbahn zusätzlich 3 km.

Wanderzeit 3 bis 3½ Stunden. Rückweg vom Mallnock zur Bergstation der Brunnachalmbahn 1 Stunde.

Höhenunterschiede Gesamtsteigung bis zum Mallnock etwa 650 m. Steiler Anstieg von der Scharte zum Spitzegg, sonst nur mäßige Steigungen.

Wanderkarten Kompass-Wanderkarte 1:50 000 Blatt 63, Freytag & Berndt-Wanderkarte 1:100 000 Blatt 23.

Anmerkung Diese leichte Höhenwanderung schenkt herrliche Ausblicke über das stimmungsvolle Nock-Bergland. Sie läßt sich bestens mit den Wanderungen 28, 31 und 33 kombinieren. Von der Erlacher Hütte kann das Dorf Kaning auf einer 7 km langen Fahrstraße in 1½ Stunden Gehzeit erreicht werden.

Tourenbeschreibung Von der Bergstation der Nockalmbahn (1870 m) wandert man, vorbei an der *Nockalm-Hütte*, in 25 Minuten über Rasen auf den *Wiesernock* (1969 m). Gegen Nordwesten, dann gegen Norden ziemlich steil absteigend, erreicht man bald die Waldgrenze und gelangt, sich leicht nach rechts haltend, zur »Scharte«, den Sattel zwischen dem Wiesernock und dem Spitzegg (Wer direkt zur Erlacher Hütte will, biegt hier links ab, erreicht bald einen guten Fahrweg und gelangt, die Schartenalm links lassend, über die Petodnig Hütte zu der von Kaning zur Erlacher Hütte führenden Straße. Gehzeit Scharte – Erlacher Hütte etwa 1 Stunde). Der Weg Nummer 1 steigt nach der Scharte steil an; man überschreitet das *Spitzegg* (1919 m) und erreicht in der Folge fast eben durch lichten Wald und über Almböden wandernd, die *Bergstation der Brunnachalmbahn* (1905 m, 1½ bis 2 Stunden von der Bergstation der Nockalmbahn, Möglichkeit zur Liftabfahrt nach

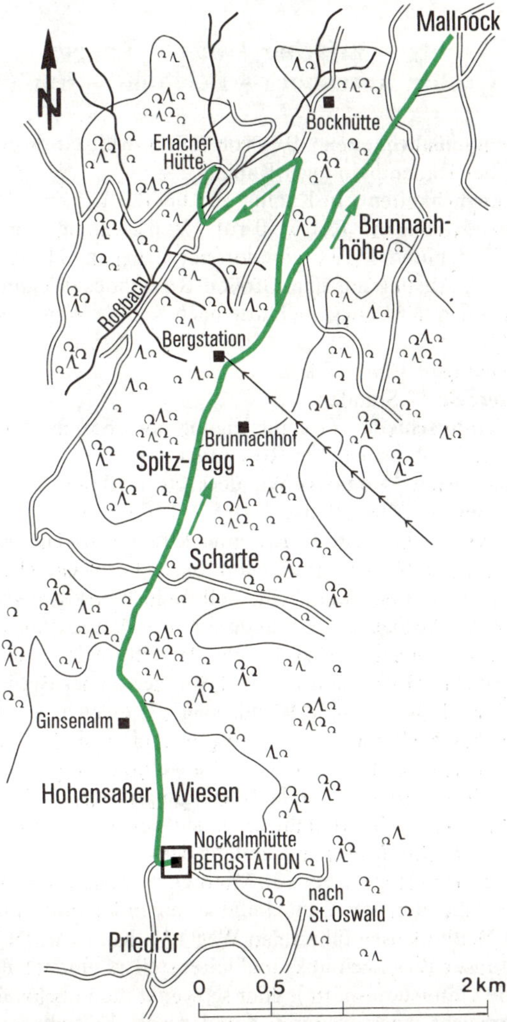

St. Oswald). Von der Bergstation wandert man sanft ansteigend bergan und kommt nach etwa 10 Minuten zu einer Wegteilung: Links gelangt man durch Wald zur Kreuzung mit dem Weg 162 und später scharf nach links in den Weg 122 einschwenkend, in 45 Minuten zur *Erlacher Hütte* (1636 m). Geradeaus führt ein bequemer Anstieg über die Almmatten der Brunnachhöhe zum kreuzgeschmückten Gipfel des *Mallnock* (2226 m, 1½ Stunden von der Bergstation Brunnachhöhe).

33 Kaning – Erlacher Hütte – Langgang Hütte – Großer Rosennock – Feldhöhe – Kaning

Verkehrsmöglichkeiten Bus von Spittal-Millstättersee und Villach über Radenthein nach Kaning.
Parkmöglichkeiten In Kaning und bei der Erlacher Hütte.
Wegmarkierungen Rot-weiß-rot. Von Kaning zur Erlacher Hütte Wegnummer 122, von dort zur Langgang Hütte Wegnummer 170, Anstieg auf den Großen Rosennock Wegnummer 13, Abstieg von der Langgang Hütte nach Kaning Wegnummern 173 und 164.
Tourenlänge Etwa 17 km.
Wanderzeit 7 Stunden.
Höhenunterschiede Gesamtsteigung etwa 850 m. Ab der Feldhütte steiler Aufstieg zum Rosennock.
Wanderkarten Kompass-Wanderkarte 1:50 000 Blatt 63, Freytag & Berndt-Wanderkarte 1:100 000 Blatt 23.
Anmerkung Der Große Rosennock bietet als Hauptgipfel der südwestlichen Nockberge eine umfassene Fernsicht. Die beschriebene Tour ist allgemein leicht, stellt jedoch gewisse Anforderungen an die Ausdauer des Wanderers. Bei Autoauffahrt zur Erlacher Hütte verringert sich die Wanderzeit um 1½ bis 2 Stunden. Die Erlacher Hütte kann auch in 1 Stunde von der Bergstation der Brunnachalmbahn (siehe Wanderung 32) erreicht werden.
Tourenbeschreibung Von *Kaning* leitet eine mit Pkw befahrbare, etwa 7 km lange Straße durch das Langalmtal zur gut bewirtschafteten *Erlacher Hütte* (1636 m, Nächtigungsmöglichkeit). Oberhalb der Hütte führt ein Almfahrweg in südwestlicher, später in nordwestliche Richtung drehend, entlang der von der Zunderwand herabziehenden Hänge in etwa 30 Minuten zur *Feldhütte* (1758 m). Er kreuzt dabei den vom Langalmtal kommenden und zum romantischen Naßbodensee führenden Weg 171. Kurz vor der Feldhütte dreht unser Weg nach links und leitet steil zu einem Sattel empor (offene Unterstandshütte). Hier schwenkt man nochmals links ab und erreicht einen weiteren Sattel sowie die unbewirtschaftete *Langgang Hütte* (2 Stunden von der Erlacher Hütte). Man wendet sich nun nach rechts und steigt, an der Einmündung eines vom Naßbodensee kommenden Steiges vorbei, in einer weiteren Stunde zum Gipfel des *Großen Rosennock* an (2440 m, 3 Stunden von der Erlacher Hütte).

Im Abstieg folgt man bis zur Langgang Hütte dem Anstiegsweg. Bei der Hütte hält man sich, einen Viehzaun übersteigend, nach halblinks und gelangt in fast ebener Wanderung, an einem Steinmal vorbei, in leichtem Auf und Ab über den teilweise felsigen

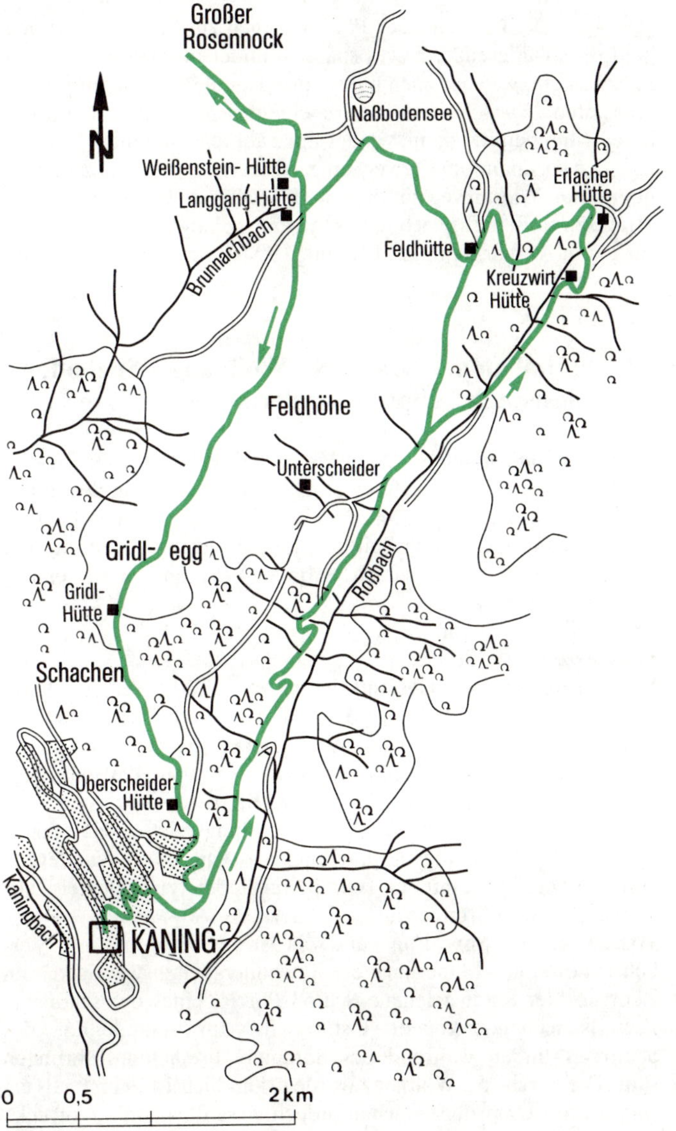
Großer Rosennock
N
Naßbodensee
Weißenstein- Hütte
Langgang-Hütte
Brunnachbach
Erlacher Hütte
Feldhütte
Kreuzwirt-Hütte
Feldhöhe
Unterscheider
Gridl-egg
Roßbach
Gridl-Hütte
Schachen
Oberscheider-Hütte
Kaningbach
KANING
0
0,5
2 km

Bergrücken zur *Feldhöhe* (1999 m) und weiter zum Gridlegg (1884 m). Nun beginnt der Pfad merklich zu fallen und erreicht bald die Waldgrenze. Etwas später mündet unser Steig in einen Fahrweg ein, welcher nach links, vorbei an der nicht mehr bewirtschafteten *Oberscheiderhütte*, zu einem asphaltierten Güterweg leitet. Man benützt dann, wieder links abbiegend, einige Minuten lang den sogenannten Erzweg, um nochmals nach links abzweigend über einen Wiesenweg auf die von der Erlacher Hütte kommende Straße zu stoßen. Ihr nach rechts folgend, gelangt man in Kürze zurück zum Ausgangspunkt in Kaning (3 Stunden vom Großen Rosennock).

34 Spittal an der Drau – St. Wolfgang – Seeboden – Liesersteig – Spittal an der Drau

Verkehrsmöglichkeiten Bahn bis Spittal-Millstättersee, Bus bis Spittal an der Drau. Eventuell Rückfahrt mit Bus von Seeboden.
Parkmöglichkeiten In Spittal an der Drau und in Seeboden.
Wegmarkierungen Von Spittal bis St. Wolfgang Tafeln mit der Wegnummer 23, von dort nach Seeboden Wegnumer 5, Liesersteig Wegnummer 3.
Tourenlänge 10 km.
Wanderzeit 2½ Stunden.
Höhenunterschiede Gesamtsteigung etwa 200 m. Etwas steiler Aufstieg nach St. Wolfgang. Bequemer Abstieg nach Seeboden. Geringe Höhenunterschiede am Liesersteig.
Wanderkarten Kompass-Wanderkarte 1:50 000 Blatt 63, Freytag & Berndt-Wanderkarte 1:100 000 Blatt 22.
Anmerkung Bequemer, sehr abwechslungsreicher Halbtagesausflug. Von St. Wolfgang prächtige Aussicht. diese Wanderung läßt sich vorzüglich mit der Tour 35 verbinden (zusätzlicher Zeitaufwand etwa 3 Stunden).
Wissenswertes Spittal an der Drau ist der Hauptort und Verkehrsknotenpunkt Oberkärntens. Besonders sehenswert ist das im Zentrum der Stadt gelegene Schloß Porcia, eines der schönsten Renaissancebaudenkmäler Österreichs. Im Arkadenhof des Schlosses finden während des Sommers Freilichtaufführungen statt. Die Kirche St. Wolfgang wurde urkundlich 1449 erstmals erwähnt, ihre Ursprünge reichen jedoch wesentlich weiter zurück.
Tourenbeschreibung Vom Hauptplatz in Spittal folgt man der Villacherstraße über die Lieserbrücke. Kurz nach der Brücke wendet man sich nach links in die Wolfberggasse, die vor dem Haus Nr. 15 wieder nach links verlassen wird. Auf einem steilen Steig ge-

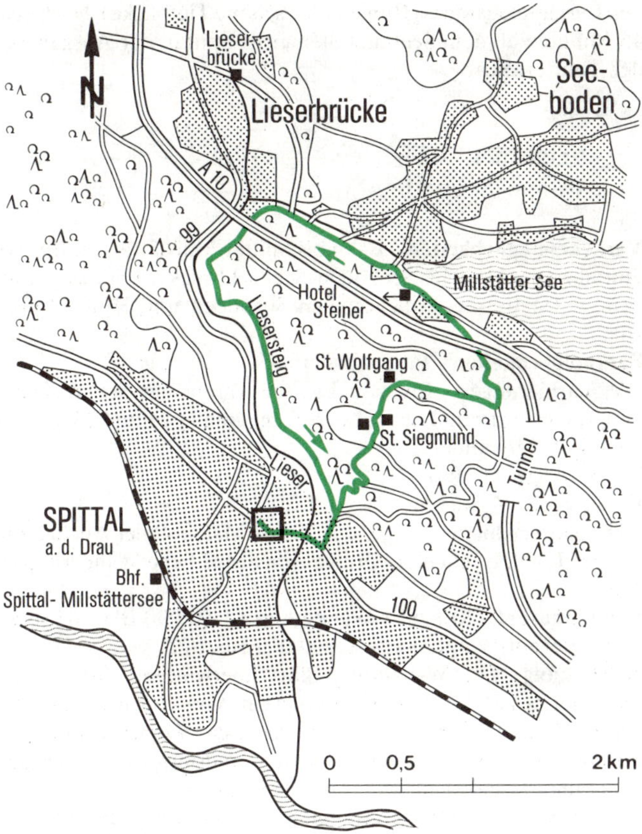

langt mam, an einer Kapelle vorbei, in 20 Minuten zu einer Straße, die bald den Gasthof Simeter erreicht (herrliche Gebirgsaussicht). Bei den letzten Häusern von St. Siegmund schwenkt die Markierung scharf rechts ab. Steil ansteigend erreicht man in wenigen Minuten die Kirche *St. Wolfgang* (734 m, 1 Stunde von Spittal).

Von der Kirche steigt man in nördlicher Richtung zum nahen Gasthaus ab. Unterhalb desselben mündet die Markierung in eine Fahrstraße, unterquert die Autobahn und erreicht, nach links abbiegend, beim Hotel Steiner den Badeort Seeboden (½ Stunde von St. Wolfgang). Man folgt nun der Steinerstraße, die in die Bundesstraße 98 mündet. Vor der Lieserbrücke verläßt man die Bundesstraße nach links aufwärts, unterschreitet auf einem schmalen Steig die Autobahnbrücke und wandert dann hoch über der schäumenden Lieser talauswärts (Ruhebänke, schöne Tiefblicke). Nach etwa 45 Minuten ab dem Seehotel Steiner ist Spittal, der Ausgangsort der Tour erreicht.

35 Seeboden – Egelsee – Lug ins Land – Süduferssteig – Seeboden

Verkehrsmöglichkeiten Bahn bis Spittal-Millstättersee. Bus von Spittal an der Drau bis Seeboden-Seebachbrücke. Schiffskurse auf dem Millstättersee, Anlegestellen Seeboden und Hotel Schloßvilla.
Parkmöglichkeiten Im Seeboden.
Wegmarkierungen Bis zum Egelsee Tafeln mit der Wegnummer 1, von dort zum Lug ins Land Wegnummer 23 und 23 a, Seeufersteig Wegnummer 2.
Tourenlänge 15 km.
Wanderzeit 4 Stunden.
Höhenunterschiede Insgesamt 250 m. Mäßig steiler Anstieg zum Lug ins Land. Bequemer Abstieg zum See. Ebene Wanderung am Seeufer.
Wanderkarten Kompass-Wanderkarte 1:50 000 Blatt 63, Freytag & Berndt-Wanderkarte 1:100 000 Blatt 22.
Anmerkung Die Wanderung führt überwiegend durch Wald. Der Egelsee ladet zu einem Moorbad ein. Vom Lug ins Land schöner Blick ins Drautal, auf das Goldeck, den Dobratsch und den Mittagskogel. Badegelegenheiten am Millstättersee. Sehr gute Kombinationsmöglichkeit mit der Tour 34.
Wissenswertes Seeboden ist einer der beliebtesten Badeorte am zweitgrößten See Kärntens, dem 11 km langen, 1 bis 2 km breiten und bis zu 140 m tiefen Millstättersee.
Tourenbeschreibung Vom Hotel Steiner in Seeboden folgt man der Seeuferstraße etwa 10 Minuten. Während die Markierung des Südufersteiges hier geradeaus weiterläuft, wendet sich der Weg Nummer 1 nach halbrechts, passiert eine Schranke und steigt dann im Wald bergan. Nach etwa 45 Minuten stößt man auf den zum Seeufer führenden Weg Nr. 31, hält sich rechts und erreicht nach weiteren 15 Minuten den von St. Wolfgang kommenden Weg Nr. 23. Beide Markierungen erreichen bald eine Forststraße, die sich später verzweigt (Wegtafeln). Wer den Egelsee besuchen will, hält sich hier links und erreicht in wenigen Minuten auf einem von der Straße abzweigenden unmarkierten Steig einen Badeplatz. Rechts erreicht man in knapp 10 Minuten das Gasthaus Lug ins Land. Zum Aussichtspunkt *Lug ins Land* (816 m) führt der mit 23 a be-

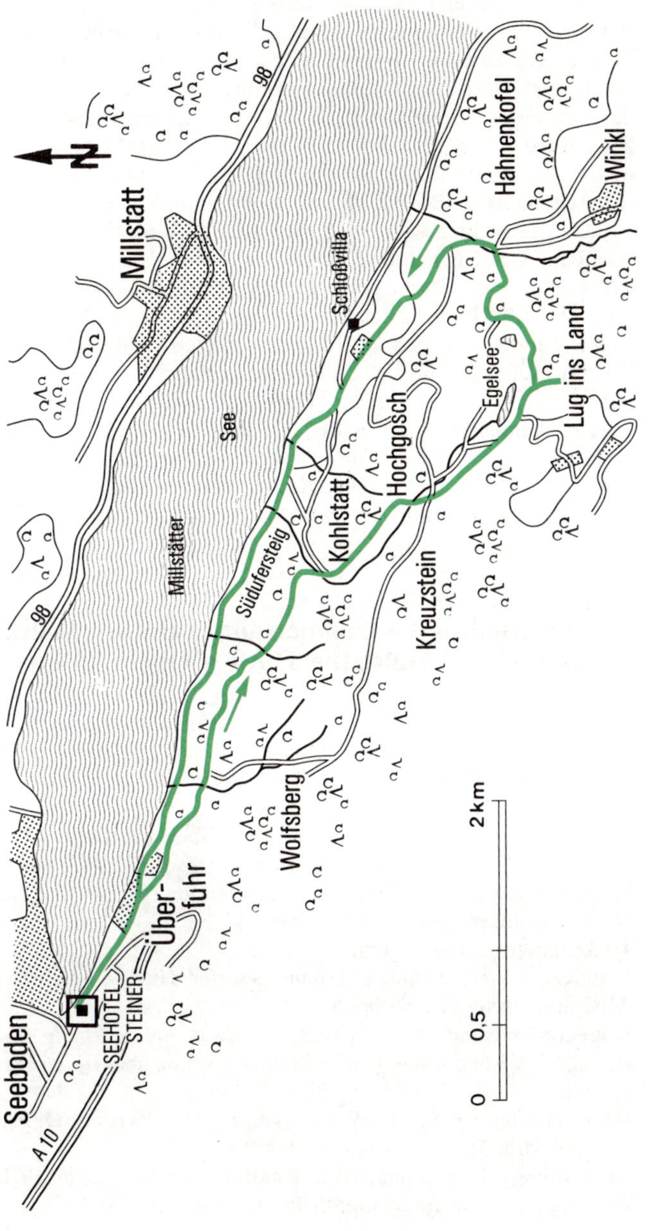

Millstatt
98
A10
Seeboden
SEEHOTEL STEINER
Über-fuhr
Wolfsberg
Millstätter See
Südufersteig
Kohlstatt
Kreuzstein
Hochgosch
Schloßvilla
Egelsee
Lug ins Land
Hahnenkofel
Winkl
0
0,5
2 km

zeichnete Stichweg (2 Stunden vom Seehotel Steiner).

Vom Lug ins Land leitet ein mit der Nummer 1 bezeichneter Steig zu der vom Egelsee kommenden Forststraße, der man nach rechts folgt. Nach etwa 10 Minuten stößt man auf den ebenfalls mit der Nummer 1 bezeichneten, nördlich des Egelsees verlaufenden Weg. Nach rechts leiten die Markierungen 1 und 23 in Kürze zu einer Asphaltstraße, in die man nach links einschwenkt. Bald genießt man schöne Ausblicke auf Millstatt, den See und die Reißeckgruppe. Kurz nach einer Kehre muß man sich über den Weiterweg entscheiden: Wer zur Rückkehr nach Seeboden das Schiff benützen will, bleibt auf der Straße und erreicht bald die Schiffsstation Hotel Schloßvilla (1 Stunde vom Lug ins Land). Wer den Seeufersteig wählt, wendet sich nach der Kehre im spitzen Winkel nach links. Der Weg führt bald unmittelbar am See entlang. Tische und Ruhebänke laden zur Rast, immer wieder bieten sich am unverbauten Ufer Bademöglichkeiten. Nach 1stündiger, reizvoller Wanderung erreicht man die ersten Häuser von Seeboden. Auf Stufen steigt der Weg zur Seeuferstraße an, auf der man bald zur Vereinigung mit dem Weg Nummer 1 und zum Ausgangspunkt der Wanderung gelangt.

36 Obermillstatt – Lammersdorfer Hütte – Millstätter Alpe – Millstätter Hütte – Obermillstatt

Verkehrsmöglichkeiten Bus von Spittal-Millstättersee über Millstatt nach Obermillstatt.
Parkmöglichkeiten In Obermillstatt und bei der Lammersdorfer Hütte (Mautstraße).
Wegmarkierungen Rot-weiß-rot. Von Obermillstatt zur Lammersdorfer Hütte Wegnummern 54 und 56 sowie 1916, von der Lammersdorfer Hütte zum Törl Wegnummer 191, Abstieg nach Obermillstatt Wegnummer 193 und 54.
Tourenlänge Etwa 18 km.
Wanderzeit 7½ Stunden, Lammersdorfer Hütte – Millstätter Alpe und zurück 3½ Stunden.
Höhenunterschiede Gesamtsteigung etwa 1300 m. Mäßig steiler Auf- und Abstieg, fast ebene Höhenwanderung über die Millstätter Alpe.
Wanderkarten Kompass-Wanderkarte 1:50 000 Blatt 63, Freytag & Berndt-Wanderkarte 1:100 000 Blatt 22.
Anmerkung Der Besuch der Millstätter Alpe stellt die ideale Ergänzung zu einem Badeaufenthalt dar. Die Wege sind für jedermann begehbar, das Gelände bietet keinerlei Schwierigkeit. Die

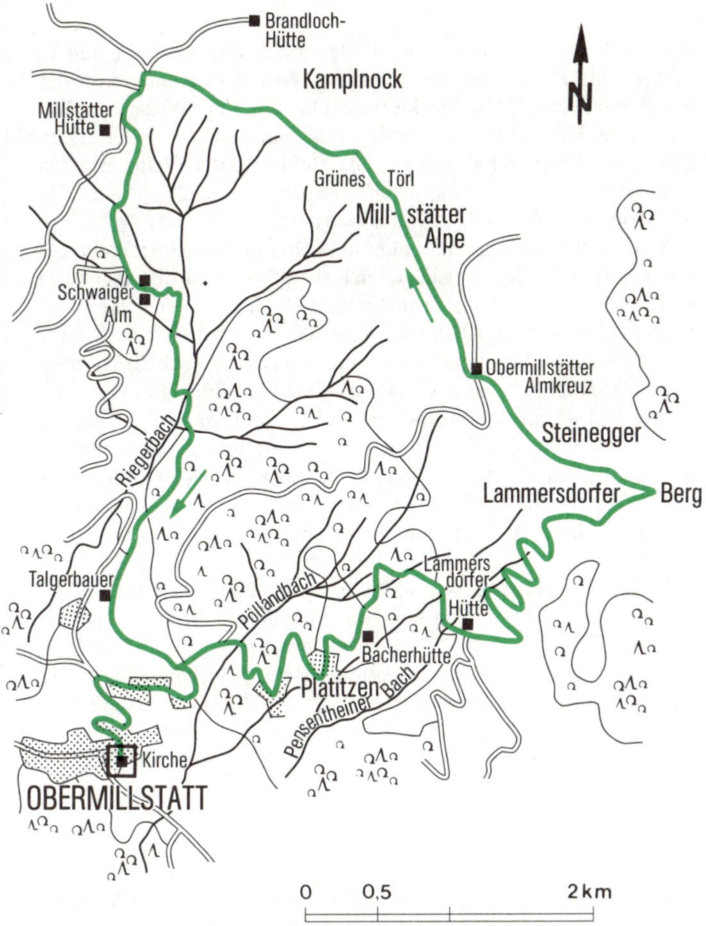

Aussicht reicht von den Südalpen bis zum Tauernhauptkamm und erstreckt sich über weite Teile des Nockgebietes. Prächtig sind die Tiefblicke auf den Millstättersee.

Wissenswertes Anläßlich dieser Wanderung sollte man unbedingt Millstatt, einen der bekanntesten Badeorte und zugleich Kulturzentren Kärntens einen Besuch abstatten. Besonders sei auf das Stift mit seiner romanischen Kirche und dem aus der Renaissance stammenden Stiftshof hingewiesen.

Tourenbeschreibung Von der Kirche in *Obermillstatt* folgt man der in nordwestlicher Richtung bergan führenden Straße. Nach etwa 25 Minuten Anstieg gelangt man zu einer Gabelung, wo man sich nach rechts wendet, den Pöllandbach überschreitet und in Kehren die Hütten auf der *Platitzen* erreicht (1 Stunde von der Straßengabelung). Die Markierung führt nun über Wiesen zur Bacherhütte, leitet in einen Graben und wendet sich nach der ersten Bachübequerung scharf nach rechts. Bald wird der Wald verlassen und kurz darauf die *Lammersdorferhütte* erreicht (1644 m, 2½ Stunden von Obermillstatt, Gastbetrieb).

Von der Hütte steigt man über aussichtsreiches Almgelände auf einem guten Almfahrweg in vielen Kehren, die natürlich abgekürzt werden können, in 1½ Stunden zum *Lammersdorfer Berg* auf (2054 m, herrlicher Ausblick!) hier wendet man sich nach links (Nordwesten) und gelangt in schöner Wanderung nach 20 Minuten zum *Millstätter Almkreuz* (2046 m). Der Weg führt nun fast eben an der Millstätter Alpe (2086 m) vorbei, quert nach dem *Grünen Törl* die Hänge des Kamplnock (2101 m) und erreicht etwa 1 Stunde ab dem Lammersdorfer Berg das »*Törl*« (1906 m). Hier wendet man sich, den Weg 191 verlassend, nach links und gelangt kurz absteigend zur im Sommer bewirtschafteten *Millstätter Hütte* (1876 m 2½ Stunden von der Lammersdorfer Hütte).

Bei der Millstätter Hütte wählt man den nach links abwärts führen Almsteig, der bald den Wald und kurz darauf die *Schwaigeralm* erreicht. Ein Fußweg leitet nun in steilem Abstieg hinab zum Riegerbach und jenseits zur Herzoghütte. Beim Talgerbauer hält man sich nochmals links und gelangt nach etwa 10 Minuten zu der schon beim Aufstieg berührten Straßengabelung. 20 Minuten später ist man zurück in Obermillstatt (2 Stunden von der Millstätter Hütte).

37 Waldlehrpfad Döbriach

Verkehrsmöglichkeiten Bahn bis Villach oder Spittal / Millstättersee. Bus von beiden Orten nach Döbriach.
Parkmöglichkeiten In Döbriach.
Wegmarkierungen Rot-weiß-rot mit den Nummern 94, 93 und 95.
Tourenlänge 6 km.
Wanderzeit Etwa 2 Stunden.
Höhenunterschiede Etwa 150 m Gesamtsteigung.
Wanderkarten Kompass-Wanderkarte 1:50 000 Blatt 63, Freytag & Berndt-Wanderkarte 1:100 000 Blatt 23.
Anmerkung Interessanter Lehrpfad mit schönen Durchblicken zum Millstättersee.
Tourenbeschreibung Ausgehend von der Feuerwache *Döbriach*, überquert man den Riegenbach und zweigt nach links in den

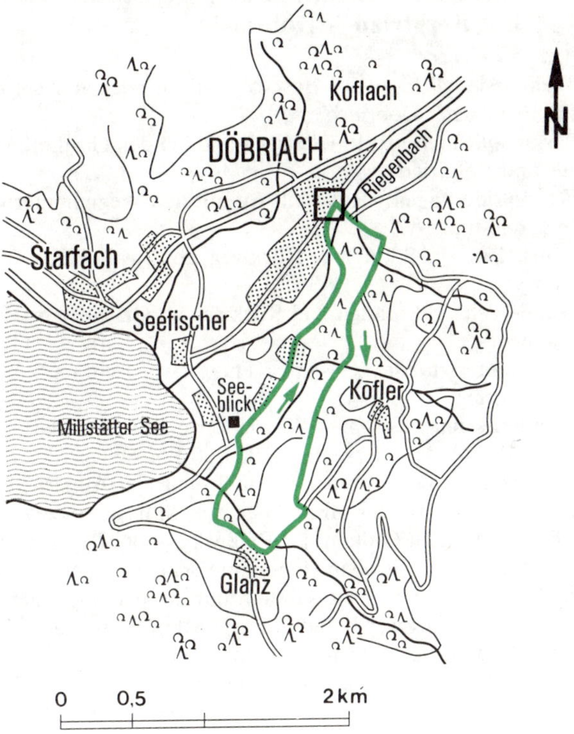

Brandhoferweg ab. Nach wenigen Schritten beginnt, nach rechts abzweigend, der Waldlehrpfad. Zuerst neben einen Bach und später nach links schwenkend, steigt man ziemlich steil bis zu einer Abzweigung an (Markierungstafel Mirnock über Gasthof Bergfried). Nun fast eben zu einem Wasserfall (¾ Stunde ab Döbriach). Bald darauf erreicht man eine zweite, nach links führende Wegabzweigung (Mirnock über Gasthof Possegger – siehe Tour 38). Der Lehrpfad führt geradeaus weiter. Eine, zum Magnesitwerk Radenthein gehörende, Materialseilbahn wird unterschritten und danach ein Bach überquert. Wenig später mündet der Pfad in einen Güterweg ein. Über diesen erreicht man, sich bei einer Abzweigung rechts haltend, die nach Döbriach führende Straße. Auf einem Abkürzungsweg gelangt der Wanderer in wenigen Minuten zum *Gasthof Seeblick*. Von hier, entlang der Straße, zurück in den Ort Döbriach.

38 Döbriach – Gasthof Possegger – Mirnock – Gasthof Bergfried – Döbriach

Verkehrsmöglichkeiten Bus von Villach oder von Spittal-Millstättersee nach Döbriach.
Parkmöglichkeiten In Döbriach und bei den Gasthöfen Possegger und Bergfried.
Wegmarkierungen Rot-weiß-rot mit den Wegnummern 94, 96, 188, 186 und 187.
Tourenlänge 18 km, bei Rückweg ab Gasthof Possegger nur 8 km.
Wanderzeit 8 Stunden, bei Rückweg ab Gasthof Possegger 3¾ Stunden.
Höhenunterschiede Gesamtsteigung etwa 1500 m. Steiler Auf- und Abstieg.
Wanderkarten Kompass-Wanderkarte 1:50 000 Blatt 63, Freytag & Berndt-Wanderkarte 1:100 000 Blatt 23.
Anmerkung Der Mirnock ist ein großartiger Aussichtsberg, besonders schön ist der Blick über den Millstättersee zu den oft schneebedeckten Gipfeln der Reißeckgruppe. Die Tour verlangt jedoch wegen des großen Höhenunterschiedes ziemliche Ausdauer. Wanderer, denen die Gesamttour zu anstrengend erscheint, können den Rückweg bereits beim Gasthof Possegger in Richtung Gasthof Bergfried antreten. Sie können damit eine bequeme aber schöne Rundwanderung für sich buchen.
Tourenbeschreibung Ausgangspunkt dieser Tour ist wie bei der Wanderung 37 die Feuerwache *Döbriach*. Man folgt von dort dem Waldlehrpfad etwa 50 Minuten. Bei der Wegabzweigung nach dem Wasserfall verläßt man den Lehrpfad nach links und steigt später entlang eines Baches zu einer Straße an. Nachdem man diese, sich rechts haltend, kurz benützt hat, folgt man einem Fahrweg nach links in den Wald. Die Markierung kreuzt nun einen Güterweg und steigt zu einem weiteren Fahrweg an. Dieser geht nach einer weiten Linkskurve in einen Wiesenweg über, der zu einem Anwesen leitet. Ein schmaler Wiesenweg führt von dort zum *Gasthof Possegger* (2½ Stunden von Döbriach, Abzweigung des Rückweges in Richtung Gasthof Bergfried).

Zuerst durch Wald, später über Almböden, steigt man nun steil zu dem vom Bodeneck südostwärts ziehenden Bergrücken an, unter dem die Markierung, herrliche Ausblicke bietend, zum *Mirnock* leitet (2104 m, 2½ Stunden vom Gasthof Possegger).

Nach der Gipfelrast steigt man wieder zum *Gasthof Possegger* ab, wendet sich dort nach rechts und folgt einem ziemlich ebenen Fahrweg in nördlicher Richtung. Den mit der Nummer 186 be-

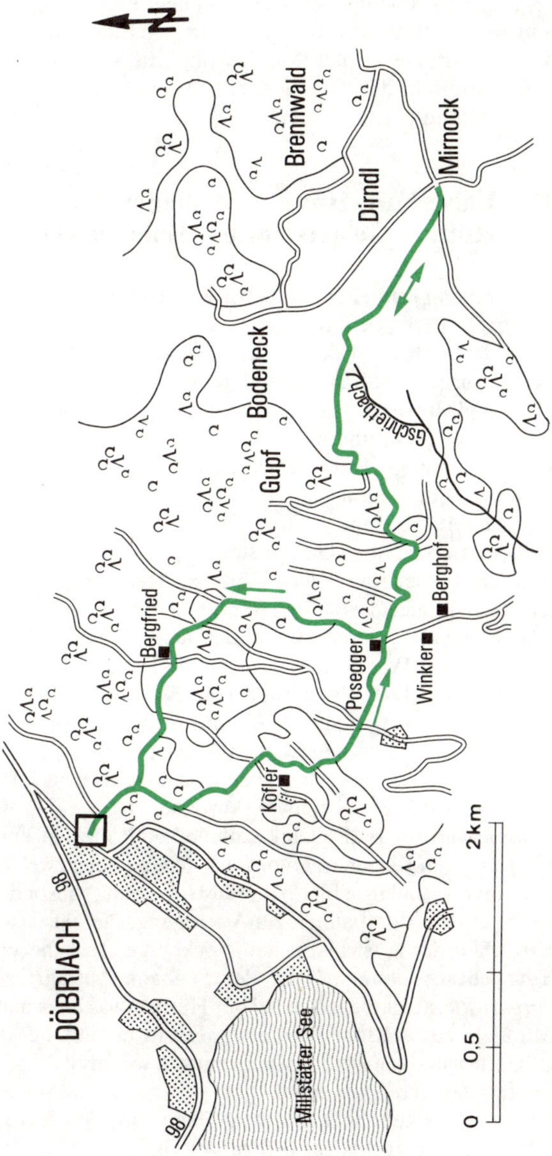

DÖBRIACH
98
98
Millstätter See
0
0,5
2 km
Köfler
Bergfried
Posegger
Winkler
Berghof
Gupf
Bodeneck
Gschrietbach
Dirndl
Brennwald
Mirnock
N

zeichneten Weg nach etwa 20 Minuten links verlassend, steigt man nun entlang der Markierung 187 in etwa 15 Minuten zum *Gasthof Bergfried* ab. Von ihm leitet ein schmaler Pfad in westlicher Richtung weiter talwärts, passiert das Anwesen Luger und mündet nahe des Wasserfalles in den Waldlehrpfad. In Kürze ist von hier der Ausgangspunkt der Tour erreicht (3 Stunden vom Mirnock, 1¼ Stunden vom Gasthof Possegger).

39 Kaiserburg-Hütte – Wöllaner Nock – Walder-Hütte – Geiger-Hütte – Haidenbach

Verkehrsmöglichkeiten Bus von Villach oder Spittal-Millstättersee nach Bad Kleinkirchheim. Doppelsesselbahn zur Kaiserburg-Hütte. Bus von Zedlitzdorf nach Klagenfurt oder über Patergassen zurück nach Bad Kleinkirchheim.
Parkmöglichkeiten In Bad Kleinkirchheim bei der Talstation der Kaiserburg-Bahn und in Haidenbach.
Wegmarkierung Rot-weiß-rot, Wegnummern 168, 109 und 163.
Tourenlänge 15 km.
Wanderzeit 4 Stunden.
Höhenunterschiede Gesamtsteigung etwa 130 m. Mäßig steiler Anstieg von der Kaiserburg-Hütte zur Kaiserburg. Teilweise steiler Abstieg über die Walder-Hütte nach Haidenbach.
Wanderkarten Kompass-Wanderkarte 1:50 000 Blatt 63, Freytag & Berndt-Wanderkarte 1:100 000 Blatt 23.
Anmerkung Die Wanderung von der Bergstation der Kaiserburg-Bahn zum Wöllaner Nock und zurück beansprucht etwa 1½ Stunden und kann der herrlichen Aussicht wegen jedermann empfohlen werden. Der Abstieg vom Wöllaner Nock nach Haidenbach ist leicht, verlangt aber etwas Ausdauer.
Wissenswertes Bad Kleinkirchheim zählt zu den bekanntesten Urlaubsorten Kärntens. Dem Gast stehen neben zwei Thermalbädern im Ort und in seiner näheren Umgebung (besonders St. Ostwald) etliche Bergbahnen zur Verfügung, die ein fast müheloses Erreichen der aussichtsreichen Nockberge ermöglichen.
Tourenbeschreibung Nach der Seilbahn-Auffahrt zur *Kaiserburg-Hütte* steigt man, sich bei der Hütte etwas links haltend, in 20 Minuten zur seltsam geformten Felsformation der *Kaiserburg* (2055 m) auf, von wo die Markierung in weiteren 20 Minuten zum Gipfel des *Wöllaner Nock* (2139 m) leitet. Man genießt den prachtvollen Rundblick und steigt dann, kurz den Anstiegsweg benützend, nach rechts zur östlich unterhalb des Gipfels gelegenen *Walder-Hütte* ab (1956 m, 20 Minuten vom Wöllaner Nock). Nun

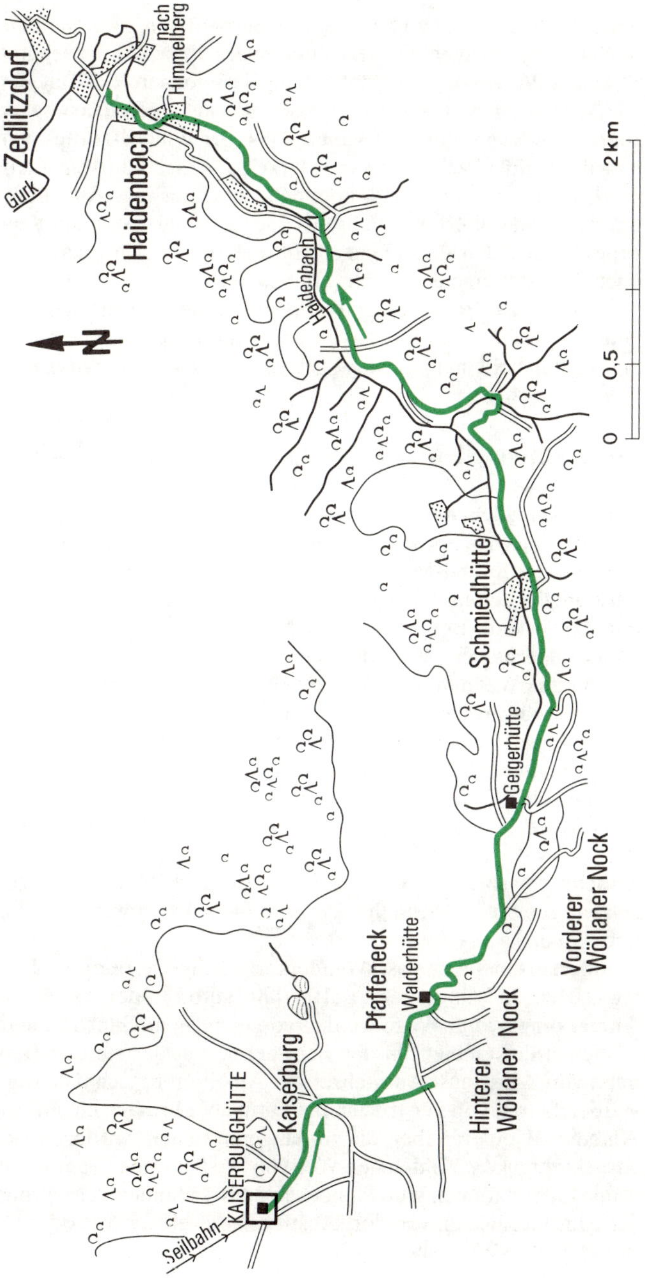
Zedlitzdorf
Gurk
nach Himmelberg
Haidenbach
Haidenbach
N
2 km
0,5
0
Schmiedhütte
Geigerhütte
Vorderer Wöllaner Nock
Pfaffeneck
Walderhütte
Hinterer Wöllaner Nock
Kaiserburg
KAISERBURGHÜTTE
Seilbahn

führt die Bezeichnung über mehrere Serpentinen, zweimal einen Bach kreuzend, zu einem Almgatter. Hier hält man sich nach links zu einem Weidezaun und geht entlang desselben in Richtung einiger Almhütten. Kurz vor diesen stößt man auf einen Fahrweg, der zur *Geiger-Hütte* führt (40 Minuten von der Walder-Hütte). Entlang des Haidenbachs leiten die Marken nun, den Fahrweg abkürzend, zu einem von rechts kommenden Güterweg. Auf diesem wandert man weiterhin entlang des Baches bergab. Bei einer Kreuzung (1½ Stunden ab der Geiger-Hütte) hält man sich links und erreicht bald darauf die Talsohle. Hier zweigt neuerlich ein Weg nach links ab, der zur Häusergruppe *Haidenbach* führt. Ein asphaltierter Güterweg leitet von dort zur Straße Himmelberg – Patergassen und zu der bei einem Gasthof gelegenen Busstation *Zedlitzdorf*.

40 Weissenstein – Amberg – Schwarzsee – Palnock

Verkehrsmöglichkeiten Bahn bis Weißenstein-Kellerberg an der Strecke Villach – Spittal-Millstättersee. Bei Liftauffahrt Bus von Villach oder Spittal-Millstättersee bis zur Talstation bei Afritz.
Parkmöglichkeiten In Weißenstein, Amberg und bei der Talstation der Verditz-Bergbahnen bei Afritz.
Wegmarkierungen Rot-weiß-rot. Von Weißenstein bis zum Schwarzsee Wegnummer 178, von der Bergstation des Sesselliftes bis zum Schwarzsee zum Palnock 180.
Tourenlänge Weißenstein – Amberg 5 km, Amberg – Schwarzsee 4 km, Sessellift-Bergstation – Palnock 3 km.
Wanderzeit Weißenstein – Amberg 2 Stunden, Amberg – Schwarzsee 1½ Stunden, Sessellift-Bergstation – Palnock 1 Stunde.
Höhenunterschiede Weißenstein – Amberg 750 m, Amberg – Schwarzsee 500 m, Sessellift-Bergstation beim Schwarzsee – Palnock 90 m.
Wanderkarten Kompass-Wanderkarte 1:50 000 Blatt 64, Freytag & Berndt-Wanderkarte 1:100 000 Baltt 22 oder 23.
Anmerkung Drei Wege werden vorgeschlagen: Ganz Bequeme erreichen das Gebiet um den Schwarzsee mit der Verditz-Bergbahn von Afritz aus. Autofahrer mit Ambition für schmale Bergstraßen fahren von Feistritz an der Drau über Fresach hinauf nach Amberg. Wanderer aber, die vor längeren steilen Anstiegen nicht zurückschrecken, wählen den Weg von Weißenstein. Sehr ausdauernde Geher können vom Palnock in 3 bis 4 Stunden den Mirnock (2110 m) erreichen, von dort Abstieg nach Feld am See oder Döbriach (siehe Wanderung 38).

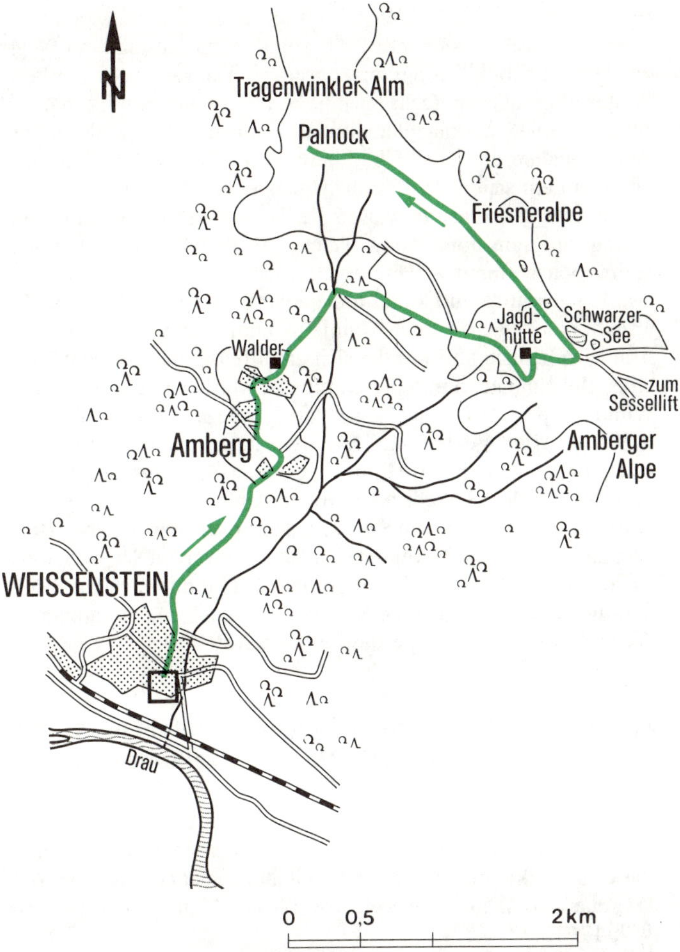

Wissenswertes Der Höhenzug Amberger Alpe – Palnock – Mirnock ist der südöstlichste Ausläufer der Nockberge. Das Gebiet ist von Afritz aus für den Wintersport erschlossen und kann im Sommer als Almparadies bezeichnet werden. Der Palnock ist ein hervorragender Aussichtsberg.

Tourenbeschreibung Beim Feuerwehrdepot von Weißenstein zeigt eine Wegtafel in Richtung Amberg. Eine schmale Asphaltstraße leitet bergan und erreicht nach knapp 10 Minuten den Wald. Vor einer Brücke weist eine Markierungstafel nach Amberg und zum Schwarzen See. Der Weg steigt sofort steil an und wendet sich dann nach rechts. Nach etwa 1½ Stunden verläßt man den Wald und gelangt über Wiesen zu den ersten Häusern vom Amberg. Weiter über Wiesen leicht nach links ansteigend, kommt man auf einen Fahrweg, der nach links zu der von Fresach heraufkommenden Asphaltstraße führt. Über diese nach rechts und über Serpentinen zu dem schon sichtbaren Alpengasthof Walder.

Kurz vor dem Gasthof weisen die Farbzeichen nach rechts, man gelangt auf eine Forststraße, welche die Waldhänge des Palnock quert. Nach einem Bachübergang verläßt die Markierung die Straße nach links und leitet, nun steiler ansteigend, durch Nadelwald bergan. Nach etwa 20 Minuten kommt man wieder zur Forststraße, kreuzt sie und wendet sich unmittelbar darauf scharf nach links. Bei einer Jagdhütte beschreibt die Markierung einen spitzen Winkel und erreicht bald den idyllisch gelegenen Schwarzen See (1791 m). Hier Wegteilung: Dem Bergrücken nach rechts folgend, gelangt man in knapp 10 Minuten zu einem Gasthaus, zur Bergstation des Verditz-Sesselliftes und zur Amberger Alpe (1831 m). Abstiegswege führen vom Schwarzen See nach Verditz und Afritz. Wer zum Palnock will, wendet sich beim Schwarzen See nach links. Noch einige kleine Lacken berührend, kommt man zur Friesneralpe (1828), passiert die Baumgrenze und erreicht bald darauf die aussichtsreiche Kuppe des Palnock (1896 m).

41 Kanzelhöhe – Hotel Berger – Gipfelhaus Gerlitzen – Steinwenderhütte – Kanzelhöhe

Verkehrsmöglichkeiten Bahn oder Bus bis Annenheim Kanzelbahn. Seilbahn auf die Kanzelhöhe. Mautstraße von Treffen.
Parkmöglichkeiten Bei der Kanzelbahn und auf der Kanzelhöhe.
Wegmarkierungen Rot-weiß-rot mit den Nummern 176, 1763, 177, 1761.
Tourenlänge 13 km.
Wanderzeit 4½ Stunden.
Höhenunterschiede Gesamtsteigung etwa 500 Meter.
Wanderkarten Kompass-Wanderkarte 1:50 000 Blatt 61, Freytag & Berndt-Wanderkarte 1:100 000 Blatt 23.
Anmerkung Schöne Rundtour, die durch Benützung des Sesselliftes Waldtratte – Gipfelhaus ziemlich, sowie durch den Lift Hotel Berger – Gipfelhaus etwas abgekürzt werden kann.
Wissenswertes Die Gegend um die Kanzelhöhe-Gerlitzen ist das sonnenreichste Berg- und Almgebiet Mitteleuropas. Hier werden im Jahresdurchschnitt 2000 Sonnenstunden gemessen. Der einma-

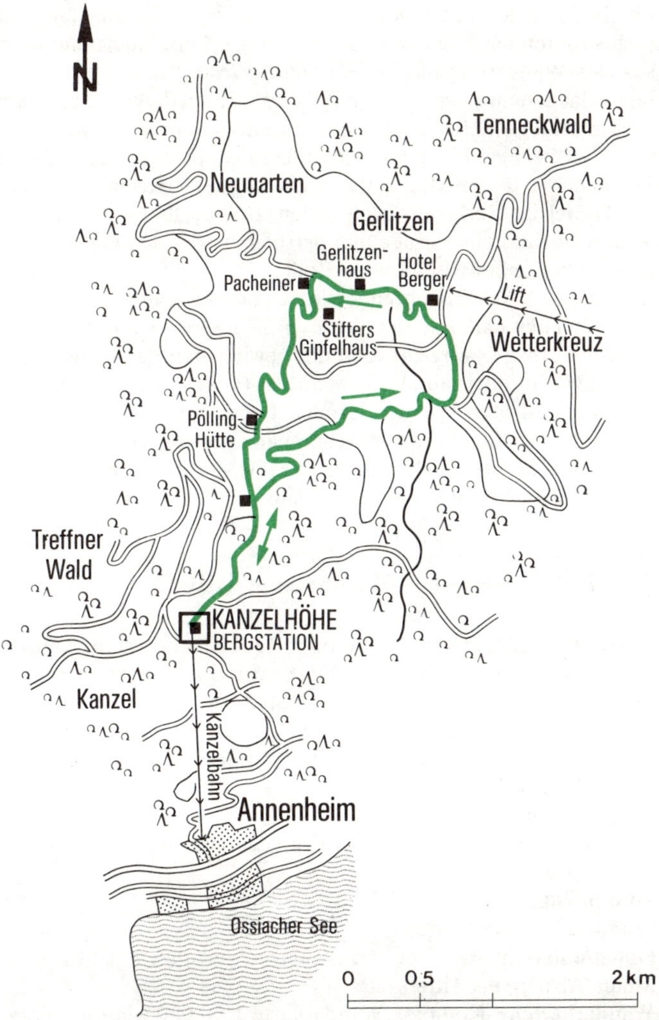

lige Rundblick auf die Alpenwelt, wie Hohe Tauern mit Großglockner und Hochalmspitze, Dolomiten, Karawanken, Julische, Karnische und Steirische Alpen, sowie der Blick auf etwa 10 Kärntner Seen, schafft einen unvergeßlichen Eindruck.

Tourenbeschreibung Von der *Bergstation* der *Kanzelbahn* wandert man, sich rechts haltend, über die sogenannte Hirschensprung-Promenade zur *Waldtratte*. Etwa 50 Meter oberhalb der hier befindlichen Liftstation folgt man einem unter dem Lift nach rechts führenden Weg. Der Finsterbach wird überquert und nach schöner Wanderung die Feriensiedlung *Schönfeld* erreicht. Von hier gelangt man in wenigen Minuten zum Hotel *Berger* (2 Stunden ab Kanzelhöhe). Hier befindet sich die Talstation eines weiteren, zum Gerlitzengipfel führenden Liftes. Der Fußweg führt zuerst knapp neben diesem und später in einem großen Rechtsbogen auf den Gipfel der Gerlitzen (2½ Stunden ab Kanzelhöhe). Beim *Gipfelhaus* beginnt eine Straße, auf der man, vorbei am Gasthof Pacheiner zur unbewirtschafteten Bodenhütte kommt. Hier verläßt man die nach Arriach führende Straße und steigt einige Höhenmeter, sich links haltend, zur *Gerlitzen-Selbstversorgerhütte* ab. Im weiteren Abstieg erreicht man die bewirtschaftete *Steinwenderhütte* (3¼ Stunden ab zur *Turnerhütte* (keine Bewirtschaftung). Nun wandert man in einem großen Bogen um den Graben des Treffener Baches, überquert wenig später die von Treffen heraufkommende Straße und kommt etwa 1500 Meter später zurück zur Kanzelhöhe (2 Stunden ab Gipfelhaus).

42 Hotel Berger – Manessen – Tiffen

Verkehrsmöglichkeiten Bahn oder Bus bis Annenheim Kanzelbahn. Seilbahn bis Kanzelhöhe. Straße von Bodensdorf zum Hotel Berger. Das Hotel Berger ist in 2 Stunden ab der Kanzelhöhe (siehe Wanderung 41), sowie in 20 Minuten ab dem Gipfelhaus Gerlitzen erreichbar. Bahn oder Bus Tiffen – Annenheim.
Parkmöglichkeiten Bei der Kanzelbahn, beim Hotel Berger sowie in Tiffen.
Wegmarkierungen Rot-weiß-rot mit der Nummer 175, sowie der lokalen Bezeichnung 8.
Tourenlänge 16 km.
Wanderzeit 4½ Stunden.
Höhenunterschiede Nur geringfügige Steigungen. Etwa 1200 Meter Abstieg bis Tiffen.
Wanderkarten Kompass-Wanderkarte 1:50 000 Blatt 61, Freytag & Berndt-Wanderkarte 1:100 000 Blatt 23.
Anmerkung Schöne Wanderung, die durch die einsamen Wälder des Tenneckforstes führt.
Wissenswertes Der steile Bergkegel von Tiffen, mit dem die Gerlitzen im Nordosten endet, wurde früher Berg Tevvein genannt. An seiner Spitze stand einst ein heidnischer Tempel. Jetzt befindet sich hier die Pfarrkirche St. Jakob. Man nimmt an, daß dieser Bau vorromanisch ist. Es sind auch noch Römersteine zu sehen.

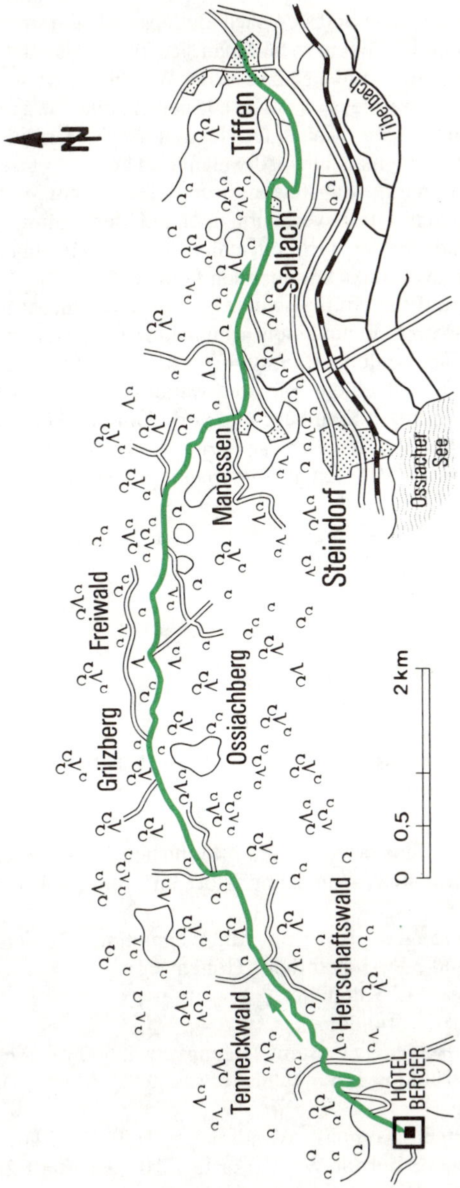
N
Tiffen
Tibelbach
Sallach
Manessen
Steindorf
Ossiacher See
Freiwald
Grilzberg
Ossiachberg
Herrschaftswald
Tenneckwald
HOTEL BERGER
0
0,5
2 km

Tourenbeschreibung Ausgehend vom *Hotel Berger*, wandert man einige Minuten auf der nach Bodensdorf führenden Straße. Bei der ersten Rechtskurve hält man sich links, gelangt aber wenig später wieder zur Straße. Nachdem der Weg einige weitere Kehren abgekürzt hat, wendet sich die Straße gegen Süden und man betritt einen schönen Fichtenwald. Geradeaus und später im leichten Auf und Ab erreicht man eine Abweigung (Hier könnte man nach rechts nach Steindorf absteigen, eventuell bei inem Wettersturz). Der Weg nach Tiffen verbleibt aber auf der Kammhöhe. Der schmale Pfad mündet, nachdem man eine Bergkuppe überschritten hat, in einen von links kommenden Güterweg ein. Nachdem man einige Zeit auf diesem marschiert ist, hört die Fahrbahn plötzlich auf und man erreicht auf einem schmalen Jägersteig, merklich steil abfallend, die Siedlung *Manessen* (Gasthof 2¾ Stunden ab Ausgangspunkt). Auf einem Fahrweg weiterwandernd, erreicht der Wanderer über den Sonnberg und vorbei an den Häusergruppen *Sallach* und *Fresen* den *Tiffener Berg* (4¼ Stunden ab Hotel Berger). In etwa 15 Minuten gelangt man von hier in den Ort *Tiffen*.

Abschnitt III

Saualpe und Koralpe

43 Klippitztörl – Forstalpe – Ladinger Spitze – Wolfsberger Hütte

Verkehrsmöglichkeiten Keine öffentlichen Verkehrsmittel.
Parkmöglichkeiten Am Klippitztörl und unterhalb der Wolfsbergerhütte.
Wegmarkierungen Rot-weiß-rot, Wegnummer 308 (Eisenwurzelnweg) und 338 (Lavanttaler Höhenweg).
Tourenlänge 12 Kilometer.
Wanderzeit 4 Stunden.
Höhenunterschiede Gesamtsteigung etwa 600 m. Angenehme Neigungsverhältnisse, nur zuletzt etwas steiler Abstieg zur Wolfsbergerhütte.
Wanderkarten Kompass-Wanderkarte 1:50 000 Blatt 133 und 134, Freytag & Berndt-Wanderkarte 1:100 000 Blatt 23.
Anmerkung Diese prachtvolle Höhenwanderung ergibt gemeinsam mit der Wanderung Nummer 44 eine großartige Zweitages-

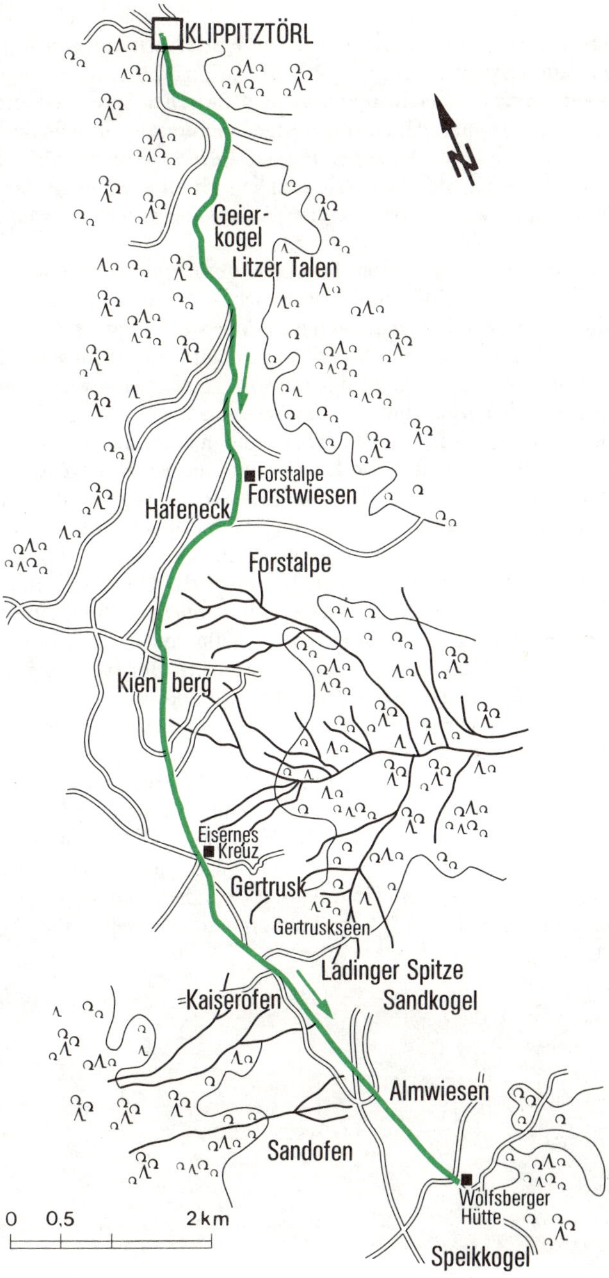
KLIPPITZTÖRL
N
Geier-
kogel
Litzer Talen
Forstalpe
Forstwiesen
Hafeneck
Forstalpe
Kien- berg
Eisernes
Kreuz
Gertrusk
Gertruskseen
Ladinger Spitze
Kaiserofen
Sandkogel
Almwiesen
Sandofen
Wolfsberger
Hütte
Speikkogel
0 0,5 2 km

fahrt. Die Tour sollte nur bei guten Wetterverhältnissen unternommen werden!

Wissenswertes Das Klippitztörl liegt zwischen zwei bedeutenden, den Norischen Alpen zugehörigen Gebirgszügen: Den Seetaler Alpen und der Saualpe. Diesen Bergen fehlen großartige Wandbildungen, sie schenken aber ein Gefühl der unendlichen Weite und gewähren bei klarem Wetter eine prächtige, weitreichende Fernsicht.

Tourenbeschreibung Vom Parkplatz am *Klippitztörl* steigt man in südlicher Richtung zunächst zwischen vereinzelten Bäumen, später durch Wald an. Auf ein flaches Wegstück folgt eine Weggabelung. Hier hält man sich rechts und quert auf einem schmalen Steig die westliche Flanke des Geyerkogels. Nach zwei Quellen tritt der Wald zurück und man bewegt sich auf weichen Almböden. Die Bezeichung weist nun nach links und man erreicht nach einem kurzen Aufstieg wieder den Hauptkamm des Saualpenzuges. Neben einem Viehzaun, der den weiteren Weg fast immer begleitet, gelangt man in etwa 30 Minuten, die »Steinerne Hochzeit«, ein eigenartiges Felsgebilde passierend zum Gipfel der *Forstalpe* (2034 m, 1¾ Stunden ab dem Klippitztörl). Ohne wesentliche Steigung wandert man nun zum felsigen *Kienberg* (2050 m) und erreicht absteigend das Eiserne Kreuz (1906 von Erzherzog Franz Ferdinand und seiner Gattin Sophie gestiftet). Der Weg steigt nun wieder an und umgeht dabei den Gertrusk, dessen steiler, mit einem Kreuz versehener Gipfel schon lange aufgefallen war. Links haltend, wird der Kaiserofen passiert. Der Normalweg führt auch unterhalb der *Ladinger Spitze* (2079 m) vorbei. Wer den Gipfel besteigen will, muß die linke Steigspur benützen, die unschwer zum Gipfel leitet (1¾ Stunden von der Forstalpe). Unterhalb der Ladinger Spitze vereinigen sich beide Wege wieder, bald darauf schwenkt man links vom Hauptkamm ab und erreicht in Kürze die Wolfsberger Hütte (1825 m, im Sommer Nächtigungsmöglichkeit).

44 Wolfsberger Hütte – Speikkogel – Wolftratten – Diex

Verkehrsmöglichkeiten Ab Diex Bus nach Völkermarkt an der Bahnlinie Klagenfurt – Wolfsberg – Zeltweg.
Parkmöglichkeiten Parkplatz 15 Minuten unterhalb der Wolfsberger Hütte.
Wegmarkierungen Rot-weiß-rot, Wegnummern 308 und 339.
Tourenlänge 13 km.
Wanderzeit 4 Stunden.
Höhenunterschiede Gesamtsteigung etwa 320 m. Abstieg insgesamt etwa 850 Höhenmeter.
Wanderkarten Kompass-Wanderkarte 1:50 000 Blatt 134, Freytag & Berndt-Wanderkarte 1:100 000 Blatt 23.
Anmerkung Diese wunderschöne Abstiegswanderung wird vor allem im Anschluß an die Tour 43 unternommen werden.
Tourenbeschreibung Von der Wolfsberger Hütte steigt man in etwa 20 Minuten zum Saualpen-Hauptkamm auf. Ein Bergkreuz, welches zwischen der Ladinger Spitze und dem Speikkogel liegt, wird links umgangen. Dem Hauptkamm in südlicher Richtung folgend, erreicht man etwa 25 Minuten ab dem Sattel zwischen dem Lavant- und dem Görtschitztal den *Speikkogel* (1901 m). Unterhalb des Gipfels kommt man zur Abzweigung des Lavanttaler Höhenweges nach links, rechts liegt der Große Sauofen. Man bleibt am Kamm, überschreitet den *Kleinen Sauofen* (1830 m) und erreicht, sich nun halbrechts haltend, über die *Kleine Saualpe* (1708 m) die Waldgrenze. Auf einem manchmal steilen Waldweg kommt man nun bald zum *Karawankenblick* (1554 m), wo man sich wieder nach Süden wendet. Die Markierung kreuzt in der Folge eine Waldstraße und quert sodann den Hang des Schwaigkogels zur *Wolftratten* (1387 m 2 Stunden von der Wolfsberger Hütte).

Bei der Wolftratten wird eine Straße überschritten, anschließend steigt man auf einem Waldweg an der Ostseite des Breitriegels zum *Spitzstein* (1533 m) an. Der Weg verläuft etwas links vom Gipfel, fällt dann wieder und erreicht eine Weggabelung (der linke Ast führt in etwa 20 Minuten zum Gasthaus Jauntalblick). Man hält sich rechts, gelangt zu einem Fahrweg und erreicht, dessen Kehren auf einem Waldweg abschneidend, ein Gehöft und unmittelbar darauf die Straße Grafenbach – Diex. Auf ihr gelangt man rasch ins Zentrum des schöngelegenen Höhenluftkurortes *Diex*.

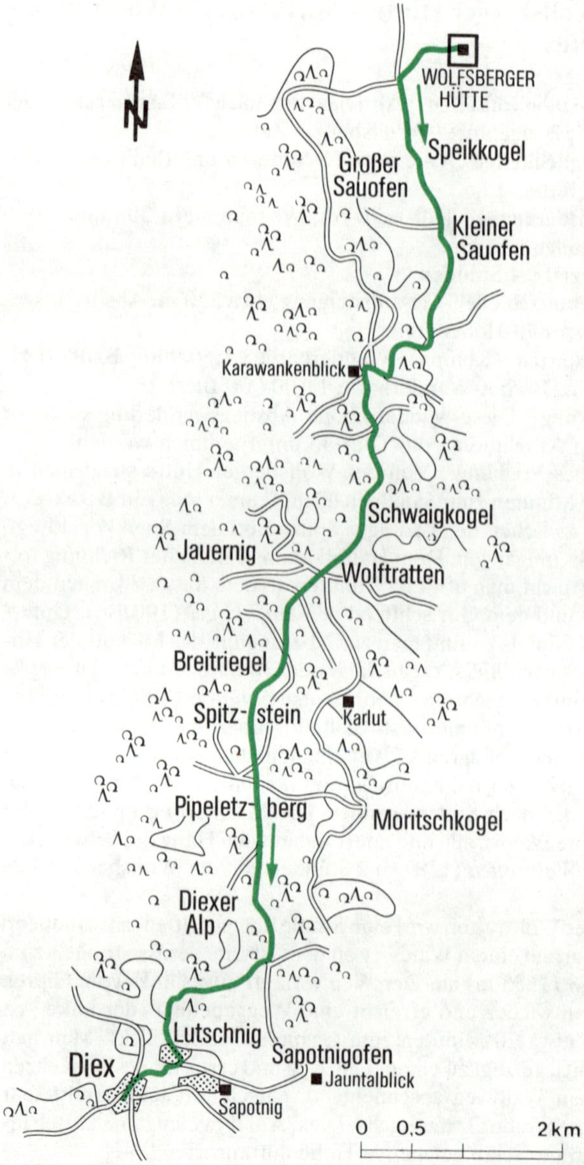
WOLFSBERGER HÜTTE
Speikkogel
Großer Sauofen
Kleiner Sauofen
Karawankenblick
Schwaigkogel
Jauernig
Wolftratten
Breitriegel
Spitz-stein
Karlut
Pipeletz-berg
Moritschkogel
Diexer Alp
Lutschnig
Sapotnigofen
Diex
Jauntalblick
Sapotnig
0 0,5 2 km
N

45 Diex – Zauberkogel – St. Stefan – Völkermarkt

Verkehrsmöglichkeiten Bahn bis Völkermarkt. Bus von Völkermarkt nach Diex.
Parkmöglichkeiten In Diex und in Völkermarkt.
Wegmarkierungen Rot-weiß-rot, Wegnummer 308.
Tourenlänge 14 km.
Wanderzeit 4 Stunden.
Höhenunterschiede Von Diex bis zum Zauberkogel nur geringe Höhenunterschiede, dann etwa 800 m Abstieg nach Völkermarkt.
Wanderkarten Kompass-Wanderkarte 1:50 000 Blatt 134, Freytag & Berndt-Wanderkarte 1:100 000 Blatt 23.
Anmerkung Diese leichte Wanderung stellt die ideale Fortsetzung der vorher beschriebenen Touren dar.
Wissenswertes Diex, in 1159 m Seehöhe am Fuße der Saualpe gelgen, ist einer der sonnenreichsten Orte Österreichs. Die Fernsicht reicht über weite Teile Kärntens. Interessant ist besonders die im 15. Jahrhundert errichtete gotische Wehrkirche mit ihren massiven Türmen. – Völkermarkt, an einem mehr als 10 km langen Drau-Stausee gelegen, zählt zu den ältesten Städten Kärntens. Sehenswert das gotische Rathaus, die alten Bürgerhäuser, die Pfarrkirche St. Ruprecht und die Reste der alten Stadtmauer. Aus der neueren Zeit stammt das Volksabstimmungsdenkmal.
Tourenbeschreibung *Diex* wird auf einer schmalen, an der Kirche vorbeiführenden Straße verlassen. Beim Bauernhof Lessiag hält man sich rechts und steigt zu einem Bauernhof mit dem Namen Rueß an, hier weisen die Farbzeichen nach links. Ein schöner Höhenweg leitet am Osthang des Zauberkogels (der Gipfel kann in einem Abstecher weglos erreicht werden) teils durch Wald, teils über freies Feld zu einer Kapelle (2 Stunden ab Diex) und schwenkt dort über eine Wiese nach rechts. Absteigend erreicht man einen Fahrweg, der durch Wald nach *St. Stefan* führt. Man überquert nun die von Mittertrixen nach Haimburg führende Straße sowie den Wurlabach und wandert in Richtung Arlsdorf. Noch vor dem Ort biegt man nach links ab und gelangt, den Strutzikogel (lohnender Abstecher) umgehend, nach *Völkermarkt* (1 Stunde von St. Stefan).

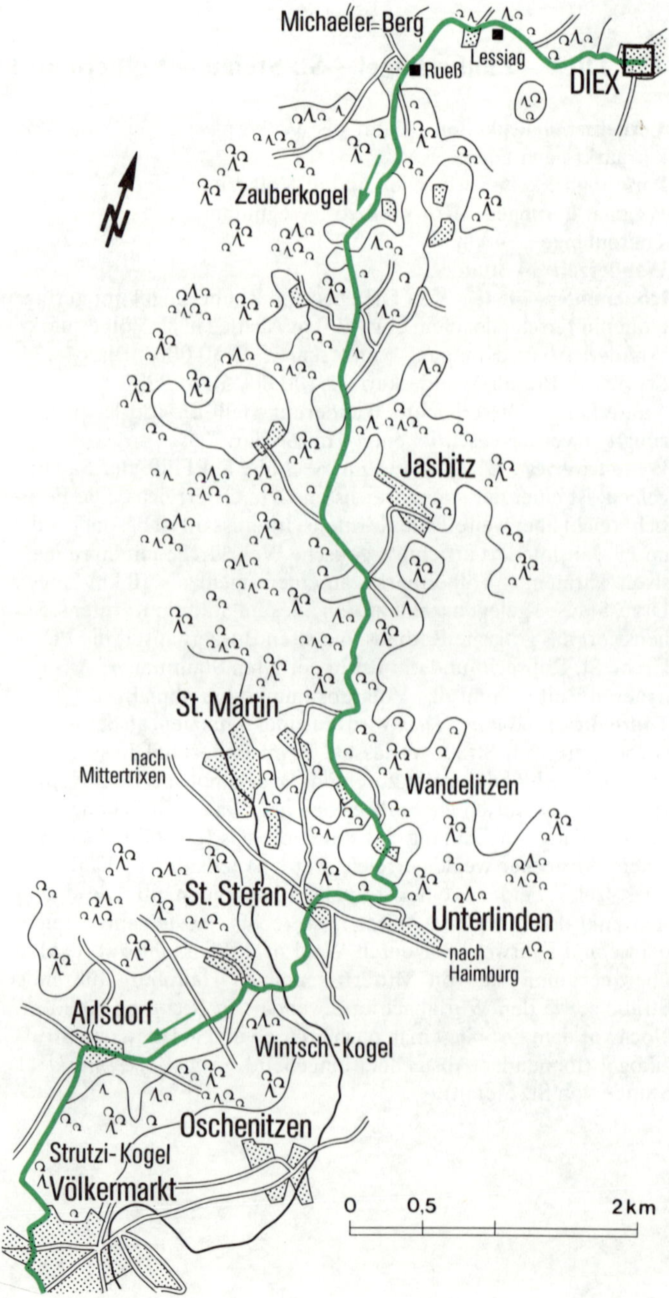
Michaeler-Berg
Lessiag
Rueß
DIEX
Zauberkogel
N
Jasbitz
St. Martin
nach
Mittertrixen
Wandelitzen
St. Stefan
Unterlinden
nach
Haimburg
Arlsdorf
Wintsch-Kogel
Oschenitzen
Strutzi-Kogel
Völkermarkt
0
0,5
2 km

46 Twimberg – Theißenegg – Almkainz – Stoffhütte

Verkehrsmöglichkeiten Bahn oder Bus bis Twimberg.
Parkmöglichkeiten In Twimberg und in Theißenegg.
Wegmarkierungen Rot-weiß-rot, Wegnummer 553 (Lavanttaler Höhenweg).
Tourenlänge 20 km.
Wanderzeit 6½ Stunden.
Höhenunterschiede Insgesamt 850 m. Steiler Anstieg von Twimberg nach Theißenegg, dann meist nur mehr geringe Steigungen.
Wanderkarten Freytag & Berndt-Wanderkarte 1:100 000 Blatt 41.
Anmerkung Dieser Weg ist in erster Linie Zugang vom Lavanttal zum Koralpenkamm, er folgt einer alten Weinstraße. Ab der im Sommer bewirtschafteten Stoffhütte (Nächtigungsmöglichkeit) können Wanderungen zum Packsattel und zur Weinebene (Tour 47) unternommen werden.
Tourenbeschreibung Ausgehend vom Bahnhof *Twimberg* führt die Markierung über die Lavantbrücke zur Packer Bundesstraße. Nach deren Überquerung steigt man steil zu einem Anwesen auf, biegt dort links in einen Fahrweg ein und gelangt zum Lammel-Hof. Von hier folgt man einer Straße nach *Theißenegg* (1121 m, 1½ Stunden ab Twimberg. – Schöne Wehrkirche). Weiter die aussichtsreiche Straße benützend, gelangt man in 1 Stunde zum Bischofskreuz, biegt dort nach links ab und erreicht über einen Güterweg das Gasthaus *Almkainz* (4 Stunden von Twimberg).

Vom Gasthaus leitet ein schöner Waldweg zu einem Bach. Jenseits steigt man steil zu einem Fahrweg an und kommt über Wiesen und durch lichten Lärchenwald zu einem weiteren Bachlauf. Ihn überquerend wird eine Forststraße erreicht, auf der man ansteigend zu einer Kreuzung gelangt. Wegtafeln weisen zur nahen, bereits in der Steiermark gelegenen *Stoffhütte*.

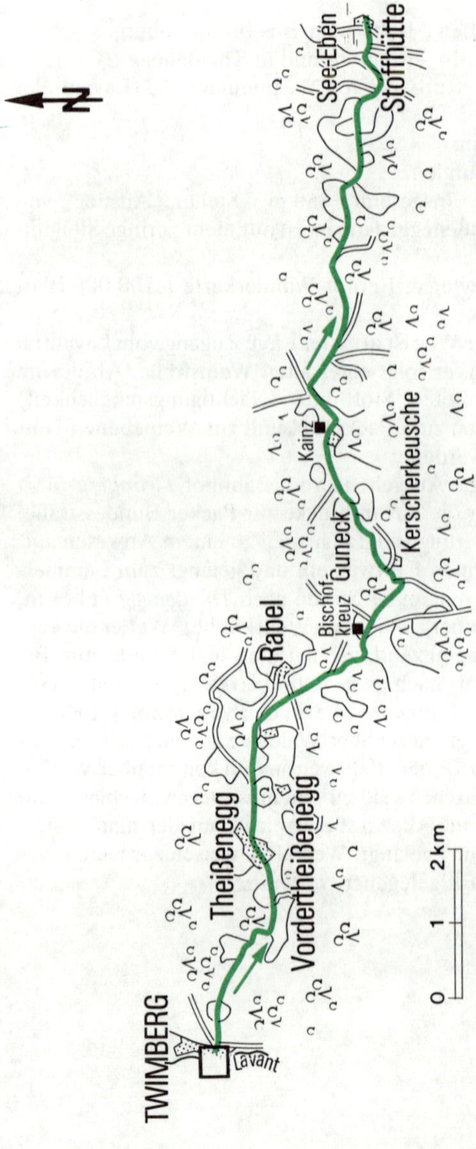
N
TWIMBERG
Lavant
Theißenegg
Vordertheißenegg
Rabel
Bischof
kreuz
Guneck
Kainz
Kerscherkeusche
See-Eben
Stoffhütte
0
1
2 km

47 Pack – Hebalpe – Stoffhütte – Weinebene

Verkehrsmöglichkeiten Bahnlinie Klagenfurt – Wolfsberg – Zeltweg. Busverbindung von Klagenfurt und von Wolfsberg nach Pack. Von der Weinebene nur an Sonntagen während der Urlaubssaison Busverbindung nach Wolfsberg.
Parkmöglichkeiten Im Ort Pack und auf der Weinebene.
Wegmarkierungen Rot-weiß-rot, Wegnummer 505.
Tourenlänge 19 km.
Wanderzeit 6 Stunden.
Höhenunterschiede Gesamtsteigung etwa 1000 m. Von Pack bis zur Stoffhütte geringe Höhenunterschiede, nur leichte Steigungen. Vom Sattel südlich der Hofbaueralpe steiler Anstieg zur Wildbachalpe. Von der Handalpe steiler Abstieg zur Weinebene.
Wanderkarte Freytag & Berndt-Wanderkarte 1:100 000 Blatt 41.
Anmerkung Die weiten Bergkämme, über welche diese und die folgende Wanderung verläuft, bieten an klaren Tagen oberhalb der Baumgrenze eine überaus weitreichende Fernsicht. Bei Schlechtwetter ist der Weg den Witterungseinflüssen jedoch besonders stark ausgesetzt. – Dies gilt besonders für die Wanderung Nr. 48.
Wissenswertes Auch der vom Packsattel bis an die Drau reichende Koralpenzug ist ein Teil der ganz Nordostkärnten bedekkenden Norischen Alpen. Der beschriebene Weg verläuft auf der Trasse bekannter und beliebter Weit- und Fernwanderwege: Des Lavanttaler Höhenweges, des österreichischen Nord-Süd-Weitwanderweges Nebelstein – Eibiswald (500 km) und des europäischen Fernwanderweges E6 Ostsee – Wachau – Adria. Zwischen der Stoffhütte und der Weinebene wandert man entlang der kärntnerisch-steirischen Grenze auf einer alten, von der Weststeiermark nach Kärnten führenden Weinstraße.
Tourenbeschreibung Der bereits in der Steiermark gelegene Ort *Pack* wird auf einem an der Kirche vorbeiführenden Fahrweg verlassen. Nachdem er etwas an Höhe verloren hat, steigt der Weg nach der Überquerung eines Baches wieder an. Durch eine für diese Höhe atypische Almlandschaft, den sogenannten Packwinkel, wandert man vorbei an zum Teil verlassenen Höfen zu den bewaldeten Hängen des Klementkogels, der aber nicht bestiegen wird. Durch Wald ansteigend, wird nach dem Passieren einer Quelle das *Pöschlkreuz* und wenig später die *Hebalmstraße* (Kärntner Landesgrenze, Gasthaus) erreicht. Weiterwandernd gelangt man auf einer ziemlich ebenen Forststraße in etwa 1 Stunde zu einer Wegkreuzung. Hier mündet der von Twimberg kommende Lavanttaler Höhenweg in den Nord-Süd-Weg ein. Wegta-

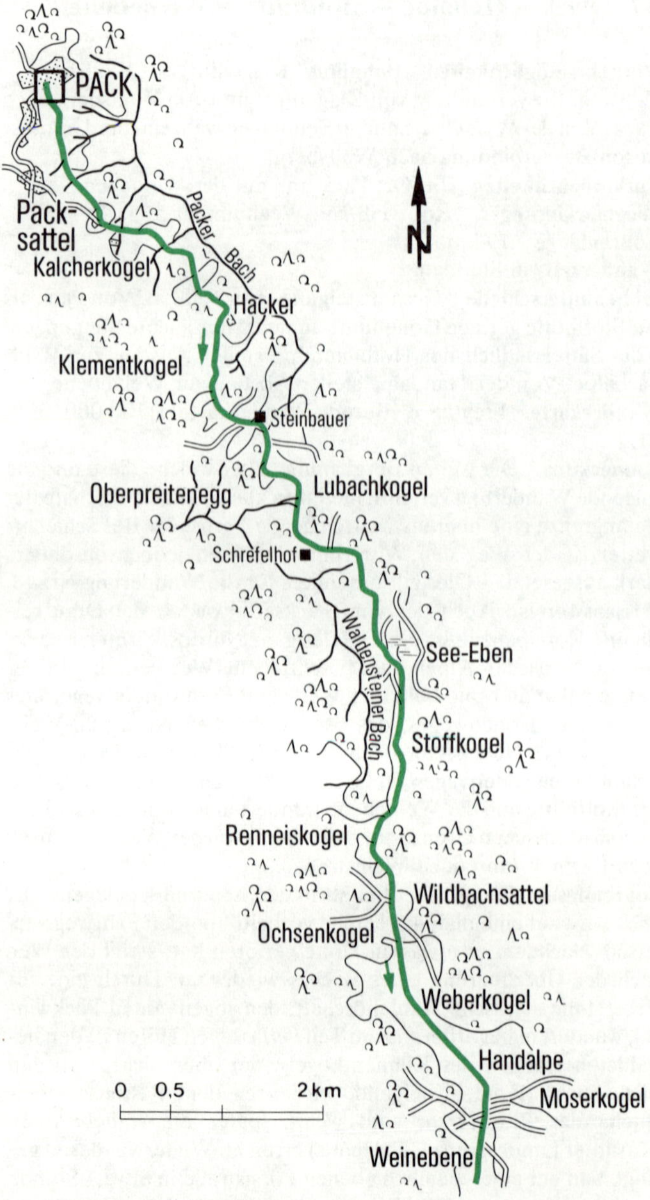
PACK
Pack-
sattel
Packer Bach
Kalcherkogel
Hacker
Klementkogel
Steinbauer
Oberpreitenegg
Lubachkogel
Schrefelhof
Waldensteiner Bach
See-Eben
Stoffkogel
Renneiskogel
Wildbachsattel
Ochsenkogel
Weberkogel
Handalpe
Moserkogel
Weinebene
N
0
0,5
2 km

feln weisen zur nahen *Stoffhütte* (3 Stunden ab Pack, Nächtigungsmöglichkeit).

Zur Fortsetzung des Weges muß man nach dem Hüttenbesuch zur Wegkreuzung zurück. Entlang eines Wildzaunes (Landesgrenze) steigt man zunächst über eine Almwiese, später durch Wald zur *Hofbaueralpe* (1692 m) an. Nach der Überquerung des Almbodens leitet ein kurzer aber steiler Abstieg wieder in den Wald, den man im anschließenden, ebenfalls steilen Aufstieg zur *Wildbachalpe* (1805 m) endgültig verläßt. In herrlicher, aussichtsreicher Wanderung erreicht man von hier aus, immer dem Bergkamm folgend, in 30 Minuten den höchsten Punkt der Tour, die *Handalpe* (1851 m). Mächtige Felsgebilde, die sogenannten Öfen, verleihen der Landschaft einen eigenartigen Reiz. – Vom Gipfel wendet man sich nach rechts und gelangt in kurzem, steilen Abstieg zum Berggasthof (Nächtigungsmöglichkeit) auf der *Weinebene* (3 Stunden von der Stoffhütte).

48 Weinebene – Grillitschhütte – Großer Speikkogel – Koralpenhaus – Hipfelhütte

Verkehrsmöglichkeiten Bahnlinie Klagenfurt – Wolfsberg – Zeltweg. Bus von Wolfsberg zur Hipfelhütte und zurück. An Sonntagen auch Busverbindungen von Wolfsberg zur Weinebene.
Parkmöglichkeiten Parkplätze Weinebene und Hipfelhütte.
Wegmarkierungen Rot-weiß-rot, bis zum Großen Speikkogel Wegnummer 505. Der Abstieg zur Hipfelhütte ist gut beschildert.
Tourenlänge 14 km.
Wanderzeit 4 Stunden.
Höhenunterschiede Gesamtsteigung etwa 600 m. Leichter bis mäßig steiler Anstieg von der Weinebene bis zum Sattel oberhalb der Grillitschhütte. Von dort steiler Anstieg über die Hühnerstützen und den Seekopf zum Großen Speikkogel. Vorwiegend bequemer Abstieg zum Koralpenhaus und weiter zur Hipfelhütte.
Wanderkarte Freytag & Berndt-Wanderkarte 1:100 000 Blatt 41.
Anmerkung Diese prachtvolle alpine Wanderung sollte nur bei guten und sicheren Wetterverhältnissen unternommen werden. Bei Nebel oder Schneelage ist die Tour unbedingt zu unterlassen. – Die Aussicht vom Großen Speikkogel, auf dem trotz vieler Proteste eine Radarstation errichtet wurde, ist berühmt; sie reicht vom Schneeberg bei Wien über weite Teile Südostösterreichs bis zu den Südalpen, im äußersten Nordwesten ist an besonders klaren Tagen der Großglockner erkennbar.

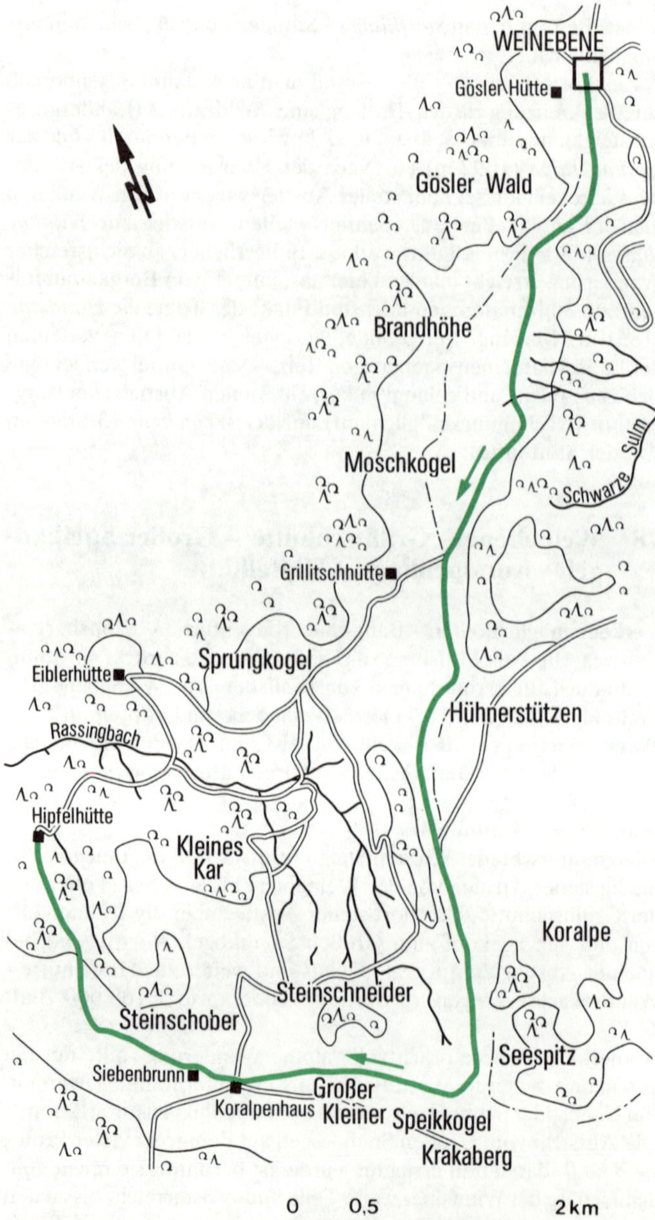
WEINEBENE
Gösler Hütte
Gösler Wald
Brandhöhe
Moschkogel
Schwarze Sulm
Grillitschhütte
Sprungkogel
Eiblerhütte
Hühnerstützen
Rassingbach
Hipfelhütte
Kleines
Kar
Koralpe
Steinschneider
Steinschober
Seespitz
Siebenbrunn
Koralpenhaus
Großer
Kleiner Speikkogel
Krakaberg
0
0,5
2 km

Tourenbeschreibung Von der *Weinebene* ausgehend, wandert man auf einem Fahrweg entlang der Hänge des Moschkogels leicht bergan. Nach einiger Zeit beginnt der Weg zu fallen und erreicht etwa 1 Stunde ab der Weinebene einen Sattel, von dem Wegtafeln zur nahen, bereits sichtbaren *Grillitschhütte* weisen (siehe Wanderung Nr. 49). Der Anstieg zum Speikkogel leitet nahe des Almzaunes steil auf die *Hühnerstützen* (1979 m). Oben angekommen, geht es, zum Teil durch felsiges Gelände, ziemlich eben zum *Seekopf* (2071 m, schöner Blick auf das in der Tiefe liegende »Große Kar«). In kurzem, steilen Anstieg wird vom folgenden Sattel der *Große Speikkogel* (2141 m, erstiegen. Vom Gipfel steigt man in westlicher Richtung zu Almböden ab, über die man in etwa 30 Minuten das *Koralpenhaus* erreicht (3 Stunden von der Weinebene, Nächtigungsmöglichkeit). Der Weiterweg folgt zum Teil der über die *Hipfelhütte* nach Wolfsberg führenden Autostraße. Kehren derselben werden durch manchmal etwas steile Verbindungswege abgekürzt. Die Wegzeit Koralpenhaus – Hipfelhütte beträgt etwa 50 Minuten.

49 Hipfelhütte – Koralpenhaus – Großer Speikkogel – Grillitschhütte – Eiblerhütte – Hipfelhütte

Verkehrsmöglichkeiten Bahnlinie Klagenfurt – Wolfsberg – Zeltweg. Bus von Wolfsberg zur Hipfelhütte.
Parkmöglichkeiten Bei der Hipfelhütte.
Wegmarkierungen Rot-weiß-rot.
Tourenlänge 16 km.
Wanderzeit 4½ bis 5 Stunden.
Höhenunterschiede Gesamtsteigung etwa 600 m. Nur kurze steile Abschnitte.
Wanderkarten Freytag & Berndt-Wanderkarte 1:100 000 Blatt 41.
Anmerkung Bald nach dem Großen Speikkogel befindet man sich in einer noch unberührten, wunderschönen Berglandschaft. Der Weg ist allgemein gesehen leicht, verlangt jedoch kurzzeitig etwas Trittsicherheit.
Wissenswertes Das wunderschöne Gebiet der Koralpe wurde leider in den letzten Jahren durch die Technik stark in Mitleidenschaft gezogen. Straßen, Liftanlagen, eine Relaisstation am Steinschneider und eine Radaranlage auf dem Gipfel des Großen Speikkogels sind unsere Attribute an den »Fortschritt«.
Tourenbeschreibung Vom Parkplatz bei der Hipfelhütte leitet eine Fahrstraße, deren Kehren mehrmals abgekürzt werden kön-

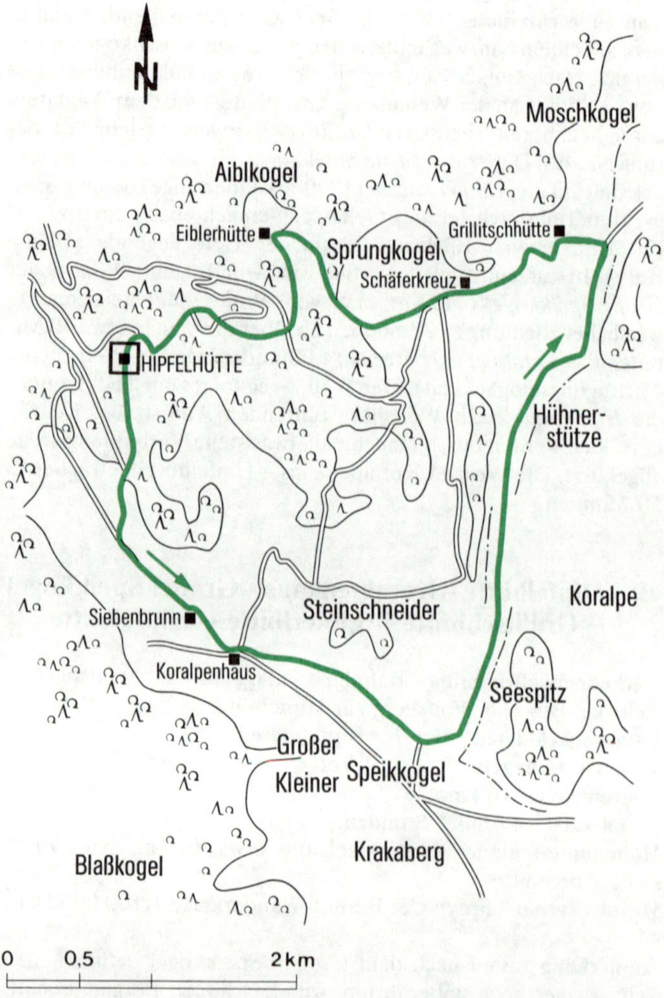

nen, in etwa 1 Stunde Gehzeit zum *Koralpenhaus* (1966 m, Nächtigungsmöglichkeit). Auf einem gut bezeichnetem Steig wandert man von dort gegen den vom Steinschneider ostwärts ziehenden Bergkamm und erreicht, unterhalb desselben ansteigend, den Gipfel des *Großen Speikkogels* (2140 m, 40 Minuten vom Koralpenhaus). Der Weiterweg deckt sich nun bis nahe der Grillitschhütte mit dem österreichischen Nord-Süd-Weitwanderweg: Man steigt zur Scharte gegen den Kleinen Speikkogel ab, wendet sich dort nach links und erreicht über einige Schrofen den Sattel zwischen letzterem und dem Seespitz. Der Weg führt nun, nach der Querung der Westflanke des Seespitzes, immer am Kamm entlang in nördlicher Richtung gegen die *Hühnerstützen* (1989 m), von wo man, steil absteigend, den Sattel östlich der *Grillitschhütte* erreicht (1748 m, 1½ Stunden vom Großen Speikkogel). Sich hier links haltend, steht man bald vor dem eigenartigen Rundbau (früher Kirche, jetzt Almgasthaus) und wandert von dort über Almböden, später durch Wald, in sanftem Abstieg zur *Eiblerhütte* (1600 m, 30 Minuten von der Grillitschhütte). Hier schwenkt unser Weg scharf nach links, quert durch Wald zu einem Bach und steigt nach dessen Überschreitung bequem zur *Hipfelhütte*, dem Ausgangspunkt der Wanderung an (30 Minuten von der Eiblerhütte).

50 Koralpenhaus – Brandl-Wirtshaus – Roßhütte – Lavamünd

Verkehrsmöglichkeiten Bahnlinie Lavamünd – St. Paul im Anschluß an die Linie Klagenfurt – St. Paul – Wolfsberg – Zeltweg.
Parkmöglichkeiten Bei der Hipfelhütte (1 Stunde unter dem Koralpenhaus), in St. Lorenzen und in Lavamünd.
Wegmarkierung Rot-weiß-rot, Wegnummer 594.
Tourenlänge Etwa 28 km.
Wanderzeit 8 bis 9 Stunden.
Höhenunterschiede Gesamtsteigung etwa 200 m, Abstieg insgesamt etwa 1900 m.
Wanderkarte Freytag & Berndt-Wanderkarte 1:100 000 Blatt 41.
Anmerkung Diese extrem lange Tour kann nur sehr ausdauernden Wanderern empfohlen werden. Selbstverständlich sollte sie nur bei sicheren Wetterverhältnissen angetreten werden. Die beschriebene Route, ein Teilstück des Lavanttaler Höhenweges, führt aus der Alpinregion zum tiefstgelegenen Ort Kärntens.
Tourenbeschreibung Vom Koralpenhaus ausgehend, wandert man auf einem Fahrweg leicht ansteigend auf die *Scheibstatt*, den breiten Sattel zwischen dem Großen Speikkogel und dem Krakaberg. Während der Nord-Süd-Weitwanderweg hier geradeaus in Richtung Brendl-Hütte weiterführt, wendet sich der Lavanttaler Höhenweg nach rechts und steigt sanft zum *Krakaberg* (2067 m) an. Jenseits des Gipfels geht es über die weite Pontniger Alm hinunter zum Bergrücken des Jauk. Eigenartig der »Luckerte Stein«, eine Felsgruppe mit natürlichem Tor. Etwa 2 Stunden ab dem Koralpenhaus überquert man eine Forststraße und kommt danach zur

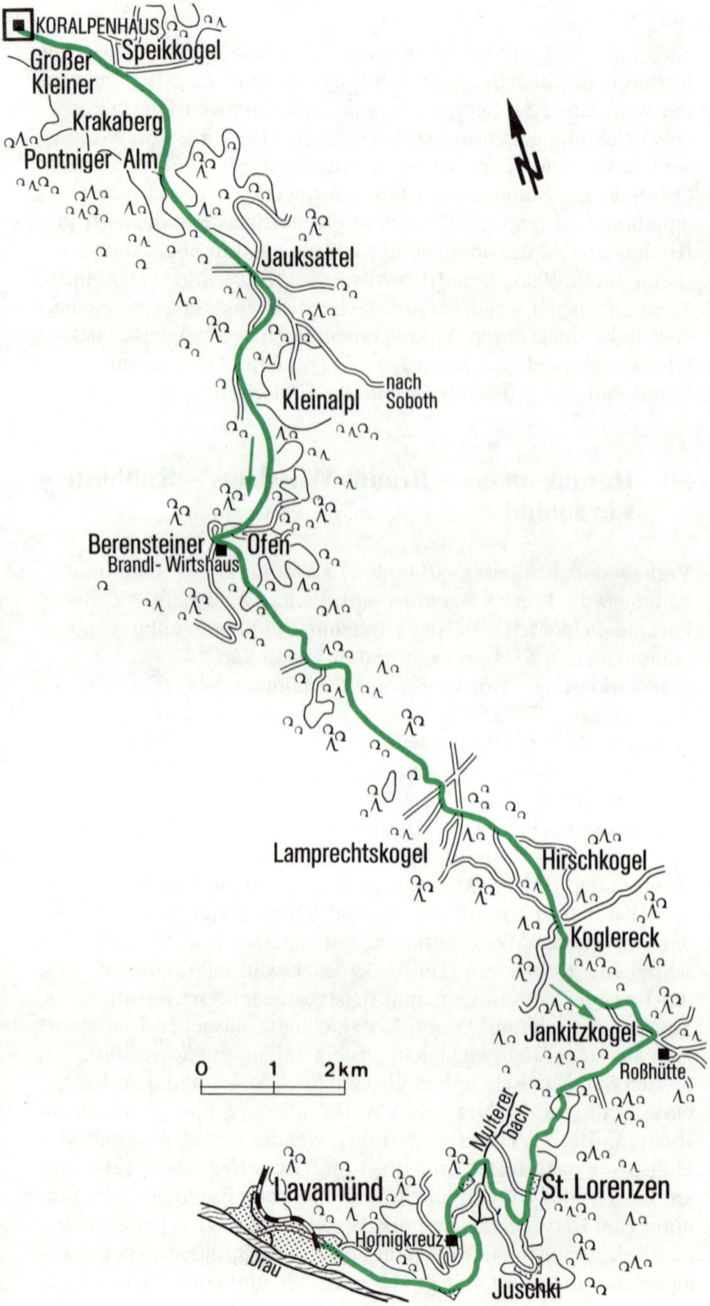
KORALPENHAUS
Speikkogel
Großer
Kleiner
Krakaberg
Pontniger Alm
Jauksattel
nach
Soboth
Kleinalpl
Berensteiner
Ofen
Brandl-Wirtshaus
Lamprechtskogel
Hirschkogel
Koglereck
Jankitzkogel
Roßhütte
0 1 2 km
Multerer
bach
St. Lorenzen
Lavamünd
Hornigkreuz
Drau
Juschki

Abzweigung des Weges 506 in Richtung Soboth. Hier hält man sich rechts und quert die vom Kleinalpl herabziehenden Waldhänge. Nach etwa 30 Minuten beginnt der Weg nach rechts zu drehen und gleichzeitig stärker zu fallen. 3 Stunden ab dem Koralpenhaus ist das *Brandl-Wirtshaus* (1400 m) erreicht.

Der Weiterweg führt nun an dessen Ostseite um den Berensteiner Ofen und folgt dann weitgehend einem bewaldeten Kamm, dessen einzelne Erhebungen meist östlich umgangen werden. Etwa 2 Stunden nach dem Brandl-Wirtshaus erreicht man einen Güterweg, der in Kürze zum *Koglereck* (1350 m), dem Scheitelpunkt der Soboth-Bundesstraße führt. Die Markierung steigt nach dem Überschreiten der Straße wieder an, umgeht den Jankitzkogel an seiner Ostseite und erreicht eine am Kamm gelegene Wegkreuzung. Geradeaus kommt man in wenigen Minuten zur Roßhütte, der Lavanttaler Höhenweg wendet sich nach rechts und leitet, einige Forststraßen kreuzend, steil hinab nach *St. Lorenzen* (924 m, 2 Stunden vom Koglereck. Sehenswerte Kirche, Gasthaus).

Der weitere Abstieg folgt kurz einer Straße, dreht dann nach rechts, überquert den Multererbach und später nochmals die Straße. Beim Hornigkreuz steigt man wieder steil zum Multererbach ab und folgt diesem nun bis knapp vor der Straße Lavamünd – Dravograd. Auf der Straße wendet man sich nach rechts und erreicht nach etwa 15 Minuten den Bahnhof und in weiteren 15 Minuten den Ort *Lavamünd* (1½ Stunden von St. Lorenzen).

Abschnitt IV

Karawanken

51 Siebenhütten – Kniepssattel – Hochpetzen – Krischakar – Siebenhütten bzw. Talstation der Petzenbahn

Verkehrsmöglichkeiten Bahn bis Bleiburg, Bus über Feistritz ob Bleiburg zur Talstation der Petzen-Sesselbahn.
Parkmöglichkeiten Bei der Talstation der Petzen-Sesselbahn.
Wegmarkierungen Rot-weiß-rot. Bis zur Hochpetzen (Feistritzer Spitze) Wegnummer 603, Abstieg zu den Jagdhütten im Krischa-Kar Wegnummer 8, von dort zurück nach Siebenhütten wieder Wegnummer 603. Der Abstieg vom Krischa-Kar zur Talstation trägt die Wegnummern 603, 601, 7 und zuletzt 6.

Tourenlänge Etwa 12 km.
Wanderzeit 4 bis 5 Stunden, bis zur Talstation 5 bis 5½ Stunden.
Höhenunterschiede Gesamtsteigung bis zur Feistritzer Spitze etwa 600 m. Im überwiegend steilen Abstieg müssen bis zur Talstation etwa 1500 Höhenmeter bewältigt werden.
Wanderkarten Kompass-Wanderkarte 1:50 000 Blatt 65, Freytag & Berndt-Wanderkarte 1:100 000 Blatt 23.
Anmerkung Der Anstieg von Siebenhütten bis zum Knieps, dem Mittgelgipfel des Petzenstockes, ist leicht und bequem, er kann von jedermann bewältigt werden. Der Weiterweg verlangt Ausdauer und stellenweise auchetwas Trittsicherheit. Die Aussicht von der Petzen, dem mächtigen, östlichen Eckpfeiler der Karawanken, ist bei klarem Wetter überaus weitreichend. Von der Feistritzer Spitze genießt man einen herrlichen Tiefblick auf das Jaunfeld.
Wissenswertes Die Petzen (der Name leitet sich vom althochdeutschen Frauennamen Petza ab) ist uraltes Bergbaugebiet; verfallene Stotten sind bis in die Gipfelregion anzutreffen.
Tourenbeschreibung Von der Bergstation der Petzenbahn bzw. vom nahegelegenen Alpengasthof *Siebenhütten* (nur Restaurationsbetrieb) steigt man in wenigen Minuten zur neuerrichteten *Petzenkapelle* auf. Von dort führt der Anstieg meist rechts von einer Schleiflifttrasse durch lichten Lärchenwald und durch Krummholz zu einem gerölldurchsetzten Rasenrücken, über den man bequem den *Kniepssattel* erreicht (2034 m, 1½ Stunden von Siebenhütten. Achtung! Staatsgrenze! – Unterhalb des Sattels liegt die Ruine der ehemaligen Bleibergerhütte). – Vom Kniepssattel steigt man in westlicher Richtung längs des Kammes in 20 Minuten zum *Knieps* an (2110 m, schöner Blick auf die Julischen Alpen und den, auf jugoslawischem Gebiet gelegenen Ostgipfel der Petzen, Kordeschkopf). – Die Wegbezeichung leitet nun entlang der Staatsgrenze in einen Sattel, von wo man, nun auf rein österreichischem Gebiet wandernd, entlang des gegen Nordosten steil abfallenden Grates in etwa 45 Minuten die *Feistritzer Spitze* (Hochpetzen, 2114 m, Gipfelkreuz) erreicht.

Zum Abstieg wird die nordwestliche Richtung vorerst weiter eingehalten. Nach einigen Minuten zweigt der nach Eisenkappel führende Südalpenweg 603 nach links ab, wenig später verläßt man den nach Globasnitz führenden Steig 640 nach rechts. Unser Weg führt nun über Schrofenhänge und durch Latschenfelder gegen den *Neuberschstein*, wo er nach rechts dreht und etwa 1½ Stunden ab der Feistritzer Spitze die bereits im Wald gelegenen Jagdhütten unter dem *Krischa-Kar* erreicht (Quelle). – Wer das Tal mit dem Sessellift erreichen will, wendet sich hier nach rechts, steigt kurz ab und gelangt nach 25 Minuten Gegenanstieg durch felsdurchsetzten

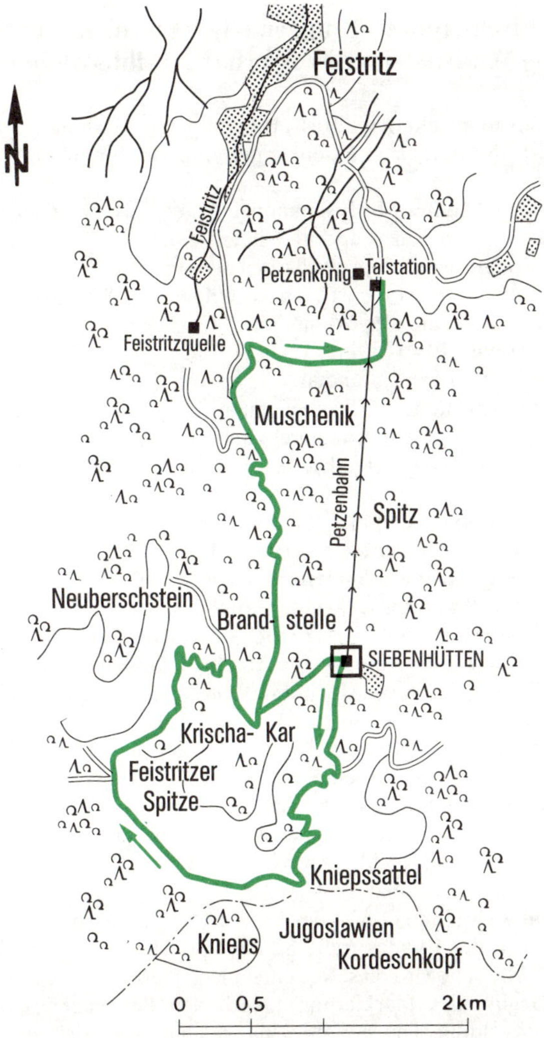

Wald zurück zur Bergstation. – Hält man sich bei der Wegteilung unter dem Krischa-Kar nach links, gelangt man in steilem Abstieg durch den dicht bewaldeten Graben nach etwa 50 Minuten zu einer Wegteilung. Hier hält man sich rechts und quert auf teilweise ebenem Weg zur Lifttrasse und, dieser folgend, zur Talstation der Petzenbahn (1½ Stunden von den Jagdhütten im Krischa-Kar).

52 Eisenkappel – Pruggersteig – Eisenkappler Hütte – Wildensteiner Wasserfall – Wildenstein

Verkehrsmöglichkeiten Busverbindung vom Bahnhof Völkermarkt-Kühnsdorf nach Eisenkappel und von dort über Wildenstein nach Klagenfurt.
Parkmöglichkeiten In Eisenkappel, bei der Eisenkappler Hütte, am Parkplatz in Hazar und in Wildenstein.
Wegmarkierungen Rot-weiß-rot; bis zur Eisenkappler Hütte Wegnummer 603, von dort bis nach Wildenstein Wegnummer 608 (teilweise noch die alte Wegnummer 619).
Tourenlänge Etwa 17 km.
Wanderzeit 7 bis 8 Stunden.
Höhenunterschiede Gesamtsteigung etwa 1200 m. Teilweise steiler Anstieg von Eisenkappel zum Sattel oberhalb der Eisenkappler Hütte, von dort teilweise sehr steiler Abstieg nach Wildenstein.
Wanderkarten Kompass-Wanderkarte 1:50 000 Blatt 65, Freytag & Berndt-Wanderkarte 1:100 000 Blatt 23.
Anmerkung Diese Wanderung setzt, wenn sie in einem Tag durchgeführt werden soll, gute Kondition voraus. Der Abstieg nach Wildenstein verlangt Trittsicherheit. Bei Nächtigung in der Eisenkappler Hütte (sie ist vom Mai bis Oktober bewirtschaftet) kann die Besteigung des Hochobir (siehe Wanderung Nummer 53) nicht genug empfohlen werden!
Wissenswertes Eisenkappel, der größte Ort des Vellachtales und zugleich die südlichste Gemeinde Österreichs ist reich an kulturellen und landschaftlichen Sehenswürdigkeiten. Besonders empfohlen wird der Besuch der Wallfahrtskirche Maria Dorn, der Schlösser Hagenegg und Rechberg sowie der Trögerner Klamm (mit Kfz. und Postbus erreichbar).
Tourenbeschreibung Vor der Kirche Maria Dorn in *Eisenkappel* zweigt von der Bundesstraße 82 die Ebriacher Landesstraße ab. Nach 5 Minuten wird diese vor einem Holzplatz nach rechts verlassen (Beginn der Markierung). Nach den Personalhäusern der Forstverwaltung Thurn-Valsassina wendet man sich neuerlich nach rechts, erreicht rasch den Wald und, auf schmalem Steig steil ansteigend, eine Kammschneide. Ihr folgend, gelangt man in etwa 40 Minuten zu einem schönen Aussichtspunkt (Rückblick zur Petzen). 1½ Stunden ab Eisenkappel stößt die Markierung auf eine Forststraße (schöner Blick zu den Steiner Alpen), die nach etwa 5 Minuten nach links verlassen wird. Höher oben kommt man an einem eigenartigen Felsgebilde vorbei und erreicht kurz darauf die *Agnes-Quelle* (1242 m, 2 Stunden ab Eisenkappel). Etwa 1 Stunde

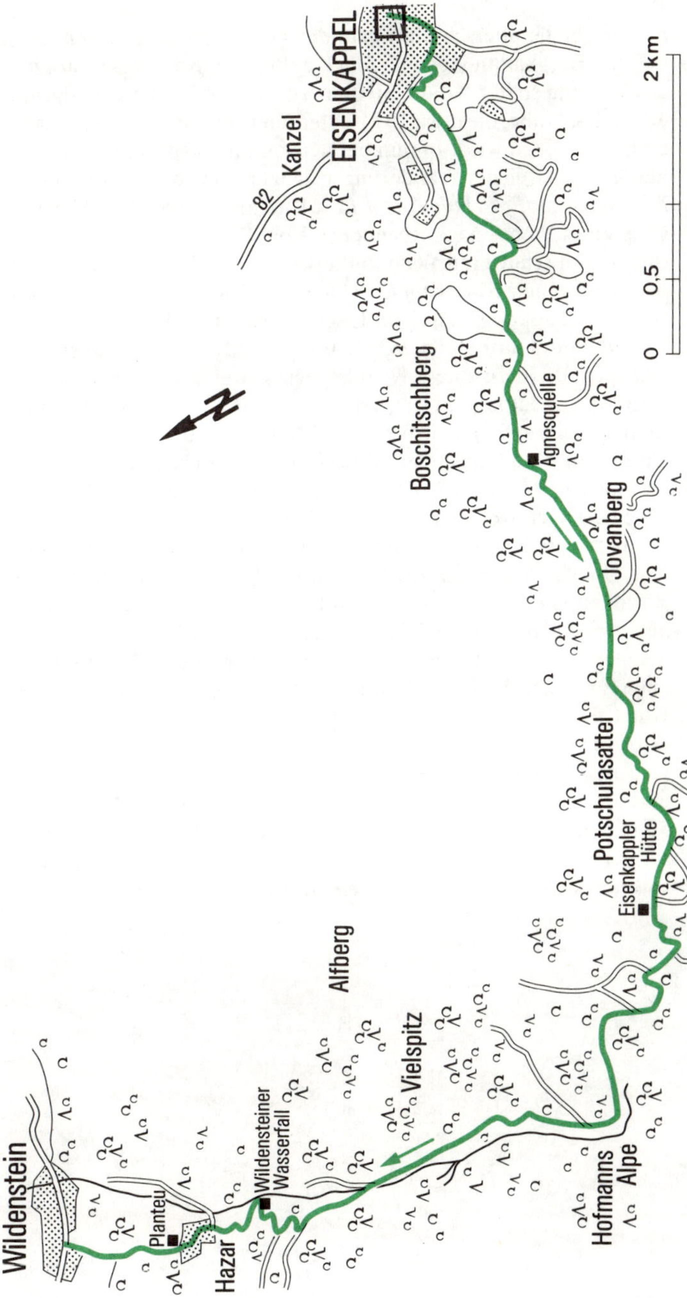
EISENKAPPEL
Kanzel
82
Boschitschberg
Agnesquelle
Jovanberg
Potschulasattel
Eisenkappler Hütte
Alfberg
Vielspitz
Hofmanns Alpe
Wildensteiner Wasserfall
Wildenstein
Planteu
Hazar
0
0,5
2 km

ab der Quelle überschreitet man den von Eisenkappel heraufziehenden Bergkamm (schöner Blick auf den freistehenden Storzic, 2132 m und später auf die Steiner Alpen) und betritt kurz darauf eine Forststraße, die etwa 10 Minuten lang benützt, dann aber nach rechts verlassen wird. In nun bequemem Aufstieg, zuletzt in ebener, aussichtsreicher Wanderung, gelangt man von der Straße in 15 Minuten zum *Potschula-Sattel* (1461 m, kleine Kapelle, Abzweigung eines Weges nach Rechberg). Vom Sattel leitet die Markierung durch schütteren Wald und über Wiesenböden fast eben zur schöngelegenen *Eisenkappler Hütte* (1646 m, 3½ bis 4 Stunden von Eisenkappel. Straße von Eisenkappel zur Hütte 16 km).

Hinter der Hütte steigt der Weiterweg steil an (Abraumreste des einstigen Bleibergbaues), wendet sich später nach links und erreicht die Seealpe (1714 m, Abzweigung des zum Hochobir führenden Steiges 623). Der Weg nach Wildenstein beginnt nun zu fallen und führt anfangs über Almböden, dann durch Latschen und schütteren Wald zu einer Wegteilung (rechts zweigt die Markierung 620 nach Rechberg ab). Man hält sich scharf nach links und gelangt in steilem Abstieg (schöne Blicke zum Hochobir-Gipfel), eine Quelle passierend, zur *Hofmanns-Alpe* (1½ Stunden von der Eisenkappler Hütte). Über einen felsigen Steig, der später zu einem steilen aber breiten Schotterweg wird, erreicht man bald nach der Alpe den Wildensteiner Bach, überquert denselben und gelangt an seiner linken Seite auf einem Fahrweg zur Wildensteiner Hütte. Kurz nach dieser verläßt man den Fahrweg nach rechts und erreicht so den großartigen *Wildensteiner Wasserfall* (1½ Stunden von der Hofamnns-Alpe. – Am Steig ist trotz des Holzgeländers und der Halteseile Vorsicht geboten!). – Nach dem Passieren des 50 m hohen Falles leitet ein bequemer Weg zur Häusergruppe Hazar (Gasthaus, Parkplatz), von der man in etwa 20 Minuten die Bushaltestelle *Wildenstein-Mateusch* erreicht.

53 Terklbauer – Simon–Rieger-Steig – Hochobir – Eisenkappler Hütte – Obir Alm – Schaidasattel – Terklbauer

Verkehrsmöglichkeiten Bus von Klagenfurt über Ferlach zum Terklbauer.
Parkmöglichkeiten Beim Terklbauer oder am Schaidasattel.
Wegmarkierungen Rot-weiß-rot. Vom Terklbauer bis zur Abzweigung des Simon-Rieger-Steiges Wegnummer 603, von dort über den Hochobir bis zur Eisenkappler Hütte Wegnummer 623, von der Hütte zurück zum Terklbauer Wegnummer 603.
Tourenlänge Etwa 20 km.
Wanderzeit 8 bis 9 Stunden.
Höhenunterschiede Gesamtsteigung etwa 1400 m. Steiler Anstieg vom Schaidasattel bis zum Hochobir. Der Rückweg über die Eisenkappler Hütte ist weniger steil, doch der Länge wegen sehr anstrengend.
Wanderkarten Kompass-Wanderkarte 1:50 000 Blatt 65, Freytag & Berndt-Wanderkarte 1:100 000 Blatt 23.
Anmerkung Der Hochobir zählt zu den schönsten Aussichtsbergen der Karawanken. Neben der, bis zum Großglockner reichenden Fernsicht fesseln die Nahblicke zu den Steiner Alpen und zur großartigen Koschutawand. Malerisch ist der Tiefblick ins Drautal, auf Klagenfurt, zum Klopeiner- und zum Turnersee. Die beschriebene Tour bietet bei gutem Wetter nirgends Schwierigkeiten, ihrer Länge wegen ist aber eine Nächtigung auf der Eisenkappler Hütte empfehlenswert.
Tourenbeschreibung Von der Busendstelle beim *Gasthaus Terklbauer* gelangt man in wenigen Minuten zu einer Straßenteilung, wo man dem nach Ebriach führenden Zweig etwa 30 Minuten lang bis unterhalb des Schaida-Sattels folgt. Hier zweigt beim Anwesen Kazmun der Simon-Rieger-Steig ab, führt bald in den Wald und leitet in steilen Serpentinen (nach etwa 45 Minuten rechts abseits des Weges prächtiger Aussichtspunkt) zu einem Almboden mit Kreuz (kurz vor demselben rechts vom Weg verfallener Bergwerksstollen). Von der Wiese tritt man wieder in den Wald, erreicht nahe der Baumgrenze die Ostflanke des Kuhberges und über Rasenhänge die Ruine des im letzten Krieg zerstörten Rainer-Schutzhauses. Von hier steigt man nach halblinks steil bergan und steht wenig später am felsigen Gipfel des *Hochobir* (2142 m, Gipfelkreuz, Reste eines ebenfalls im Krieg zerstörten Observatoriums. – 4½ Stunden vom Terklbauer).

Der Abstieg führt wieder an der Ruine des Schutzhauses vorbei, wo man sich nach links wendet und über Rasenhänge in 20 Minu-

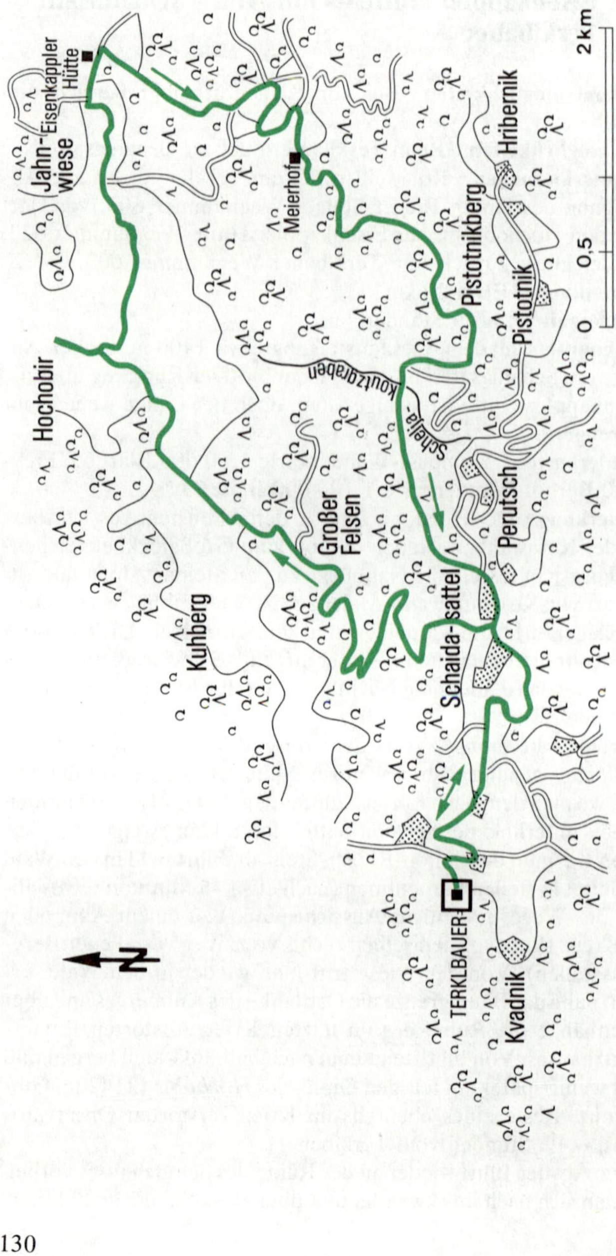
Jahn-wiese
Eisenkappler Hütte
Hochobir
Meierhof
Kuhberg
Großer Felsen
Koutzgraben
Schaida-
Pistotnikberg
Pistotnik
Hribernik
Perutsch
Schaida-sattel
TERKLBAUER
Kvadnik
0
0,5
2 km

ten die »Kalte Quelle« erreicht. Die Wegbezeichnung folgt weiter dem breiten Bergrücken und wendet sich erst nach dem Erreichen der Baumgrenze nach rechts (von links kommt der vom Wildensteiner Wasserfall heraufführende Weg). Steil über die verwachsenden Abraumhalden des ehemaligen Bleibergbaues absteigend, erreicht man 1 Stunde ab dem Hochobir die gastliche Eisenkappler Hütte.

Der Weiterweg führt, nur leicht fallend, in südwestlicher Richtung gegen den Wald, wendet sich dort nach links und erreicht bei der Obir-Alm den von der Hütte nach Ebriach und Eisenkappel führenden Güterweg. Beim Meierhof der Gutsverwaltung Miklauzhof verläßt man die Straße und den nach Ebriach führenden Weg 617 nach rechts. Die Markierung führt hier fast eben, einige Almütten passierend, in südwestlicher Richtung weiter. Man überschreitet den Scheljakoutzgraben, quert Schotterhalden und den Fuß von Felswänden und erreicht 2½ Stunden ab der Eisenkapplerhütte unterhalb des *Schaidasattels* (1069 m) die Straße Ebriach – Terkl. Nach einigen Minuten schließt sich jenseits des Sattels der Kreis unserer Wanderung.

54 Seebergsattel – Kärntner Storschitz – Pasterk-Sattel – Seebergsattel

Verkehrsmöglichkeiten Bahn bis Völkermarkt-Kühnsdorf, von dort Bus über Eisenkappel zum Seebergsattel.
Parkmöglichkeiten Parkplatz Seebergsattel.
Wegmarkierungen Rot-weiß-rot. Bis zum Storschitz Wegnummer 626, von dort bis zum Pasterksattel Wegnummer 628, Rückweg Nr. 627.
Tourenlänge Etwa 10 km.
Wanderzeit 4 Stunden.
Höhenunterschiede Etwa 500 m. Sehr steiler Anstieg bis zum Storschitz, steiler Abstieg bis zum Pasterksattel, von dort fast ebener Rückweg.
Wanderkarten Kompass-Wanderkarte 1:50 000 Blatt 65, Freytag & Berndt-Wanderkarte 1:100 000 Blatt 23.
Anmerkung Diese reizvolle Tour setzt Trittsicherheit und Schwindelfreiheit voraus. Vom Gipfel des Kärntner Storschitz genießt man eine herrliche Rundschau auf die Mittel- und Ostkarawanken sowie auf die Steiner Alpen.
Tourenbeschreibung Vom Parkplatz am *Seebergpaß* wandert man auf einem Fahrweg in nordöstlicher Richtung bis zur *Loisenhütte*, wo links der Krainersteig abzweigt, an einer Quelle vorbei-

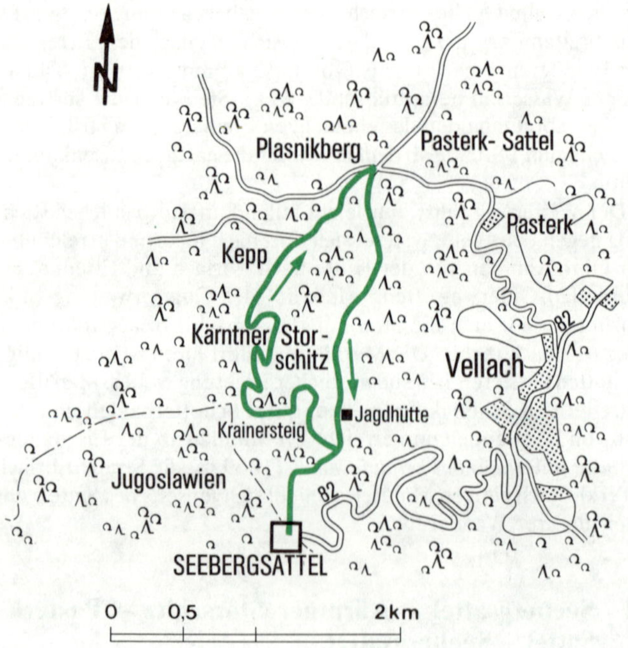

führt und dann steil zur Staatsgrenze ansteigt (1 Stunde). Man folgt nun kurz dem Grenzverlauf, wendet sich dann nach rechts und gelangt über Rasen und Geröll zu einem steilen Hang, der mit Hilfe von Versicherungen gequert wird. Durch eine ebenfalls versicherte Rinne erreicht man eine Scharte. Jenseits quert der schmale Steig durch Krummholz zu einer weiteren Rinne, welche zum Grat und zum Gipfelkreuz des *Kärntner Storschitz* leitet (2 Stunden vom Seebergsattel).

Der leichtere Abstiegsweg führt zunächst über Felsblöcke und durch Latschen zur *Keppalm*, von wo ein wunderschöner Waldsteig zum *Pasterksattel* leitet (45 Minuten vom Gipfel). Hier wendet man sich scharf nach rechts und gelangt auf einem Forstweg wieder zur Loisenhütte und zum *Seebergsattel* (2 Stunden vom Storschitz).

55 Zell-Pfarre – Koschutahaus – Mejniksattel – Terklbauer

Verkehrsmöglichkeiten Bus von Klagenfurt über Ferlach nach Zell-Pfarre und nach Terkl (Freibach).
Parkmöglichkeiten In Zell-Pfarre, beim Koschutahaus und beim Gasthaus Terklbauer.
Wegmarkierungen Rot-weiß-rot, Wegnummer 603.
Tourenlänge 13 km.
Wanderzeit 3½ Stunden.
Höhenunterschiede 560 m. Bequemer, erst ab dem Koschutahaus etwas steiler Anstieg zum Mejniksattel. Von dort kurzer, mäßig steiler Abstieg zur Forststraße, die in angenehmer Neigung nach Terkl führt.
Wanderkarten Kompass-Wanderkarte 1:50 000 Blatt 65, Freytag & Berndt-Wanderkarte 1:100 000 Blatt 23.
Anmerkung Selten bietet eine bequeme Wanderung so herrliche Landschaftsbilder wie diese. Nimmt man in Zell-Pfarre oder im Gasthof Terklbauer Quartier, läßt sich die Wanderung bestens mit den Touren 53 und 56 verbinden.
Wissenswertes Immer wieder werden dem Besucher Südostkärntens die zweisprachigen Aufschriften an Hinweistafeln und Gebäuden, die fremd klingenden Hof-, Flur- und Bergnamen, sowie die Zweisprachigkeit mancher Einheimischer auffallen. Viele Orte, so auch Zell-Pfarre, weisen hier einen starken slovenischen Bevölkerungsanteil auf, dessen kulturelle Eigenart ein Teil der Kärntner Volkskultur bleiben möge.
Tourenbeschreibung Von der Bushaltestelle *Zell-Pfarre* bzw. vom Gasthaus Falle wandert man einige Schritte in westlicher Richtung entlang der Straße. Bei der öffentlichen Waage zweigt links ein Steig ab, der durch Wiesen nach *Kobla* führt und dort auf die zum Koschutahaus führende Mautstraße trifft. Dieser folgt man im allgemeinen, die Markierung schneidet aber immer wieder Kehren ab. Nach etwa 45 Minuten ab Zell-Pfarre erreicht man das für Zivilpersonen nicht zugängliche *Alpenjäger-Schutzhaus*; hier betritt man, die Straße wieder verlassend, eine herrliche Almwiese, den *Kalten Grund*, über der sich die großartigen Kalkwände der Koschuta aufbauen. Oberhalb einer Gedenkstätte für die Bergtoten in den Karawanken betritt man wieder die Straße und steht kurz darauf vor dem schön gelegenen *Koschutahaus* des Touristenvereines »Die Naturfreunde« (1279 m, 1½ Stunden von Zell-Pfarre, Nächtigungsmöglichkeit).

Oberhalb des Schutzhauses wendet sich der Südalpenweg, dem diese Wanderung folgt, nach links und gewinnt, nun stärker anstei-

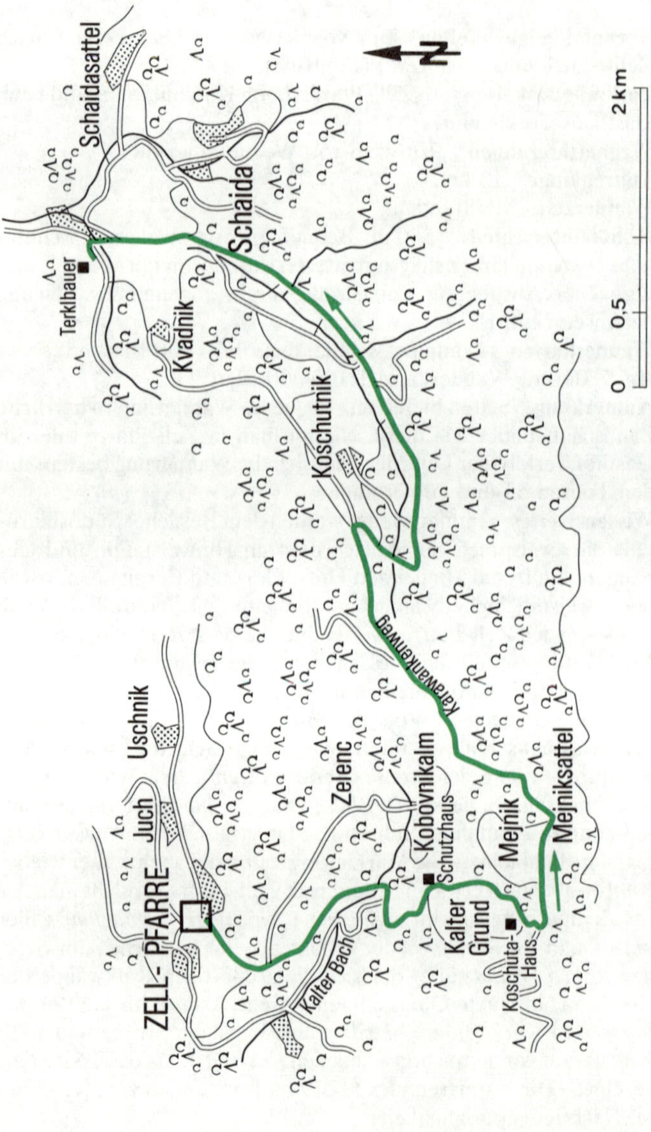

Schaidasattel
Terklbauer
Schaida
Kvadnik
Koschutnik
N
0
0,5
2 km
Karawankenweg
Uschnik
Juch
ZELL-PFARRE
Zelenc
Kobovnikalm
Schutzhaus
Mejnik
Mejniksattel
Kalter Grund
Kalter Bach
Koschuta-Haus

gend in etwa 40 Minuten den *Mejniksattel* (1500 m. Nach links führt ein lohnender aber unmarkierter Abstecher zum Mejnik, 1517 m. Nach rechts gelangt man zum Koschuta-Höhenweg und – schwierig und steinschlaggefährdet – auf den Koschutnikturm). Der Südalpenweg führt in östlicher Richtung steil bergab und erreicht nach etwa 20 Minuten eine gute Forststraße, auf der man in 1 Stunde die Landstraße und sich links haltend, den *Gasthof Terklbauer* erreicht.

56 Zell-Pfarre – Uschinigkreuz – Freiberg

Verkehrsmöglichkeiten Bus von Ferlach nach Zell-Pfarre.
Parkmöglichkeiten In Zell-Pfarre.
Wegmarkierungen Rot-weiß-rot. Bis zum Uschnigkreuz Wegnummer 603, von dort auf den Freiberg Wegnummer 631.
Tourenlänge 7 km.
Wanderzeit Aufstieg 2½ bis 3 Stunden, Abstieg 2 bis 2½ Stunden.
Höhenunterschiede 975 m. Fast durchwegs steiler Anstieg.
Wanderkarten Freytag & Berndt-Wanderkarte 1:100 000 Blatt 23.

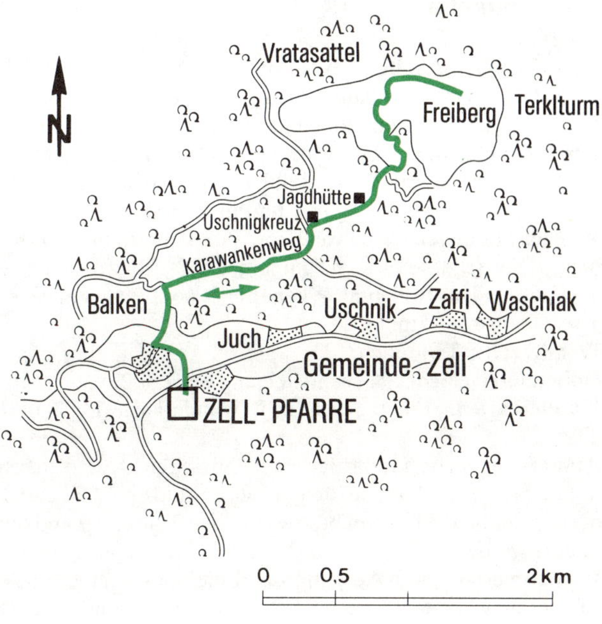

Anmerkung Der Freiberg ist ein prächtiger Aussichtsberg. Großartig erscheint vor allem die gegenüber aufragende 10 km lange Koschutawand. Der Anstiegsweg ist gut angelegt und landschaftlich sehr schön.

Tourenbeschreibung Vom *Alpengasthof Falle* führt ein asphaltierter Weg in nördlicher Richtung zur Volksschule, beschreibt dann einen Linksbogen und erreicht einen Bildstock (5 Minuten). Hier zweigt die Wegbezeichnung nach rechts ab und führt gegen den Wald. Zum Teil einen steilen Fahrweg benützend, gewinnt man rasch an Höhe. Nachdem der Fahrweg nach links verlassen wurde, erreicht man auf einem Waldsteig das auf einem ausgeprägten Sattel stehende *Uschnigkreuz* (1 Stunde von Zell-Pfarre). Beim Kreuz verläßt man den Südalpenweg 603 nach rechts und folgt einem bewaldeten Rücken zu einer Jagdhütte (schöner Rast- und Aussichtsplatz). Die Markierung bleibt nun nur mehr kurz am Kamm, wendet sich dann in die steile Südwestflanke des Freiberges und gewinnt in vielen Kehren den vorerst breiten Gipfelrücken. Durch schütteren Wald und später über Rasenhänge erreicht man schließlich das Gipfelkreuz auf dem *Freiberg* (1922 m).

57 Unterloibl – Tscheppaschlucht – Tschaukofall – Bodental

Verkehrsmöglichkeiten Bus von Klagenfurt über Ferlach nach Unterloibl, zum Gasthaus »Deutscher Peter« im Loibltal, zum Gasthof »Sereinig« im Bodental und nach Windisch-Bleiberg.

Parkmöglichkeiten Am Parkplatz »Tscheppaschlucht« 1 km oberhalb der Ortschaft Unterloibl, beim Gasthaus »Deutscher Peter«, beim Gasthof »Sereinig« und in Windisch-Bleiberg.

Wegmarkierungen Rot-weiß-rot. Von Unterloibl bis zum Gasthaus »Deutscher Peter«, Wegnummer 653, Abzweigung über den Tschaukofall ins Bodental, Wegnummer 662. Viele Hinweistafeln.

Tourenlänge 7 km.

Wanderzeit 2 Stunden.

Höhenunterschiede Gesamtsteigung etwa 500 m.

Wanderkarten Freytag & Berndt-Wanderkarte 1:100 000 Blatt 23.

Anmerkung Die großartige Tscheppaschlucht wird durch eine tadellos instandgehaltene Steiganlage erschlossen. Die Durchwanderung der Schlucht kann bestens mit den Touren 59 und 60 kombiniert werden.

Wissenswertes Am Ausgang des Loibltales liegt die bekannte Büchsenmacherstadt Ferlach. Sehenswert ist besonders das Büch-

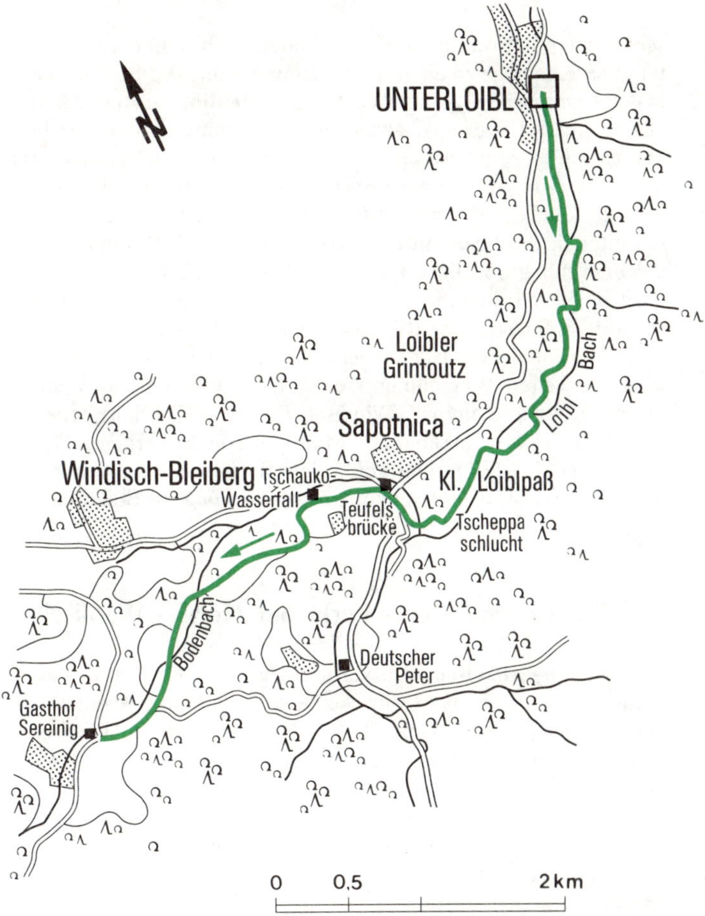

senmachermuseum. Beliebte Ausflugsziele in der Nähe Ferlachs sind die über dem Rosental gelegene Hollenburg sowie die Wallfahrtskirche Maria Rain.

Tourenbeschreibung Von der Bushaltestelle bzw. vom *Parkplatz Tscheppaschlucht* gelangt man mit wenigen Schritten entlang der Loiblpaß-Bundesstraße zum deutlich gekennzeichneten Tscheppaschluchtzugangsweg. Dieser führt durch Wald in 15 Minuten zu der am Loiblbach gelegenen Jausenstation *»Goldenes Bründl«* (Mautstelle). Über gutgesicherte Treppen und Stege ansteigend, erreicht man in weiteren 20 Minuten den wildesten Teil der Schlucht. Das größte Erlebnis ist die Überschreitung des zwischen senkrechten Felswänden zu Tal tosenden Baches. In der Folge leitet die Steiganlage zu einer an der Einmündung des Bodenbaches in den Loiblbach gelegenen Wegteilung (30 Minuten vom »Goldenen Brünndl«). Der links abzweigende Klammweg führt von hier in 20 Minuten zum Gasthaus *»Deutscher Peter«*. Nach rechts leitet die Markierung 662 in etwa 5 Minuten zur Bundesstraße, die innerhalb der Galerien erreicht wird. Man hält sich nach rechts, überschreitet die Straße unmittelbar vor der *Teufelsbrücke* und gelangt in Kürze zum großartigen *Tschaukofall.* Der Steig wendet sich hier nach links; man durchschreitet, steil ansteigend, ein natürliches Felsentor (einzigartiger Rückblick auf den Wasserfall) und wandert dann entlang des Bodenbaches weiter. Nach etwa 15 Minuten wird eine weitere Wegteilung erreicht: Nach links führt ein Steg zur Straße Kleiner Loiblpaß–Windisch-Bleiberg (Bushaltestelle. – Der Ort kann von hier aus in 20 Minuten erreicht werden.). Geradeaus folgt die Markierung weiter dem Bach und bringt den Wanderer in etwa 40 Minuten zum *Gasthof Sereinig* im Bodental.

58 Deutscher Peter – Ferlacher Horn – Waidisch

Verkehrsmöglichkeiten Busverbindung von Klagenfurt über Ferlach zum Gasthaus »Deutscher Peter« und nach Waidisch.
Parkmöglichkeiten Beim »Deutschen Peter« und in Waidisch.
Wegmarkierungen Rot-weiß-rot, Wegnummer 603.
Tourenlänge 13 km.
Wanderzeit 5 bis 6 Stunden.
Höhenunterschiede 1140 m. Fast durchwegs steile Wege.
Wanderkarten Freytag & Berndt-Wanderkarte 1:100 000 Blatt 23.
Anmerkung Das Ferlacher Horn ist ein bekannter Aussichtsberg. Prachtvoller Tiefblick auf Ferlach, herrliche Aussicht nach Klagenfurt, zu den Seen sowie zum Karawanken-Hauptkamm.
Wissenswertes Im Jahre 1728 nahm Kaiser Karl der VI. im uralten Gasthaus im Loibltal Aufenthalt. Er fand damals im Gastwirt Peter Tschauko den einzigen der deutschen Sprache mächtigen Talbewohner und nannte ihn deshalb den »Deutschen Peter«.
Tourenbeschreibung Vom Gasthaus *»Deutscher Peter«* folgt man der Loiblpaß-Bundesstraße noch etwa 5 Minuten in südlicher Richtung. Bei einer Häusergruppe weist die Markierung in einen Graben. Nach etwa 20 Minuten hält man sich bei einer Wegteilung links, folgt noch kurz dem Bach und gelangt dann durch ein nach links ziehendes Seitental zu einem Gatter. Wenig später wird eine

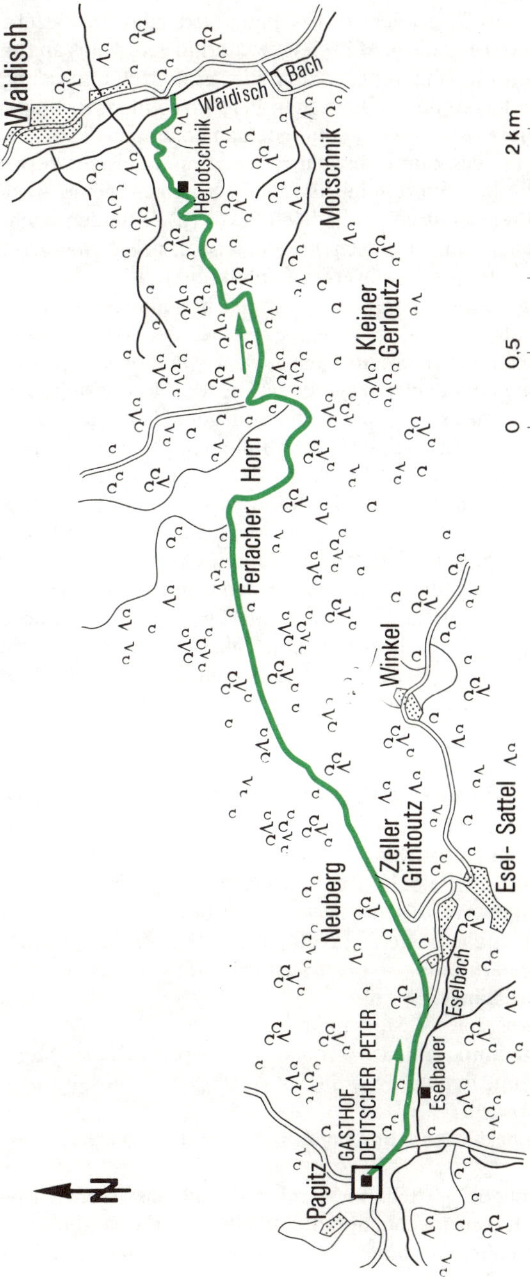
Waidisch
Waidisch Bach
Herlotschnik
Motschnik
Kleiner Gerloutz
Ferlacher Horn
Winkel
Zeller Grintoutz
Esel- Sattel
Neuberg
GASTHOF DEUTSCHER PETER
Pagitz
Eselbauer
Eselbach
N
0
0.5
2 km

Forststraße erreicht (Abzweigung der zum Eselsattel führenden Markierung 639). Man steigt weiterhin geradeaus an (nach 15 Minuten leitet ein weiterer Steig zum Eselsattel) und gelangt etwa 1½ Stunden ab dem »Deutschen Peter« zu einem Brünndl. Der Weg verliert nun etwas an Steilheit, man kommt an der Abzweigung eines Steiges zum Franzlbauer vorbei und erreicht kurz darauf die Höhe des zum Gipfel führenden Kammes (wilde Abstürze nach Norden, eindrucksvolle Tiefblicke). 2½ Stunden nach dem Abmarsch vom »Deutschen Peter« ist das *Ferlacher Horn* erreicht (1840 m, großes, eisernes Gipfelkreuz).

Der Abstiegsweg leitet vorerst in südlicher Richtung bergab, wendet sich aber nach dem Erreichen der Baumgrenze im spitzen Winkel nach Norden. Nach etwa 30 Minuten steilen Abstieges gelangt man zu einer Wegteilung. Die Markierung 603 nach Waidisch zweigt hier scharf nach rechts vom geradeaus nach Ferlach führenden »Raketensteig« ab. 10 Minuten nach der Wegteilung erreicht man eine Forststraße, die in der Folge mehrmals gekreuzt bzw. kurz begangen wird. Die Straße wird schließlich nach rechts verlassen. Nach gut 1½stündigem Abstieg kommt man an einem Bauerngehöft vorbei, betritt aber unmittelbar darauf wieder den Wald und gelangt über einen steilen, den vom Hof ins Tal führenden Güterweg abkürzenden Steig zur Straße Ferlach–Zell-Pfarre (Bushaltestelle Waidisch–Forsthaus). Talaus wandernd erreicht man auf der Straße in 10 Minuten den kleinen Ort *Waidisch* (2 bis 2½ Stunden vom Ferlacher Horn, Gasthaus, Bushaltestelle).

59 Windisch-Bleiberg – Singerberg – Weizelsdorf

Verkehrsmöglichkeiten Bus von Klagenfurt über Ferlach nach Windisch-Bleiberg. Bus von Weizelsdorf nach Ferlach, Bahn und Bus von Weizelsdorf nach Klagenfurt.
Parkmöglichkeiten In Windisch-Bleiberg und in Weizelsdorf.
Wegmarkierungen Rot-weiß-rot, Wegnummer 654.
Tourenlänge 8 km.
Wanderzeit 4 Stunden.
Höhenunterschiede Gesamtsteigung etwa 700 m. Steiler Anstieg bis zum Punkt 1554. Steiler Abstieg bis zum Gasthaus »Singerbauer«.
Wanderkarten Freytag & Berndt-Wanderkarte 1:100 000 Blatt 23.
Anmerkung Schöne Wanderung mit reizvollen Ausblicken auf den Karawankenhauptkamm, aufs Rosental und auf Klagenfurt.
Tourenbeschreibung Vom Kirchenwirt (Gasthaus Lausegger) in

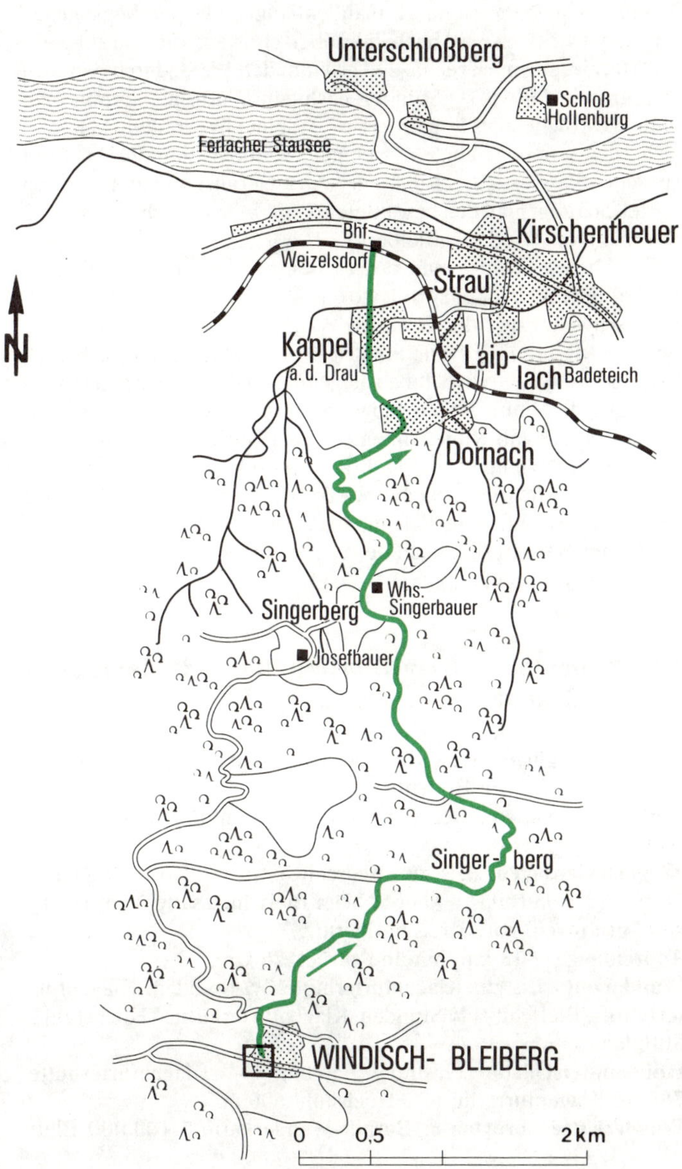
Unterschloßberg
Schloß Hollenburg
Ferlacher Stausee
Bhf. Weizelsdorf
Kirschentheuer
Strau
Kappel a. d. Drau
Laip-lach
Badeteich
Dornach
Whs. Singerbauer
Singerberg
Josefbauer
Singer-berg
WINDISCH- BLEIBERG
N
0
0,5
2 km

Windisch-Bleiberg wandert man entlang eines Grabens gegen Norden. Der Bach wird nach links überschritten, kurz darauf weist die Markierung nach rechts und gewinnt den Wald, durch den man steil ansteigt. Etwa 1½ Stunden nach dem Aufbruch kommt man zum Westrücken des Singerberges. Bei einer Wegteilung hält man sich rechts und gelangt in wenigen Minuten zum Punkt 1554 (prachtvolle Aussicht). Ein kurzer Abstieg führt von hier in einen Sattel, aus dem man den bewaldeten *Singerberg* erreicht (1589 m, 2 Stunden von Windisch-Bleiberg).

Im Abstieg gelangt man rasch zu einer Wiese (schöne Durchblicke zur Karawankenkette), wo die Wegbezeichnung scharf nach links schwenkt und durch steilen Wald nach abwärts führt. Nach etwa 25 Minuten wird eine Forststraße erreicht, wo man sich links hält und weiter durch Wald absteigend zum *Gasthaus Singerbauer* gelangt (50 Minuten vom Singerberg, links vom Anwesen eine kleine Kapelle mit Ruhebänken, schöner Blick über das Rosental zum Mittagskogel und zum Dobratsch). Links vom Gasthaus setzt man den Abstieg fort. Nach etwa 35 Minuten wird die Ortschaft Dornach erreicht. Hier hält man sich wieder links und wandert über Kappel im Rosental auf der Straße zum *Bahnhof Weizelsdorf* (1 Stunde vom Singerbauer).

60 Bodental – Klagenfurterhütte – Bielschitza – Hochstuhl

Verkehrsmöglichkeiten Bus von Klagenfurt über Ferlach zum Gasthof Sereinig im Bodental.
Parkmöglichkeiten Bei den Gasthöfen Sereinig und Bodenbauer.
Wegmarkierungen Bis zur Bielschitza rot-weiß-rot, Wegnummern 662, 663 (603) und 665. Vom Bielschitzasattel zum Hochstuhl grün-weiß-rote Kreismarkierung.
Tourenlänge 13 km, hin und zurück 26 km.
Wanderzeit Bis zur Klagenfurterhütte 2½ Stunden. Klagenfurterhütte – Bielschitza ¾ Stunden, Klagenfurterhütte – Hochstuhl 2 Stunden.
Höhenunterschiede Gasthof Sereinig – Klagenfurterhütte 780 m, Klagenfurterhütte – Hochstuhl 600 m.
Wanderkarte Freytag & Berndt-Wanderkarte 1:100 000 Blatt 23.
Anmerkung Die etwas Trittsicherheit und Ausdauer erfordernde Wanderung führt durch eine prachtvolle Hochgebirgslandschaft. Der Hochstuhl, der höchste Karawankengipfel, zählt zu den schön-

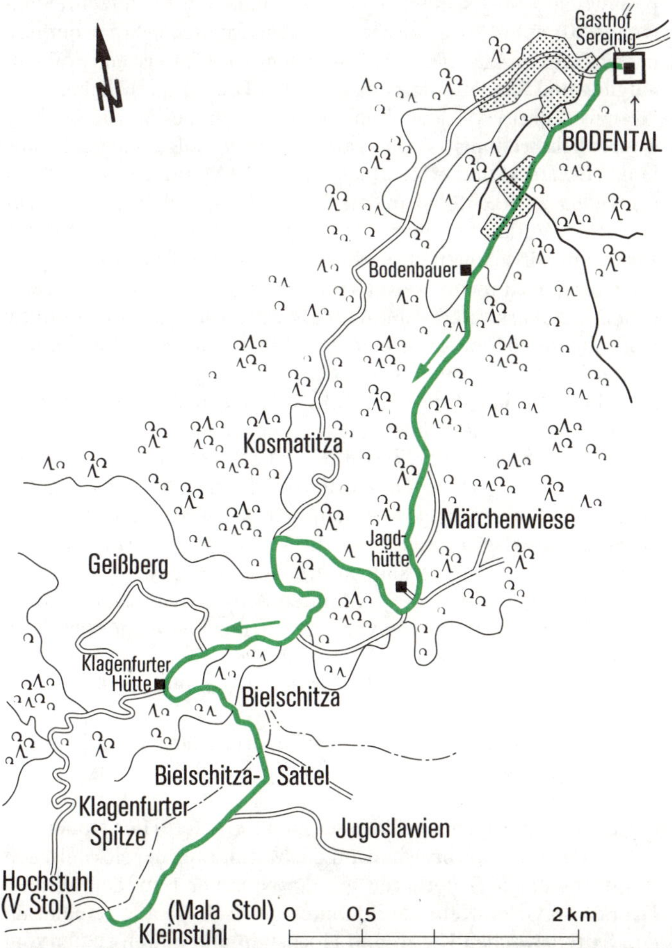

sten Aussichtsbergen Kärntens. Die Fernsicht reicht bis Laibach, bis zum Großglockner und bis zum Dachstein. Herrliche Blicke auf den Karawankenkamm, auf die Steiner Alpen und auf die Julier.

Gipfelsammler können von der Klagenfurterhütte in 1½ Stunden als zusätzlichen Gipfel den Geißberg (2016 m) besteigen. Der Abstieg vom Matschacher Sattel zum Gasthof Sereinig kann auf dem Weg 603 über die Ogrisalm erfolgen.

Achtung! Der Weg Bielschitzasattel – Hochstuhl führt über jugoslawisches Staatsgebiet. Der Grenzübergang ist derzeit (Sommer 1980) nur österreichischen und jugoslawischen Staatsbürgern in der Zeit zwischen dem 15. 5. und dem 15. 11. zwischen Sonnenaufgang und Sonnenuntergang gestattet. Diese Einschränkung des Grenzverkehres soll jedoch in Kürze aufgehoben werden.

Tourenbeschreibung Vom *Gasthof Sereinig* folgt man der Straße in das Bodental und erreicht nach etwa 20 Minuten das *Gasthaus Bodenbauer* (Prachtblick in den Talschluß). Die ab hier für den öffentlichen Verkehr gesperrte Straße führt in weiteren 30 Minuten zur traumhaft schönen *Märchenwiese*, an deren Ende die Wegbezeichnung nach rechts weist (Von der Begehung des hier abzweigenden unmarkierten Abkürzungsweges zur Klagenfurterhütte muß abgeraten werden!). Der Weg führt nun steiler bergan und trifft nach etwa 35 Minuten auf den von der Ogrisalm kommenden Südalpenweg 603. Ihm nach links folgend, quert man nun Latschen-, Geröll- und Schrofenhänge; die Begehung letzterer wird durch Drahtseile und Eisenstifte erleichtert und ist nirgends schwierig. In zuletzt steilem Anstieg wird sodann der *Matschacher Sattel* (1712 m) erreicht, von dem man in 15 Minuten zu der im Sommer bewirtschafteten *Klagenfurterhütte* (1663 m) gelangt.

Nun wendet man sich südostwärts und ersteigt über ein mäßig steiles Geröllfeld in etwa 35 Minuten den *Bielschitzasattel* (Achtung Staatsgrenze!). Knapp vor der, von der Hütte gut sichtbaren Paßhöhe weisen die rot-weiß-roten Marken mit der Nummer 665 nach links und erreichen über Schrofen den Gipfel der *Bielschitza* (1955 m).

Wer den Hochstuhl besteigen will, quert entlang der grün-weiß-roten Marken vom Bielschitzasattel gegen Süden (bereits jugoslawisches Staatsgebiet!). Es folgt ein kurzer, etwas steiler Abstieg, der in einen riesigen Geröllkessel hinunterleitet. Hier stoßen die grün-weiß-roten Farbzeichen auf die Markierung der slovenischen Bergtransversale (roter Kreis mit der Nummer 1 auf dem weißen Grund). In vielen Kehren erklimmen beide Wege nun gemeinsam den Sattel zwischen Klein- und Hochstuhl und führen zu der vom Slovenischen Alpenverein bewirtschafteten Prešerova koča (Preschernhütte). Von der unmittelbar unter dem Gipfel des *Mala Stol* (Kleinstuhl, 2172 m) gelegenen Hütte gelangt man in 15 Minuten bequem auf den *Hochstuhl* (2238 m).

61 Bärental – Hochstuhl – Klagenfurterhütte – Bärental

Verkehrsmöglichkeiten Bahn oder Bus bis Feistritz im Rosental.
Parkmöglichkeiten Bei der Stouhütte, 8 km südlich von Feistritz und bei der Johannsenruhe, 3 km südlich der Stouhütte an schlechter Schotterstraße.
Wegmarkierungen Bis zur Abzweigung des Hochstuhl-Klettersteiges rot-weiß-rot, dann grün-weiß-rote Kreismarkierung bis zum Bielschitzasattel. Von dort rot-weiß-rot bis zum Ausgangspunkt. Wegnummern 603, 664 und 665.
Tourenlänge 18 km.
Wanderzeit 6 bis 7 Stunden.
Höhenunterschiede Von der Stouhütte etwa 1400 m, von der Johannsenruhe etwa 1100 m. Steilanstieg über den Klettersteig.
Wanderkarte Freytag & Berndt-Wanderkarte 1:50 000 Blatt 23.
Anmerkung Die Stouhütte im Bärental kann von Feistritz sowohl auf der Straße durch den Feistritzgraben (1½ Stunden Gehzeit) als auch über Matschach und Alt St. Michael (schöner, doch 1 Stunde weiter) erreicht werden.

Der Hochstuhl-Klettersteig vermittelt ein großartiges Bergerlebnis, er kann aber nur geübten, trittsicheren und schwindelfreien Wanderern empfohlen werden. Vom Abstieg über den Klettersteig wird gewarnt! Wer sich dem Steig nicht gewachsen fühlt, bleibt am Hauptweg und erreicht bald die Klagenfurterhütte. Von dort führt der bei Tour 60 beschriebene leichte Normalweg zum Gipfel.

Achtung! Auch bei dieser Tour sind die bei der Wanderung 60 angeführten, den Grenzübertritt betreffenden Bestimmungen zu beachten.

Tourenbeschreibung Von der *Stouhütte* folgt man der Straße taleinwärts und gelangt nach knapp 1 Stunde zum *Parkplatz Johannsenruhe* (1220 m). Der Weg beginnt nun stärker anzusteigen und erreicht nach einer weiteren ½ Stunde die Abzweigung des Hochstuhl-Klettersteiges (der Weg zur Klagenfurterhütte wendet sich hier scharf nach links!). Die grün-weiß-rote Markierung führt in vielen Serpentinen über ein großes Geröllfeld gegen einen vom Hochstuhl herabziehenden baumbestandenen Felssporn, der etwa 30 Minuten nach der Abzweigung vom Hauptweg erreicht wird. Am Sporn beginnen bald Versicherungen (Drahtseile und Eisenstifte), die ausgesetzt zu einem ebenen Gratstück leiten, welches in den Gipfelaufbau mündet. Dann geht es durch eine Rinne empor, die zu den letzten Kletterstellen leitet. Nach rechts erreicht man sodann über Geröll den Karawanken-Hauptkamm und damit die

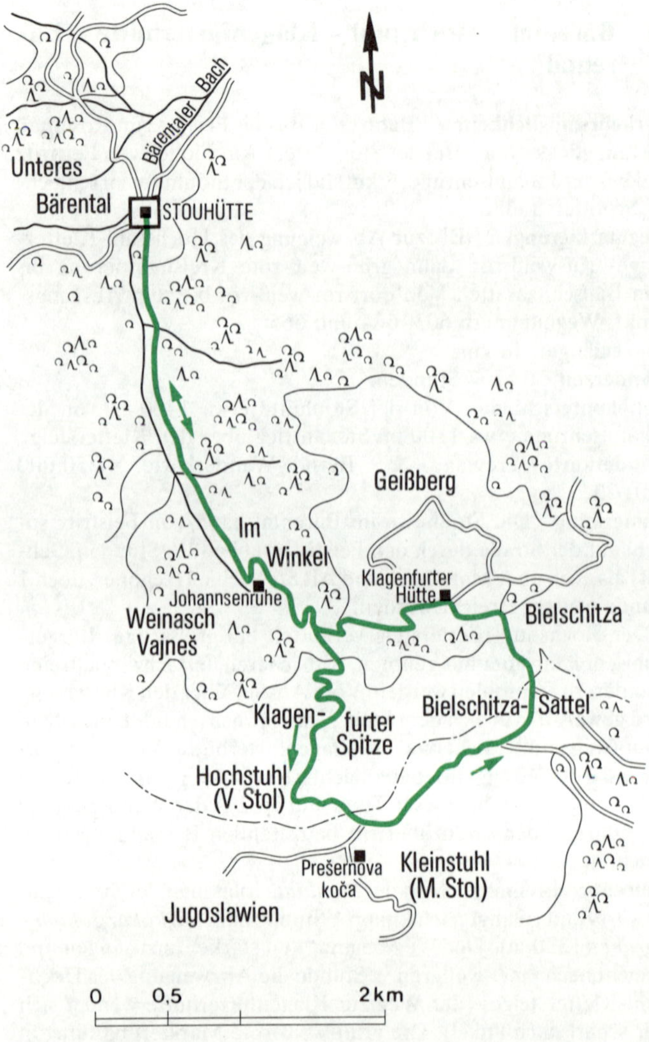

Staatsgrenze zu Jugoslawien. Unschwierig ansteigend gelangt man zuletzt über Rasen auf den Gipfel des *Hochstuhl* (2238 m, 3½ bis 4 Stunden von der Stouhütte).

Im Abstieg wendet man sich nach halbrechts in die Einsattelung zwischen dem *Hoch*- und dem *Kleinstuhl* (2172 m). Die unter dem Gipfel des Kleinstuhl gelegene *Preschernhütte* des Slovenischen Alpenvereines kann von hier aus in wenigen Minuten erreicht werden. Vom Sattel steigt man in nordöstlicher Richtung entlang der grün-weiß-roten Farbzeichen, die hier von der rot-weißen Kreismarkierung der slovenischen Bergtransversale Nr. 1 begleitet werden, über große Geröllhalden ab (schöner Blick zur Vertatscha, dem »Deutschen Berg«). Bereits im Krummholzbereich gelangt man zu einer Wegteilung, von der die grün-weiß-roten Marken steil zu einer Scharte hinaufleiten (schöner Rückblick); von ihr führt der Weg eben nach links zum nahen *Bielschitzasattel* (1840 m, Staatsgrenze). Rot-weiß-rote Markierungen leiten von hier hinab zur bereits sichtbaren *Klagenfurterhütte* (1663 m, 1½ Stunden vom Hochstuhl).

Von der Hütte folgt man dem breiten Almweg in westlicher Richtung. Wo ein Ast desselben zu den Matschacher Almhütten ansteigt, wendet man sich scharf nach links in den Wald und gelangt nach einigen Kehren zur Abzweigung des Klettersteiges (25 Minuten von der Klagenfurterhütte). Auf dem nun schon bekannten Fahrweg kehrt man sodann zum Ausgangspunkt der Wanderung zurück.

62 Rosenbach – Quadia – Kahlkogel

Verkehrsmöglichkeiten Bahn von Villach oder von Klagenfurt bis Rosenbach. Von den meisten Orten im Rosental auch Busverbindung nach Rosenbach.
Parkmöglichkeiten Beim Bahnhof Rosenbach.
Wegmarkierungen Rot-weiß-rot, Wegnummer 676.
Tourenlänge 8 km, hin und zurück 16 km.
Wanderzeit Rosenbach – Quadia-Alpe 2½ Stunden, Quadia – Kahlkogel 1½ Stunden. Abstieg Kahlkogel – Rosenbach 2½ bis 3 Stunden.
Höhenunterschiede Rosenbach – Quadia-Alpe 750 m, Quadia – Kahlkogel 530 m.
Wanderkarte Freytag & Berndt-Wanderkarte 1:100 000 Blatt 23.
Anmerkung Der Kahlkogel liegt etwa auf halbem Weg zwischen dem Hochstuhl und dem Mittagskogel, den beiden bedeutendsten Karawankenbergen. Er bietet einen überaus interessanten Anblick des Karawankenkammes und der Julischen Alpen, wo der Triglav (2863 m) und die Skrlatica (2738 m) dominieren. Reizvoll sind die Tiefblicke ins Drau- und Savetal. Weitreichend ist die Fernsicht nach Norden und Osten. Der Aufstieg zum Kahlkogel ist gut markiert, leicht und gefahrlos, jedoch etwas anstrengend.
Wissenswertes Rosenbach ist einer der wichtigsten Bahnüber-

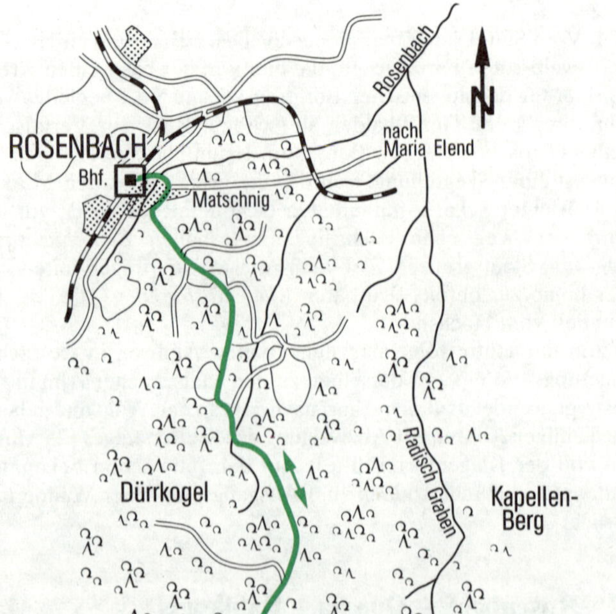

gänge nach Jugoslawien. 2 km südlich des Ortes beginnt einer der längsten Eisenbahntunnels Europas, der über 8 km lange Karawankentunnel.

Tourenbeschreibung Vom Bahnhof *Rosenbach* folgt man der Straße wenige Minuten nach Norden bis zur *Pension Matschnig*. Hier wendet man sich nach rechts und benützt die nach Maria Elend führende Straße bis unmittelbar nach der Rosenbachbrücke.

Die Markierung 676/603 folgt nur ganz kurz dem Rosenbach, schwenkt dann nach links und beginnt bald steiler anzusteigen. Eine Wiese wird nach rechts aufwärts gequert, worauf unser Weg, durch Laub- und Mischwald führend, viele meist unmarkierte Steige kreuzt (Achtung auf die Wegbezeichnung!). Nach etwa 1½ Stunden mündet der schlechte, aber gut bezeichnete Steig in eine Forststraße, der man nach links folgt. Nach 1 km gabelt sich die Straße. Man bleibt am linken, leicht abwärts führenden Ast und betritt bald darauf die ausgedehnte *Quadia-Alm*. Die Straße verlassend, wendet man sich der oben, am Waldrand, stehenden alten Almhütte zu.

Kurz nach der Hütte betritt man wieder eine Forststraße, der man ebenfalls nach links folgt, bei einer Straßenteilung hält man sich abermals links. Wenige Minuten später steht man bei der Abzweigung des Weges 676 vom Südalpen-Weitwanderweg 603.

Entlang der Wegbezeichnung 676 steigt man nun wieder steil auf und erreicht eine Almwiese, an deren linken oberen Rand man das letzte Wasser findet. Der Weg steigt nun nur mehr kurz im Wald an, quert dann die felsdurchsetzten Hänge der Krummholzzone von rechts nach links und erreicht anschließend den rasigen Ostkamm des Kahlkogels (Staatsgrenze!). Auf dem Kamm wendet man sich nach rechts und gelangt in Kürze über einen Vorgipfel (großer Vermessungsstein) zum aussichtsreichen höchsten Punkt des *Kahlkogels* (1836 m).

63 Rosenbach – Bertahütte – Ferlacherspitze – Ledenitzen

Verkehrsmöglichkeiten Bahnverbindungen von Klagenfurt nach Rosenbach und von Villach über Ledenitzen nach Rosenbach. Bus vom Hotel Mittagskogel nach Villach.
Parkmöglichkeiten Beim Bahnhof Rosenbach und beim Hotel Mittagskogel in Ledenitzen.
Wegmarkierungen Rot-weiß-rot; bis zur Bertahütte Wegnummer 676/603, zur Ferlacher Spitze Nr. 680 A, Abstieg nach Ledenitzen auf Weg 681 bis Illitsch-Rauth, dann Weg 680.
Tourenlänge 19 km.
Wanderzeit 7 Stunden.
Höhenunterschiede Etwa 1200 m. Zum Teil steile Waldwege.
Wanderkarten Kompass-Wanderkarte 1:50 000 Blatt 61, Freytag & Berndt-Wanderkarte 1:100 000 Blatt 23.
Anmerkung Diese Tagestour führt durch die abwechslungsreiche Landschaft zu Füßen des Mittagskogels. Sie läßt sich ideal mit

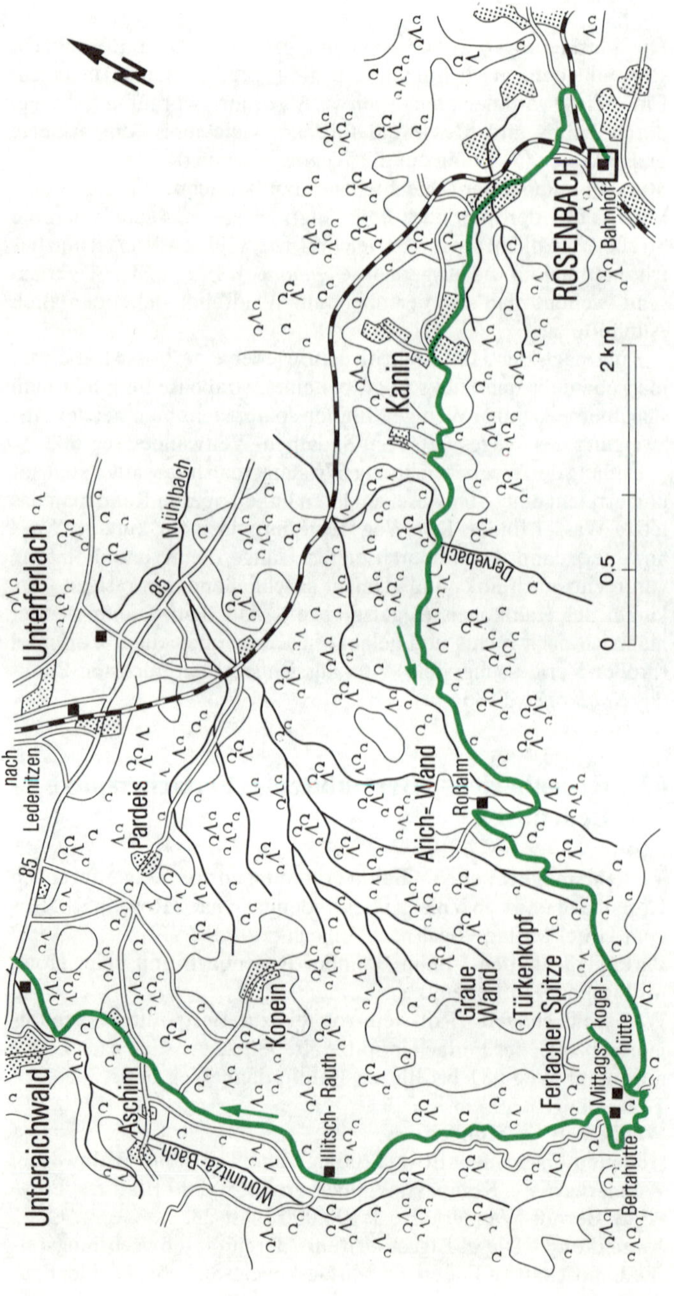
Unteraichwald
Unterferlach
nach Ledenitzen
85
Pardeis
Mühlbach
Kopein
Aschim
Illitsch-Rauth
Worunitza-Bach
Arich-Wand
Roßalm
Kanin
Dervebach
Graue Wand
Türkenkopf
Ferlacher Spitze
Mittagskogel-hütte
Bertahütte
ROSENBACH
Bahnhof
0
0,5
2 km

der Wanderung 64 verbinden, sollte dann aber auf zwei Tage ausgedehnt werden. Nächtigungsmöglichkeit besteht auf der Bertahütte des Österr. Alpenvereines. Die Route verläuft zwischen Rosenbach und Illitsch-Rauth entlang des Südalpen-Weitwanderweges 03.

Tourenbeschreibung Vom Bahnhof *Rosenbach* folgt man der nach Norden führenden Straße und stößt nach wenigen Minuten auf die rot-weiß-rote Wegbezeichnung 603. Diese führt nach etwa 300 m unter der Bahnstrecke Klagenfurt – Rosenbach hindurch und schwenkt unmittelbar nach der Unterführung nach links. Der asphaltierte Fahrweg steigt nun leicht an, übersetzt die Bahnlinie nach Villach und erreicht bald eine Kreuzung. Hier hält man sich, der Bezeichnung 679/603 sowie einer weiß-gelben Markierung mit der Nummer 13 folgend, nach halbrechts. Die Wanderung führt nun durch die von Waldungen und von Wiesen durchzogene Streusiedlung *Kanin*; deutsch und slovenisch beschriftete Wegtafeln weisen den Weg zur Roßalm. Etwa 45 Minuten ab Rosenbach stößt man auf einen Querweg. Hier hält man sich links, der Straßenbelag endet und man betritt wenig später den Wald. Die Markierung folgt nun kurz dem Derve-Bach, verläßt ihn dann nach rechts und steigt unter der Arich-Wand steil an. Man kommt zu einem Sattel, wo man sich nach rechts wendet und wenig später die *Roßalm* mit der Hütte »Koča nad arihovo Pečo» des slovenischen Alpenvereines erreicht (2 Stunden von Rosenbach).

Nach der Alm steigt der Weg erneut steil an. Nach etwa 1¼ Stunden gelangt man zu einer Wegteilung, von der zwei Routen zur *Bertahütte* führen. Die schönere leitet nach links, quert ein kurzes Geröllfeld und bringt den Wanderer in 20 Minuten zur gut bewirtschafteten Hütte (1567 m, 3½ bis 4 Stunden von Rosenbach).

Östlich der in herrlicher Lage erbauten Bertahütte beginnt der kurze (½ Stunde), aber steile Aufstieg zur *Ferlacher Spitze* (1739 m). Die Besteigung dieses Hüttenberges ist der schönen Aussicht wegen unbedingt zu empfehlen. Die Rückkehr erfolgt am Anstiegsweg.

Der Abstieg nach Ledenitzen beginnt bei der neben der Bertahütte stehenden unbewirtschafteten *Mittagskogelhütte*. Nach etwa 30 Minuten stößt man auf eine, ebenfalls von der Bertahütte kommende Schotterstraße, die aber bald nach rechts verlassen wird. In der Folge berührt man wieder die Straße, wendet sich nach einiger Zeit jedoch nochmals nach rechts und gelangt etwa 1½ Stunden ab der Bertahütte zur Waldwiese *Illitsch-Rauth*. Hier schwenkt der Südalpenweg scharf nach links, während der Weg 680, dem man nun zu folgen hat, geradeaus weiterführt. Die Wegbezeichnung erreicht bald wieder die Straße, läuft etwa 2 km zu ihr parallel, wendet sich dann nach links und erreicht wenig später das *Hotel Mittagskogel* (2–2½ Stunden von der Bertahütte). Der Ort bzw. die Bahnstation *Ledenitzen* ist von hier in knapp ½-stündigem Straßenmarsch erreichbar.

64 Latschach ob dem Faakersee – Untergreuth – Bertahütte – Mittagskogel

Verkehrsmöglichkeiten Bahn bis Faakersee-Strand (Strecke Villach-Rosenbach). Bus von Villach bis Latschach ob dem Faakersee.
Parkmöglichkeiten Beim Gasthaus Martinihof in Untergreuth, 3 km südlich von Latschach und am Waldparkplatz unterhalb der Bertahütte, 8 km südlich von Ledenitzen.
Wegmarkierungen Rot-weiß-rot. Von Latschach bis zu der von Ledenitzen kommenden Waldstraße Wegnummer 681, von dort bis zum Mittagskogel Wegnummer 680.
Tourenlänge Etwa 12 km, hin und zurück 24 km. Vom Waldparkplatz 5 bzw. 10 km.
Wanderzeit Latschach – Waldparkplatz 2 Stunden, von dort zur Bertahütte 1 Stunde, von der Hütte zum Mittagskogel 2 Stunden. Für den Rückweg muß mit ⅔ der Anstiegszeit gerechnet werden.
Höhenunterschiede Latschach – Waldparkplatz etwa 650 m, von dort zur Bertahütte 320 m. Bertahütte – Mittagskogel etwa 630 m.
Wanderkarten Kompass-Wanderkarte 1:50 000 Blatt 61, Freytag & Berndt-Wanderkarte 1:100 000 Blatt 23.
Anmerkung Der Mittagskogel ist eine der markantesten Berggestalten Südkärntens. Besonders vom Faakersee, aber auch vom Wörthersee ist er deutlich als höchster Gipfel der westlichen Karawanken zu erkennen. Jeder einigermaßen ausdauernde und trittsichere Wanderer kann sich die Besteigung dieser herrlichen Aussichtswarte zutrauen. Die Aussicht vom Mittagskogel reicht an klaren Tagen bis zum Dachstein, zur Hochalmspitze, zum Großglockner und zu den Dolomiten; im Süden dominieren die über dem Savetal aufragenden Julischen Alpen. Achtung! Der Mittagskogel ist ein Grenzgipfel. Der Übertritt auf jugoslawisches Staatsgebiet ist nicht gestattet.
Tourenbeschreibung Von *Latschach* erreicht man entweder auf dem markierten Wanderweg oder auf der Straße in 30 Minuten die Ortschaft *Untergreuth*. Jenseits des Greuthbaches, am südlichen Ortsende befindet sich das *Gasthaus Martinihof*. Die Markierung folgt der Straße von hier noch etwa 400 m in östlicher Richtung. Dort weist eine Tafel nach rechts in den Wald. Man kommt an ei-

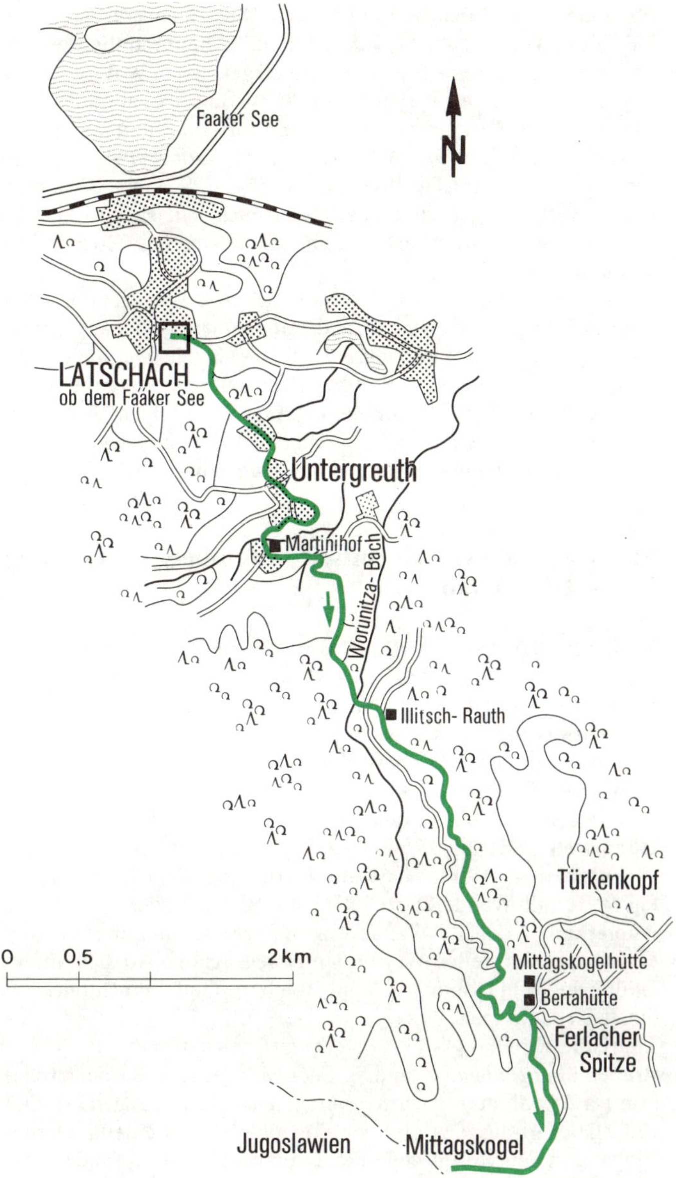
Faaker See
N
LATSCHACH
ob dem Faaker See
Untergreuth
Martinihof
Worunitza- Bach
Illitsch- Rauth
Türkenkopf
Mittagskogelhütte
Bertahütte
Ferlacher Spitze
0
0,5
2 km
Jugoslawien
Mittagskogel

nem Bauernhof vorbei, hält sich in der Folge leicht nach links und überquert später den Worunitzabach. Ansteigend erreicht man bald die von Ledenitzen heraufkommende Schotterstraße, der man am besten bis zu dem etwa 1250 m hoch gelegenen Waldparkplatz folgt (die Markierung verläuft meist links von der Straße auf Waldsteigen). Vom Parkplatz steigt die nun für den öffentlichen Verkehr gesperrte Straße in vielen Kehren zur *Ferlacher Alm* an und erreicht kurz darauf die *Bertahütte* (1567 m. Schöner Blick zum nahen Mittagskogel, zum Faakersee, nach Villach und auf die Nockberge; an klaren Tagen ist im Nordwesten der Glockner erkennbar).

Wer zum Mittagskogel will, wendet sich bereits bei der Ferlacher Alm nach rechts und erreicht auf einem schmalen, aber ausgeprägten Weg bald latschenbewachsene Schrofenhänge. Der Steig quert dieselben gegen Süden (vereinzelt Drahtseilsicherungen) und beginnt erst nach etwa 30 Minuten stärker anzusteigen. Aus einer Hochmulde heraus ersteigt man schließlich den mit einem mächtigen Kreuz geschmückten Gipfel des *Mittagskogels* (2143 m).

65 Riegersdorf – Korpitsch – Steinberg – Krainberg – Riegersdorf

Verkehrsmöglichkeiten Bahn von Villach bis Neuhaus an der Gail. Bus von Villach bzw. von Nötsch bis Riegersdorf.
Parkmöglichkeiten In Riegersdorf, Korpitsch und Krainberg.
Wegmarkierungen Rot-weiß-rot. Bis zum Steinberg Weg Nr. 688, Abstieg nach Krainberg Weg Nr. 689.
Tourenlänge 16 km.
Wanderzeit 4½ bis 5 Stunden.
Höhenunterschiede 1150 m. Der Aufstieg ist meist steil.
Wanderkarten Kompass-Wanderkarte 1:50 000 Blatt 64, Freytag & Berndt-Wanderkarte 1:100 000 Blatt 22 oder 23.
Anmerkung Leichte Wanderung auf sehr gut markierten, zum Teil aber etwas steilen Wegen. Unterwegs schöne Aussicht in das Gailtal und zum Dobratsch. Vom Steinberg-Gipfel Prachtblick auf die Julischen Alpen.
Tourenbeschreibung Von *Riegersdorf* gelangt man auf Nebenstraßen über *Radendorf* und *St. Leonhard* (schöne Barockkirche) in etwa 35 Minuten nach *Korpitsch*. Die Markierung führt zum südlichen Ortsausgang und von dort über eine Weidefläche zum Eingang in den Korpitschgraben (Verzweigung der Wanderwege 686, 687 und 688). Hier folgt man einem Fahrweg, der nach rechts in den Wald führt und in steilen Serpentinen rasch Höhe gewinnt.

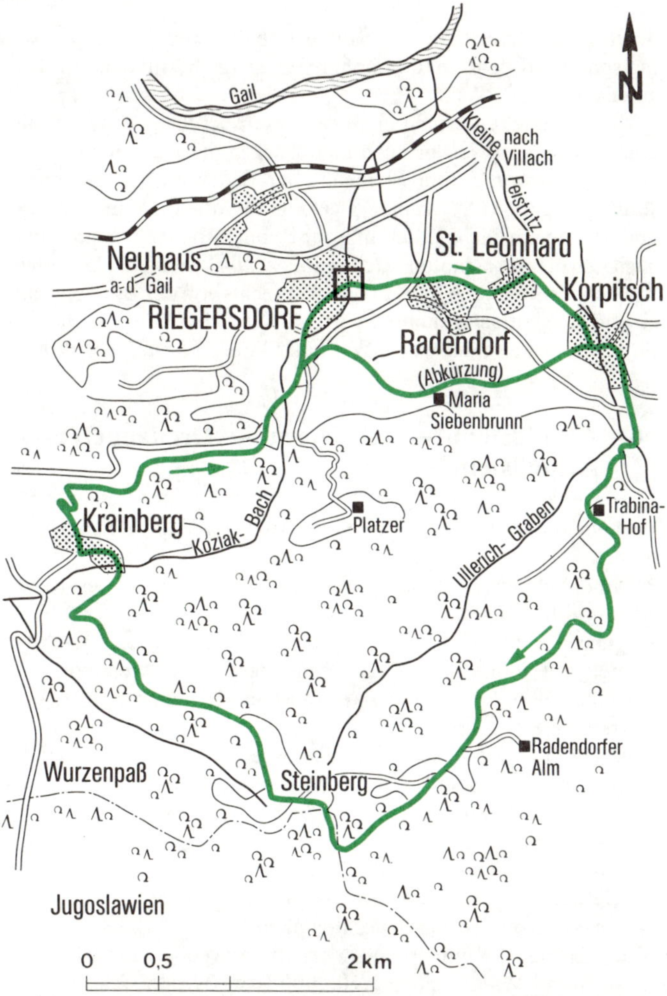

Nach etwa 45 Minuten erreicht der Weg eine freie Fläche und leitet an dem stattlichen *Trabina-Hof* vorbei. Im Wald steigt man später weiterhin steil an, hält sich bei einer Wegverzweigung nach rechts und gelangt etwa 2 Stunden ab Korpitsch auf die aussichtsreiche *Radendorfer Alm* (1450 m).

Oberhalb der Almhütten stößt die Markierung 688 auf den Südalpenweg 603. Gemeinsam führen die beiden Bezeichnungen nun über einen steilen Rasenrücken zum Wald, durch den sie bald die

Staatsgrenze erreichen. Man wendet sich nach rechts und steht wenig später auf dem 1656 m hohen *Steinberg* (3 Stunden von Riegersdorf).

Der Absteig führt nicht mehr der Grenze entlang, sondern folgt einem nach Nordwesten ziehenden Rücken, über den man in reizvoller Wanderung zum kleinen, über der Wurzenpaß-Bundesstraße gelegenen Ort *Krainberg* gelangt (1 Stunde). Von hier steigt man steil in nördlicher Richtung zur Bundesstraße ab, auf der man nach 35 bis 40 Minuten wieder *Riegersdorf* erreicht. Wer nach *Korpitsch* will, zweigt nach etwa 3 km rechts von der Bundesstraße ab und erreicht den genannten Ort auf Wirtschaftswegen. Man berührt dabei die sehenswerte Wallfahrtskirche *Maria Siebenbrunn*.

66 Arnoldstein – Seltschach – Dreiländereck – Arnoldstein

Verkehrsmöglichkeiten Bahn oder Bus von Villach bis Arnoldstein.
Parkmöglichkeiten In Arnoldstein, bei der Talstation des Sesselliftes und in Seltschach.
Wegmarkierunen Von Arnoldstein zur Talstation des Sesselliftes rot-gelb-rot. Von dort bis zur Dreiländerecke rot-weiß-rot, Wegnummer 692. Abstieg nach Arnoldstein Wegnummer 691.
Tourenlänge 13 km.
Wanderzeit Arnoldstein – Dreiländereck 3 Stunden. Sessellift-Bergstation – Dreiländereck 25 Minuten. Abstieg nach Arnoldstein 2 bis 2½ Stunden.
Höhenunterschiede Arnoldstein – Dreiländereck 950 m, Bergstation – Dreiländereck etwa 70 m. Der letzte Teil des Anstieges von Seltschach zur Dreiländerecke ist steil und anstrengend. Der Abstiegsweg 691 ist durchwegs bequem.
Wanderkarten Kompass-Wanderkarte 1:50 000 Blatt 64, Freytag & Bernd-Wanderkarte 1:100 000 Blatt 22 oder 23.
Anmerkung Wer den im oberen Teil etwas steilen und schlecht markierten Anstiegsweg scheut, kann die Dreiländerecke am Ofen (so der eigentliche Name des Berges) auch auf bequemste Art mit dem Sessellift erreichen. Die Aussicht vom letzten höheren Karawankengipfel ist nach allen Richtungen hin äußerst lohnend.
Wissenswertes Der Markt Arnoldstein, vor allem als wichtige österreichische Grenzstation zu Italien bekannt, wird von der Ruine eines im 12. Jahrhundert erbauten Benediktinerstiftes überragt. Das Dreiländereck am Ofen ist nicht nur der Berührungspunkt dreier Staaten, es stoßen hier auch die drei großen europä-

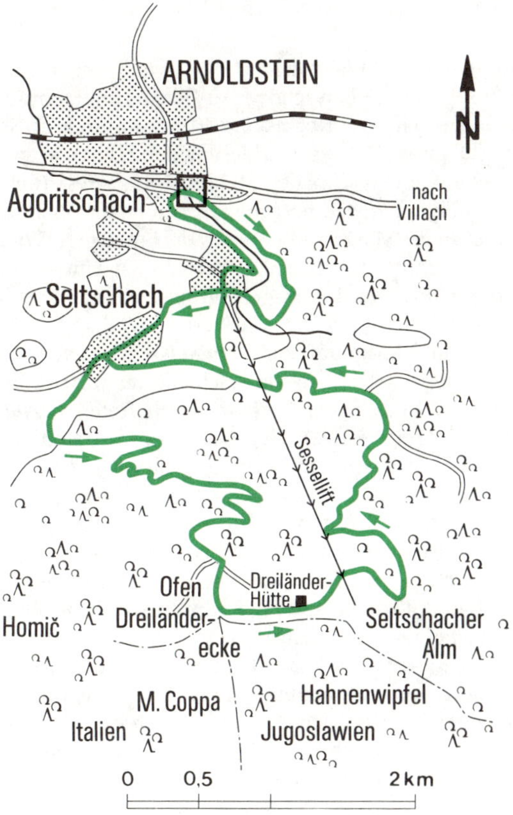

ischen Sprachgemeinschaften der Germanen, der Romanen und der Slaven zueinander. Dies offenbart sich auch in der Mehrsprachigkeit vieler Bewohner des südkärntner Grenzgebietes.

Tourenbeschreibung Bei der gotischen Pfarrkirche in *Arnoldstein* beginnen rot-gelb-rote Farbzeichen, die einem Bach folgend, in einen romantischen Graben führen. Nach etwa 20 Minuten biegt dieser nach rechts (Wasserfall) während die Wegbezeichnung links in steilen Kehren zu einer Wegtafel ansteigt. Hier hält man sich rechts und gelangt durch Wald zu der von Arnoldstein nach Seltschach führenden Straße. Knapp vor dem Erreichen derselben kommt man an der *Talstation des Dreiländer-Sesselliftes* vorbei (40 Minuten von Arnoldstein).

Der Fußweg zur Dreiländerecke führt vorerst auf der Straße in den Ort *Seltschach*. Am westlichen Ortsende beginnt bei einem Wegweiser die nach links über Wiesen zum Wald führende Bezeichnung 692. Im Wald steigt der Weg in Serpentinen bald steil an, er bietet weiter oben schöne Ausblicke zum Dobratsch und in das Gailtal. Nach einer Rechtskurve (etwa 1 Stunde ab Seltschach) Achtung! Hier verläßt die Markierung den breiten Weg nach links und leitet auf einem schmalen Steig zu einer Wiese (Schiabfahrt). Über sie steigt man steil bergan, hält sich höher oben nach rechts und findet so die Markierung wieder, die kurz durch Wald zu einer privaten Berghütte führt. Links oberhalb der Hütte befindet sich eine Wegteilung. Nach links gelangt man direkt zur Seltschacher Alm, nach rechts leitet die Markierung 692 über einen steilen Kahlschlag in 20 Minuten zur *Dreiländerecke* (Ofen, 1509 m).

Der Abstieg führt entlang eines Schleifliftes in 10 Minuten zu der vom Mai bis Ende September bewirtschafteten *Dreiländerhütte* (1469 m). In einer kurzen Gegensteigung wird von hier aus die weite *Seltschacher Alm* mit der Bergstation des Sesselliftes erreicht.

Ein bequemer Abstiegsweg zur Talstation des Sesselliftes und nach Arnoldstein steht im Seltschacher Almweg zur Verfügung. Dieser nimmt bei der *Dreiländereckhütte* seinen Ausgang, kreuzt mehrmals die Lifttrasse und führt aussichtsreich, großteils entlang einer prächtigen Schiabfahrt nach Seltschach (1½ Stunden). Zweigwege führen nach Pöckau und zur Talstation des Liftes. Wer nach Arnoldstein will, benützt letzteren und nach der Talstation kurz die über Agoritschach und Gailitz nach Arnoldstein führende Straße. Bald nach deren Linkskehre zweigt nach rechts der asphaltierte Debersteig ab. Auf ihm gelangt man in etwa 15 Minuten zurück zum Ausgangspunkt der Wanderung bei der Kirche in *Arnoldstein*.

Abschnitt V

Karnische Alpen und Gailtaler Alpen

67 Thörl-Maglern – Göriacher Alpe – Feistritzer Alpe

Verkehrsmöglichkeiten Bahn bis Thörl-Maglern. Bus von Villach nach Thörl-Maglern, Dreulach und Feistritz.
Parkmöglichkeiten In allen oben genannten Orten und auf der Feistritzer Alpe.
Wegmarkierungen Rot-weiß-rot, Wegnummr 403 (derzeit noch meist Nr. 402). Abstieg nach Göriach Wegnummer 405.
Tourenlänge 20 km. Bei Abstieg nach Göriach 4½ 15 km.
Wanderzeit 7 bis 8 stunden. Bei Abstieg nach Göriach 4½ Stunden.
Höhenunterschiede 1780 m Aufstieg, 1150 m Abstieg. Bei Abstieg nach Göriach 1000 m Aufstieg, 1000 m Abstieg.
Wanderkarten Kompass-Wanderkarte 1:50 000 Blatt 64, Freytag & Berndt-Wanderkarte 1:100 000 Blatt 22.
Anmerkung Die Wanderung führt auf die aussichtsreichen, den großartigen Julischen Alpen gegenüberliegenden Erhebungen des östlichen Karnischen Kammes. Die Wege sind oft beschwerlich, aber nirgends schwierig. Wanderern, welchen die gesamte Strecke zu anstrengend erscheint, bietet sich von der Göriacher Alpe ein bequemer Abstieg an. Er verkürzt die Tour um etwa 3 Stunden. Bei der beschriebenen Wanderung wird die österreichisch-italienische Grenze mehrmals überschritten; ein Personalausweis ist mitzuführen. Die Tour kann mit der Wanderung 68 kombiniert werden.
Tourenbeschreibung Vom Bahnhof *Thörl-Maglern* gelangt man entlang der Markierung 403 (Karnischer Höhenweg bzw. südalpiner Weitwanderweg 03) in wenigen Minuten zu der durch Thörl führenden Bundesstraße 17. Kurz nach einer Tankstelle, beim Zweiglokal der Villacher Sparkasse, wird die Straße nach rechts verlassen (Wegtafel im Graben nicht gut sichtbar). Die Markierung führt nun auf einem schmalen Steig hinauf nach *Ober Thörl* und von dort auf einem Feldweg zum Waldrand (schöner Blick zum Dobratsch). Hier schwenkt sie nach links und steigt entlang einer manchmal wenig ausgeprägten Steigspur durch steilen Wald bergan. Nach etwa 1 Stunde wird eine Quelle erreicht, 20 Minuten später kommt man zu einer Wegtafel, die zu einem etwa 100 m abseits des Steiges gelegenen reizvollen Aussichtspunkt weist (Sitzbank,

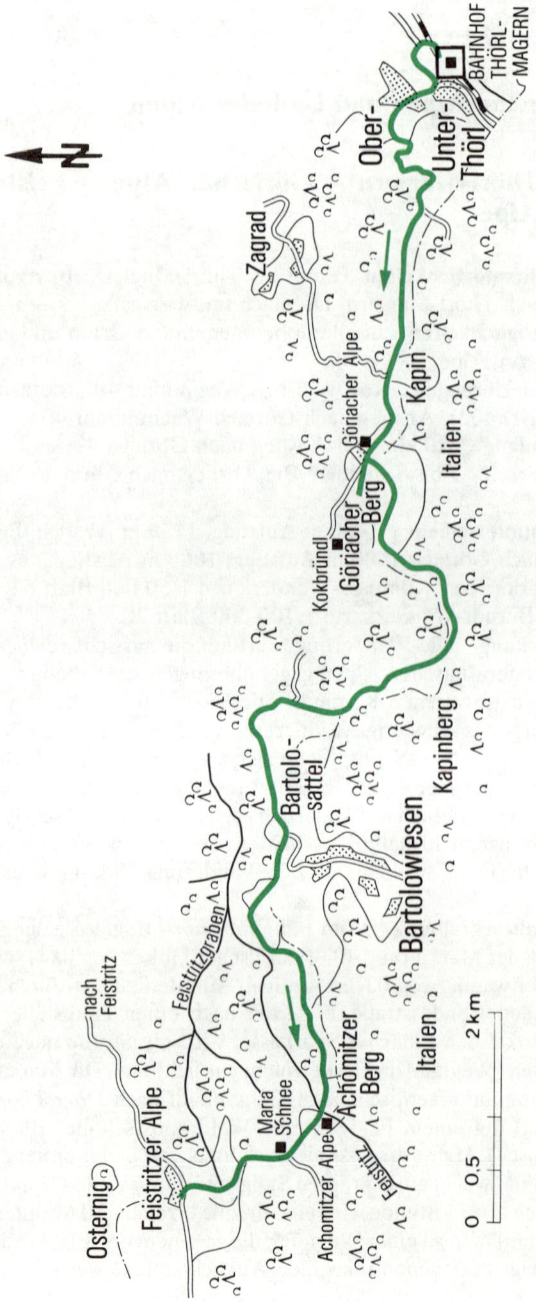

N
Osternig
Feistritzer Alpe
nach Feistritz
Feistritzgraben
Maria Schnee
Achomitzer Alpe
Achomitzer Berg
Feistritz
Italien
Bartolowiesen
Bartolo-sattel
Kokbründl
Göriacher Berg
Göriacher Alpe
Kapinberg
Italien
Kapin
Zagrad
Ober-
Unter-Thörl
BAHNHOF THÖRL-MAGERN
0 0,5 2 km

schöner Blick auf Thörl-Maglern, ins Gailtal und auf die umliegenden Berge. Staatsgrenze!).

Die Wegbezeichnung folgt nun dem die Grenze zwischen Österreich und Italien bildenden Bergkamm. Nach etwa 30 Minuten nimmt die Steigung ab, man umgeht den Gipfel des Kapin nördlich und sieht bald die Hütten der Göriacher Alpe, die 3 Stunden nach dem Abmarsch von Thörl-Maglern erreicht werden. Ein kleiner Abstecher führt von den Almhütten in 10 Minuten zum *Göriacher Berg* (1693 m. Großartiger Blick auf die nahen Julischen Alpen, es dominieren Mangart, Wischberg und Montasch). Wer die Tour vorzeitig beenden will, findet unterhalb der Almhütten einen guten, nach Nordwesten führenden Fahrweg, auf dem man in 1½ Stunden nach Göriach und Dreulach (Bus) gelangt.

Der Karnische Höhenweg biegt knapp vor den Hütten der Göriacher Alpe nach links ab, man begibt sich damit auf italienisches Staatsgebiet. Kurz nach einer Quelle gelangt man zu einer Wegteilung, bei der man sich, den Marken 510+403 folgend, rechts hält. Nach etwa 30 Minuten fast ebener Waldwanderung wird bei einem Sattel wieder die Staatsgrenze erreicht. Die Straße wird nach rechts verlassen und man steigt entlang der Grenze bis unter den Gipfel des Kapin-Berges an. Dort leitet die Markierung nach rechts und wendet sich später entlang steiler Abbrüche, kurz wieder dem Grenzverlauf folgend, in nördlicher Richtung bergab. Im Wald ist dann genau auf die Wegbezeichnung zu achten, die erst noch weiter nach rechts leitet, dann aber stark nach links dreht und nach einiger Zeit einen guten Weg erreicht, der zum *Bartolosattel* führt (1175 m, 2 Stunden von der Göriacher Alm). Vom Sattel führt ein guter Fahrweg nach Saifnitz (italienisch Camporosso). Kurz auf den Bartolosattel folgt eine zweite Einsattelung, von der man auf einem unmarkierten Weg nach Feistritz an der Gail absteigen kann.

Der Südalpenweg leitet bei der erwähnten zweiten Einsattelung kurz auf italienisches Gebiet, wendet sich dann nach Österreich und erreicht bald eine gute Forststraße, die man etwa 10 Minuten lang benützt. Bei einer Wiese wendet man sich nach links und folgt ansteigend wieder dem Grenzkamm. Hoch oben quert die Markierung dann unter dem Gipfel des Achomitzer Berges nach rechts zur herrlich gelegenen *Achomitzer Alpe* (1½ bis Stunden vom Bartolosattel). Links von den Almhütten führt ein Steig in 15 Minuten auf den *Achomitzer Berg* (1813 m, Prachtblick auf die Montasch-Gruppe).

Von der Achomitzer Alpe steigt man in einen Sattel ab, aus dem man über Wiesenhänge die schon längere Zeit sichtbare Kapelle Maria Schnee erreicht; von ihr gelangt man in einigen Minuten zur

Feistritzer Alpe (1718 m, 40 Minuten von der Achomitzer Alpe). Inmitten der von der österreichisch-italienischen Grenze durchzogenen Feistritzer Alpe befindet sich das *Hotel Oisternig*. Es bietet jenen Wanderern Nächtigungsmöglichkeit, die die Durchwanderung des östlichen Karnischen Kammes am nächsten Tag fortsetzen wollen. Unbedingt empfohlen wird die Besteigung des *Osternig* (2052 m). Sie erfolgt auf einem über italienisches Gebiet führenden rot-weiß-rot markierten Steig in 45 Minuten. Vom Gipfel prächtige, weitreichende Fernsicht. Von der Feistritzer Alpe leitet eine gute, 8 km lange Waldstraße nach Feistritz im Gailtal.

68 Feistritzer Alpe – Dolinza Alpe – Görtschacher Alpe – Vorderberg

Verkehrsmöglichkeiten Bahn bis St. Stefan-Vorderberg.
Parkmöglichkeiten Auf der Feistritzer Alpe, auf der Koutschitz Alpe und in Vorderberg.
Wegmarkierungen Rot-weiß-rot, Wegnummer 403 bzw. noch 402.
Tourenlänge 17 km.
Wanderzeit 5 Stunden.
Höhenunterschiede 530 m Aufstieg, 1680 m Abstieg.
Wanderkarten Kompass-Wanderkarte 1:50 000 Blatt 64, Freytag & Berndt-Wanderkarte 1:100 000 Blatt 22.
Anmerkung Diese Tour ist als Fortsetzung der Wanderung 67 gedacht, kann aber selbstverständlich auch für sich allein unternommen werden. Die Besteigung des Starhand, eines leichten Aussichtsgipfels, kann gut in die Wanderung eingebunden werden.
Tourenbeschreibung Vom *Hotel Oisternig* wandert man, die österr.-italienische Grenze überschreitend, in westlicher Richtung über Almgelände abwärts. Neben der österreichischen Südalpenwegmarkierung scheint hier auch die italienische Wegnummer 507 auf. Bald betritt man herrlichen Hochwald, wo der Steig etwas später steiler bergab führt und eine Wegteilung erreicht. Die Nummer 507 leitet nach links zum Rifugio Nordio, der Südalpenweg führt in kurzem Gegenanstieg zum *Lomsattel* und zu dem auf der Dolinza Alpe gelegenem *Gasthaus Starhand* (1460 m, ½ Stunde von der Feistritzer Alpe).

Vom Gasthaus weist die Wegbezeichnung 402 (403), eine kleine Hütte berührend, über einen Bach und steigt dann steil zu einer Almwiese an, die rechts liegenbleibt. Weiter ansteigend kommt man zu einer Quelle und erreicht wenig später einen Bach. Hier wendet sich die Bezeichnung steil nach rechts aufwärts, leitet je-

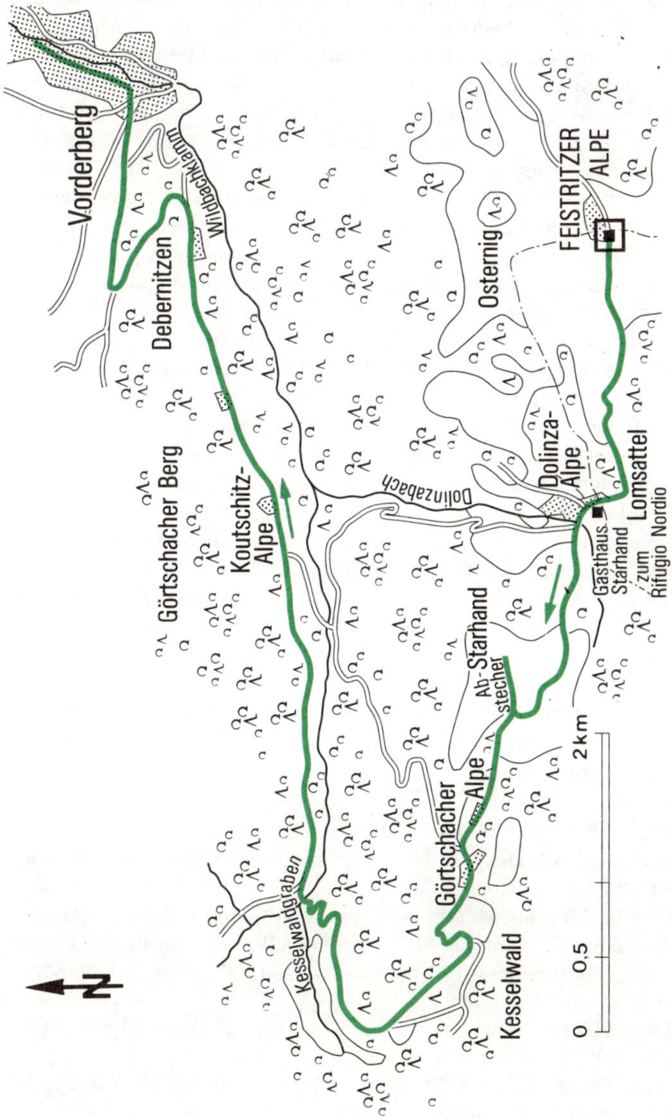
Vorderberg
Wildbachklamm
Debernitzen
Görtschacher Berg
Koutschitz-Alpe
Osternig
FEISTRITZER ALPE
Dolinzabach
Dolinza-Alpe
Lomsattel
Gasthaus Starhand
zum Rifugio Nordio
Starhand
Ab-stecher
Görtschacher Alpe
Kesselwaldgraben
Kesselwald
0
0,5
2 km
N

doch oberhalb der Waldgrenze nach links in einen Sattel südöstlich des Sagranberges. Nun wendet man sich nach Norden, quert eine Rasenkuppe und erreicht eine südlich des Starhand gelegene Einsattelung (etwa 1800 m), 1¼ Stunden von der Dolinza Alpe). Die Besteigung des *Starhand* (1965 m) sollte von hier aus bei gutem Wetter niemand versäumen: Man folgt Wegspuren, die in die Scharte westlich des Gipfels leiten und steigt dann links vom Grat zum höchsten Punkt an.Die Aussicht übertrifft nach Westen hin jene vom Osternig.

Vom Sattel südlich des Starhand steigt man vorerst in nordwestlicher Richtung ab, wendet sich aber bald nach links und erreicht die *Görtschacher Alpe* (2 Stunden von der Dolinza Alpe). Bei den untersten Hütten trifft man auf einen guten Almweg, der später in Serpentinen abwärts führt. Nach etwa 15 Minuten zweigt die Markierung des Südalpenweges auf einem schlechten Steig nach links ab, man bleibt auf dem guten Weg, der später in eine Forststraße übergeht. Auf dieser erreicht man etwa 1 Stunde nach der Görtschacher Alpe die Sohle des Kesselwaldgrabens, wo eine Brücke über den Wildbach führt. Am jenseitigen Ufer hält man sich rechts und gelangt in einer weiteren Stunde zur Jausenstation Zimmermann auf der *Koutschitz Alpe*. Die Straße führt nun, gut ausgebaut, hoch über dem Wildbach talaus, beschreibt später zwei große Kehren und gelangt so an die Südlehne des Gailtales. Nach einer scharfen Linkswendung der Straße ist *Vorderberg* erreicht (1¼ Stunden von der Koutschitz Alpe).

69 Görtschach – Dellacher Alpe – Egger Almsee – Poludnig – Poludnig Alpe – Dellacher Alpe – Görtschach

Verkehrsmöglichkeiten Bahn bis Görtschach-Förolach.
Parkmöglichkeiten In Nampolach, auf der Dellacher Alpe und auf der Egger Alpe.
Wegmarkierungen Rot-weiß-rot. Von Nampolach bis zur Dellacher Alpe Wegnummer 407, von der Dellacher Alpe bis zur Egger Alpe Wegnummer 403, Überschreitung des Poludnig auf Weg Nr. 408.
Tourenlänge Etwa 26 km, bei Kfz-Auffahrt bis zur Egger Alpe etwa 12 km.
Wanderzeit Etwa 8 Stunden, bei Kfz-Auffahrt bis zur Egger Alpe etwa 3½ Stunden.
Höhenunterschiede Gesamtsteigung 1420 m, von der Egger Alpe 700 m. Mäßig steiler Anstieg bis zur Dellacher Alpe, von dort

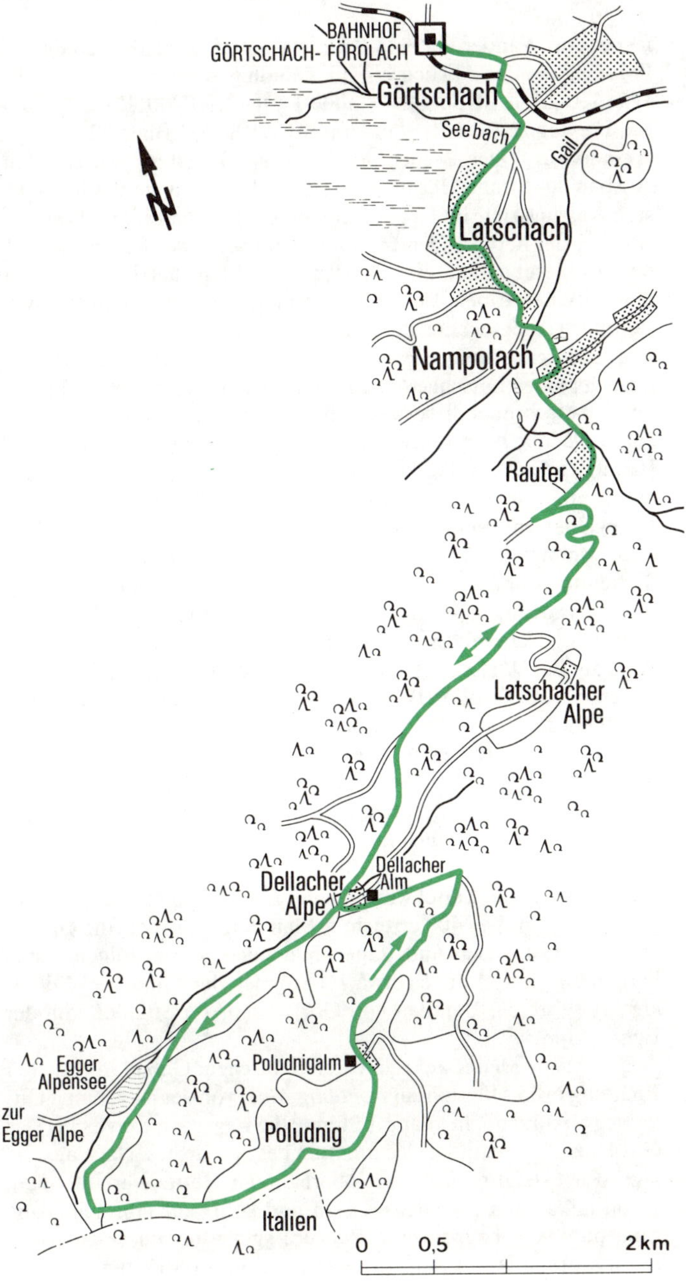
BAHNHOF
GÖRTSCHACH- FÖROLACH
Görtschach
Seebach
Gail
N
Latschach
Nampolach
Rauter
Latschacher
Alpe
Dellacher
Alm
Dellacher
Alpe
Egger
Alpensee
zur
Egger Alpe
Poludnigalm
Poludnig
Italien
0
0,5
2 km

fast ebene Wanderung zum Poludnig-Sattel. Steiler Aufstieg zum Poludnig, steiler Abstieg bis zur Poludnig Alpe.

Wanderkarten Kompass-Wanderkarte 1:50 000 Blatt 60 und 64, Freytag & Berndt-Wanderkarte 1:100 000 Blatt 22.

Anmerkung Der Besuch des Poludnig-Gebietes zählt seit dem Ausbau der Straße Hermagor–Egger Alpe zu einem der lohnendsten Ausflugsziele im Raum Heragor–Preßeggersee. Der Poludnig ist einer der hervorragendsten Aussichtsberge der Karnischen Alpen. Er bietet neben reizvollen Talblicken eine herrliche Schau zu den Julischen Alpen. Bei besonders klarem Wetter ist im Nordwesten der Großglockner zu sehen.

Tourenbeschreibung Vom Bahnhof *Görtschach-Förolach* folgt man der über Latschach nach Dellach führenden Straße bis zur Gail, überschreitet diese und trifft im kleinen Ort *Namplach* auf die zur Dellacher Alpe führende Wegbezeichnung (45 Minuten vom Bahnhof). Diese verläßt den asphaltierten Weg bald nach links und leitet entlang eines alten Wirtschaftsweges in den Wald. Nach einer Bach-Überschreitung und nach der Einmündung eines von Dellach kommenden Steiges beschreibt der Wirtschaftsweg etliche Serpentinen und steigt dann, immer durch schattigen Wald führend, geradeaus in westlicher Richtung an. Nach etwa 2 Stunden Gehzeit ab Nampolach zweigt nach rechts ein Weg zur Latschacher Alpe ab; der Wirtschaftsweg verliert an Steilheit, man genießt den ersten eindrucksvollen Blick zum Poludnig und befindet sich bald oberhalb der Hütten der *Dellacher Alpe*. Eben weiterwandernd, stößt man westlich des Almdorfes auf die asphaltierte, zur Egger Alpe führende Straße (3 Stunden ab Görtschach), benützt sie etwa 20 Minuten und wandert dann auf einem unmarkierten, aber gut erkennbaren Weg südlich des Egger Almsees in leichtem Anstieg zum *Poludnig-Sattel* (1450 m, Staatsgrenze, 1 Stunde von der Dellacher Alpe). Der Sattel wird von der *Egger Alpe* in knapp 30 Minuten auf dem Weg 408 erreicht. – Man steigt nun, dem die Grenze zwischen Österreich und Italien bildenden Kamm folgend, steil bergan und erreicht nach etwa 1¼ Stunden den Gipfel des *Poludnig* (1999 m, 5½ Stunden von Görtschach, 1¾ Stunden von der Egger Alpe).

Der Abstieg leitet auf rein österreichischem Gebiet in östlicher Richtung in 25 Minuten zur *Poludnig Alpe,* von der man, einen Güterweg abkürzend, in knapp 1 Stunde die Egger Alpe erreicht. Das Gasthaus Pipp befindet sich inmitten des Almdorfes. Nach ausgiebiger Rast steigt man zu dem oberhalb der Hütten verlaufenden, schon bekannten Aufstiegsweg an und kehrt auf ihm zum Ausgangspunkt der Tour zurück. Wer zur Egger Alpe will, erreicht diese, der asphaltierten Almstraße folgend, in 40 Minuten.

70 Möderndorf – Garnitzenklamm – St. Urbani – Möderndorf

Verkehrsmöglichkeiten Bahn bis Hermagor.
Parkmöglichkeiten Beim Gasthaus am Eingang zur Klamm.
Wegmarkierungen Rot-weiß-rot. In der Klamm Wegnummer 409, Rückweg über St. Urbani Wegnummer 117, dann 410.
Tourenlänge Gesamtweg hin und zurück etwa 16 km, bis zur Garnitzenhütte und zurück etwa 10 km.
Wanderzeit Gesamtgehzeit bis zum Klammende bei der Kühweger Klause und zurück 4½ bis 5 Stunden. Hin- und Rückweg nur bis zur Garnitzenhütte 2½ Stunden.
Höhenunterschiede Gesamtsteigung etwa 650 m.
Wanderkarten Kompass-Wanderkarte 1:50 000 Blatt 60, Freytag & Berndt-Wanderkarte 1:100 000 Blatt 22.
Anmerkung Die Garnitzenklamm kann als die schönste Klamm Kärntens bezeichnet werden. Sie ist durch einen vorbildlich angelegten alpinen Steig (Trasse teilweise in den Fels gesprengt, Brükken, Seilversicherungen) erschlossen und verlangt besonders im obersten Teil Trittsicherheit und Schwindelfreiheit. Festes Schuhwerk ist Voraussetzung zur Klammbegehung.

Ausdauernde Wanderer können von der Kühweger Klause über die Kühweger Alpe zum Kühweger Törl aufsteigen und von dort den Gartnerkofel besteigen (Gehzeit Möderndorf – Gartnerkofel etwa 6 Stunden, siehe auch Wanderung Nummer 71).
Tourenbeschreibung Von *Möderndorf* (2,5 km südlich von Hermagor) gelangt man auf der zur Egger Alpe führenden Straße in 15 Minuten zum Klammeingang (Parkplatz, Gasthaus, Mautstelle). Vorerst (im Sinn des Aufstieges) an der linken Seite des Garnitzenbaches ansteigend, überschreitet man diesen nach dem Passieren einer Stauwehr zweimal und erreicht so die *Ida-Warte*, von der sich ein guter Blick auf die ersten Wasserfälle bietet. Wenig später, bei der *Franzens-Warte*, verengt sich die Klamm und man überschreitet auf einem hohen Steg den zwischen glatten Felswänden tobenden Bach (Interessante Auswaschungen an den Felsen!). Man verläßt nun die 1. Teilstrecke der Klamm und steigt durch Wald erst rechts, dann links vom Garnitzenbach an, um nach etwa 1½ Stunden Gehzeit die *Garnitzenhütte*, einen offenen Notunterstand zu erreichen. Hier, am Übergang vom 2. zum 3. Klammteil, erlebt man bald den zweiten Höhepunkt der Wanderung: Wieder stehen einander hochragende Felswände gegenüber, zwischen denen das Wasser zu Tal schäumt. Auch hier überspannt eine Brücke die Klamm, an deren Wänden der eingesprengte Weg drahtseilgesichert entlangführt. Nach dieser eindrucksvollen Stelle überwin-

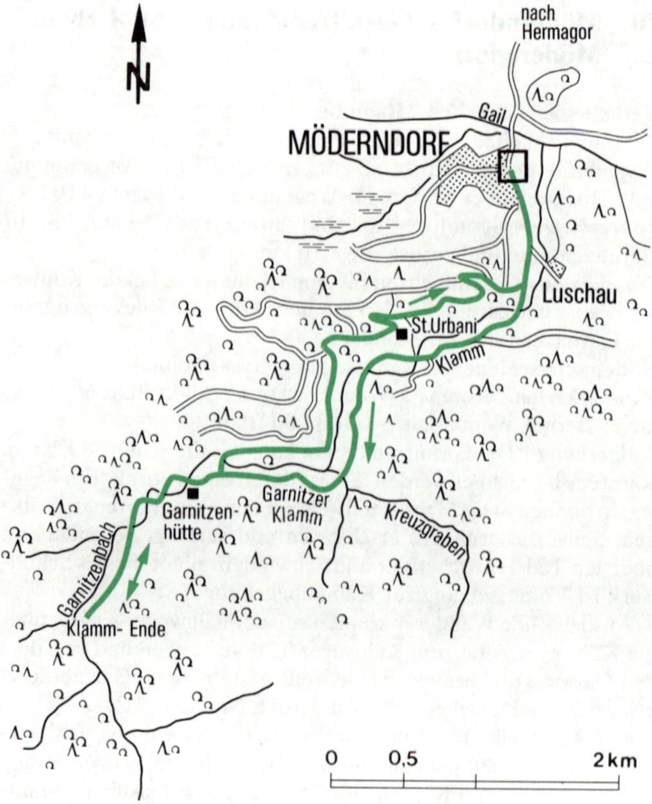

det man eine Schutthalde, kommt an zwei, von den Felswänden in die Klamm stürzenden Wasserfällen vorbei und steigt durch Wald zum Ende des 3. Klammteiles an (2½ Stunden von Möderndorf, Abzweigung eines Güterweges, über den man zum Urbani-Kirchlein und zurück zum Parkplatz am Klammeingang gelangen kann). – Der nun folgende 4. Klammteil ist der interessanteste: Immer an der (im Sinn des Aufstieges) rechten Seite der Klamm ansteigend, passiert man auf einem drahtseilgesicherten Steig eine wilde und großartige Szenerie und erreicht nach 30 Minuten bei der Kühweger Klause das Ende der Klamm.

Den Rückweg nimmt man am besten wieder durch die Klamm. Ab der Garnitzenhütte bietet sich jedoch ein empfehlenswerter Weg über das Urbani-Kirchlein zurück zum Parkplatz am Klammeingang an. Man folgt in diesem Fall dem bei der Hütte abzweigenden Weg 117 über den »Almsteg« auf das nördliche Ufer des Garnitzenbaches. Der Steig erreicht nach kurzem Anstieg einen Güterweg, der oberhalb der zur Klamm leitenden Abstürze von der Markierung 410 gekreuzt wird. In diese nach rechts einschwenkend, gelangt man, das spätgotische *Kirchlein St. Urbani* passierend, zu der von Möderndorf zum Klammeingang führenden Straße.

71 Naßfeldpaß – Watschinger Alm – Gartnerkofel

Verkehrsmöglichkeiten Bahn bis Hermagor, von dort an Werktagen außer Samstag Bus zum Naßfeldpaß bzw. zur Talstation der Gartnerkofel-Sesselbahn.
Parkmöglichkeiten Auf dem Naßfeldpaß und bei der Talstation der Gartnerkofel-Sesselbahn.
Wegmarkierungen Rot-weiß-rot, Wegnummer 412.
Tourenlänge Hin und zurück etwa 8 km.
Wanderzeit Hin und zurück etwa 3½ Stunden. Bei Auffahrt mit dem Sessellift beim Anstieg gut 1 Stunde Zeitgewinn.
Höhenunterschiede 650 m. Von der Bergstation der Sesselbahn 310 m. Der letzte Teil des Anstieges ist etwas steil, aber gut zu begehen.
Wanderkarten Kompass-Wanderkarte 1:50 000 Blatt 60, Freytag & Berndt-Wanderkarte 1:100 000 Blatt 22.
Anmerkung Vom Gartnerkofel, dem ersten großen Felsberg des Karnischen Hauptkammes, genießt man eine großartige Aussicht und prächtige Tiefblicke. Im Nahbereich dominiert besonders der schöngeformte Trogkofel. Die an sich bequeme Besteigung des Gartnerkofels wird bei Benützung der Sesselbahn noch mehr erleichtert.
Wissenswertes Immer wieder wird im Zusammenhang mit dem Gartnerkofel die blaublühende Blume Wulfenia erwähnt. Sie ist außer im Himalajagebiet und in den albanischen Bergen nur am Naßfeld, besonders um die Watschinger Alm zu finden.

Das Naßfeld und die umliegenden Berge waren im 1. Weltkrieg Frontgebiet. Eine kleine Kapelle oberhalb des Naßfeldpasses erinnert an die damals gefallenen Soldaten.
Tourenbeschreibung Vom *Naßfeldpaß* (1552 m) führt eine schmale, bis zum *Restaurant Alpenwirt* asphaltierte Straße zur bewirtschafteten *Watschinger Alm* (25 Minuten). Nach der Alm wandert man auf einem guten Weg unter dem Sessellift hindurch gegen das *Kühweger Törl*, wendet sich aber noch unterhalb desselben, einer breiten Schiabfahrtsstrasse folgend, nach rechts und ge-

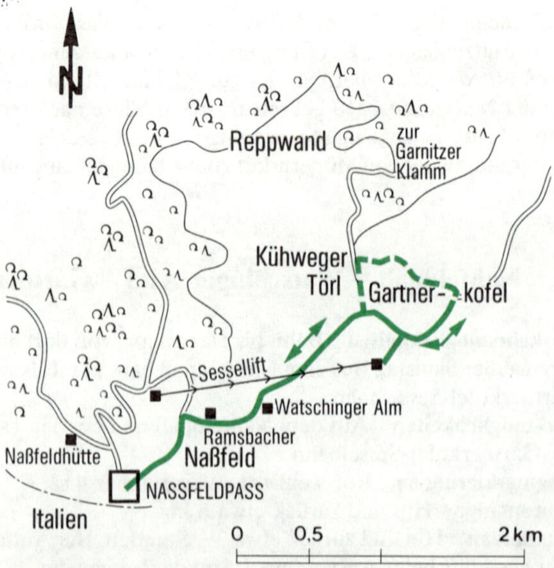

langt so zur Bergstation eines Schi-Schleifliftes. Unterhalb derselben befindet sich die Bergstation der Gartnerkofel-Sesselbahn, von der eine Steiganlage zum markierten Weg heraufleitet. Man hält sich nun etwas links und gelangt, über Rasen und Geröll steiler ansteigend, in einen Sattel, aus dem man gute Einblicke in die wildzerrissenen Nordabstürze des Berges gewinnt. Hier wendet man sich nochmals nach links und erreicht nach etwa 15 Minuten den mit einem großen »Eisernen Kreuz« geschmückten Gipfel des *Gartnerkofels* (2195 m, 2 Stunden vom Naßfeldpaß, 50 Minuten von der Bergstation der Sesselbahn). Der Abstieg erfolgt am selben Weg. – Rote, vorerst zum niedrigeren Westgipfel führende Marken, leiten in der Folge über den Westgrat des Gartnerkofels direkt ins *Kühweger Törl*. Dieser Kletterabstieg muß geübten, schwindelfreien und sehr trittsicheren Bergsteigern vorbehalten werden! Der Abstieg von dem auch vom Normalweg her leicht erreichbaren Kühweger Törl über die Kühweger Alm zur Garnitzenklamm (4 Stunden, sieh Wanderung 70) kann trittsicheren Wanderern empfohlen werden.

72 Mauthen – Mauthner Alpe – Valentin Alpe – Plöckenhaus

Verkehrsmöglichkeiten Bahn bis Kötschach-Mauthen. Bus nach Mauthen, zur Talstation des Mauthneralm-Sesselliftes, zum Zugang zur Valentin Alpe und zum Plöckenhaus. Sessellift auf die Mauthner Alpe.
Parkmöglichkeiten In Mauthen, bei der Talstation des Sesselliftes und beim Plöckenhaus.
Wegmarkierungen Rot-weiß-rot. Von Mauthen bis zur Valentin Alpe Wegnummer 432, von dort zum Plöckenhaus Weg 403.
Tourenlänge 14 km, bei Liftbenützung 9 km.
Wanderzeit 6 Stunden, bei Liftbenützung 4 Stunden.
Höhenunterschiede Gesamtsteigung etwa 1250 m, Gesamtabstieg etwa 700 m. Steiler Anstieg zur Mauthner Alpe, steiler Abstieg vom Hinterjoch zur Unteren Valentin Alpe.
Wanderkarten Kompass-Wanderkarte 1:50 000 Blatt 60, Freytag & Berndt-Wanderkarte 1:100 000 Blatt 22.
Anmerkung Von der, ab der Bergstation des Sesselliftes bequem erreichbaren Mauthner Alpe genießt man einen Prachtblick auf die Wände des Mooskofels, auf die Berge um den Plöckenpaß und auf die Gailtaler Alpen. Ab dem Hinterjoch dominiert die gewaltige Kellerwand (in ihre Felsen eingebettet liegt ein kleiner Gletscher, das Eiskar).
Wissenswertes Bei Kötschach-Mauthen entfaltet der Karnische Kamm seinen Höhepunkt. Sein Hauptgipfel, die Hohe Warte (2780 m), ist die höchste, von Österreich berührte Erhebung der Südlichen Kalkalpen. Mit den Kellerspitzen (2769 m) und dem Kolinkofel (2742 m) bildet sie an der Grenze zu Italien eine riesige Felsbastion. Kötschach und Mauthen zählen zu den beliebtesten Urlaubsorten Kärntens. Die schon Pustertaler Charakter tragenden Siedlungs- und Brauchtumsformen lassen die Nähe Südtirols erkennen.
Tourenbeschreibung Der Fußweg zur Mauthner Alpe verläßt etwa 20 Minuten oberhalb des Kirchleins *Maria Schnee* die Plökkenstraße nach links und steigt dann teilweise steil zur Mittelstation *Lamprechtbauer* des Sesselliftes an (45 Minuten). Oberhalb vom Lamprechtbauer tritt der Weg in den Wald ein, wendet sich bei einer Quelle nach links und leitet steil zur Bergstation des Liftes mit dem *Mauthner Almhaus* (1501 m, 2 Stunden von Mauthen). Vom Almhaus steigt man mäßig steil zur Bergstation eines Schleifliftes an, von wo der Weg steil zum höchsten Punkt der *Mauthner Alpe* führt (1782 m, 50 Minuten von der Bergstation des Sesselliftes).

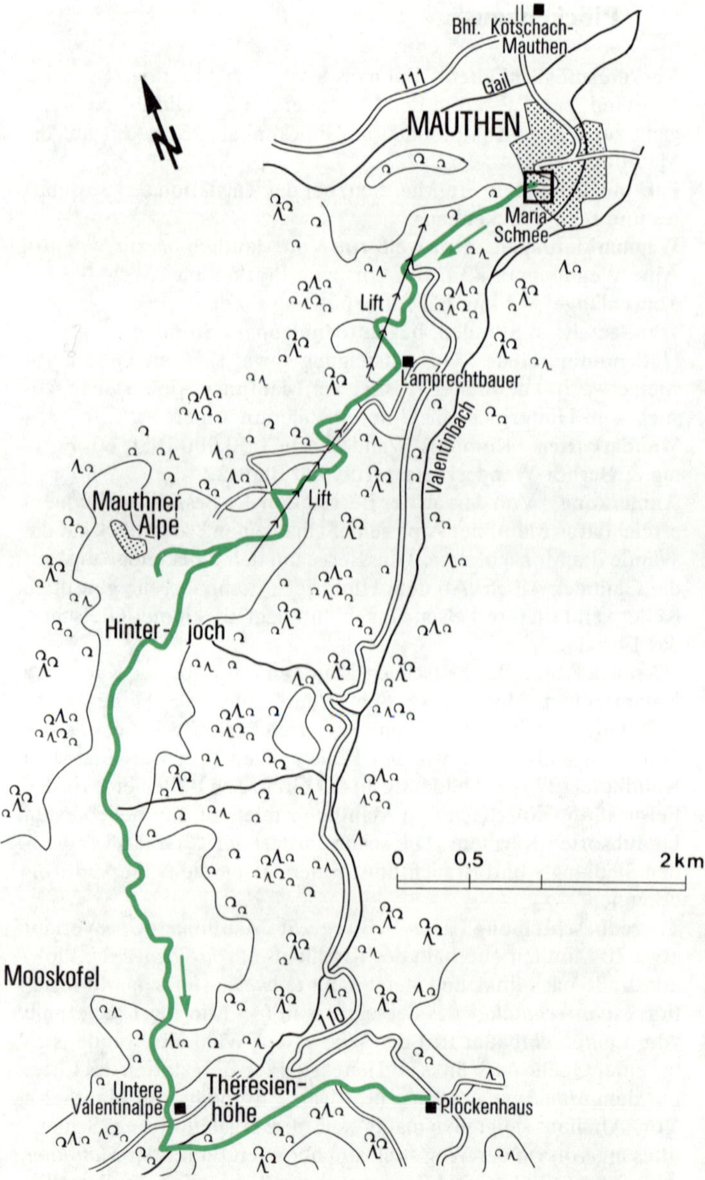
Bhf. Kötschach-Mauthen
111
Gail
MAUTHEN
N
Maria Schnee
Lift
Lamprechtbauer
Valentinbach
Lift
Mauthner Alpe
Hinter-joch
0
0,5
2 km
Mooskofel
110
Untere Valentinalpe
Thérésienhöhe
Plöckenhaus

Zum Weiterweg steigt man vom Gipfel kurz am Anstiegssteig ab, wendet sich dann nach Südwesten und gelangt auf einem schmalen Wiesenpfad in leichter Steigung zum *Hinterjoch* (1879 m, 50 Minuten von der Mauthner Alpe). Vom Joch führt der Steig durch steile Wiesen (Vorsicht bei Nässe!), durch Buschwerk und Wald hinunter zur *Unteren Valentin Alpe* (1220 m, 1¼ Stunden vom Hinterjoch. Von der Alpe führt ein guter Weg in 20 Minuten zur Bushaltestelle Valentinalm an der Plöckenstraße). Wer zum Plöckenhaus will, steigt von der Valentin Alpe zum Valentinbach ab und wendet sich nach dessen Überschreitung scharf nach links. Der Weg steigt wieder an und gewinnt nach 30 Minuten die *Theresienhöhe* (1316 m). Von hier führt ein letzter Abstieg zum gastlichen *Plöckenhaus* (1215 m, 1 Stunde von der Valentin Alpe, Nächtigungsmöglichkeit).

73 Mauthen – Polinik Alpe – Polinik – Spielbodenalpe – Plöckenhaus

Verkehrsmöglichkeiten Bahn bis Kötschach-Mauthen, Bus vom Plöckenhaus nach Kötschach-Mauthen.
Parkmöglichkeiten In Mauthen und beim Plöckenhaus.
Wegmarkierungen Rot-weiß-rot, Wegnummer 430.
Tourenlänge Etwa 14 km.
Wanderzeit 6 bis 7 Stunden.
Höhenunterschiede Gesamtsteigung etwa 1650 m. Überwiegend steiler Auf- und Abstieg.
Wanderkarten Kompass-Wanderkarte 1:50 000 Blatt 60, Freytag & Berndt-Wanderkarte 1:100 000 Blatt 18 oder 22.
Anmerkung Die Besteigung des Gailtaler Polinik ist anstrengend und erfordert Trittsicherheit und Schwindelfreiheit, sie schenkt aber großartige alpine Eindrücke.
Wissenswertes Das Gebiet um den Plöckenpaß war im 1. Weltkrieg schwer umkämpft. An vielen Stellen findet man auch heute noch Reste von Stellungen, Drahtverhauen und verfallenen Unterständen. Soldatenfriedhöfe geben Kunde von den vielen Opfern des heldenhaften Abwehrkampfes der Österreicher.
Tourenbeschreibung Von der Kirche in *Mauthen* gelangt man vorbei am Bad in wenigen Minuten zur Brücke über den Valentinbach. Diesen überschreitend, folgt man der zum Plöckenpaß führenden alten Römerstraße in Kehren bergan und gelangt nach etwa 30 Minuten zur Abzweigung eines Weges zur Missoria Alpe; unmittelbar darauf zweigt links ein weiterer Steig von der Straße ab, dem man, steil ansteigend, zur *Polinik Alpe* folgt (1350 m, 1½

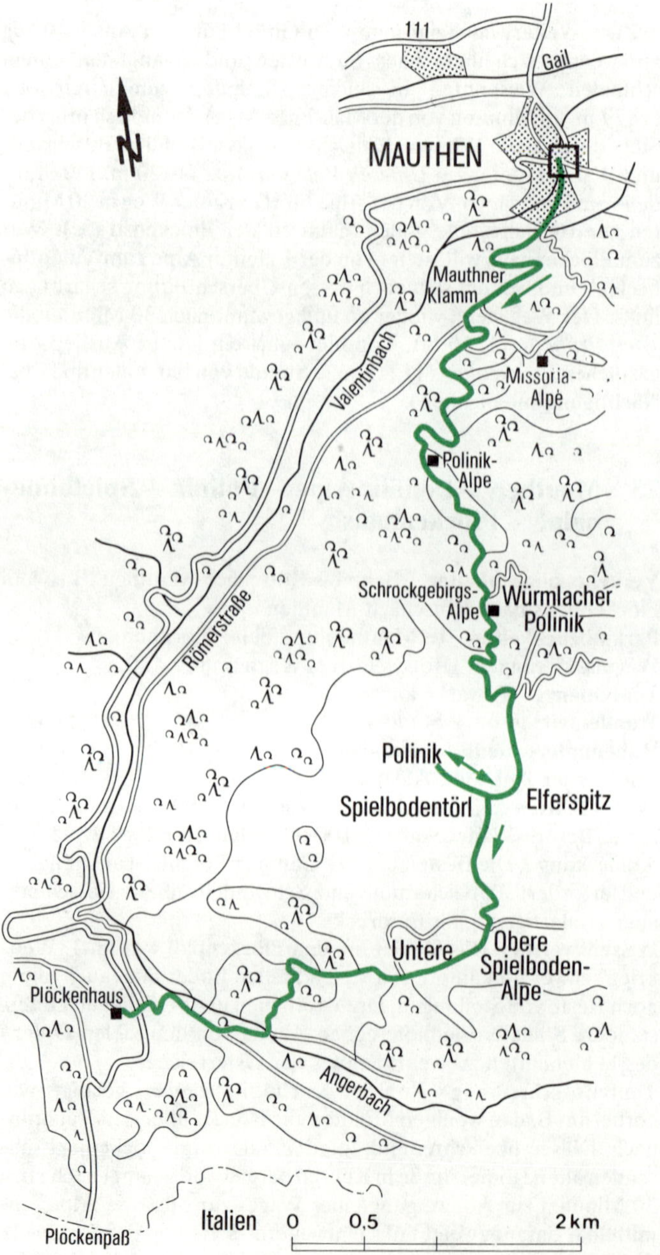
111
Gail
MAUTHEN
Mauthner
Klamm
Valentinbach
Missoria-
Alpe
Polinik-
Alpe
Römerstraße
Schrockgebirgs-
Alpe
Würmlacher
Polinik
Polinik
Spielbodentörl
Elferspitz
Untere
Obere
Spielboden-
Alpe
Plöckenhaus
Angerbach
Italien
0
0,5
2 km
Plöckenpaß

Stunden). Der Anstieg führt dann wieder durch Wald, berührt die *Schrockgebirgs Alpe* (1893 m, 2½ Stunden von Mauthen, Abzweigung eines Weges auf den Würmlacher Polinik) und leitet danach durch eine Felsgasse in ein Schuttkar. Hier hält man sich links und erreicht das zwischen dem Polinik und dem Elferspitz gelegene *Spielbodentörl* (2095 m, 3½ Stunden von Mauthen). Vom Törl wendet man sich nach rechts und gewinnt in zuletzt sehr steilem Anstieg das Gipfelkreuz des *Polinik* (2331 m, 4 bis 4½ Stunden von Mauthen).

Der Abstieg (Vorsicht wegen des lockeren Gerölls!) geht vorerst zurück zum Spielbodentörl. Hier folgt man der in südlicher Richtung steil abwärts führenden Markierung zur *Oberen Spielbodenalpe* (1831 m, 1 Stunde vom Gipfel), von der man in knapp 30 Minuten zur *Unteren Spielbodenalpe* (1621 m) gelangt. Der Weg führt nun noch ein Stück in westlicher Richtung weiter, wendet sich dann nach links und leitet durch Wald hinunter ins Angerbachtal. Man überschreitet den Bach und wandert auf einem guten Fahrweg zur Plöckenstraße und zum bewirtschafteten *Plöckenhaus* (1215 m, 2 bis 2¼ Stunden vom Polinik).

74 Plöckenhaus – Obere Valentin Alpe – Valentin Törl – Rauchkofel – Eduard-Pichl-Hütte am Wolayersee

Verkehrsmöglichkeiten Bahn bis Kötschach-Mauthen. Bus bis zum Plöckenhaus.

Parkmöglichkeiten Beim Plöckenhaus, ev. am Zufahrtsweg zur Unteren Valentin Alpe.

Wegmarkierungen Rot-weiß-rot, vom Plöckenhaus zur Eduard-Pichl-Hütte Wegnummer 403, vom Valentintörl über den Rauchkofel zur Eduard-Pichl-Hütte Wegnummer 436.

Tourenlänge 16 km.

Wanderzeit Übergang Plöckenhaus – Eduard-Pichl-Hütte 3½ bis 4 Stunden, rückweg 3 Stunden, Besteigung des Rauchkofels zusätzlich 1½ Stunden.

Höhenunterschiede Gesamtsteigung etwa 1450 m. Steile Wegabschnitte vor und nach der Valentin Alpe. Steiler Anstieg zum Rauchkofel.

Wanderkarten Freytag & Berndt-Wanderkarte 1:100 000 Blatt 18.

Anmerkung Die beschriebene Wanderung zählt zu dem Großartigsten, was die Karnischen Alpen zu bieten haben. Während des

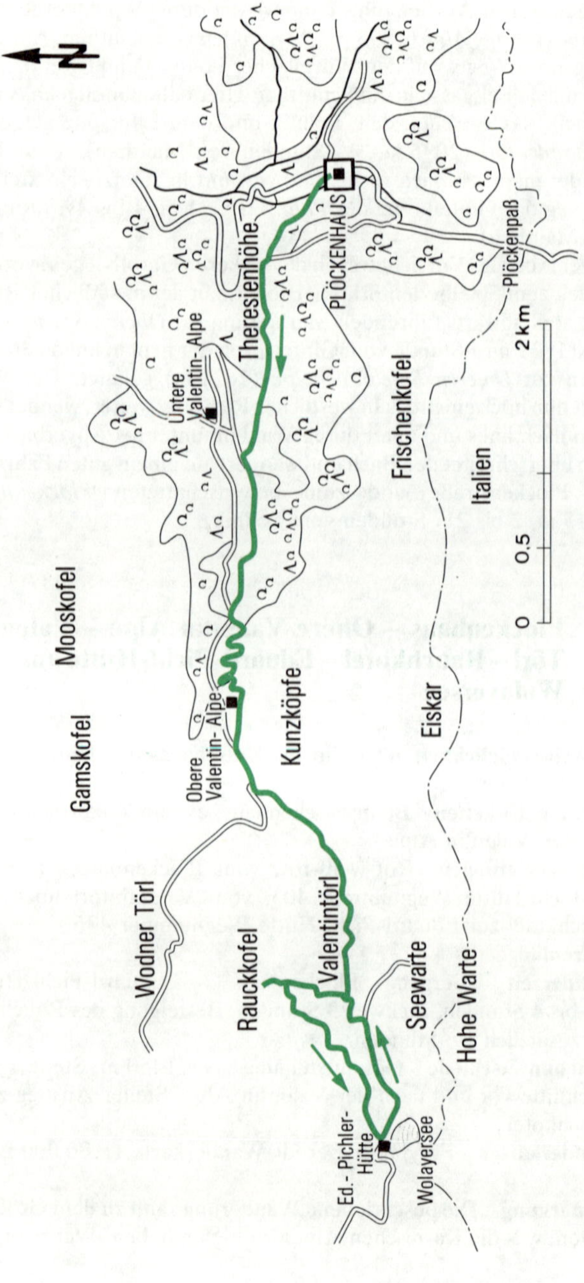
N
Mooskofel
Gamskofel
Wodner Törl
Obere Valentin-Alpe
Untere Valentin-Alpe
Theresienhöhe
PLÖCKENHAUS
Plöckenpaß
Frischenkofel
Italien
Kunzköpfe
Eiskar
Rauckkofel
Valentintörl
Seewarte
Hohe Warte
Ed.-Pichler-Hütte
Wolayersee
0
0.5
2 km

Anstieges zum Valentintörl beeindrucken besonders die gewaltigen, fast 1000 m hohen Abstürze der Kellerwand; später bieten sich Prachtblicke auf den Wolayersee, einen der schönsten Bergseen Österreichs, auf die Hohe Warte, die Seewarte und das anschließende Biegengebirge. Die Aussicht vom Rauchkofel reicht bis zu den Zentralalpen.

Tourenbeschreibung Der Südalpen-Weitwanderweg 603 leitet vom *Pöckenhaus* in westlicher Richtung in mäßig steilem Anstieg vorerst auf die *Theresienhöhe* (1316 m), von wo aus er, leicht fallend, die Hänge des Frischenkofels quert und nach etwa 40 Minuten den Valentinbach erreicht. Nach dessen Überschreitung hält man sich links und stößt nach etwa 30 Minuten auf die von der Plöckenstraße kommende Markierung 433. Der gute Weg überwindet in der Folge mittels Kehren eine Steilstufe und erreicht dann die *Obere Valentin Alpe* (1540 m, 1½ bis 2 Stunden vom Plöckenhaus). Knapp vor ihr folgt die Markierung dem Bach zu einem grünen Talboden, aus dem man nach links zum flachen Valentingletscher ansteigt. Über Schnee und Geröll erreicht man von ihm das *Valentintörl* (2138 m, 1½ Stunden von der Oberen Valentin Alpe). Wer direkt zur prachtvoll am Wolayersee gelegenen *Eduard-Pichl-Hütte* absteigen will, erreicht diese, den harmlosen Wolayergletscher berührend, in etwa 25 Minuten. Von dem, die Hütte überragenden *Frauenkogel* (1990 m, Denkmal für die Gefallenen des 1. Weltkrieges) genießt man einen großartigen Rundblick.

Vom *Valentintörl* leitet ein markierter Steig ohne Schwierigkeiten über rasendurchsetzte Felsen in 50 Minuten zum Westgipfel des *Rauchkofels* (2436 m). Die *Eduard-Pichl-Hütte* wird von hier in direktem Abstieg in knapp 1 Stunde erreicht.

75 St. Lorenzen – Hochweißsteinhaus – Monte Peralba

Verkehrsmöglichkeiten Bus von Kötschach-Mauthen bis St. Lorenzen.

Parkmöglichkeiten In St. Lorenzen und am Parkplatz unterhalb der Frohnalm.

Wegmarkierungen Rot-weiß-rot, Wegnummer 448.

Tourenlänge 15 km.

Wanderzeit Aufstieg 6 Stunden, Abstieg 4½ Stunden. Bei Pkw-Fahrt zum Parkplatz im Frohntal verringert sich die Gehzeit um je 1½ Stunden.

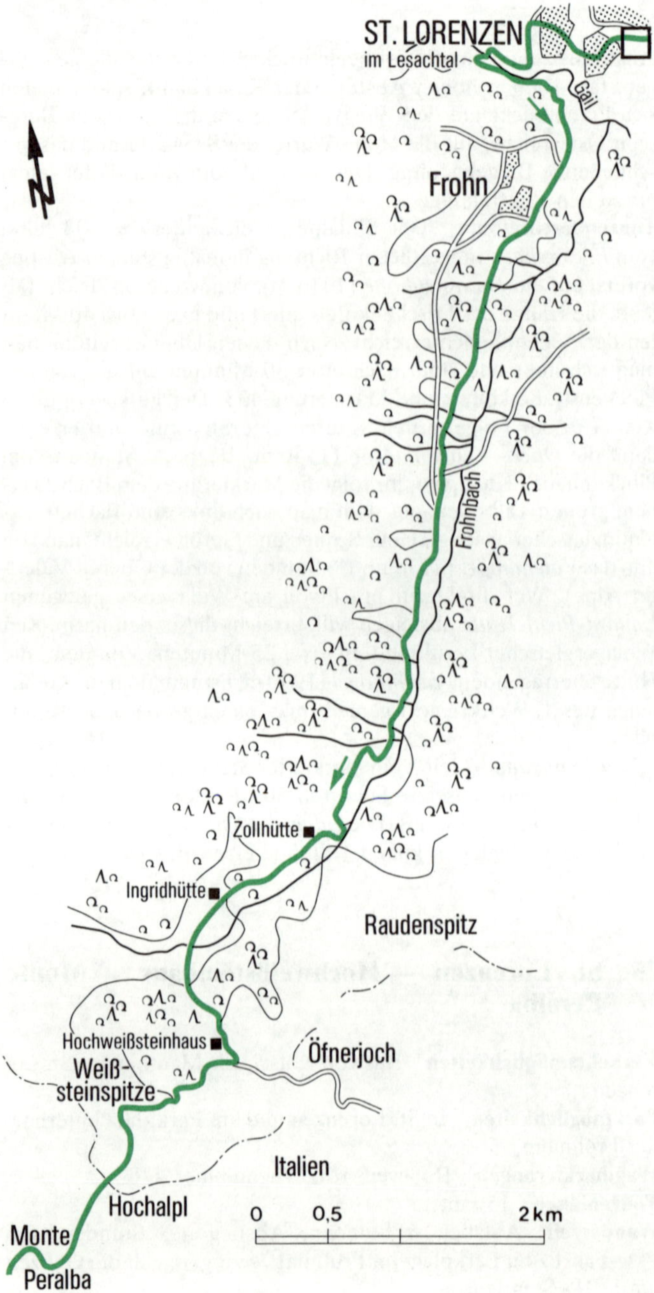
ST. LORENZEN
im Lesachtal
Gail
N
Frohn
Frohnbach
Zollhütte
Ingridhütte
Raudenspitz
Hochweißsteinhaus
Öfnerjoch
Weiß-
steinspitze
Italien
Hochalpl
Monte
Peralba
0
0,5
2 km

Höhenunterschiede Etwa 1580 m. Bis zur Ingrid-Hütte nur geringe Steigungen. Der Weiterweg ist überwiegend steil.
Wanderkarten Kompass-Wanderkarte 1:50 000 Blatt 47, Freytag & Berndt-Wanderkarte 1:100 000 Blatt 18.
Anmerkung Der Monte Peralba – sein deutscher Name ist Hochweißstein – zählt zu den großartigsten Aussichtsbergen der Karnischen Alpen. Der Blick erfaßt einerseits die Eisgipfel der Hohen Tauern und anderseits viele berühmte Dolomitenberge. Die Besteigung des Monte Peralba verlangt Trittsicherheit und Schwindelfreiheit, ist jedoch für geübte Bergwanderer nicht schwierig. Da der Gipfel bereits auf italienischem Staatsgebiet liegt, sind Ausweispapiere mitzuführen. Der Länge der Tour wegen, empfiehlt es sich, am Vortag der Gipfelbesteigung zum Hochweißsteinhaus zu wandern und dort zu nächtigen.
Wissenswertes St. Lorenzen, der wohl schönstgelegene Ort des Lesachtales, besitzt eine sehenswerte spätgotische Kirche. Das Gebiet um den Hochweißstein war im ersten Weltkrieg schwer umkämpft. Auch heute noch Reste von Kriegsbauten.
Tourenbeschreibung Westlich von *St. Lorenzen* überspannt eine große Brücke den Radegunderbach. Kurz nach ihr zweigt links ein Sträßchen ab, welches die Gail übersetzt und dann ins Frohntal führt. Nach etwa ½ Stunde kommt man unterhalb des Ortes Frohn zur Einmündung eines von St. Lorenzen direkt hierher führenden Fußsteiges. Immer der Talstraße folgend, erreicht man nach 2stündiger Wanderung ab St. Lorenzen die im prächtigen Talschluß gelegene *Ingrid-Hütte* (herrlicher Blick auf die Nordwände der Rauden-, Hochalpl-, Weißstein-, Torkar- und Zwölferspitze). Nach der Hütte kommt man zu einer Wegteilung. Man wählt den linken Ast und erreicht nach etwa 45 Minuten das vom ÖAV auf der Johanneseben errichtete *Hochweißsteinhaus* (1867 m, 3 Stunden von St. Lorenzen. – Der Besuch der von prächtigen Bergen umrahmten Hütte ist auch für sich allein überaus lohnend.

Von der Hütte folgt man kurz dem Weg zum Öfnerjoch, wendet sich dann aber nach rechts und gelangt über Rasenhänge zu einer Rampe und, ihr nach links folgend, zur Staatsgrenze am *Hochalpenjoch* (2280 m, 1½ Stunden von der Hütte, Prachtblick auf den Monte Peralba!). Auf italienischem Gebiet leitet ein Steig nach links zum Rifugio Calvi. Der geradeaus führende Weg strebt dem Fuß des Peralba zu und leitet über einen steilen Rasenrücken, später über schuttbedeckte Schrofen, zu einem Kamin, durch den der Gipfelgrat erklettert wird. Ihm folgt man an seiner Südflanke nach rechts und erreicht, 20 Minuten nach der Scharte, die Marienstatue und das Gipfelkreuz am *Monte Peralba* (2693 m, 3 Stunden vom Hochweißsteinhaus).

76 Roßtratte – Bärengraben – Dobratsch – Roßtratte

Verkehrsmöglichkeiten Postbus vom Busbahnhof Villach bis zur Roßtratte. Eventuell Sessellift vom Höhenrain zum Zehnerkopf.
Parkmöglichkeiten Am Parkplatz Roßtratte, dem Endpunkt der 17 km langen Villacher Alpenstraße.
Wegmarkierungen Rot-weiß-rot. Ab der Bergstation des Höhenrain-Sesselliftes Wegnummer 294 A, dann Wegnummer 291.
Tourenlänge Etwa 8 km.
Wanderzeit 2½ bis 3 Stunden.
Höhenunterschiede Gesamtsteigung etwa 450 m. Bequemer Auf- und Abstieg.
Wanderkarten Kompass-Wanderkarte 1:50 000 Blatt 64, Freytag & Berndt-Wanderkarte 1:100 000 Blatt 22.
Anmerkung Wenn die Auffahrt zur Roßtratte mit eigenem Pkw erfolgt, sollte unbedingt beim Parkplatz 6 unterbrochen werden. Ein mit viel Sachkenntnis angelegter Alpengarten zeigt hier die Pflanzenwelt der Kärntner Berge. Schon vom Alpengarten genießt man eine prächtige Aussicht, vor allem auf die Riesenwände der Julischen Alpen. Der Rundblick vom Dobratsch ist umfassend!

Erfolgt die Auffahrt zur Roßtratte mit dem Bus, kann zum Abstieg vom Dobratsch der Weg durch den Lärchgraben nach Nötsch empfohlen werden. – Siehe Wanderung 77.

Wissenswertes Im Jahre 1348 ereignete sich in der Folge eines schweren Erdbebens, welches auch Villach arg in Mitleidenschaft zog, an der Roten Wand, nahe des heutigen Alpengartens, ein gewaltiger Bergsturz. Durch die Felsmassen sowie durch die von ihnen aufgestauten Wasser der Gail wurden 17 Dörfer zerstört. Im Gebiet nördlich von Arnoldstein ist die Felssturzmasse, besonders von der Bahn aus, noch heute deutlich zu erkennen.

Tourenbeschreibung Vom *Parkplatz Roßtratte* wandert man auf einer asphaltierten Straße in einigen Minuten zur Talstation des *Höhenrain-Sesselliftes,* von der ein geschotterter Fahrweg, den Lift zweimal unterschreitend, in einen, zwischen dem Zehnerkopf und dem Zwölfernock gelegenen Sattel führt. Hier wendet man sich nach links und stößt auf die von der Bergstation des Sesselliftes, dem *Zehnerkopf* (1957 m), kommende Markierung 294 A. Diese leitet entlang der Südabstürze der Villacher Alpe (interessante Tiefblicke) in den obersten Bärengraben und erreicht bei auffallenden Schneeschutzwänden wieder den von der Roßtratte heraufführenden Fahrweg. Man kommt an einem 164 m hohen *Fernsehsendeturm* vorbei und erreicht kurz darauf das gut bewirtschaftete *Ludwig-Walter-Haus* (2134 m) des Österreichischen Alpenverei-

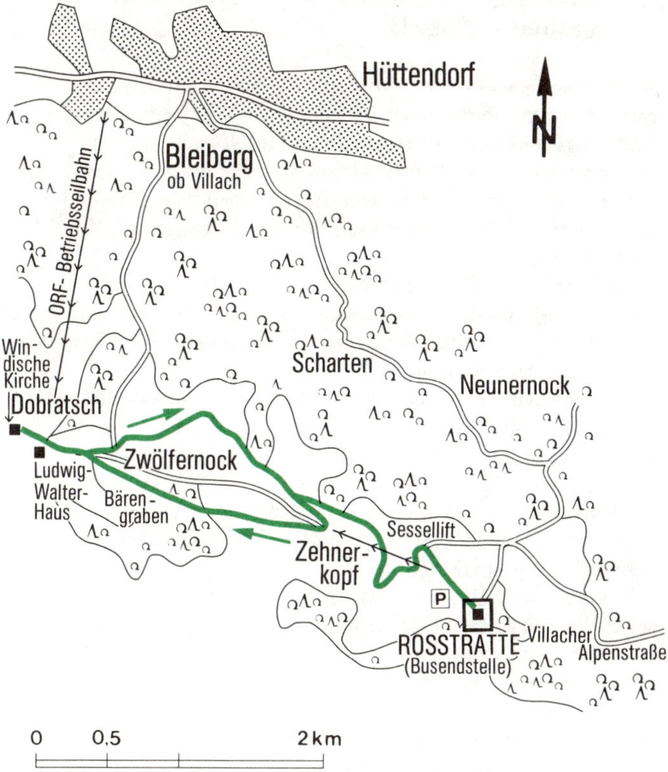

nes (1½ bis 2 Stunden von der Roßtratte, 1 bis 1¼ Stunden von der Bergstation des Höhenrain-Sesselliftes). Vom Haus steigt man in wenigen Minuten zum *Dobratsch* (2166 m) auf. Knapp unterhalb desselben befindet sich das kleine *Windische Kirchlein.* Folgt man dem Gipfelgrat nach links, gelangt man, eine meteorologische Station berührend, zur größeren *Deutschen Kirche.*

Der Rückweg vom *Ludwig-Walter-Haus* zur Roßtratte erfolgt durchwegs entlang des Fahrweges. Wer mit dem Lift abfahren will, erreicht die Bergstation vom Sattel zwischen dem Zwölfernock und dem Zehnerkopf in wenigen Minuten. Zum vorerwähnten Sattel und zur Bergstation kann man auch, der derzeit dürftigen Markierung 294 folgend, in Überschreitung des *Zwölfernock* (2094 m) gelangen. Diese Variante ist problemlos, sollte jedoch nur bei guter Sicht begangen werden.

77 Bleiberg – Almlahnersteig – Dobratsch – Lärchgraben – Nötsch

Verkehrsmöglichkeiten Bus von Villach nach Bleiberg. Bahn oder Bus von Nötsch nach Villach.
Parkmöglichkeiten In Bleiberg und in Nötsch.
Wegmarkierungen Rot-weiß-rot. Von Bleiberg bis zum Lahnerkreuz Wegnummer 295, von dort zum Ludwig-Walter-Haus Wegnummer 291, Abstieg nach Nötsch Wegnummer 296.
Tourenlänge Etwa 15 km.
Wanderzeit 6 bis 7 Stunden.
Höhenunterschiede Gesamtsteigung etwa 1280 m. Sehr steiler Aufstieg bis zum Lahnerkreuz, steiler Abstieg bis zur Abzweigung des Weges nach Kreuth.
Wanderkarten Kompass-Wanderkarte 1:50 000 Blatt 64, Freytag & Berndt-Wanderkarte 1:100 000 Blatt 22.
Anmerkung Diese landschaftlich großartige Dobratsch-Überschreitung stellt gewisse Ansprüche an die Ausdauer und an die Trittsicherheit des Wanderers. Im Frühsommer ist vom Anstieg über den Almlahnersteig wegen Abrutschgefahr auf steilen Schneefeldern abzuraten.
Wissenswertes Bleiberg, westlich von Villach in einem landschaftlich reizvollen Hochtal gelegen, ist wegen seiner Bleierzvorkommen und wegen seiner Thermalquelle bekannt. Der freundliche Ferienort Nötsch im Gailtal besitzt im Schloß Wasserleonburg eine Sehenswürdigkeit.
Tourenbeschreibung Etwa 250 m westlich der Kirche von *Bleiberg* beginnt gegenüber der Zweigstelle der Sparkasse Villach der *Almlahnersteig.* Er führt über Wiesen in Kürze zum Wald und leitet dann durch einen Graben, das »Almbrünndl« passierend, zu dem zwischen dem Almlahner- und dem Kessellahnerkar steil ansteigenden Bergrücken. Über ihn gelangt man zuerst durch Wald, dann durch Latschen und Schrofen, mehrmals steile Geröllhalden querend, zum *Lahnerkreuz* und damit zur Hochfläche der Villacher Alpe. Hier wendet man sich nach rechts und erreicht, dem von der Roßtratte kommenden Fahrweg folgend, den Fernsehturm und das *Ludwig-Walter-Haus* (2134 m, Nächtigungsmöglichkeit). Vom Haus gelangt man in wenigen Minuten zum Gipfel des *Dobratsch* (2166 m, 3 bis 3½ Stunden von Bleiberg).

Der Abstieg führt, vorbei an der kleinen *Windischen Kirche,* in vielen steilen Kehren zu einem Sattel (Wegkreuz, großartiger Blick auf die Südabstürze des Dobratsch). Hier wendet man sich scharf nach rechts und gelangt, durch Latschen und später durch Wald weiterhin steil absteigend (Die nahe Semmler Alm wird nicht be-

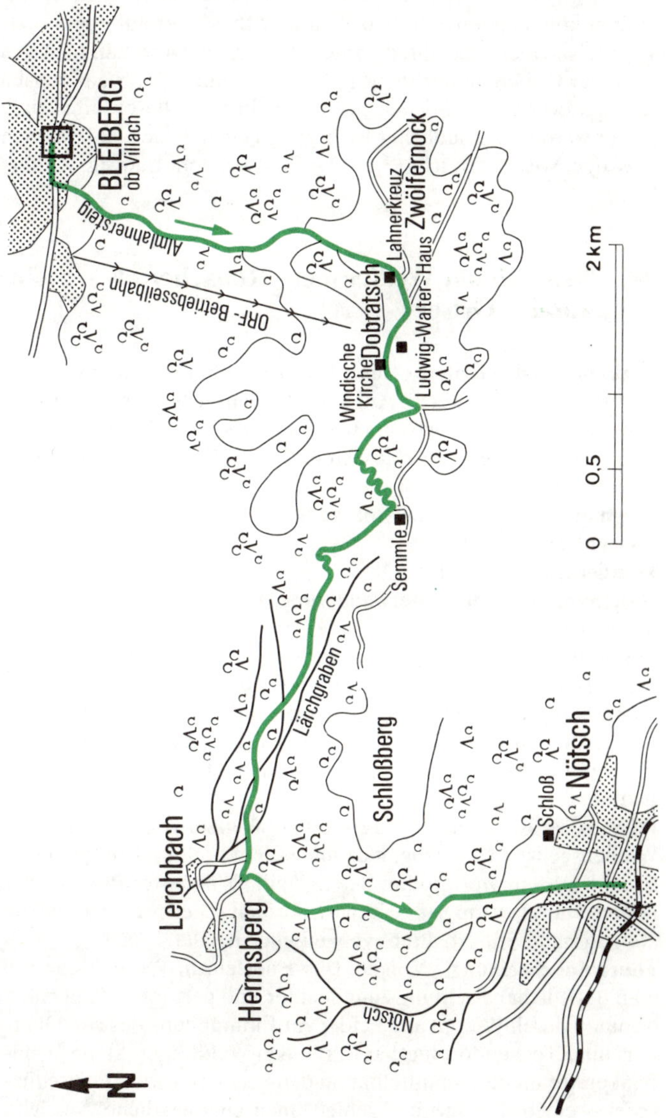
BLEIBERG
ob Villach
Almlahnersteig
ORF- Betriebsseilbahn
Lahnerkreuz
Zwölfernock
Dobratsch
Ludwig-Walter-Haus
Windische Kirche
Semmle
Lärchgraben
Schloßberg
Lerchbach
Hermsberg
Nötsch
Schloß
Nötsch
0
0,5
2 km
N

rührt!) zu einer Forststraße (Abzweigung des Weges 297 nach Kreuth). Hier hält man sich links, der Weg kreuzt den von Lärchgraben kommenden Schuttstrom und trifft wieder auf eine Forststraße. Nachdem man ihr kurz nach links gefolgt war, hält man sich bei einer Gabelung nochmals links und benützt später einen nach rechts abwärts führenden schlechten Fahrweg. Dieser leitet, bald besser werdend, in südlicher Richtung zu einer Straße, auf der man in Kürze *Nötsch* erreicht (3 bis 3½ Stunden vom Ludwig-Walter-Haus).

78 Neusach am Weißensee – Ronacherfels – Steinwand – Ortsee

Verkehrsmöglichkeiten Bahn bis Greifenburg-Weißensee, von dort Postbus bis Neusach. Auf dem Weißensee Schiffsverkehr von Gatschach über Neusach zum Gasthaus Dolomitenblick in Ortsee.
Parkmöglichkeiten In Neusach und beim Gasthaus Dolomitenblick in Ortsee.
Wegmarkierungen Weiß-rot-weiß.
Tourenlänge 10 km.
Wanderzeit 2½ Stunden.
Höhenunterschiede Uferwanderung, daher keine nennenswerten Höhenunterschiede.
Wanderkarten Kompass-Wanderkarte 1:50 000 Blatt 60, Freytag & Berndt-Wanderkarte 1:100 000 Blatt 22.
Anmerkung Diese bequeme aber prächtige Wanderung vermittelt herrliche Landschaftsbilder. Die Rückkehr zum Ausgangsort sollte mit dem Motorschiff erfolgen, sie ist dann ein Erlebnis für sich!
Wissenswertes Der von reizvollen Wanderwegen umgebene Weißensee ist 11 km lang, maximal 900 m breit und zu 99 m tief. Er ist Kärntens viertgrößter See und gilt als höchster Badesee der Alpen. Hauptort am See ist Techendorf mit sehenswerter, 1900 im neugotischen Stil erbauter evangelischer Kirche.
Tourenbeschreibung Von der Bus-Endstelle in *Neusach* wandert man in östlicher Richtung zum Seeufer und gelangt nach etwa 25 Minuten durch Wiesen und Felder zur Einmündung des von Oberdorf über Techendorf hierher führenden Waldweges. Steile Waldflanken treten nun unmittelbar an den See heran, vom Ganschitzkofel – einem Felssporn – genießt man eine herrliche Aussicht. Wenig später, etwa 30 Minuten ab Neusach, ist das *Gasthaus Ronacherfels* (Schiffsstation) erreicht. Der reizvolle Wanderweg führt weiterhin am See entlang; man kommt an einer Wetterunter-

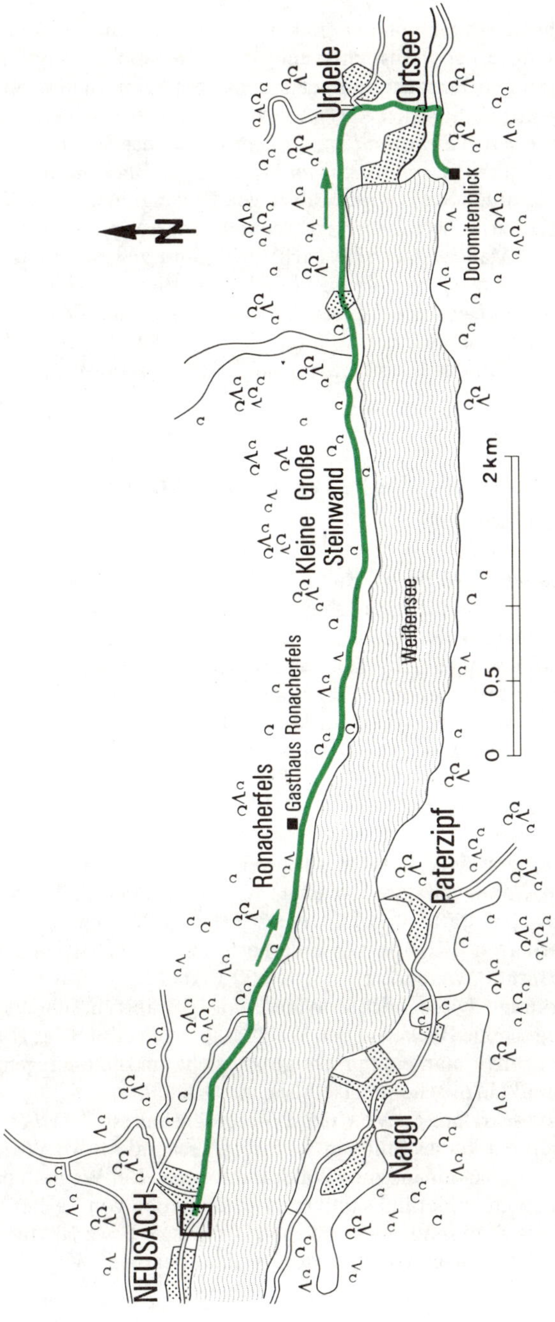
NEUSACH
Naggl
Paterzipf
Ronacherfels
Gasthaus Ronacherfels
Weißensee
Kleine Große
Steinwand
Urbele
Ortsee
Dolomitenblick
N
0
0,5
2 km

standshütte vorbei, von der ein kurzer Stichweg zum Tschölankofel, einem felsigen Aussichtspunkt, führt. Knapp 1 Stunde nach dem Gasthaus Ronacherfels gelangt man zur Schiffsstation Kleine Steinwand (1½ Stunden von Neusach). Die Wegbezeichnung steigt nun zur *Kleinen Steinwand* an, erreicht wieder das Seeufer und erklimmt dann die *Große Steinwand* (prächtiger Blick auf den 60 m tiefer liegenden See). Wieder absteigend gelangt man durch Wald zu den Gosaria-Wiesen und, das Seeufer verlassend, zu einer Weggabelung. Man wendet sich nach rechts und gewinnt nach dem Überschreiten des Weißenbaches (dem Abfluß des Weißensees) die Straße Ortsee – Stockenboi. Ihr folgt man ebenfalls nach rechts und erreicht in wenigen Minuten das *Gasthaus Dolomitenblick* (1 Stunde von der Kleinen Steinwand, Schiffsstation).

79 Oberdorf – Weiße Wand – Hochtratten – Techendorf

Verkehrsmöglichkeiten Bahn bis Greifenburg-Weißensee, von dort Busverbindung nach Oberdorf und Techendorf.
Parkmöglichkeiten In Oberdorf und in Techendorf.
Wegmarkierungen Bis zum »Nördlichen Waldweg« weiß-rot-weiß. Von dort über die Weiße Wand und die Hochtratten bis zum Waldweg weiß-blau-weiß, der kurze Abstieg vom Waldweg nach Techendorf ist wieder weiß-rot-weiß markiert. Viele Hinweistafeln!
Tourenlänge 11 km.
Wanderzeit 3½ Stunden.
Höhenunterschiede 700 m. Teilweise steiler Anstieg bis zur Weißen Wand, von dort bequemer Weiterweg über die Hochtratten zum Hochtrattensattel. Steiler Abstieg nach Techendorf.
Wanderkarten Kompass-Wanderkarte 1:50 000 Blatt 60, Freytag & Berndt-Wanderkarte 1:100 000 Blatt 22.
Anmerkung Diese leichte Wanderung gewährt besonders im Aufstieg schöne Blicke auf den Weißensee. Vom Gipfel der Hochtratten genießt man eine prächtige Aussicht auf die umliegenden Berge und einen schönen Tiefblick ins Drautal.
Tourenbeschreibung Von der Postautobushaltestelle *Oberdorf* geht man ein kurzes Stück in Richtung Techendorf, wo Wegzeichen nach links hinauf zum Waldrand weisen. Bei Wegteilungen hält man sich immer links und stößt bald auf den von Techendorf nach Westen führenden »Nördlichen Waldweg«. Etwa 10 Minuten nach den Abmarsch von Oberdorf beginnt bei einer Wegtafel die

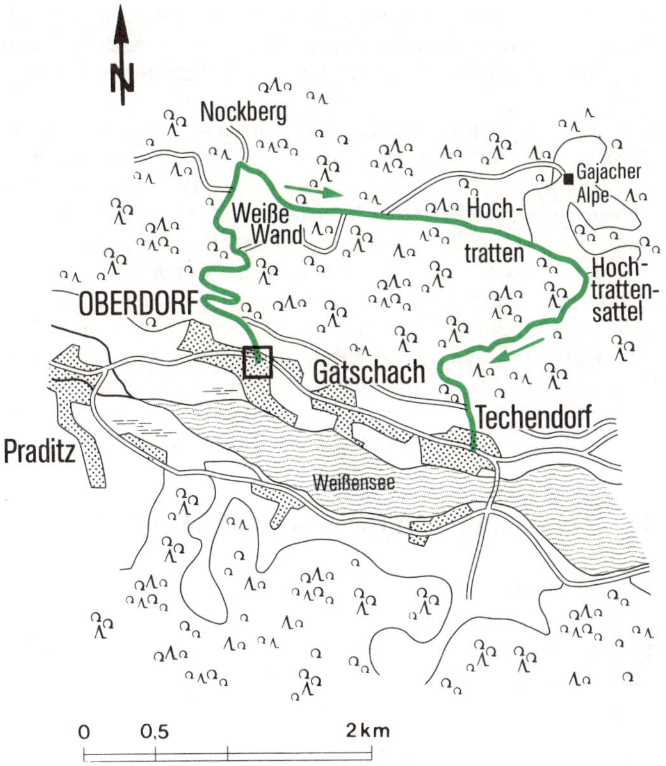

blaue, zur Weißen Wand führende Markierung. Der Weg steigt stark an, erreicht aber bald einen Fahrweg, der sich nach etwa 15 Minuten teilt. Man folgt dem rechten Ast, der kurz nach der Abzweigung nach links verlassen wird. Nach einigen Minuten wird nochmals der erstgenannte Fahrweg gekreuzt, dann steigt man auf schmalem Steig steil an und erreicht nach etwa 30 Minuten einen kleinen Sattel, von dem ein kurzer Abstecher zur aussichtsreichen Höhe der *Weißen Wand* leitet (1¼ Stunden von Oberdorf, herrlicher Blick auf die Egelgruppe, auf die Karnischen- und die dahinter liegenden Julischen Alpen sowie auf den Reißkofel; prächtiger Tiefblick zum Weißensee).

Man kehrt wieder zum Sattel zurück, erreicht, weiter ansteigend, wieder den Fahrweg und mit ihm den vom Drautal zur Hochtratten ziehenden Bergrücken. Die blaue Markierung steigt noch kurz an, führt dann aber überwiegend eben durch schönen Hochwald nach Osten. 30 Minuten nach der Weißen Wand zweigt nach links ein unmarkierter Steig zur Gajacher Alm ab. Man geht geradeaus weiter, steigt wieder etwas an und erreicht nach weiteren 20 Minuten den Gipfel der *Hochtratten* (1650 m, 2 bis 2½ Stunden von Oberdorf).

In südöstlicher Richtung absteigend, gelangt man vom Gipfel in 10 Minuten zum *Hochtrattensattel.* Hier kommt von links ein Weg von der Gajacher Alm. Nach rechts leitet die Bezeichnung auf einem guten, aber steilen Steig durch den Wald in knapp 45 Minuten hinab zum »Nördlichen Höhenweg«. Ihm folgt man nach links um kurz darauf, nach rechts abschwenkend, das Ortszentrum von *Techendorf* zu erreichen (1 Stunden von der Hochtratten). Wer zurück nach Oberdorf will, kann den Ort auf dem »Nördlichen Waldweg« erreichen. Dieser führt oberhalb von Techendorf und Gatschach zurück zum Ausgangsort der Tour (Gehzeit Techendorf – Oberdorf etwa 40 Minuten, schöne Blicke auf den See, zur Kreuzkofelgruppe und zu den Lienzer Dolomiten).

80 Techendorf – Mittagsnock – Techendorf

Verkehrsmöglichkeiten Bahn bis Greifenburg-Weißensee, Bus bis Techendorf, eventuell Doppelsessellift auf die Naggler Alm.
Parkmöglichkeiten In Techendorf oder bei der Talstation der Weißenseebergbahn.
Wegmarkierungen Bis unterhalb der Naggler Alm weiß-rot-weiß, von dort über den Mittagsnock bis zum »Südlichen Waldweg« weiß-blau-weiß, zuletzt wieder weiß-rot-weiß.
Tourenlänge Etwa 11 km.
Wanderzeit 3 bis 3½ Stunden. Bei Liftauffahrt etwa 30 Minuten Zeitgewinn.
Höhenunterschiede Gesamtsteigung etwa 650 m. Steiler Anstieg bis zu Schulers Hochwiesen; auf ein fast ebenes Wegstück folgt dann ein steiler Anstieg zum Gipfel. Der letzte Teil des Abstieges nach Techendorf ist wieder steil.
Wanderkarten Kompass-Wanderkarte 1:50 000 Blatt 60, Freytag & Berndt-Wanderkarte 1:100 000 Blatt 22.
Anmerkung Schöne Aussicht besonders nach Süden (Karnischer Kamm, Julische Alpen mit Montasch und Wischberg). Der Abstieg vom Mittagsnock verlangt etwas Trittsicherheit und Schwindelfreiheit, ist aber nirgends schwierig.
Tourenbeschreibung Von *Techendorf* folgt man der Straße nach Naggl über die Seebrücke und zweigt dann rechts in Richtung Talstation der Weißenseebergbahn ab. Wo die Straße nach links zur Talstation dreht, geht man, einem Fitneß-Parcour folgend, gerade-

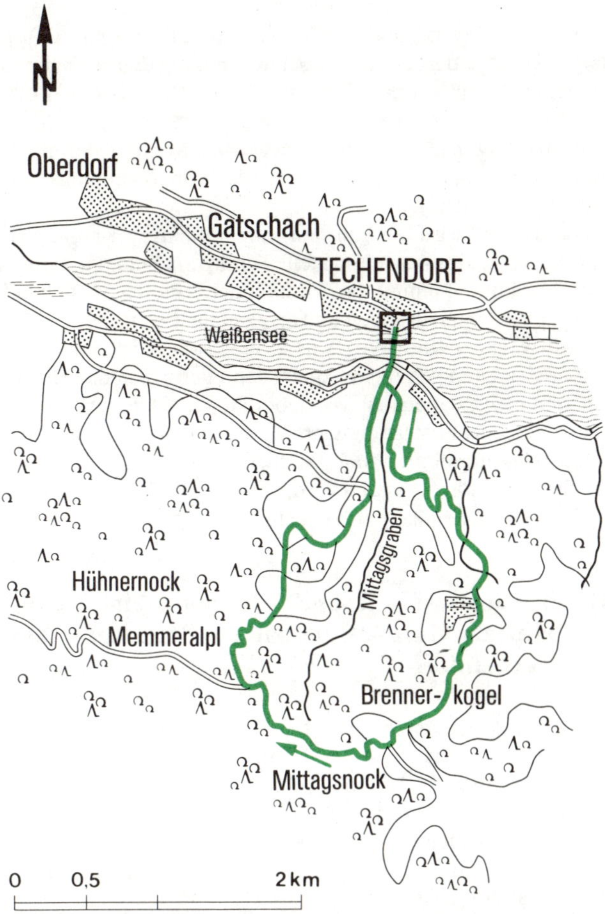

aus weiter und kommt zu einer Wegteilung. Hier hält man sich ansteigend nach links, überquert eine Skiabfahrtstrasse und einen Bach. Einer weiteren Abfahrtstrasse folgend (hier sehr selten Wegbezeichnungen), steigt man steil an und erreicht nach etwa 35 Minuten die Wegverzweigung »Im Bach«. Nun benützt man die der Sonne ausgesetzte Trasse nur mehr kurz. Man stößt auf einen Fahrweg, von dem eine blaue Markierung nach rechts über den Bach und durch Wald zu »Schulers Hochwiesen« leitet. Oberhalb der Wiesen trifft man auf eine ebenfalls blaue, von der Bergstation der Weißenseebergbahn bzw. von der Naggleralm kommende Wegbezeichnung. Kurz darauf Achtung auf die Markierung, die nach links abwärts zu einem Fahrweg leitet. Der Fahrweg endet bald und man quert auf einem schmalen Steig den Brenner Kogel. Bei einem Sattel vor dem Mittagsnock wird eine von St. Lorenzen kommende Forststraße gequert. Wenig später beginnt der Weg steil anzusteigen und erreicht nach etwa 20 Minuten den Gipfel des *Mittagsnock* (1473 m, 2 bis 2½ Stunden von Techendorf, schöner Blick ins Gitschtal).

Der Weiterweg führt nun auf einem scharfen Kamm abwärts. Besonders zur Linken leiten steile Schuttrinnen in die Tiefe. Nach etwa 15 Minuten nimmt die Wildheit der Landschaft ab. Der Steig beginnt wieder anzusteigen und erreicht nach weiteren 15 Minuten die Abzweigung eines Weges nach Weißbriach. Man hält sich hier steil absteigend nach rechts, quert dann den Hang des Hühnerkogels und steigt danach zu Weideböden ab. Nach der Überschreitung eines Baches folgt eine letzte kurze Gegensteigung. Nach ihr leiten Wiesen hinunter zum »Südlichen Waldweg«, der aber bald wieder nach links verlassen wird. Entlang des Fitneß-Parcours erreicht man schließlich den Ausgangspunkt der Wanderung.

81 Techendorf – Rauna – Naggler Alm – Kohlrösl Hütte – Golz – Bodenalm – Paterzipf – Naggl – Techendorf

Verkehrsmöglichkeiten Wie bei Wanderung 80.
Parkmöglichkeiten Wie bei Wanderung 80.
Wegmarkierungen Von der Uferstraße bis nach dem Aussichtspunkt Rauna weiß-gelb-weiß, bis zur Naggler Alm weiß-grün-weiß, von der Naggler Alm über den Golz bis zur Bodenalm weiß-rot-weiß, von dort zum Ausgangspunkt weiß-blau-weiß. Viele Hinweistafeln!
Tourenlänge Etwa 23 km.
Wanderzeit 7 bis 8 Stunden. Bei Liftauffahrt etwa 1½ Stunden Zeitgewinn.
Höhenunterschiede Gesamtsteigung etwa 1100 m. Meist nur mäßig steiler Anstieg. Steiler Anstieg zur Bodenalm. Von dort bequemer Rückweg nach Techendorf.
Wanderkarten Kompass-Wanderkarte 1:50 000 Blatt 60, Freytag & Berndt-Wanderkarte 1:100 000 Blatt 22.
Anmerkung Diese alpine Wanderung ist überall leicht. Die Wanderzeit kann durch eine Liftauffahrt zur Naggler Alm und bei Rückkehr mit dem Schiff ab Paterzipf um fast 3 Stunden verkürzt werden. Herrliche Aussichtspunkte lassen die Tour zu einem echten Erlebnis werden.

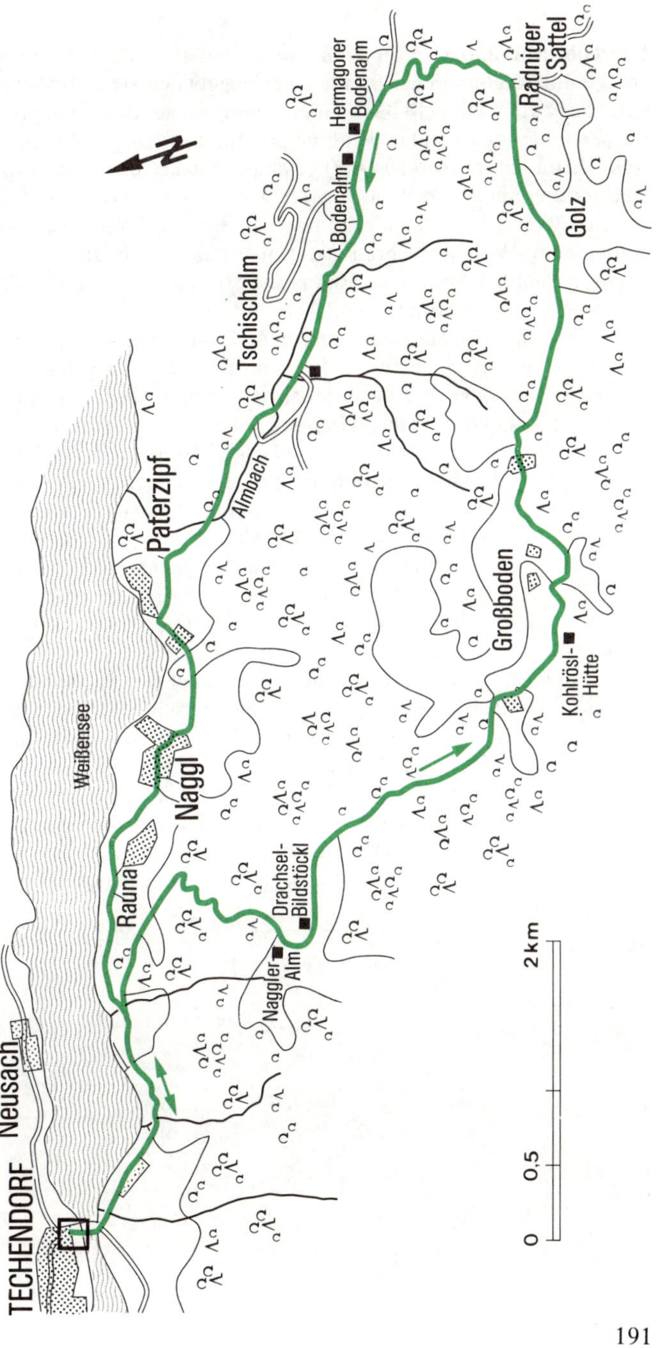
TECHENDORF
Neusach
Weißensee
Rauna
Naggl
Paterzipf
Almbach
Tschischalm
Bodenalm
Hermagorer Bodenalm
Radniger Sattel
Golz
Großboden
Kohlrösl-Hütte
Drachsel-Bildstöckl
Naggler Alm
0
0,5
2 km

Tourenbeschreibung Von *Techendorf* geht man über die Seebrücke und folgt dann der Straße nach Naggl noch etwa 20 Minuten. Hier zweigt ein gelb bezeichneter Weg ab, auf dem man über Wiesen und durch Wald in weiteren 20 Minuten zum prachtvollen Aussichtspunkt *Rauna* (1049 m) gelangt. Man kreuzt hier den rot markierten »Südlichen Waldweg«, hält sich rechts und stößt nach etwa 10 Minuten auf einen grün bezeichneten, von Naggl heraufkommenden Weg. In Kehren steigt man nun ständig an und erreicht in knapp 1 Stunde ab Rauna die Hütten der *Naggler Alm* (1324 m, 1½ bis 2 Stunden von Techendorf).

Vom Gasthaus gelangt man nun roten Marken in südlicher Richtung und gelangt in einigen Minuten zum prächtig gelegenen Drachsel-Bildstöckl (herrliche Aussicht!). Einen Almstall passierend, leitet der Weg nun leicht bergab, um nach dem Erreichen eines Sattels wieder anzusteigen. Am Gaisrücken tritt der Wald zurück; man wandert durch Krummholz zu aussichtsreichen Almböden und gelangt bequem zur gut bewirtschafteten *Kohlrösl Hütte* (1534 m, 1½ Stunden von der Naggler Alm). Der Weg wendet sich nun gegen Osten und erreicht in 20 Minuten die Obere Lorenzer Alm. Entlang des Kammes weiter ansteigend, gelangt man von dort in 1 Stunde auf die Gipfelkuppe des *Golz* (2004 m, 4 bis 5 Stunden von Techendorf).

Über felsdurchsetzten Rasen, durch Latschen und Krummholz geht es nun steil abwärts. Bald ist der Wald erreicht, durch den die Markierung zum *Radniger Sattel* leitet. Hier schwenkt man nach links ab und steigt in vielen Kehren auf einem guten Weg zur bewirtschafteten *Bodenalm* ab (1223 m, 1¼ Stunden vom Golz). Auf einem blau markierten Fahrweg wandert man nun entlang des Almbaches in knapp 1 Stunde zur Schiffsstation *Paterzipf*, von wo man in einer weiteren Stunde über *Naggl* den Ausgangspunkt der Tour erreicht.

82 Goldeck – Gusenscharte – Stosia – Neusach

Verkehrsmöglichkeiten Bahn bis Spittal-Millstättersee, von dort Seilbahnauffahrt zum Goldeck. Postbus von Neusach am Weißensee zum Bahnhof Greifenburg-Weißensee.
Parkmöglichkeiten Bei der Talstation der Goldeckbahn und in Neusach.
Wegmarkierungen Vom Goldeck zur Stosia rot-weiß-rot, Wegnummer 257; von der Stosia nach Neusach am Weißensee überwiegend weiß-blau-weiß. Geplant ist eine durchgehende rot-weiß-rote Bezeichnung mit der Wegnummer 210 (Ruperti-Weitwanderweg).
Tourenlänge Etwa 17 km.
Wanderzeit 5 Stunden.
Höhenunterschiede Gesamtsteigung etwa 400 m, Gesamtabstieg etwa 1600 m. Mäßig steiler Abstieg zur Gusenalm, steiler Anstieg zum Eckwandsattel, sonst angenehme Neigungsverhältnisse.
Wanderkarten Kompass-Wanderkarte 1:50 000 Blatt 60 und 63, Freytag & Berndt-Wanderkarte 1:100 000 Blatt 22.
Anmerkung Diese prachtvolle Tour schenkt großartige alpine Eindrücke, sie findet im Abstieg zum Weißensee einen stimmungsvollen Abschluß. Die Wanderung ist leicht und, da die Abstiege überwiegen, auch nicht zu anstrengend; trotzdem sollte sie nur bei sicherem Wetter unternommen werden.
Tourenbeschreibung Von der Bergstation der Goldeck-Seilbahn erreicht man, in südöstlicher Richtung ansteigend, in 10 Minuten den Gipfel des *Goldeck* (2142 m). Hier wendet man sich nach Südwesten und gelangt in kaum 15 Minuten zum *Seetalnock* (2130 m), wo man abseits der Masse der vielen Seilbahn-Touristen in Ruhe den herrlichen Ausblick genießen kann. Westlich vom Nock findet man den rot markierten Abstiegsweg, welcher nach etwa 30 Minuten einen spitzen Winkel beschreibt und über die Gusenalm in die *Gusenscharte* leitet (1709 m, 1½ Stunden von der Bergstation).
Der Weg wendet sich nun wieder nach Westen und quert unter den Nordabstürzen des Staff fast eben zu einem Graben, durch den man zu einer Wegteilung gelangt (Wer den Staff besteigen will, muß von hier gegen Osten zum Karsattel aufsteigen, von wo der Gipfel über einen etwas ausgesetzten Kamm erreicht wird. 1 Stunde von der Wegteilung). Steil nach rechts ansteigend erreicht man den *Eckwandsattel* (2100 m, 1½ Stunden von der Gusenscharte. – Einmündung eines direkten Weges vom Staff).

Der Weiterweg führt nun unter den Abstürzen des Almspitz nach Südwesten und vereinigt sich oberhalb der Stosia mit einem

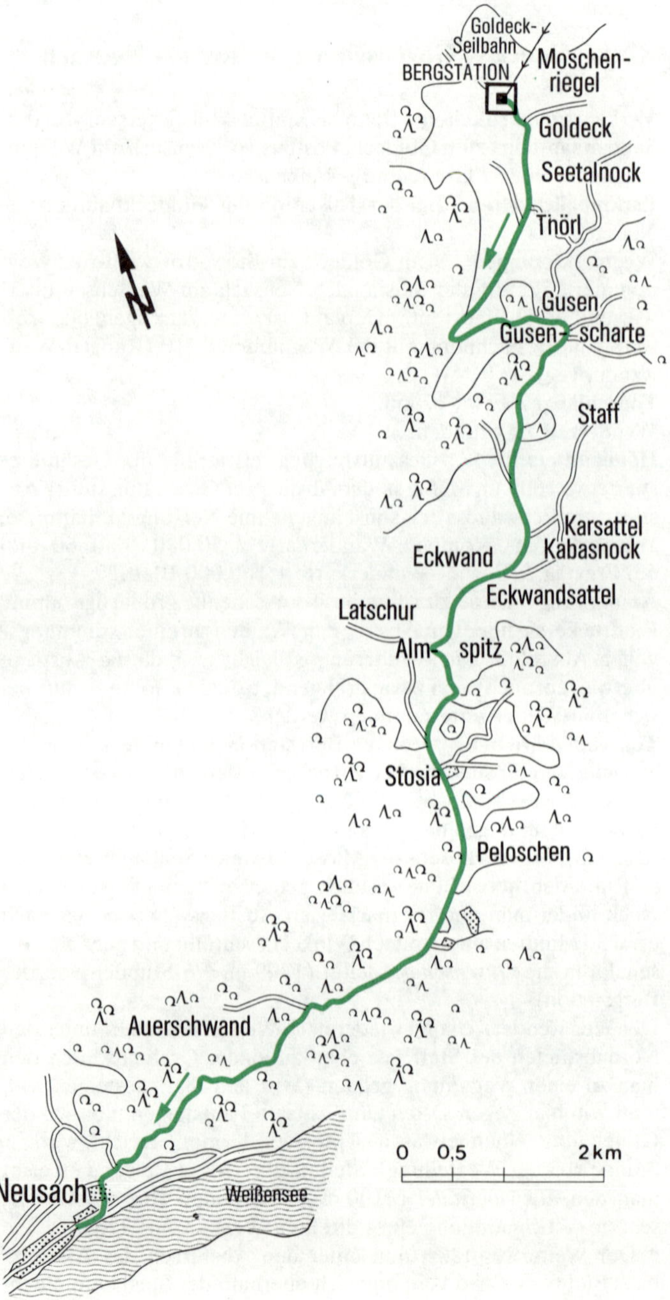
Goldeck-
Seilbahn
BERGSTATION
Moschen-
riegel
Goldeck
Seetalnock
Thörl
N
Gusen
Gusen-
scharte
Staff
Karsattel
Kabasnock
Eckwand
Eckwandsattel
Latschur
Alm-
spitz
Stosia
Peloschen
Auerschwand
Neusach
Weißensee
0
0,5
2 km

vom Latschur (2236 m), dem Hauptgipfel der Gruppe herabkommenden Steig (Der Latschur kann von hier aus unschwierig in 1 Stunde erstiegen werden. Auf steilen Grashängen größte Vorsicht bei nassem Wetter!).Wenig später wird die *Stosia-Alm* erreicht (1811 m, 45 Minuten vom Eckwandsattel). Nach Osten und Süden zweigen von hier aus Wege zum Gasthaus Mößlacher und nach Ortsee ab. Der Weg nach Neusach führt fast eben in südwestlicher Richtung gegen die Peloschen. Immer wieder fesselt der herrliche Ausblick auf die Karnischen- und die dahinter aufragenden Julischen Alpen sowie auf den mächtigen Reißkofel. Ganz nahe ist die Egelgruppe. Später tritt man in den Wald und erreicht den »Zihagas« genannten Sattel zwischen Peloschen und Auerschwand. Hier hält man sich links (der rechte Weg führt zur Alm hinterm Brunn) und erreicht über eigenartige Felsbänder absteigend (schöne Durchblicke zum Weißensee) und eine Schuttrinne querend den letzten, steilen Teil des Abstieges. Etwa 2 Stunden ab der Stosia-Alm kreuzt man in unmittelbarer Talnähe den rot bezeichneten Waldweg Techendorf – Ortsee. Einige Minuten später stößt man auf eine weitere rote Markierung, auf der man in Kürze die Postbusendstelle in *Neusach* erreicht.

83 Greifenburg – Egg – E.T. Compton-Hütte – Reißkofel

Verkehrsmöglichkeiten Bahn bis Greifenburg-Weißensee.
Parkmöglichkeiten Bei der Häusergruppe Egg oberhalb von Bruggen im Drautal.
Wegmarkierungen Rot-weiß-rot, Wegnummer 235, Gipfelanstieg Wegnummer 229.
Tourenlänge Vom Bahnhof Greifenburg-Weißensee etwa 12 km, von Egg etwa 7 km.
Wanderzeit Vom Bahnhof Greifenburg-Weißensee 6½ Stunden, von Egg 5 Stunden. Abstieg 4½ bzw. 3½ Stunden.
Höhenunterschiede 1780 m. Bis zur Compton-Hütte mäßig steiler Weg. Von der Hütte zum Gipfel überwiegend sehr steiler, mit leichter Kletterei verbundener Anstieg.
Wanderkarten Kompass-Wanderkarte 1:50 000 Blatt 60, Freytag & Berndt-Wanderkarte 1:100 000 Blatt 22.
Anmerkung Bis zur prächtig unter den Wänden des Reißkofel gelegenen E.T. Compton-Hütte kann diese Tour jedermann empfohlen werden. Der Weiterweg bleibt jedoch Bergsteigern vorbehalten, da er Schwindelfreiheit, unbedingt Trittsicherheit und Kletterfertigkeit voraussetzt. Die Aussicht vom Reißkofel sucht ihres-

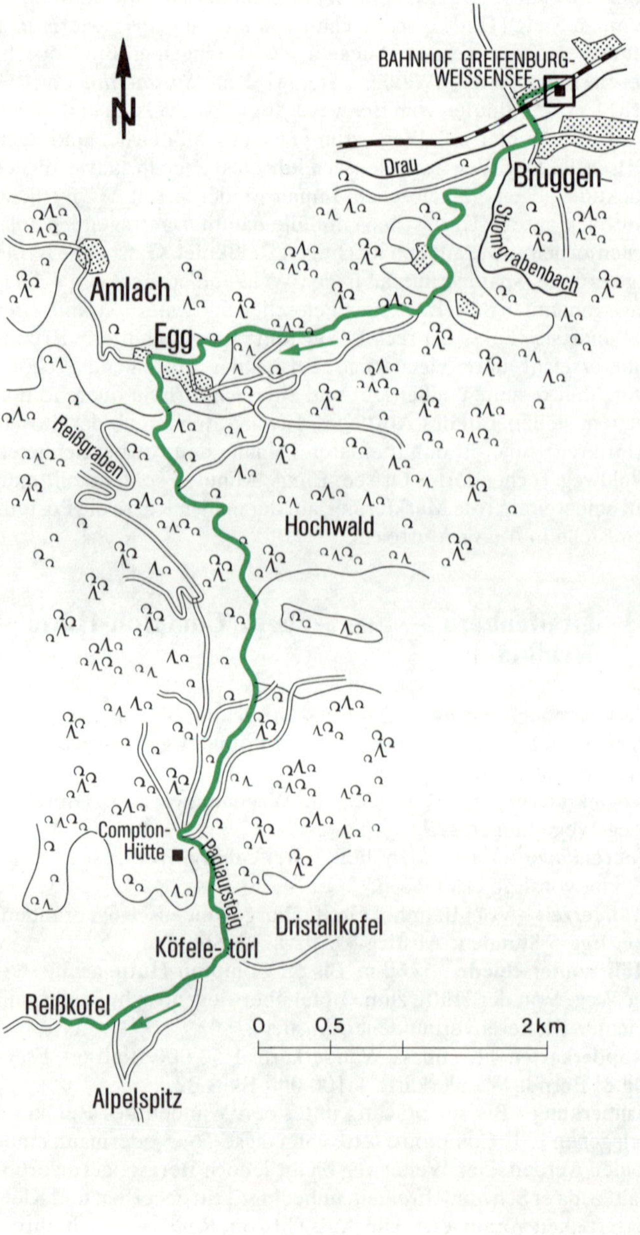
N
BAHNHOF GREIFENBURG-
WEISSENSEE
Drau
Bruggen
Stromgrabenbach
Amlach
Egg
Reißgraben
Hochwald
Compton-
Hütte
Padiaursteig
Dristallkofel
Köfele-törl
Reißkofel
Alpelspitz
0
0,5
2 km

gleichen. Neben herrlichen Talblicken umfaßt sie fast alle wichtigen Dreitausender der Hohen Tauern, viele Dolomitengipfel (u.a. die Drei Zinnen und die Marmolata) sowie alle bedeutenden Berge der Karnischen- und Julischen Alpen.

Wissenswertes Der aus Hauptdolomit bestehende Reißkofel ist der höchste und bedeutendste Gipfel der Gailtaler Alpen. An seinem Fuß, beim Reißkofelbad, entspringen heilkräftige Schwefelquellen. Die E.T. Compton-Hütte des ÖAV trägt ihren Namen nach einem bekannten Alpenmaler.

Tourenbeschreibung Vom Bahnhof *Greifenburg-Weißensee* folgt man der Straße nach Hermagor bis über die Drau, wo in *Bruggen* die schmale aber gut angelegte Straße nach Egg ihren Ausgang nimmt. Der markierte Fußweg biegt kurz nach Eben nach rechts von dieser Straße ab, erreicht sie in Egg jedoch wieder. Bei den ungemein reizvoll gelegenen Höfen von *Egg* (979 m, 1½ Stunden ab Greifenburg) wendet man sich scharf nach links, tritt bald in den Wald ein und wandert hoch über dem Reißgraben zur im sommer bewirtschafteten *E.T. Compton-Hütte* (1680 m, 2 Stunden von Egg, Nächtigungsmöglichkeit).

Von der Hütte geht man durch lichte Lärchenbestände und später über Schutt zum *Padiaursteig*. Der nach einem General benannte »Weg« zieht durch steiles Schrofengelände in das *Köfeletörl* (2010 m, 1½ Stunden von der Hütte). In dieser, zwischen dem Kleinen Reißkofel und dem Dristallkofel gelegenen Scharte vereinigt sich unser Weg mit den von Weißbriach und vom Reißkofelbad heraufkommenden Anstiegen. Man quert nun die Nordhänge des Reißkofel-Ostgrates zu einer steil ansteigenden Rinne, die ins *Scharterntörl* leitet. Über den obersten Ostgrat erreicht man schließlich den kreuzgeschmückten Gipfel des *Reißkofel* (2371 m, 1 ¼ Stunden vom Köfeletörl).

84 Waidegg – Staudachberg – Hochwarter Höhe

Verkehrsmöglichkeiten Bahn bis Waidegg im Gailtal.

Parkmöglichkeiten In Waidegg im Gailtal. Der Güterweg Waidegg – Staudachberg kann auf eigene Gefahr bis zum Hochwart-Hof benützt werden. Es sind wenig Parkmöglichkeiten vorhanden.

Wegmarkierungen Ab Staudachberg weiß-rot-weiße Farbzeichen.

Tourenlänge In einer Richtung etwa 7 km.

Wanderzeit Aufstieg 3 Stunden, Abstieg 2 bis 2½ Stunden.

Höhenunterschiede 960 m. Meist mäßig steiler Anstieg, ein kurzes steiles Wegstück oberhalb des Hochwart-Hofes.

Wanderkarten Kompass-Wanderkarte 1:50 000 Blatt 60, Freytag & Berndt-Wanderkarte 1:100 000 Blatt 22.
Anmerkung Im ersten Teil des Anstieges schöne Tiefblicke ins Gailtal, überall herrliche Schau auf den Karnischen Kamm. Vom Gipfel der Hochwarter Höhe Nahblick zum imposanten Reißkofel. Die Wanderzeit kann bei Benützung des Güterweges stark verkürzt werden.
Tourenbeschreibung Vom Bahnhaltepunkt erreicht man in wenigen Minuten den netten Ferienort *Waidegg*. Bei der Kirche zweigt eine Hinweistafel in Richtung Staudachberg – Hochwart. Bei den letzten Häusern endet der Asphalt, man wendet sich über eine Brücke nach links und steigt auf dem kurvenreichen Güterweg

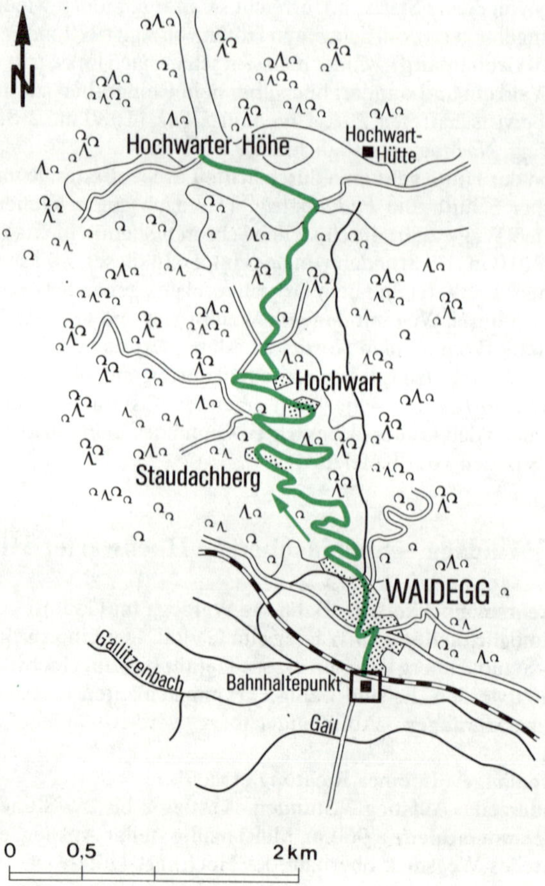

durch Wald in etwa 1 Stunde zu den Höfen von *Staudachberg* an (herrliche Aussicht!). Der nun zunehmend über freies Wiesengelände führende Fahrweg wendet sich hier nach rechts und erreicht nach weiteren Kehren das höchstgelegene Anwesen, den *Hochwart-Hof* (1½ – 2 Stunden ab Waidegg).

Oberhalb des Hofes steigt man neben einem verfallenen Hohlweg steil zum Waldrand an (Quelle), kreuzt einen Fahrweg und kommt bald zu einer Wegteilung, bei der man sich nach rechts wendet. Kurz darauf schwenkt man bei einer neuerlichen Weggabelung nach links und erreicht nach etwa 15 Minuten ein Almgatter. Die Markierung quert nun die von der Hochwarter Höhe herabziehenden Hänge in nordöstlicher Richtung zu einem weiten Sattel (kleines Seelein) und führt dann zur kleinen Hochwart-Hütte und nach Kreuth. Nach links gelangt man, über der Vorgipfel weglos ansteigend, in etwa 25 Minuten zum höchsten Punkt der *Hochwarter Höhe* (1682 m).

85 Gailbergsattel – Röthenkreuz – Mussen – Schatzbühel – Kötschach

Verkehrsmöglichkeiten Bahn bis Oberdrauberg oder bis Kötschach-Mauthen. Von beiden Orten Busverbindung zum Gailbergsattel.
Parkmöglichkeiten Am Gailbergsattel, in Vorhegg und in Kötschach.
Wegmarkierungen Rot-weiß-rot. Vom Gailbergsattel zum Röthenkreuz Wegnummer 226, von dort zur Mussen Wegnummer 227.
Tourenlänge Etwa 20 km.
Wanderzeit 6 bis 7 Stunden.
Höhenunterschiede 1150 m. Meist angenehme Neigungsverhältnisse.
Wanderkarten Kompass-Wanderkarte 1:50 000 Blatt 47 und Blatt 60, Freytag & Berndt-Wanderkarte 1:100 000 Blatt 22.
Anmerkung Niemand lasse sich von der Kilometer- und von der Zeitangabe abschrecken! Es genügt, vom Gailbergsattel oder von Vorhegg besinnlich zu den Blumenwiesen der Mussen zu wandern, um von dort aus die Großartigkeit der gegenüberliegenden Karnischen Alpen (Hohe Warte, 2780 m, Kellerwand, 2769 m) bewundern zu können, die Kinder spielen zu lassen und zu träumen . . .
Tourenbeschreibung Südlich vom *Gasthof Gailberghöhe* zweigt von der Bundesstraße 110 ein Fahrweg ab, auf dem man, den Röthenkopf umgehend, in etwa 1 Stunde das *Röthenkreuz* erreicht.

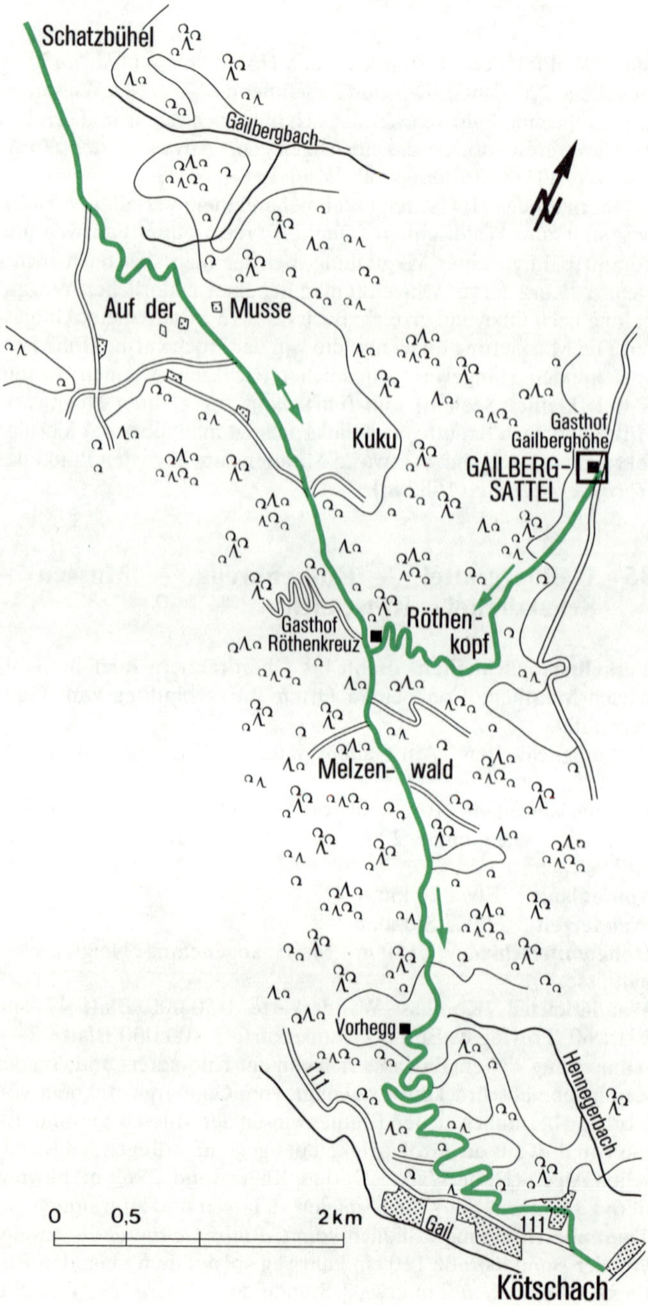
Schatzbühel
Gailbergbach
Auf der Musse
Kuku
Gasthof Gailberghöhe
GAILBERG-SATTEL
Gasthof Röthenkreuz
Röthenkopf
Melzenwald
Vorhegg
111
Hennegerbach
0 0,5 2 km
Gail
111
Kötschach

Hier wendet man sich nach rechts. Der Weg verläßt bald den Wald und leitet dann über herrliche Almwiesen an Heuhütten vorbei zu einem Sattel (etwa 1800 m, 2½ Stunden vom Gailbergsattel, prächtiger Rastplatz). Wer weiter will, steigt, der Kammlinie in nordwestlicher Richtung folgend, zum unbenannten Höhenpunkt 2038 (rechts leiten wilde Abstürze in den Gailberggraben). Von hier leitet ein kurzer Abstieg in einen weiteren Sattel, von dem man steil ansteigend das *Schatzbühel* erreicht (2090 m, 4 Stunden vom Gailbergsattel).

Der Abstieg führt am Anstiegsweg zurück zum Röthenkreuz. Von ihm leitet ein Güterweg durch den Melzenwald zum schöngelegenen *Gasthof Vorhegg* (1066 m, 2 Stunden vom Schatzbühel). Auf einer kurvenreichen Straße gelangt man vom Gasthof bequem in 1 Stunde zum Bahnhof *Kötschach-Mauthen.*

86 Oberdrauburg – Hochstadelhaus – Hochstadel

Verkehrsmöglichkeiten Bahn oder Bus bis Oberdrauburg.
Parkmöglichkeiten In Unterpirkach.
Wegmarkierungen Weiß-rot-weiße bzw. rote Farbzeichen.
Tourenlänge Etwa 15 km.
Wanderzeit Aufstieg 6 bis 7 Stunden. Abstieg 2/3 der Anstiegszeit.
Höhenunterschiede Gesamtsteigung etwa 2100 m. Ab Unterpirkach fast durchwegs steiler Anstieg.
Wanderkarten Kompass-Wanderkarte 1:50 000 Blatt 47 und Blatt 60, Freytag & Berndt-Wanderkarte 1:100 000 Blatt 18.
Anmerkung Die Besteigung des Hochstadel ist leicht, aber wegen des großen Höhenunterschiedes ziemlich anstrengend. Eine Nächtigung im Hochstadelhaus ist zu empfehlen. Die Aussicht vom Hochstadel ist ein großartiges Erlebnis: Zu Füßen des Ersteigers liegt das Drautal, im Norden erblickt man die Urgesteinsberge der Kreuzeck- und der Schobergruppe, im Westen ragen die wilden Kalkzacken der Lienzer Dolomiten gegen den Himmel (Große Sandspitze und Wildsender), aus Süden grüßen die Karnischen Alpen.

Im Abstieg vom Hochstadel können trittsichere Bergsteiger über dessen Westgrat den berühmten Dreitörlweg erreichen. Dieser führt über das Baumgartnertörl und das Laserztörl in etwa 3 Stunden zur Karlsbader Hütte. Von dort benötigt man zum Abstieg nach Lienz in Osttirol weitere 2½ bis 3 Stunden.

Tourenbeschreibung In *Oberdrauburg* zweigt von der Drautal-Bundesstraße die Bundesstraße 110 in Richtung Gailbergsattel –

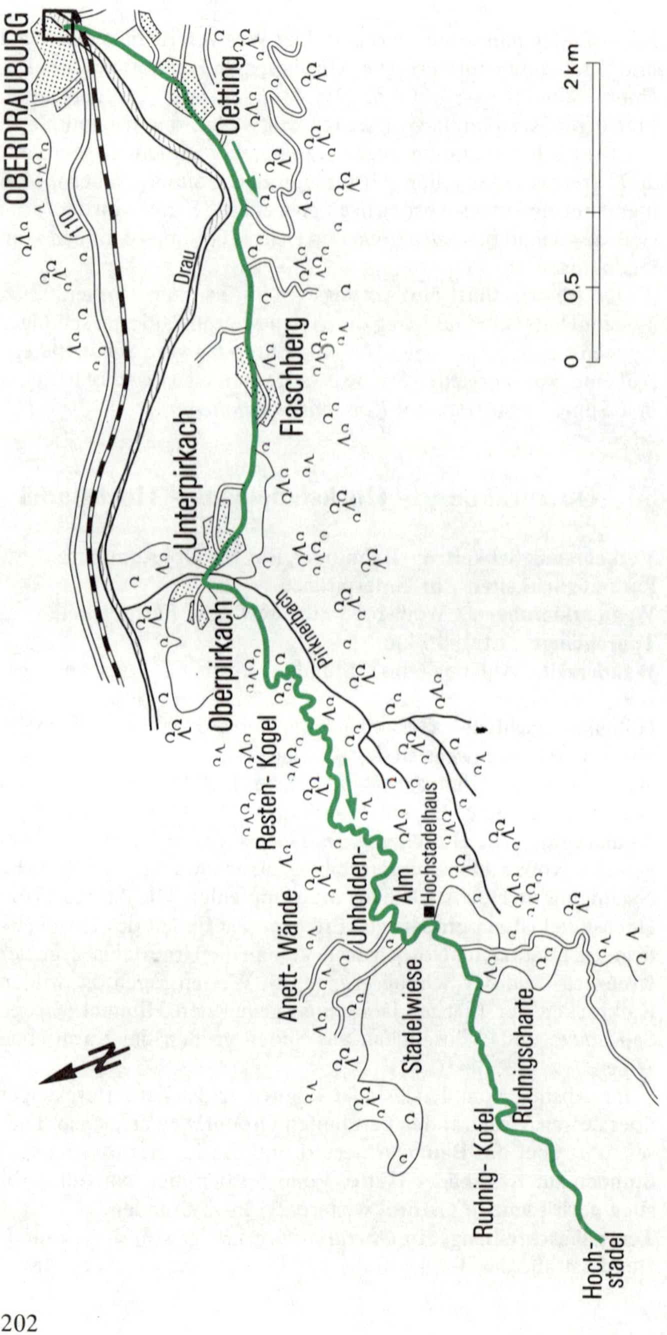

OBERDRAUBURG
Oetting
Drau
110
Flaschberg
Unterpirkach
Oberpirkach
Pirknerbach
Resten-Kogel
Unholden-Alm
Hochstadelhaus
Anett-Wände
Stadelwiese
Rudnigscharte
Rudnig-Kofel
Hoch-stadel
0
0.5
2 km

Kötschach-Mauthen ab; sie leitet über die Drau und über den Bahnkörper der Strecke Spittal-Millstättersee – Lienz. Kurz nach dem Überschreiten desselben folgt man einer hier abzweigenden Lokalstraße, die über Oetting und Flaschberg nach Pirkach führt. In *Unterpirkach* wendet man sich nach der Brücke scharf nach links. Die Markierung verläuft kurz entlang des Pirknerbaches, dreht dann nach rechts und steigt bald in Kehren steil an. Mehrmals wird dabei ein neuerbauter, zur Hochstadelhütte führender Fahrweg berührt. Nach fast 3stündigem Anstieg ab Unterpirkach erreicht man die *Unholden-Alm* (Unholden = früher übliche Bezeichnung der Lienzer Dolomiten) und wenig später das *Hochstadelhaus* des Österreichischen Touristenklubs (1780 m).

Der Weiterweg führt vorerst zur Abzweigung des landschaftlich großartigen »Dreitörlweges«. Hier wendet man sich nach rechts und gewinnt im Garnitzenkar zunehmend steil ansteigend, die *Rudnigscharte* (1½ Stunden von der Hütte). Von hier leitet die Bezeichnung immer in Kammnähe über leichte Felsen, Blockwerk und Geröll in einer weiteren Stunde zum Gipfel des *Hochstadel* (2680 m).

Abschnitt VI

Hohe Tauern einschließlich der Sadnig-, Kreuzeck- und Reißeckgruppe

87 Möllbrücke – Sachsenweg – Salzkofel – Salzkofelhütte – Nigglaital – Möllbrücke

Verkehrsmöglichkeiten Bahn bis Möllbrücke-Sachsenburg.
Parkmöglichkeiten In Möllbrücke und bei der Haslacher Alm im Nigglaital (Schranke im Nigglaital auch wenn geöffnet nur nach vorheriger Besorgung des Schlüssels im Gasthaus Ambros durchfahren!)
Wegmarkierungen Derzeit noch weiß-rot–weiß. Geplant rot-weiß-rot mit den Wegnummern 344, 341 und 308.
Tourenlänge Etwa 32 km. Von der Haslacher Alm zum Salzkofel und zurück etwa 10 km.
Wanderzeit 10 bis 12 Stunden. Bei PKW-Auffahrt bis zur Haslacher Alm 4½ bis 5 Stunden.
Höhenunterschiede Fast 2000 m, von der Haslacher Alm etwa 950 m. Steile Wegstücke zwischen Möllbrücke und der Premers-

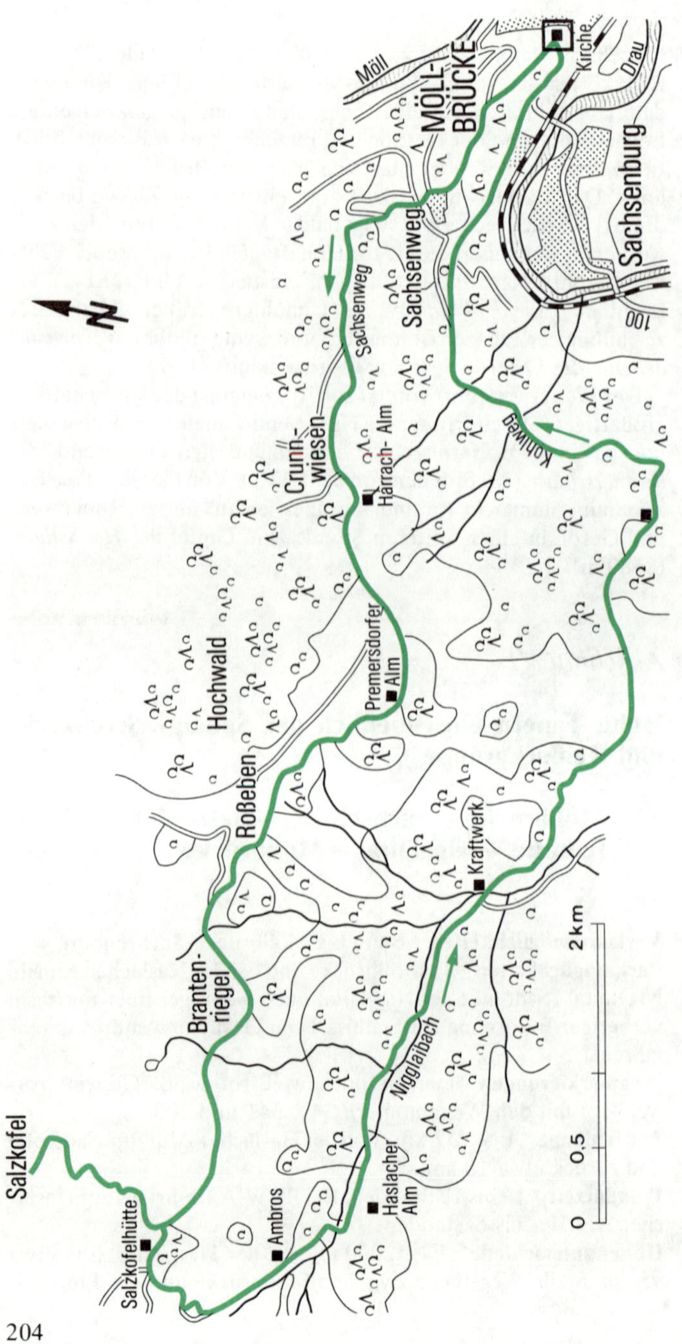
Salzkofel
Salzkofelhütte
Ambros
Haslacher Alm
Branten- riegel
Nigglaibach
Kraftwerk
Roßeben
Hochwald
Premersdorfer Alm
Crunn- wiesen
Harrach- Alm
Sachsenweg
Sachsenweg
Kohlweg
Sachsenburg
MÖLL- BRÜCKE
Möll
Drau
Kirche
100
0
0.5
2 km

dorfer Alm, im Anstieg auf den Salzkofel und zwischen der Salzkofelhütte und der Haslacher Alm, sonst überwiegend angenehme Neigungsverhältnisse.
Wanderkarten Kompass-Wanderkarte 1:50 000 Blatt 49, Freytag & Berndt-Wanderkarte 1:100 000 Blatt 22.
Anmerkung Auf den ersten Blick erscheinen Tourenlänge und Wanderzeit unzumutbar lang. Beide lassen sich jedoch bei PKW-Auffahrt zur Haslacher Alm stark verkürzen. Ausdauernden Wanderern muß die Begehung des wunderschönen Sachsenweges aber unbedingt empfohlen werden. Eine Nächtigung auf der reizvoll gelegenen, urgemütlichen Salzkofelhütte ist ein Erlebnis für sich. – Der Salzkofel, durch eine Steiganlage jedem trittsicheren Wanderer zugänglich gemacht, ist ein Aussichtsberg ersten Ranges, von dem fast alle bedeutenden Berge Kärntens zu sehen sind.
Tourenbeschreibung Bei der Kirche von *Möllbrücke* beginnt der »Sachsenweg«. Holztreppen leiten in 10 Minuten zu einer Bank, von der man bereits einen schönen Blick ins Tal genießt. Im Mischwald mäßig ansteigend, erreicht man nach weiteren 37 Minuten eine Jausenstation, zu der weitere Wege von Möllbrücke und von Sachsenburg führen. Die Markierung folgt nun längere Zeit einem bewaldeten Bergrücken und wendet sich erst nach gut 2stündiger Gehzeit ab Möllbrücke nach links zur *Harrach Alm* (1572 m). In steilem Anstieg geht es von dort wieder zum Bergkamm und später abermals nach links, wo neben einer köstlichen Quelle ein einladender Rastplatz errichtet wurde (2½ – 3 Stunden ab Möllbrücke). Ab hier führt der Weg fast eben zur *Premersdorfer Alm* (1839 m, erster Blick zum Salzkofel), verläßt einen Fahrweg nach rechts und leitet durch Almrosenbestände und durch lichten Lärchenwald zur Einmündung eines von Kolbnitz kommenden Steiges. 1 Stunde später ist die *Salzkofelhütte* des Österreichischen Alpenvereines erreicht (1987 m, 5 Stunden von Möllbrücke).

Der Weg zum Salzkofel zweigt kurz vor der Hütte rechts ab und leitet über grüne Matten, dann durch rasendurchsetzten Fels in die Südostflanke des Berges. Man gewinnt rasch an Höhe und erreicht, zuletzt drahtseilgesichert, das Gipfelkreuz am *Salzkofel* (2498 m, 1½ Stunden von der Hütte).

Zum Abstieg von der Salzkofelhütte ins *Nigglaital* folgt man ganz kurz dem Heinrich-Hecht-Weg. Bei der Tafel »Abkürzung zur Ambrosalm« wendet man sich nach links und gewinnt den Talgrund nach kurzem aber steilen Abstieg. Etwa ¾ Stunden ab der Hütte ist die *Haslacher Alm* erreicht, von der eine 13 km lange Forst- bzw. Almstraße zum *Gasthaus Ambros* (2½ Stunden von der Salzkofelhütte) und zurück nach Möllbrücke leitet (4 Stunden von der Salzkofelhütte).

88 Steinfeld – Stagor – Radlberger Alm – Kleblach

Verkehrsmöglichkeiten Bahn von Spittal-Millstättersee über Kleblach-Lind nach Steinfeld im Drautal.
Parkmöglichkeiten Steinfeld, Radlberger Alm, Kleblach.
Wegmarkierungen Vom Ende des Güterweges bis zum Stagor rot-weiß-rot. Von dort über die Radlberger Alm nach Kleblach blau-gelb, Abkürzungswege blau-gelb-blau.
Tourenlänge Etwa 23 km. Auf- und Abstieg von und zur Radlberger Alm etwa 12 km.
Wanderzeit Etwa 8 Stunden. Auf- und Abstieg zum Stagor von der Radlberger Alm etwa 4 Stunden.
Höhenunterschiede Gesamtsteigung von Steinfeld etwa 1700 m, von der Radlberger Alm etwa 500 m. Steiler Aufstieg von Steinfeld bis zum Stagor. Mäßig steiler Auf- und Abstieg von und zur Radlberger Alm, bzw. nach Kleblach.
Wanderkarten Kompass-Wanderkarte 1:50 000 Blatt 60, Freytag & Berndt-Wanderkarte 1:100 000 Blatt 22.
Anmerkung Wer bequem ist, schlendert von der Radlberger Alm gemütlich über freies Almgelände zum Gipfel des Stagor. Wer eine echte sportliche Leistung erbringen will, überschreitet den Stagor (und eventuell auch den nahe am Weg liegenden Neuberg, 2281 m sowie den Falkkofel, 2170 m) von Steinfeld bis nach Kleblach. Der ideale Kompromiß wäre eine PKW-Abholung von der Radlberger Alm. – Die Aussicht vom Stagor steht jener vom Salzkofel kaum nach. Besonders reizvoll ist der Tiefblick vom Stagor ins Drautal.
Tourenbeschreibung Von Steinfeld folgt man dem kurz entlang des Grabaches verlaufenden, dann aber in Richtung Flattachberg ansteigenden Güterweg etwa 30 Minuten. Bei einer Weggabelung weist eine Aufschrift an einer steinernen Stützmauer nach links in Richtung Stagor. Der breite Güterweg beschreibt einige Kehren (schöne Blicke ins Drautal), passiert zwei Höfe und wird dann zum schmalen Fahrweg. Die Markierung zeigt nach links, man passiert einen letzten Hof und steigt dann steil bergan. 2 Stunden ab dem Tal führt ein kurzer Stichweg zur letzten Quelle, 20 Minuten später ist die *Hiereben* erreicht (1760 m). Der Wald wird nun schütter, man steigt über felsdurchsetzten Rasen an und quert etwas exponiert die Westflanke des nach Süden steil abbrechenden Stagor. Bei einem Sattel (jenseits führt ein Weg ins Rottensteiner Tal) wendet man sich nach rechts und erreicht über Rasen, Blockwerk und Schutt den Gipfelkamm und über diesen das Gipfelkreuz am *Stagor* (2288 m, 4 Stunden von Steinfeld).

Im Abstieg folgt man wie beim letzten Stück des Anstieges kurz dem Grat, quert dann aber entlang der blau-gelben Marken den

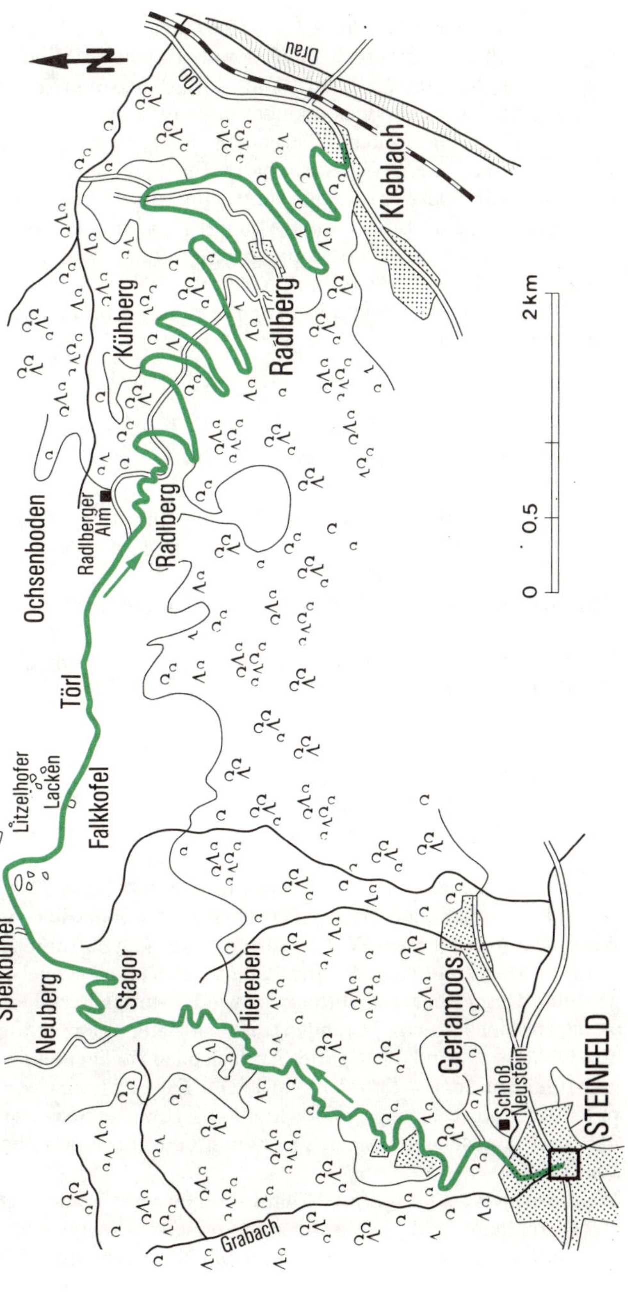

N
Drau
100
Kleblach
Radlberg
Kühberg
Ochsenboden
Radlberger Alm
Radlberg
Törl
Litzelhofer Lacken
Falkkofel
Speikbühel
Neuberg
Stagor
Hiereben
Gerlamoos
Schloß Neustein
STEINFELD
Grabach
0
0,5
2 km

Hang des Neuberges zu den *Litzelhofer Lacken.* Am Weiterweg läßt man den Falkkofel rechts liegen und erreicht 45 Minuten ab dem Stagor das *Törl* (2052 m). Die Markierung quert nun den Südhang des Ochsenbodens, mündet in einen Fahrweg und folgt diesem in sanften weiten Kehren zur *Radlberger Alm* (etwa 1750 m, derzeit keine Gastwirtschaft). Ein blau-gelb-blau markierter Abkürzungsweg zweigt beim Beginn des Fahrweges nach rechts ab und leitet rascher zum Almdorf (1½ Stunden vom Stagor). Von der Alm führt eine anfangs geschotterte, später asphaltierte Straße über *Radlberg* nach *Kleblach* (2½ Stunden von der Radlberger Alm. – Abkürzungen sind besonders im oberen Teil der Straße nicht zweckmäßig).

89 Döllach – Zirknitz – Kulmer Kogel – Mittener Kaser – Apriach – Heiligenblut

Verkehrsmöglichkeiten Bahn bis Spittal-Millstättersee oder bis Lienz, Bus von den genannten Orten über Winklern im Mölltal und Döllach nach Heiligenblut.
Parkmöglichkeiten In Döllach, Apriach, Schachern und Heiligenblut.
Wegmarkierungen Viele Hinweistafeln. Vom Zirknitztal über den Kulmer Kogel zum Gasthaus Mittnerwirt rote Punktmarkierung.
Tourenlänge Etwa 17 km.
Wanderzeit Etwa 6½ Stunden.
Höhenunterschiede Gesamtsteigung etwa 1050 m. Steiler Anstieg nach Zirknitz, steiler Auf- und Abstieg zum und vom Kulmer Kogel, sonst angenehme Neigungsverhältnisse.
Wanderkarten Kompass-Wanderkarte 1:50 000 Blatt 50, Freytag & Berndt-Wanderkarte 1:100 000 Blatt 18 oder Blatt 19.
Anmerkung In diesem Wandervorschlag stecken eigentlich zwei Touren: Man kann nach der Besteigung des Kulmer Kogels vom Mittener Kaser über den Mittnerwirt wieder zurück nach Döllach wandern (Gehzeit etwa 5 Stunden) und man kann – ganz bequem – den Höhenweg von Döllach über Apriach nach Heiligenblut begehen (Gehzeit etwa 4 Stunden). In jedem Fall wird man von der prächtigen, abwechslungsreichen Landschaft und der Schau zu den nahen Dreitausendern der Schober- und Glocknergruppe begeistert sein.
Wissenswertes Döllach im Mölltal – sehenswert ist das Schloß Großkirchheim und das Bergbaumuseum – war im 15. und 16. Jahrhundert Zentrum des Goldbergbaues in den Hohen Tau-

ern. Heiligenblut, Talort zur Besteigung des Großglockners und südlicher Ausgangspunkt der berühmten Großglockner-Hochalpenstraße, bietet mit seiner gotischen Kirche, den braunen Bauernhäusern und der einzigartigen Berggestalt des Glockners ein Bild von seltener Harmonie aus Landschaft und alpenländischem Baustil. Sehenswert im Ort ist vor allem die vom Friedhof umgebene Kirche mit ihrem herrlichen Hochaltar und ihrer Krypta. Die Umgebung des Dorfes bietet eine Unzahl von Tourenmöglichkeiten. Im Anschluß an die beschriebene Wanderung könnte eventuell eine Liftauffahrt vom Ortszentrum auf das 2604 m hohe Schareck erfolgen.

Tourenbeschreibung Vom Gasthaus Ortner in *Döllach* weisen Wegtafeln vorbei am E-Werk zum Eingang der wildromantischen *Zirknitzgrotte.* Man durchwandert die Schlucht und erreicht, sich beim *Zirknitzfall* nach links wendend, auf einem steilen, drahtseilgesicherten Weg die Fahrstraße in das Zirknitztal (1 Stunde). Bei einer Gabelung hält man sich rechts, überschreitet den Zirknitzbach auf der »Hohen Brücke« und gelangt, den Schleierwasserfall der »Neun Brunnen« rechts lassend, zum Gasthaus *Neunbrunnerwirt* (1½ Stunden von Döllach). 15 Minuten später überquert die Schotterstraße auf einer festen Brücke nochmals den Zirknitzbach. Bei einer kleinen Hütte beginnt hier eine rote Punktmarkierung, die zu einem Fahrweg führt. Dieser endet bei einem neuerbauten Haus. Links von diesem einige Minuten steil an, dann wendet sich der Steig nach Westen und leitet, erst später wieder steil ansteigend, in einen Sattel. Nach links gelangt man in etwa 15 Minuten auf den Gipfel des *Kulmer Kogels* (1863 m, 2½ – 3 Stunden von Döllach, prächtiger Blick auf die Schobergruppe). Vom Sattel in nördlicher Richtung eben weiterwandernd, kommt man nach 10 Minuten zur aussichtsreichen Almfläche des *Mittener Kaser.* Von hier weisen Farbzeichen nach links steil hinunter zum *Mittnerwirt* (30 Minuten vom Kaser). Vom Mittnerwirt gelangt man auf einem Fahrweg in Kürze zu dem von Döllach über Apriach nach Heiligenblut führenden, asphaltierten und mit Kfz. befahrbaren Höhenweg. – Ihm folgt man nach rechts, hält sich bei einer späteren Gabelung neuerlich rechts und erreicht über *Apriach* (interessante Stockmühlen) den aussichtsreichen Ort *Schachnern* (1½ Stunden vom Mittnerwirt, herrlicher Blick auf die Glocknergruppe und auf Heiligenblut, zwei Gasthäuser).

Der Höhenweg führt von Schachnern in nördlicher Richtung weiter und mündet nach etwa 40 Minuten bei der Fleißkehre in die Glocknerstraße. Wir verlassen den asphaltierten Weg schon nach etwa 25 Minuten scharf nach links und erreichen bald den *Fleißwirt.* Unmittelbar an der *Fleißkapelle* vorbei, gelangen wir von dort

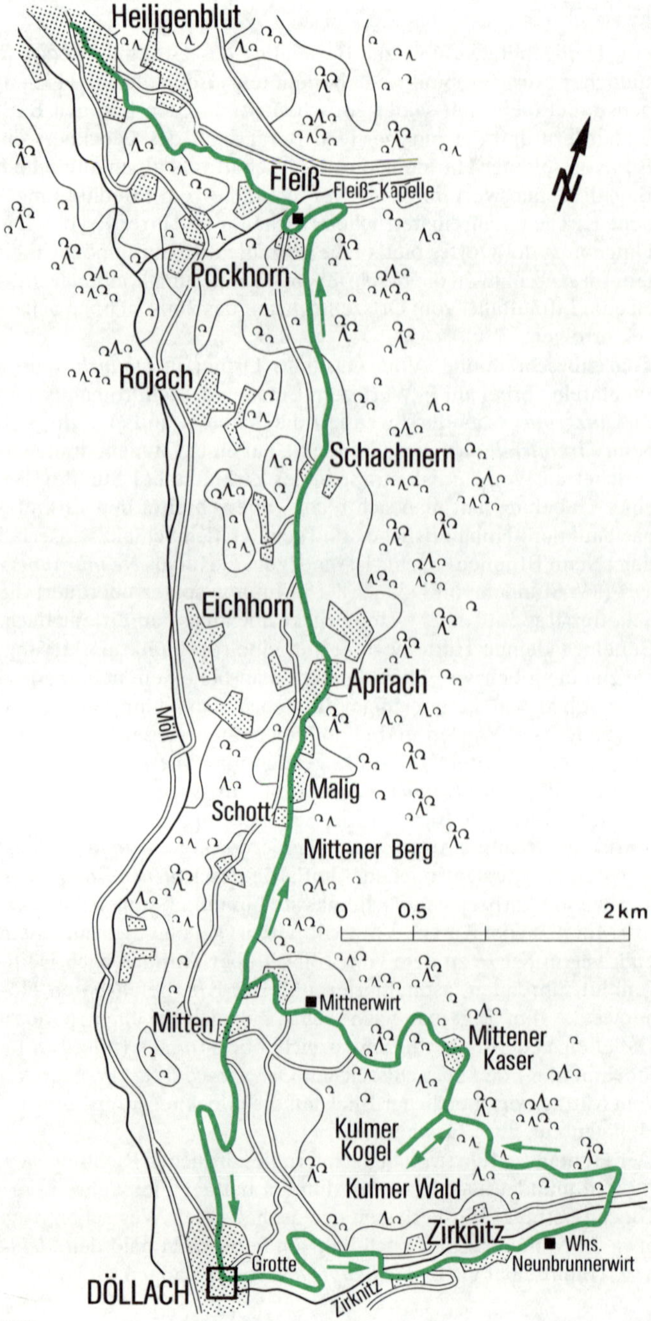

Heiligenblut
Fleiß
Fleiß-Kapelle
Pockhorn
Rojach
Schachnern
Eichhorn
Apriach
Möll
Malig
Schott
Mittener Berg
0
0,5
2 km
Mittnerwirt
Mitten
Mittener
Kaser
Kulmer
Kogel
Kulmer Wald
Zirknitz
Whs.
Neunbrunnerwirt
Grotte
DÖLLACH
Zirknitz

auf einem Wald- und Wiesenweg hinab zum Fleißbach und jenseits über *Fleiß* nach *Heiligenblut* (1½ Stunden von Schachnern).

90 Heiligenblut – Alter Pocher – Zirmsee – Hoher Sonnblick

Verkehrsmöglichkeiten Bus bis Heiligenblut.
Parkmöglichkeiten Bei der Fleißkehre der Großglockner-Hochalpenstraße.
Wegmarkierungen Rot-weiß-rot, vielfach nur rot; Wegnummer 159.
Tourenlänge Etwa 12 km.
Wanderzeit 6 Stunden. Bis zum Zirmsee 4 Stunden.
Höhenunterschiede Insgesamt 1860 m. Bequemer, leicht ansteigender Fahrweg bis zum Alten Pocher (1807 m), von dort steiler Anstieg zum Zirmsee (2495 m) und weiter bis zum Hohen Sonnblick (3105 m).
Wanderkarten Kompass-Wanderkarte 1:50 000 Blatt 50, Freytag & Berndt-Wanderkarte 1:100 000 Blatt 19.
Anmerkung Diese Tour kann bis zum Zirmsee von jedem rüstigen Wanderer unternommen werden. Der Weg von dort bis zum Hohen Sonnblick ist leicht, erfordert jedoch Gletschererfahrung (Die Mitnahme von Seil und Pickel, eventuell auch von Steigeisen ist für den Gipfelanstieg unbedingt erforderlich!). Im Zittelhaus am Hohen Sonnblick besteht Verpflegungs- und Nächtigungsmöglichkeit. Ein Sonnenaufgang auf dem Sonnblickgipfel, der zu den berühmtesten Aussichtspunkten der österreichischen Alpen zählt, ist ein unvergeßliches Erlebnis! Sehr ausdauernden Wanderern, welche den Auf- und den Abstieg an einen Tag zurücklegen wollen, wird ein frühestmöglicher Aufbruch vom Tal nahegelegt. Für den Abstieg muß mit einer Gehzeit von etwa 4 Stunden gerechnet werden.
Wissenswertes Der Hohe Sonnblick ist einer der bekanntesten Hochgipfel der Hohen Tauern. Er wird innerhalb der Goldberggruppe nur vom Hocharn (3254 m) überragt. Am Gipfel des Hohen Sonnblick wurde im Jahr 1886 das Zittelhaus erbaut, dem eine meteorologische Station angeschlossen wurde (Führungen möglich). Das Gebiet um den Hohen Sonnblick war früher ein bedeutendes Goldbergbaurevier. Namen wie Goldberggruppe und Alter Pocher erinnern an diese Zeit.
Tourenbeschreibung Von der Fleißkehre der Glocknerstraße folgt man einer Zweigstraße bis zur Brücke über den Großen Fleißbach (Parkmöglichkeit). Hier biegt man links ab und gelangt

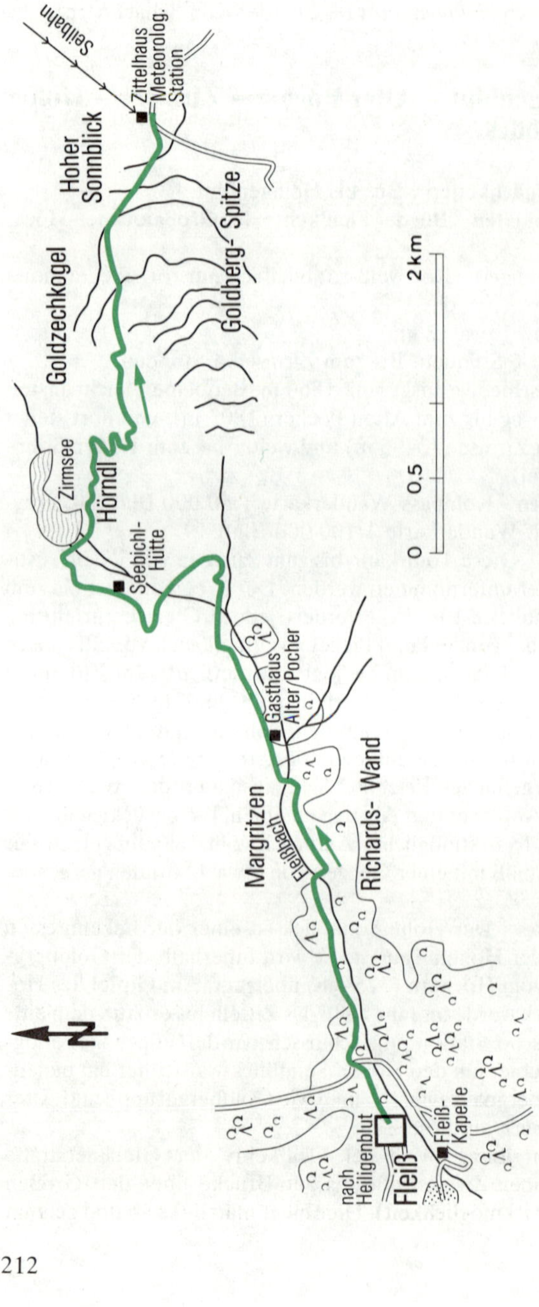

Seilbahn
Zittelhaus
Meteorolog. Station
Hoher Sonnblick
Goldzechkogel
Goldberg-Spitze
Zirmsee
Hörndl
Seebichl-Hütte
Gasthaus Alter Pocher
Margritzen
Fleißbach
Richards-Wand
nach Heiligenblut
Fleiß
Fleiß-Kapelle
N
0
0,5
1
2 km

auf einem guten Fahrweg durch das Kleine Fleißtal zum Gasthaus *Alter Pocher* (1 Stunde vom Parkplatz, 1½ Stunden von Heiligenblut). Vom Gasthaus wandert man in anfangs nicht zu starker Steigung weiter talein. Der Wald wird bald schütter, der Weg beginnt nun steiler zu werden, wendet sich nach links und führt an einem tosenden Wasserfall vorbei in vielen Kehren zum Seebichl und zu dem in einer großartigen Felslandschaft gelegenen *Zirmsee* (2 – 2½ Stunden vom Alten Pocher).

Der »Hans Tritschel Weg« zum Hohen Sonnblick führt nun am See rechts vorbei und steigt, gut angelegt, zu einer kleinen Scharte an. Jenseits leitet er unter einem auffallenden Felsturm, dem Hörndl, weniger steil über grobes Geröll zur Moräne des Kleinen Fleißkeeses (2818 m, 1 Stunde vom Zirmsee. *Achtung!* Das Anlegen eines Bergseiles und die Sicherung durch erfahrene Kameraden oder durch einen Bergführer ist ab hier unerläßlich. Spaltengefahr!) Über den Gletscher gelangt man, unter der Pilatusscharte einen leichten Rechtsbogen beschreibend, zum Gipfelaufbau; ein kurzer Geröllstieg leitet zum Zittelhaus auf dem Gipfel des *Hohen Sonnblick* (3105 m, 2 Stunden vom Zirmsee).

91 Mörtschach – Asten – Sadnig-Haus – Sadnig-Scharte – Hoher Sadnig – Fraganter Hütte – Innerfragant

Verkehrsmöglichkeiten Sehr gute Busverbindungen durchs Mölltal nach Mörtschach. Bus von Innerfragant ins Mölltal.

Parkmöglichkeiten In Mörtschach, beim Sadnig-Haus und in Innerfagant.

Wegmarkierungen Rot-weiß-rot. Vom Sadnig-Haus zur Sadnig-Scharte Wegnummer 150, auf den Hohen Sadnig und von dort bis Innerfragant Wegnummer 146.

Tourenlänge Etwa 25 km.

Wanderzeit 8 bis 9 Stunden. Bei Auffahrt zum Sadnig-Haus 5 bis 6 Stunden.

Höhenunterschiede Gesamtsteigung etwa 1800 m. Bis zum Sadnig-Haus bequem begehbare Fahrstraße. Dann zum Teil steiler Anstieg auf den Hohen Sadnig und ebenfalls teilweise steiler Abstieg nach Innerfragant.

Wanderkarten Kompass-Wanderkarte 1:50 000 Blatt 49, Freytag & Berndt-Wanderkarte 1:100 000 Blatt 19.

Anmerkung Leichter, landschaftlich schöner Übergang vom Möll- ins Fraganttal. Eine Nächtigung im Sadnig-Haus des ÖAV gibt Gelegenheit zu weiteren dankbaren Bergtouren (siehe Wan-

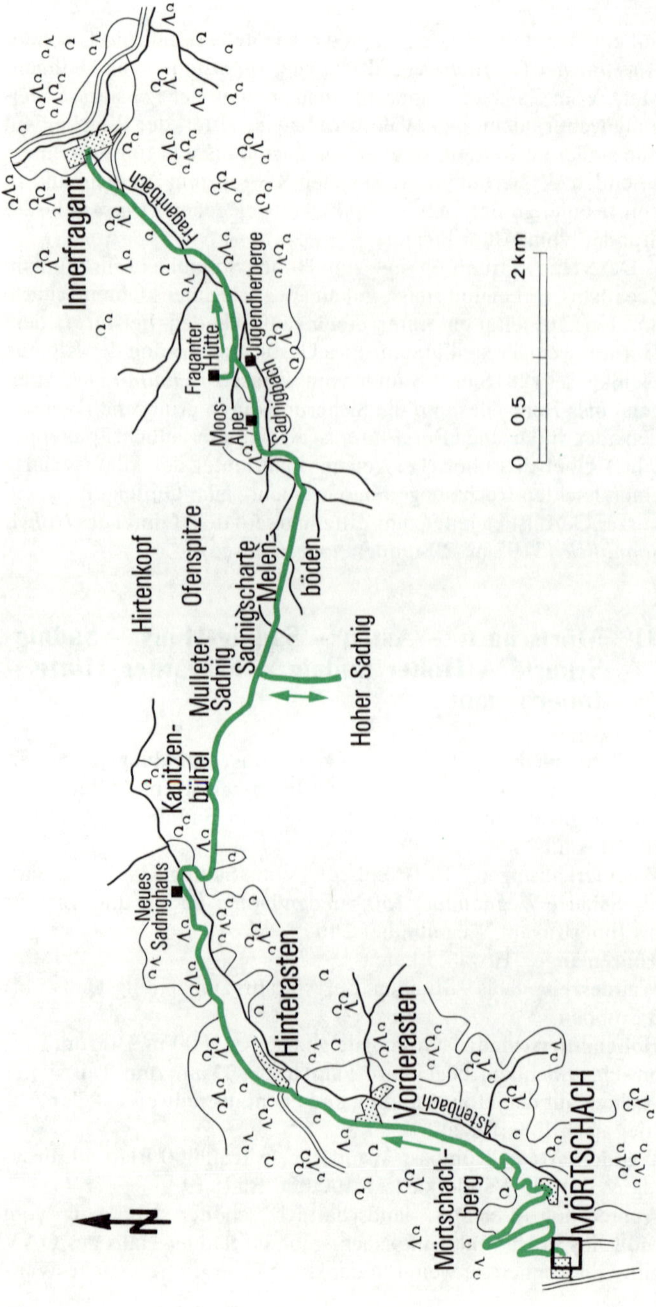
Innerfragant
Fragantbach
Fraganter Hütte
Jugendherberge
Moos-Alpe
Sadnigbach
0 0.5 2 km
Hirtenkopf
Ofenspitze
Mulleter Sadnig
Sadnigscharte
Melen-böden
Hoher Sadnig
Kapitzen-bühel
Neues Sadnighaus
Hinterasten
Vorderasten
Astenbach
Mörtschach-berg
MÖRTSCHACH
N

derung 92). Die Besteigung des Hohen Sadnig erfordert Schwindelfreiheit und Trittsicherheit. Von seinem Gipfel genießt man eine vielgerühmte Aussicht. Besonders schön erscheinen die Dreitausender der Ankogel-, der Goldberg-, der Glockner- und der Schobergruppe. Aus Süden grüßen die Kalkzinnen der Karnischen Alpen, der Lienzer-, Sextener- und Ampezzaner Dolomiten.

Wissenswertes Mörtschach besitzt eine sehenswerte spätgotische Kirche. Die den Hohen Tauern zugehörige Sadnig-Gruppe zeichnet sich durch ihren Blumenreichtum aus. Wie in der benachbarten Goldberg-Gruppe wurde auch hier lange Zeit nach Gold und Kupfer geschürft.

Tourenbeschreibung In *Mörtschach* nimmt ein anfangs asphaltierter, mit Pkw befahrbarer Güterweg seinen Ausgang. Er überwindet in etlichen steilen Kehren die Talstufe zwischen dem Möll- und dem Astental, passiert dann die Höfe von Vorder- und Hinterasten und erreicht nach 11 Kilometern das *Sadnig-Haus* (1950 m, 3 Stunden von Mörtschach).

Vom Haus steigt man kurz ab, folgt einige Minuten einem Fahrweg und überquert dann den Astenbach. Nach der Brücke wendet man sich dem Wald zu und steigt durch vorerst steile Hänge an. Nach etwa 1 Stunde nimmt die Neigung ab und man gelangt über Almböden zum Kapitzenbühel. Über Rasen, durch Felsen und Geröll erreicht man, einen kleinen See passierend, in einer weiteren Stunde die *Sadnig-Scharte* (2484 m, herrliche Aussicht, prachtvoller Glocknerblick!). Der Weiterweg führt in südlicher Richtung über den Grat zum Sadnig-Vorgipfel, von wo in kurzer, leichter Kletterei der *Hohe Sadnig* (2745 m) erreicht wird (45 Minuten von der Scharte).

Nach der Rückkehr zur Sadnigscharte (Besondere Vorsicht beim Abstieg!) wendet man sich nach rechts. Nach einem steilen Schrofenabstieg erreicht man in einer Stunde die Melenböden. An der Waldgrenze überquert man den Sadnigbach. Kurz nach der Moos-Alm kommt man an einer Alpenvereins-Jugendherberge vorbei und gelangt zu einer Weggabelung, von der ein kurzer Abstecher zu *Fraganter-Hütte* führt (1810 m, 2 Stunden von der Sadnig-Scharte, Nächtigungsmöglichkeit). Wer direkt ins Tal will, wendet sich bei der Wegteilung nach rechts, wo ein guter Weg entlang des Fragantbaches in etwa 1 Stunde nach *Innerfragant* führt.

92 Sadnig-Haus – Mohar – Albitzen – Sadnig-Haus

Verkehrsmöglichkeiten Bus bis Mörtschach, von dort eventuell mit Taxi bis zum Sadnig-Haus.
Parkmöglichkeiten Beim Sadnig-Haus.
Wegmarkierungen Rot-weiß-rot. Vom Sadnig-Haus zum Mohar Wegnummer 153, Rückweg von der Albitzen Wegnummer 152.
Tourenlänge 11 km.
Wanderzeit 4½ bis 5 Stunden.
Höhenunterschiede Rund 660 m. Steiler Aufstieg vom Sadnig-Haus zum Mohar, steiler Abstieg zum Gasthaus Glocknerblick auf der Albitzen, von dort überwiegend ebener Rückweg zum Sadnig-Haus.
Wanderkarten Kompass-Wanderkarte 1:50 000 Blatt 49, Freytag & Berndt-Wanderkarte 1:100 000 Blatt 19.
Anmerkung Die Überschreitung des Mohar verlangt Trittsicherheit und Schwindelfreiheit. Die Aussicht ist jener vom Hohen Sadnig fast ebenbürtig. Vom Göritzer Törl aus kann leicht die Kluidhöhe (2579 m) »mitgenommen« werden.

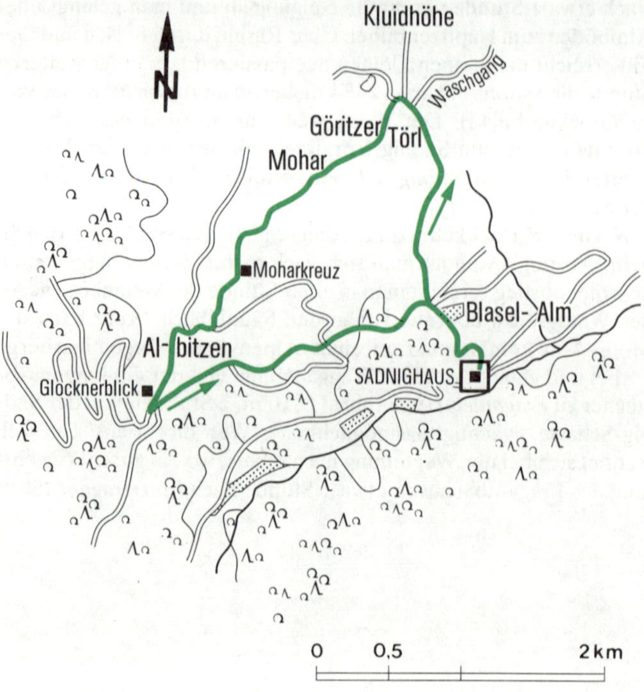

Tourenbeschreibung Vom *Sadnig-Haus* erreicht man, durch schütteren Wald leicht ansteigend, in etwa 15 Minuten einen zum Gasthaus Glocknerblick führenden Güterweg. Nach seiner Überquerung steigt die Markierung bald stärker an; sie folgt dabei einem in der Bergbauzeit angelegten Steig, dem sogenannten »Waschgang«, der über steile, der Sonne ausgesetzte Hänge in 1½ bis 2 Stunden das *Göritzer Törl* (2463 m) gewinnt. Hier wendet man sich scharf nach links und gelangt, in luftigem Aufstieg immer dem Kamm folgend, in 30 Minuten zum Gipfel des *Mohar* (2604 m).

Der Abstieg leitet entlang der Gratschneide nach Südwesten. In knapp 30 Minuten ist das Moharkreuz erreicht, von wo man über anfangs steile Rasenhänge in 1 Stunde zum *Gasthaus Glocknerblick* gelangt (Die Serpentinen einer schmalen Bergstaße abkürzend, kann man von hier aus in 1½ Stunden nach Sagritz im Mölltal absteigen). Der Rückweg zum Sadnig-Haus erfolgt auf einem hoch über der Asten fast eben taleinwärts führenden Güterweg in knapp 1 Stunde.

93 Flattach – Raggaschlucht – Obervellach

Verkehrsmöglichkeiten Busverbindung von Spittal-Millstättersee sowie von Mallnitz über Obervellach nach Flattach-Raggaschlucht.
Parkmöglichkeiten In Flattach, in Schmelzhütten und in Obervellach.
Wegmarkierungen Viele Hinweistafeln.
Tourenlänge 9 km.
Wanderzeit 3 bis 3½ Stunden.
Höhenunterschiede Etwa 350 m. Steiler Anstieg in der Klamm, steiler Abstieg durch den Wald nach Schmelzhütten, fast ebener Weg nach Obervellach.
Wanderkarten Kompass-Wanderkarte 1:50 000 Blatt 49, Freytag & Berndt-Wanderkarte 1:100 000 Blatt 19.
Anmerkung Die Raggaklamm zählt zu den wildesten Schluchten Kärntens. Die zu beiden Seiten des Raggabaches aufragenden Felswände kommen einander oft auf einige Meter nahe, an einer Stelle ist die Klamm in etwa 20 m Höhe durch einen Felsblock abgedeckt, in längeren Wegabschnittten ist die Sicht zum Himmel nicht möglich. Die Begehung der Raggaschlucht darf, der schmalen Stege wegen, nur in Aufstiegsrichtung erfolgen.
Wissenswertes In Obervellach, dem Endpunkt der Wanderung, findet man in der im Jahre 1514 vollendeten Pfarrkirche neben be-

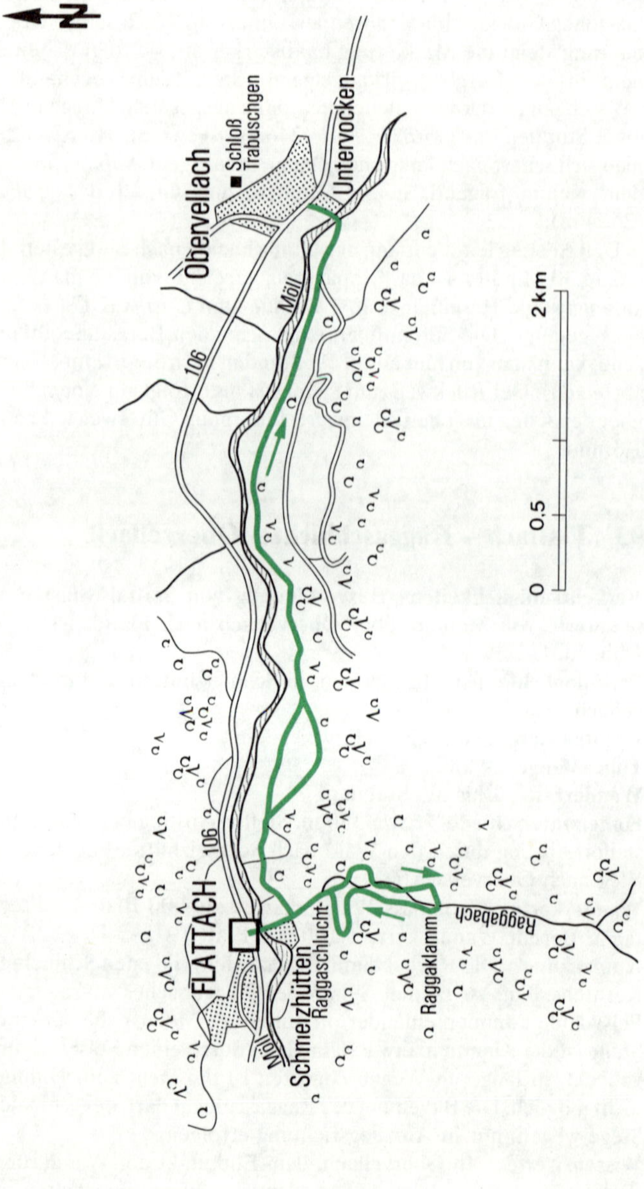

N
Obervellach
Schloß Trabuschgen
Untervocken
Möll
106
FLATTACH
Schmelzhütten
Raggaschlucht
Raggaklamm
Raggabach
0
0.5
2 km

deutenden Fresken das berühmte dreiteilige Altarbild »Die Sippe Christi« von Jan van Scorel. Obervellach ist von bedeutenden Burgen umgeben: Goppenstein, Unterfalkenstein und (nur mehr Ruine) Oberfalkenstein. Das Schloß Trabuschgen wird von prachtvollen Fresken des Kärntner Barockmalers Ferdinand Fromiller geschmückt.

Tourenbeschreibung Bei der Bushaltestelle »Raggaschlucht« in Flattach übersetzt man auf einer Brücke die Möll und gelangt, die Häusergruppe Schmelzhütten passierend, in 15 Minuten zum Eingang der Klamm (Mautstelle, Erfrischungen). Der Weg führt nun über stabile Holztreppen und seilgesicherte Galerien durch die etwa 800 m lange wildromantische Schlucht, an deren Ende sich ein etwa 15 m hoher Wasserfall befindet (45 Minuten vom Klammeingang). Weiter über Holztreppen ansteigend, erreicht man in Kürze einen Fahrweg, der steil abwärts zurück nach Schmelzhütten führt (links das Gasthaus »Zur Raggaschlucht«). Wer nach Obervellach will, schwenkt nun rechts ab, überschreitet nochmals den Raggabach und kommt nach einigen Minuten zu einer Wegteilung. An heißen Tagen wählt man den rechts abzweigenden Waldweg, einen schönen Ausblick bietet der Wiesenweg; beide Wege vereinigen sich nach etwa 10 Minuten. Meist im Schatten führt der Weg nun nahe, bzw. unmittelbar am Möllufer entlang. Eine Allee leitet schließlich zur Brücke bei Untervoggen, über die man in das Zentrum des Kurortes Obervellach gelangt.

94 Häusleralm – (Lonzaköpfel) – Steineralm – Schloß Groppenstein – Obervellach

Verkehrsmöglichkeiten Bahn bis Mallnitz-Obervellach. Busverbindungen von Winklern im Mölltal und von Spittal-Millstättersee über Obervellach nach Mallnitz. Sessellift von Mallnitz zur Häusleralm.

Parkmöglichkeiten In Mallnitz und in Obervellach.

Wegmarkierungen Rot-weiß-rot. Von der Häusleralm zum Dolomitenblick Wegnummer 140, vom Lonzaköpfl über den Dolomitenblick nach Räuflach Wegnummer 139.

Tourenlänge 14 km, bei Besteigung des Lonzaköpfls etwa 16 km.

Wanderzeit 4 bis 5 Stunden, bei Besteigung des Lonzaköpfls 5 bis 6 Stunden.

Höhenunterschiede Gesamtsteigung etwa 120 m, Gesamtabstieg etwa 1300 m. Bei Besteigung des Lonzaköpfls zusätzlich etwa 450 m Auf- und Abstieg.

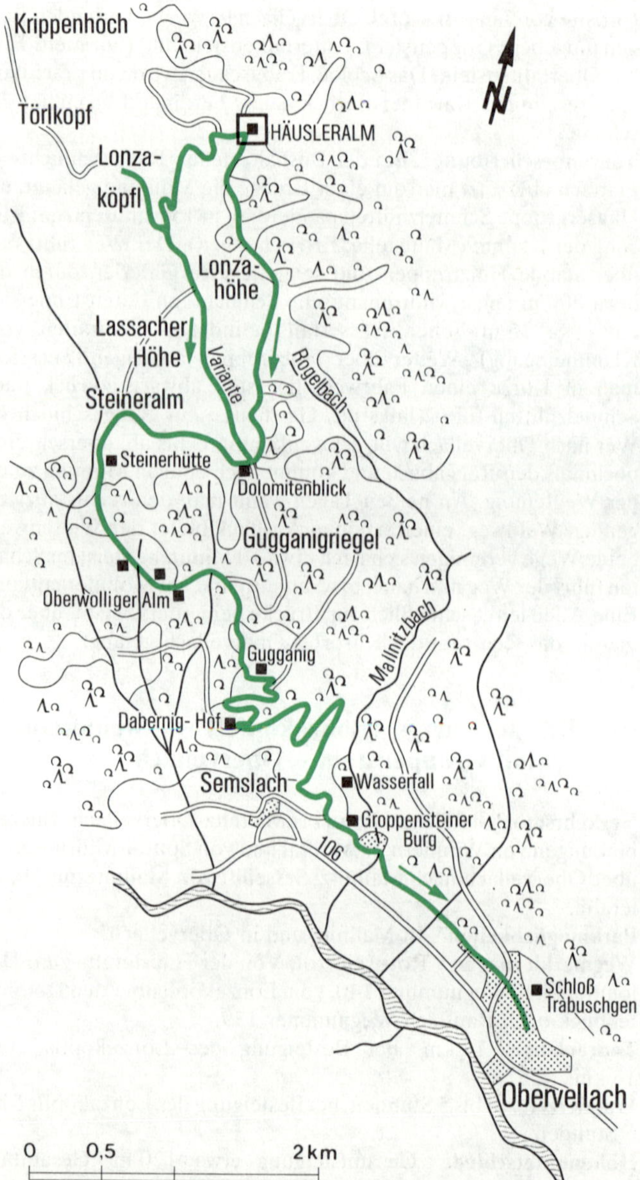

Krippenhöch
Törlkopf
Lonza-
köpfl
HÄUSLERALM
N
Lonza-
höhe
Lassacher
Höhe
Variante
Rogelbach
Steineralm
Steinerhütte
Dolomitenblick
Gugganigriegel
Oberwolliger Alm
Mallnitzbach
Gugganig
Dabernig-Hof
Semslach
Wasserfall
Groppensteiner
Burg
106
Schloß
Trabuschgen
Obervellach
0
0,5
2 km

Wanderkarten Kompass-Wanderkarte 1:50 000 Blatt 49, Freytag & Berndt-Wanderkarte 1:100 000 Blatt 19.

Anmerkung Diese Wanderung schenkt großartige Nahblicke auf die Ankogel-, Kreuzeck- und Reißeckgruppe. Die Fernsicht reicht bis zu den Karawanken, den Julischen Alpen und den Dolomiten. Wer den Weg alpin aufwerten will, besteigt das unschwierige Lonzaköpfl.

Tourenbeschreibung Nach dem Besuch des nördlich oberhalb des *Alpengasthofes Häusleralm* (1872 m) gelegenen Aussichtspunktes steigt man entweder in Kehren steil zum *Lonzaköpfl* an (2318 m, 1½ Stunden ab der Häusleralm) oder wandert (landschaftlich ebensoschön) ohne nennenswerte Höhenunterschiede durch die Ostflanke der Lonzahöhe in 1 Stunde zum *Aussichtspunkt Dolomitenblick,* wo man auf den vom Lonzaköpfl über die Lonzahöhe hierher führenden Weg 139 trifft. Vom Dolomitenblick leitet die Markierung in westlicher Richtung fast eben über herrliche Bergwiesen, um in der Höhe eines grünen Köpfls nach rechts abzuschwenken. Nach einem kurzen, steileren Abstieg wendet man sich scharf nach links und gelangt so zur *Steineralm* (1½ Stunden von der Häusleralm, 2 Stunden vom Lonzaköpfl). Der zuletzt benützte Fahrweg wird hier nach halbrechts verlassen, man beschreibt einen großen Linksbogen und erreicht nach nochmaliger Querung des Fahrweges die *Oberwolliger Alm.* Wenig später tritt man in den Wald ein und gelangt auf einem immer besser werdenden Weg zum *Gugganig-Hof* (1 bis 1½ Stunden von der Steineralm). Ein Güterweg leitet von hier, herrliche Aus- und Tiefblicke bietend, in Kehren über den *Dabernig-Hof* hinunter zur schon längere Zeit sichtbaren *Burg Groppenstein.* Neben der Burg-Umfriedung führt ein schmaler Steig direkt ins Tal beziehungsweise zum sehenswerten *Groppensteiner Wasserfall.* Auf der Straße erreicht man von hier in 25 bis 30 Minuten das Zentrum von *Obervellach* (1 bis 1½ Stunden vom Gugganig-Hof).

95 Mallnitz – Konrad-Hütte – Arthur von Schmid-Haus – Säuleck

Verkehrsmöglichkeiten Bahn bis Mallnitz-Obervellach. Busverbindungen von Spittal-Millstättersee und von Winklern im Mölltal nach Mallnitz.
Parkmöglichkeiten In Mallnitz. Pkw-Zufahrt bis zur Konrad-Hütte möglich.
Wegmarkierungen Rot-weiß-rot. Bis zum Arthur von Schmid-Haus Wegnummer 533 bzw. 510, dann Wegnummer 534 und 535.
Tourenlänge Etwa 13 km, von der Konrad-Hütte etwa 5 km.
Wanderzeit Etwa 7 Stunden, von der Konrad-Hütte etwa 5 Stunden. Für den Rückweg sind etwa 2/3 der Anstiegszeit zuzurechnen!
Höhenunterschiede Gesamtsteigung etwa 1950 m, von der Konrad-Hütte etwa 1480 m. Steiler Anstieg von der Konrad-Hütte zur Dösener-Hütte und vom Arthur von Schmid-Haus zum Säuleck.
Wanderkarten Kompass-Wanderkarte 1:50 000 Blatt 49, Freytag & Berndt-Wanderkarte 1:100 000 Blatt 19.
Anmerkung Der Besuch des in großartiger Umgebung am Dösener See gelegenen Arthur von Schmid-Hauses ist für sich alleine äußerst lohnend. Das Säulecke gilt als einer der leichtesten Dreitausender. Trotzdem setzt seine Besteigung alpine Erfahrung, Trittsicherheit, Schwindelfreiheit und Ausdauer voraus. Wenn der gesamte Aufstieg ab Mallnitz zu Fuß erfolgt, wird eine Nächtigung auf dem Arthur von Schmid-Haus unumgänglich sein.
Tourenbeschreibung Südlich des Bahnhofes *Mallnitz-Obervellach* übersetzt man den Bahnkörper auf einer asphaltierten Straße, verläßt diese nach wenigen Schritten nach rechts und steigt durch lichten Wald und über Wiesen, vorbei an einem Hof, zum *Gasthaus »Schöne Aussicht«* an (schöner Blick ins Dösener Tal und zum Säuleck). Die Markierung führt nun auf einem Fahrweg talein und trifft auf den, ebenfalls von Mallnitz kommenden und ins Dösener Tal führenden Güterweg (35 – 40 Minuten von Mallnitz). Auf ihm gelangt man, die Abzweigung eines Fahrweges zur Wollinger Hütte passierend, später den Dösenbach überschreitend, zur *Egger Alm* und zur *Konrad (auch Korat-)-Hütte* (1616 m, 2 bis 2½ Stunden von Mallnitz). Nach dem Ende der Fahrstraße wandert man an einem kleinen Seelein, der Konrad-Lacke vorbei, überwindet in etlichen Kehren eine Talstufe und gelangt zur *Dösener-Hütte* (1 Stunde). Der Weg führt nun kurz eben weiter, beginnt aber bald wieder anzusteigen und erreicht nach der Überwindung einer zweiten Steilstufe das *Arthur von Schmid-Haus* (2272 m, 4 – 4½ Stunden von Mallnitz). In unmittelbarer Nähe des gut bewirtschaf-

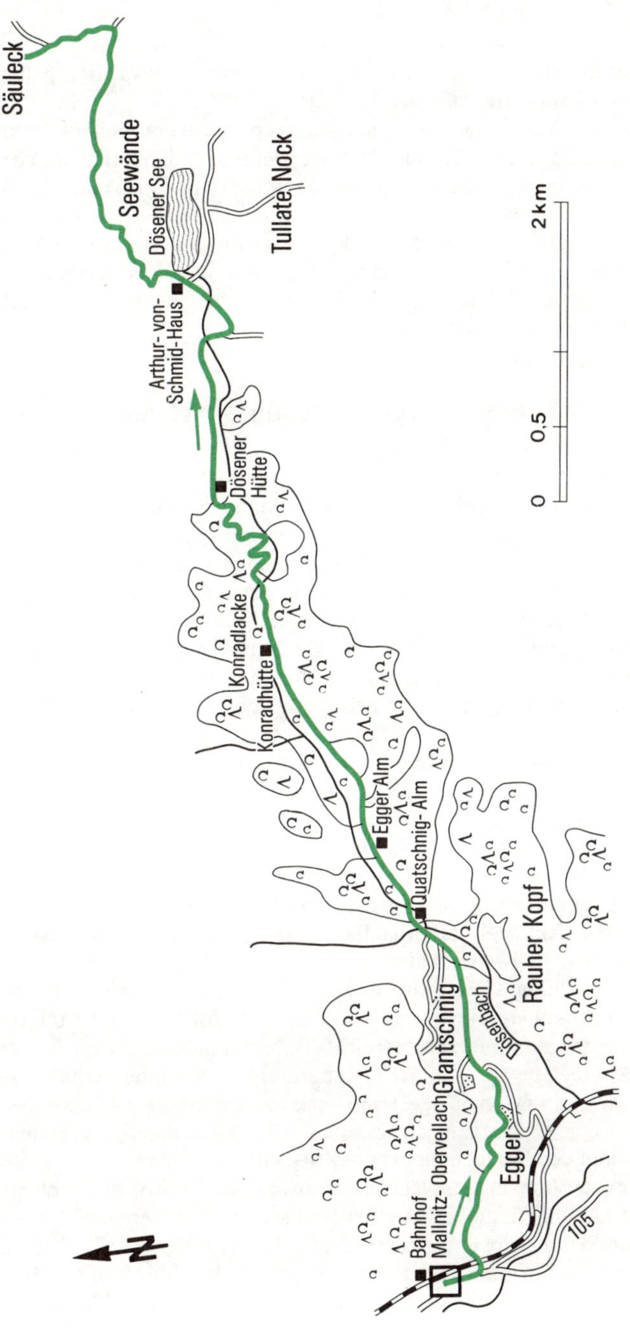
Säuleck
Seewände
Dösener See
Tullate Nock
Arthur-von-Schmid-Haus
Dösener Hütte
Konradlacke
Konradhütte
Egger Alm
Quatschnig-Alm
Rauher Kopf
Glantschnig
Dösenbach
Egger
Bahnhof Mallnitz-Obervellach
105
0
0,5
2 km

teten Alpenvereinshauses befindet sich der etwa 700 m lange stimmungsvolle *Dösener See.*

Der Weiterweg zum Säuleck führt vorerst in nördlicher Richtung zur sogenannten Seealm. Hier wendet man sich oberhalb der Seewände nach Osten und erreicht über Schutt und Firn nahe der Abzweigung des zur Hochalmspitze führenden Detmolder-Weges den Südostgrat des Berges. An der Westseite des Grates steil ansteigend, gelangt man in leichter Kletterei über Blockwerk und Fels auf den Gipfel des *Säuleck's* (3085 m, 2 bis 2½ Stunden vom Arthur von Schmid-Haus).

96 Mallnitz – Ankogelbahn – Hannoverhaus – Ankogel

Verkehrsmöglichkeiten Bahn bis Mallnitz-Obervellach oder bis zur Haltestelle Tauerntunnel. Busverbindung nach Mallnitz von allen bedeutenden Oberkärntner Fremdenverkehrsorten. Einzelne Kurse verkehren bis zur Talstation der Ankogel-Seilbahn.
Parkmöglichkeiten Bei der Talstation der Ankogel-Seilbahn.
Wegmarkierungen Rot-weiß-rot, teilweise nur rot. Vom Hannoverhaus zum Ankogel erst Wegnummer 519, dann 520. Abstieg vom Hannoverhaus zur Talstation der Ankogelbahn erst Wegnummer 518, dann 517.
Tourenlänge Bergstation der Ankogelbahn – Ankogel etwa 5 km. Bergstation – Talstation etwa 9 km.
Wanderzeit Bergstation Hannoverhaus 15 Minuten. Bergstation – Ankogel 2½ bis 3 Stunden, zurück 2 Stunden. Hannoverhaus bzw. Bergstation – Talstation 3 bis 3½ Stunden.
Höhenunterschiede Bergstation – Hannoverhaus 92 m. Bergstation – Ankogel 650 m (teilweise steil). Bergstation – Talstation 1450 m (teilweise steil).
Anmerkung Die 4 km nördlich von Mallnitz gelegene Talstation der Ankogel-Seilbahn wird zu Fuß, mit Postbussen oder mit dem eigenen Kraftfahrzeug erreicht. Bahnreisende benützen den Zug eventuell bis zur Haltestelle Tauerntunnel (Achtung! Es halten nur einzelne Personenzüge!) und verkürzen damit den Anmarschweg auf 2 km. Die ganzjährig von 9–17 Uhr verkehrende Seilbahn bringt den Benützer über die Mittelstation Hochalmblick (1941 m) zur 2630 m hoch gelegenen Bergstation, von wo ein bequemer Weg zum Hannoverhaus des Deutschen Alpenvereins führt. Das direkt am Alpenhauptkamm, auf der Arnoldhöhe (2722 m) erbaute Schutzhaus stellt einen hervorragenden Stützpunkt für Bergtouren dar. In seiner nächsten Nähe befindet sich ein Mausoleum

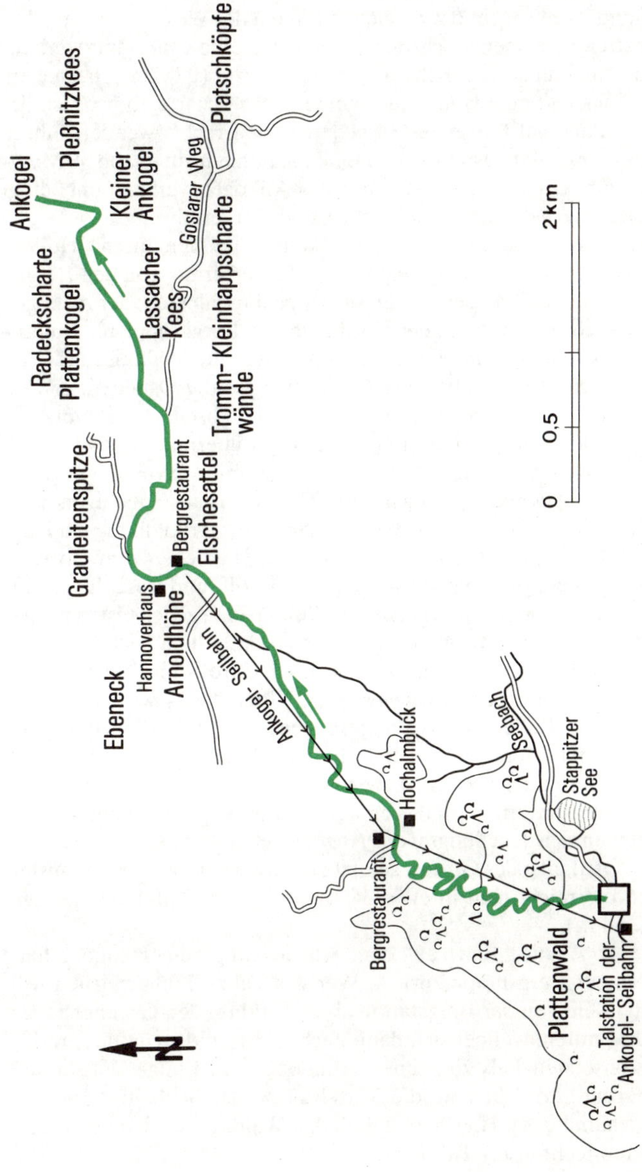
Ankogel
Radeckscharte
Plattenkogel
Pleßnitzkees
Kleiner Ankogel
Lassacher Kees
Goslarer Weg
Kleinhappscharte
Platschköpfe
Tromm-
wände
Grauleitenspitze
Bergrestaurant
Elschesattel
Hannoverhaus
Arnoldhöhe
Ebeneck
Ankogel-Seilbahn
Hochalmblick
Seebach
Stappitzer See
Bergrestaurant
Plattenwald
Talstation der Ankogel-Seilbahn
N
0
0,5
2 km

für Dr. Arnold und im Krieg gefallenen Mitglieder der AV-Sektion Hannover. Die Aussicht von der Arnoldhöhe ist, der Lage entsprechend, großartig und weitreichend. Wem der Weg zum Ankogel zu anstrengend oder zu schwierig erscheint, sollte vom Hannoverhaus aus unbedingt die nahe Grauleitenspitze (2782 m) besteigen. Hiezu steigt man vom Haus in eine flache Scharte ab; wo sich der zum Ankogel führende Goslaerweg nach rechts wendet, führen ausgeprägte Steigspuren über einen Rasenhang in knapp 30 Minuten zum Gipfel. Die Besteigung des Ankogels verlangt unbedingt Trittsicherheit, Schwindelfreiheit und Bergerfahrung.

Wissenswertes Mallnitz, der bekannte heilklimatische Höhenluftkurort an der Tauernbahn, wird fächerförmig von den Bergen der Ankogel- und der Goldberggruppe umschlossen; der Ankogel, die höchste Erhebung der gleichnamigen Berggruppe im Tauernhauptkamm, nimmt hierbei eine dominierende Stellung ein. Unser Gipfel zählt zu den besten Aussichtsbergen der Ostalpen; er wird innerhalb der Ankogelgruppe nur von der abseits des Hauptkammes gelegenen Hochalmspitze (3360 m) überragt.

Tourenbeschreibung Ankogelbesteiger müssen von der *Bergstation* der *Ankogelbahn* nicht zum Hannoverhaus aufsteigen, sondern können unterhalb der zwischen der Arnoldhöhe und der Grauleitenspitze gelegenen Einsattelung fast eben zum Goslaerweg queren. Ihm folgend werden die Geröll- und Rasenhänge unter der Grauleitenspitze etwa 45 Minuten lang gegen Osten hin gequert. Bei einer Wegteilung folgt man dann dem nach links aufwärts führenden Ast und gelangt über Geröll- und Schneefelder zum spaltenarmen *Lassacher Kees*. Über dieses wird vorerst in Richtung Radeckscharte angestiegen; erst weiter oben wendet man sich nach rechts und erreicht über Fels und steiles Blockwerk die Schulter des *Kleinen Ankogels* (3097 m, 2 bis 2½ Stunden von der Bergstation). Von dieser wenig ausgeprägten Erhebung wendet man sich dem Südgrat des Angogel-Hauptgipfels zu. Vorerst an der Ostflanke des Grates, zuletzt am Grat selbst ausgesetzt ansteigend, erreicht man in etwa 35 Minuten den Gipfel des *Ankogel* (3264 m).

Der Abstieg führt auf dem Anstiegsweg zum Hannoverhaus bzw. zur Bergstation zurück. Wer das Tal zu Fuß erreichen will, folgt dem von der Bergstation abwärts führenden Grat noch etwa 10 Minuten, wendet sich dann nach rechts und steigt über rasendurchsetzten Fels zu grünen Almböden ab. Einige Wasserläufe querend, erreicht man die Mittelstation der Seilbahn (Gasthaus Hochalmblick). Hier betritt man den Wald, durch den der Weg in vielen Kehren ins Tal führt.

97 Kölnbreinsperre – Großelendtal – Osnabrücker Hütte – Schwarzhornseen – Kleinelendtal – Kölnbreinsperre

Verkehrsmöglichkeiten Bus von Spittal-Millstättersee zur Kölnbreinsperre.
Parkmöglichkeiten Oberhalb der Kölnbreinsperre (Mautstraße).
Wegmarkierungen Rot-weiß-rot. Bis zum Fallboden Wegnummer 537 (502), in der Folge Weg 538, 539, 511 und wieder 537.
Tourenlänge Etwa 22 km.
Wanderzeit 6½ bis 7 Stunden.
Höhenunterschiede Gesamtsteigung etwa 800 m. Fast ebene Wanderung bis zur Osnabrücker Hütte, von dort steiler Anstieg zur Zwischenelendscharte und steiler Abstieg ins Kleinelendtal.
Wanderkarten Kompass-Wanderkarte 1:50 000 Blatt 66, Freytag & Berndt-Wanderkarte 1:100 000 Blatt 19.
Anmerkung Schon die Auffahrt durch das Maltatal – das »Tal der stürzenden Wasser« – und die Wanderung entlang des Speichersees Sameralm zu der in großartiger Umgebung gelegenen Osnabrücker Hütte ist ein einmaliges Erlebnis. Der Besuch der Schwarzhornseen und die Überschreitung der Zwischenelendscharte verlangt alpine Erfahrung, erhöht jedoch die Großartigkeit des Landschaftserlebnisses.
Wissenswertes Die 1977 fertiggestellte Kölnbreinsperre ist die größte Talsperre Österreichs. Die Staumauer ist 200 m hoch und 626 m lang. Der aufgestaute See hat eine Länge von 4,5 km, eine Breite von 0,8 km und einen Wasserinhalt von 200 Millionen Kubikmetern. Die Umwandlung in elektrische Energie erfolgt in mehreren Stufen: Vom Kraftwerk Galgenbichl leitet ein Druckstollen zum Kraftwerk Rottau im Mölltal und weiter zum Kraftwerk Möllbrücke an der Drau. Die Gesamtfallhöhe des Wassers beträgt hierbei etwa 1300 m.
Tourenbeschreibung Vom Parkplatz beim 1920 m hoch gelegenen Sporthotel Maltatal an der Kölnbreinsperre ausgehend, leitet ein breiter Fahrweg am Nordufer des Stausees entlang. Nach etwa 2 km mündet der Tauernhöhenweg 502 in ihn ein. Etwas später wird der Kleinelendbach überschritten. Nach etwa 1½ Stunden Gehzeit gelangt man zum Ende des Stausees. Der Weg beginnt nun mäßig zu steigen und erreicht nach 30 bis 35 Minuten die bewirtschaftete *Osnabrücker Hütte* des Deutschen Alpenvereins (2022 m, 2 Stunden vom Sporthotel, prachtvoller Blick auf das mächtige Großelendkees und die über ihm aufragenden Dreitausender der Hochalmspitzgruppe).

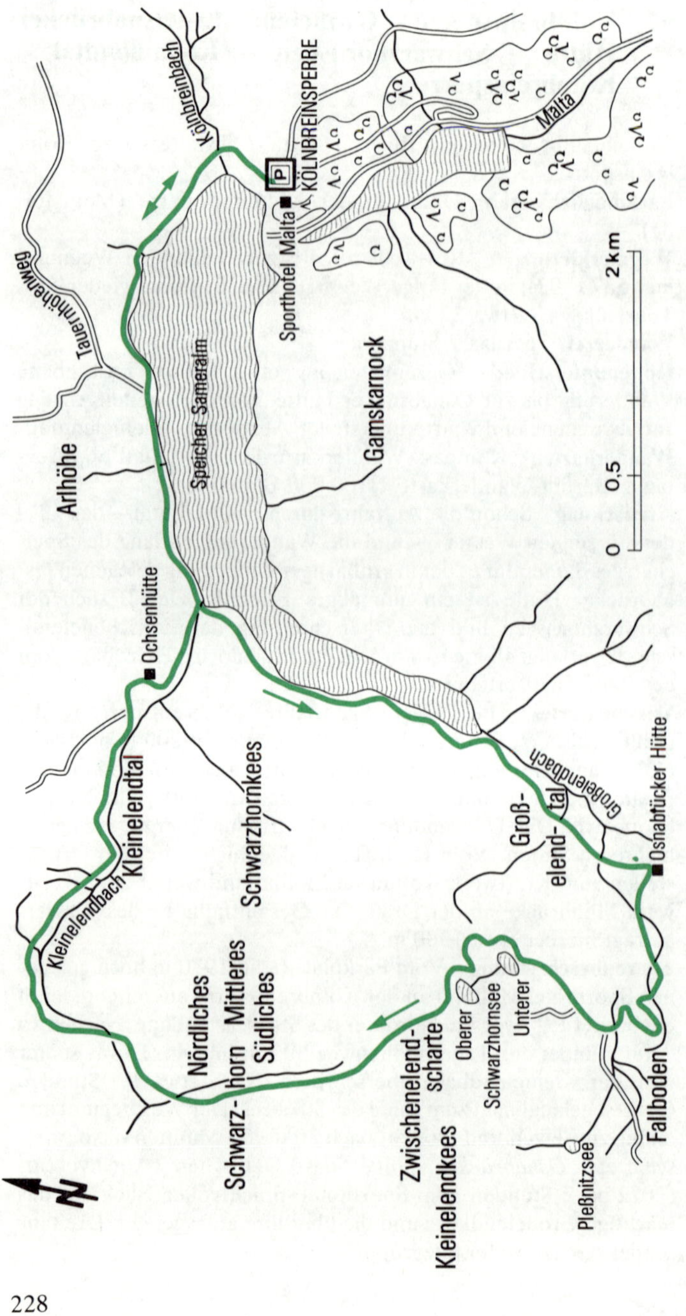

Tauernhöhenweg
Kölnbreinbach
KÖLNBREINSPERRE
P
Sporthotel Malta
Malta
Arlhöhe
Speicher Sameralm
Gamskarnock
0
0,5
2 km
Ochsenhütte
Kleinelendtal
Kleinelendbach
Schwarzhornkees
Nördliches
Mittleres
Südliches
Schwarz-
horn
Zwischenelend-
scharte
Kleinelendkees
Oberer
Schwarzhornsee
Unterer
Groß-
elend-
tal
Großelendbach
Osnabrücker Hütte
Fallboden
Pleßnitzsee

Von der Hütte folgt man dem entlang des Fallbaches bald steil ansteigenden Weg bis zum Fallboden (1 Stunde). Hier hält man sich, den zur Großelendscharte führenden Weg 502 verlassend, nach rechts und gelangt bald zu einer weiteren Wegteilung. Hier wählt man abermals den rechten Ast und gelangt, erst auf- und dann etwas absteigend, zum *Unteren Schwarzhornsee* (2541 m). Nördlich desselben steigt der Weg wieder an und gewinnt den auf einer Terrasse unterhalb der Zwischenelendscharte gelegenen *Oberen Schwarzhornsee* (2648 m, 2 Stunden von der Osnabrücker Hütte, großartiger Blick zur Hochalmspitze). Vom See leitet die Markierung zur nur 50 m höher gelegenen *Zwischenelendscharte,* von der aus sich eine eindrucksvolle Schau zum Kleinelendkees und auf dessen Bergumrahmung bietet. In steilem, im Frühsommer über Firn führenden Abstieg erreicht man von hier den Boden des Kleinelendtales. Am Bach entlangwandernd, trifft man auf den, von der Kleinelendscharte kommenden Weg 511 und erreicht wenig später den am Stausee entlang führenden Fahrweg (1½ Stunden von der Zwischenelendscharte). Dieser leitet in knapp 1 Stunde zurück zum Ausgangspunkt der Wanderung.

98 Kölnbreinsperre – Kattowitzer Hütte – Großer Hafner – Gmünder Hütte

Verkehrsmöglichkeiten Bus von Spittal-Millstättersee über die Gmünder Hütte zur Kölnbreinsperre.
Parkmöglichkeiten Bei der Gmünder Hütte und oberhalb der Kölnbreinsperre.
Wegmarkierungen Rot-weiß-rot. Aufstieg zur Kattowitzer Hütte Wegnummern 537 und 545, Hafneranstieg Wegnummer 547 und 548, Abstieg zur Gmünder Hütte Wegnummer 547. Die Wegnummern sind nur sporadisch angeschrieben!
Tourenlänge Etwa 18 km.
Wanderzeit 7 bis 8 Stunden, ohne Hafnerbesteigung 4½ bis 5 Stunden.
Höhenunterschiede Gesamtsteigung etwa 1250 m. Steiler Aufstieg zum Hafner, überwiegend steiler Abstieg zur Gmünder Hütte.
Wanderkarten Kompass-Wanderkarte 1:50 000 Blatt 66, Freytag & Berndt-Wanderkarte 1:100 000 Blatt 19.
Anmerkung Die Wanderung von der Kölnbreinsperre zur Kattowitzer Hütte und der Abstieg ins Maltatal kann jedem einigermaßen trittsicheren Wanderer empfohlen werden. Schöne Rückblicke zum Stausee und der Anblick der Gletscherberge um die

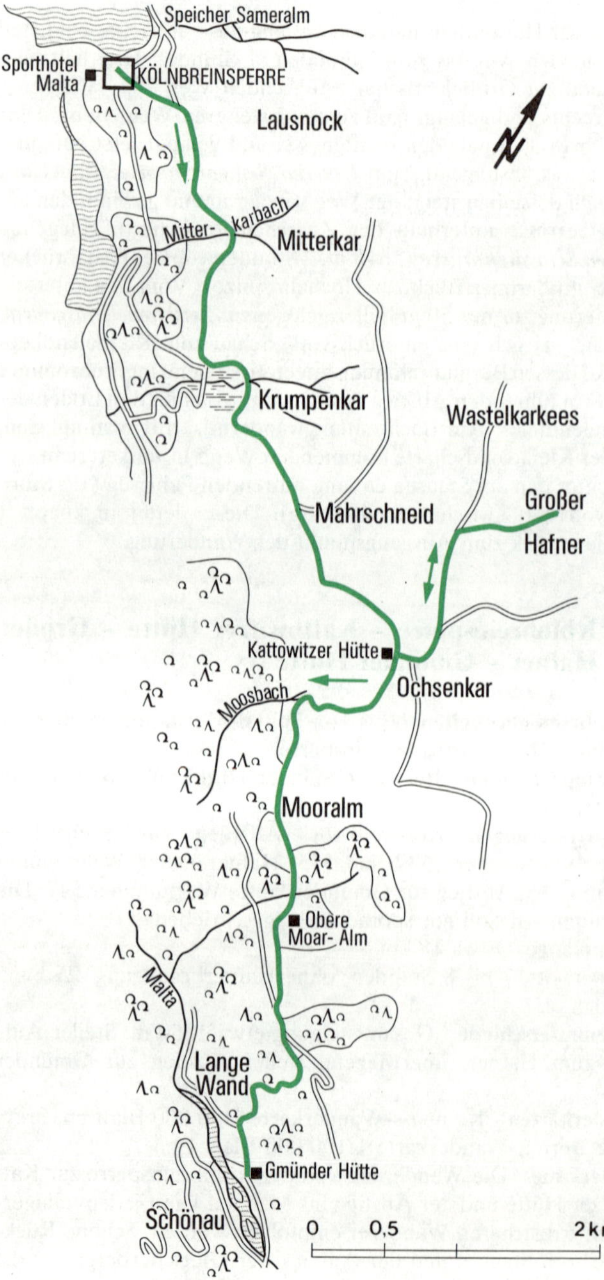
Speicher Sameralm
Sporthotel Malta
KÖLNBREINSPERRE
Lausnock
Mitter- karbach
Mitterkar
Krumpenkar
Wastelkarkees
Mahrschneid
Großer Hafner
Kattowitzer Hütte
Ochsenkar
Moosbach
Mooralm
Obere Moar- Alm
Malta
Lange Wand
Gmünder Hütte
Schönau
0
0,5
2 km

Hochalmspitze vermitteln unvergeßliche Eindrücke. Der Hafner kann als einer der lohnendsten Dreitausender der Alpen bezeichnet werden. Er bietet dank seiner Lage am Ostende der Hohen Tauern eine einzigartig schöne, nach Norden, Osten und Süden hin vollkommen ungehinderte Aussicht und prächtige Tiefblicke. Seine Besteigung ist relativ leicht, sie verlangt jedoch Trittsicherheit und Schwindelfreiheit.

Tourenbeschreibung Vom *Sporthotel Maltatal* folgt man einer mäßig steil ansteigenden Schotterstraße in östlicher Richtung bis zu ihrem Ende (10 Minuten). Hier beginnt ein durch Latschen und Blockwerk führender Steig, der, an zwei kurzen Stellen drahtseilgesichert, in leichtem Auf und Ab ins *Krumpenkar* führt. Nach der Abzweigung eines Weges zur Wastelbaueralm beginnt der Steig stärker anzusteigen und erreicht an der *Mahrschneid* seine höchste Stelle (2342 m, 2½ Stunden von der Kölnbreinsperre). In langer, fast ebener Querung durch grobes Blockwerk wird nach 30 Minuten die herrlich gelegene *Kattowitzer Hütte* des Deutschen Alpenvereins erreicht (2319 m, Nächtigungsmöglichkeit). Von der Hütte steigt man kurz in östlicher Richtung an, wendet sich dann aber nach Norden und erreicht über die Weide- und Schuttflächen des Ochsenkares den Südwestgrat des Hafners. Über ihn steigt man ohne Schwierigkeiten, manchmal jedoch ausgesetzte Stellen passierend, zum Gipfelkreuz am *Großen Hafner* an (3076 m, 2 bis 2½ Stunden von der Kattowitzer Hütte).

Im Abstieg von der Kattowitzer Hütte erreicht man nach einem ersten steilen Wegabschnitt einen grünen, von den Mäandern des Moosbaches durchzogenen Almboden. Hier wendet man sich nach Südosten und gelangt durch lichte Zirbenbestände zur *Oberen Moar Alm* (1813 m). Ab hier folgt die Markierung kurz einem Fahrweg (eine Kehre kann abgeschnitten werden), verläßt diesen aber bald nach einer Weggabelung (zwei kleine Jagdhütten) nach rechts und leitet durch steilen Bergwald in etwa 40 Minuten zur Maltatal-Mautstraße. 200 m talaus liegt die *Gmünder Hütte* des Österreichischen Alpenvereines (1186 m, 2 Stunden von der Kattowitzer Hütte).

99 Gmünd – Frido-Kordon-Hütte – Stubeck

Verkehrsmöglichkeiten Bus von Spittal-Millstättersee nach Gmünd.
Parkmöglichkeiten In Gmünd und bei der Frido-Kordon-Hütte.
Wegmarkierungen Rot-weiß-rot, Wegnummer 558.
Tourenlänge 11 km, von der Frido-Kordon-Hütte 4 km.
Wanderzeit Aufstieg von Gmünd 4 bis 4½ Stunden, von der Frido-Kordon-Hütte 1½ bis 2 Stunden. Für den Abstieg sind ⅔ der Anstiegszeit zu rechnen.
Höhenunterschiede Gesamtsteigung etwa 1650 m, von der Frido-Kordon-Hütte 730 m. Überwiegend angenehme Neigungsverhältnisse.
Wanderkarten Kompass-Wanderkarte 1:50 000 Blatt 66, Freytag & Berndt-Wanderkarte 1:100 000 Blatt 19.
Anmerkung Die leichte Almwanderung kann durch die Pkw-Auffahrt zur Frido-Kordon-Hütte zu einer bequemen Halbtagstour gekürzt werden. Die Aussicht vom Stubeck ist ungemein malerisch. Während aus Südosten die sanften Kuppen der Nockberge grüßen, bauen sich im Norden und Westen die Fels- und Eisgipfel der Ankogel- und der Reißeckgruppe auf.
Wissenswertes Gmünd, der Ausgangspunkt der Wanderung zählt zu den reizvollsten Kleinstädten Kärntens. Sehenswert sind die dreischiffige gotische Pfarrkirche, das Schloß Lodron, die Stadttore und die gut erhaltene Ringmauer, der prächtige Hauptplatz mit seinen schönen Bürgerhäusern sowie die engen, mittelalterlichen Gäßchen. Über der Stadt erhebt sich eine mächtige Burgruine.
Tourenbeschreibung Vom Oberen Stadttor in *Gmünd* gelangt man, auf Stufen links von der Altweiberkapelle ansteigend, zur Alten Burg. Die Markierung folgt nun einem Fahrweg, verläßt ihn aber nach wenigen Schritten nach rechts, um bei einer bald folgenden weiteren Wegteilung nochmals rechts abzuschwenken (neben den rot-weiß-roten Wegzeichen befinden sich alte blaue Marken). Der Weg steigt nun in Kehren ziemlich steil an, erreicht aber bald eine ebene Fläche (Sendeanlage). Durch Wiesen und Felder wandert man von hier zu einem von Gmünd kommenden asphaltierten Fahrweg, der nach links zur Ortschaft *Treffenboden* führt (35 Minuten von Gmünd). Hier hält man sich scharf nach rechts, schwenkt im Wald wieder nach links und steigt ziemlich steil zum *Hubenbauer* an (1¼ Stunden von Gmünd, schöner Blick ins Maltatal). Die Bezeichnung leitet nun in bequemer Steigung zu dem von Forchenbichl nordwärts ziehenden Bergrücken und stößt hier bald auf die von Gmünd zur Frido-Kordon-Hütte führende Schot-

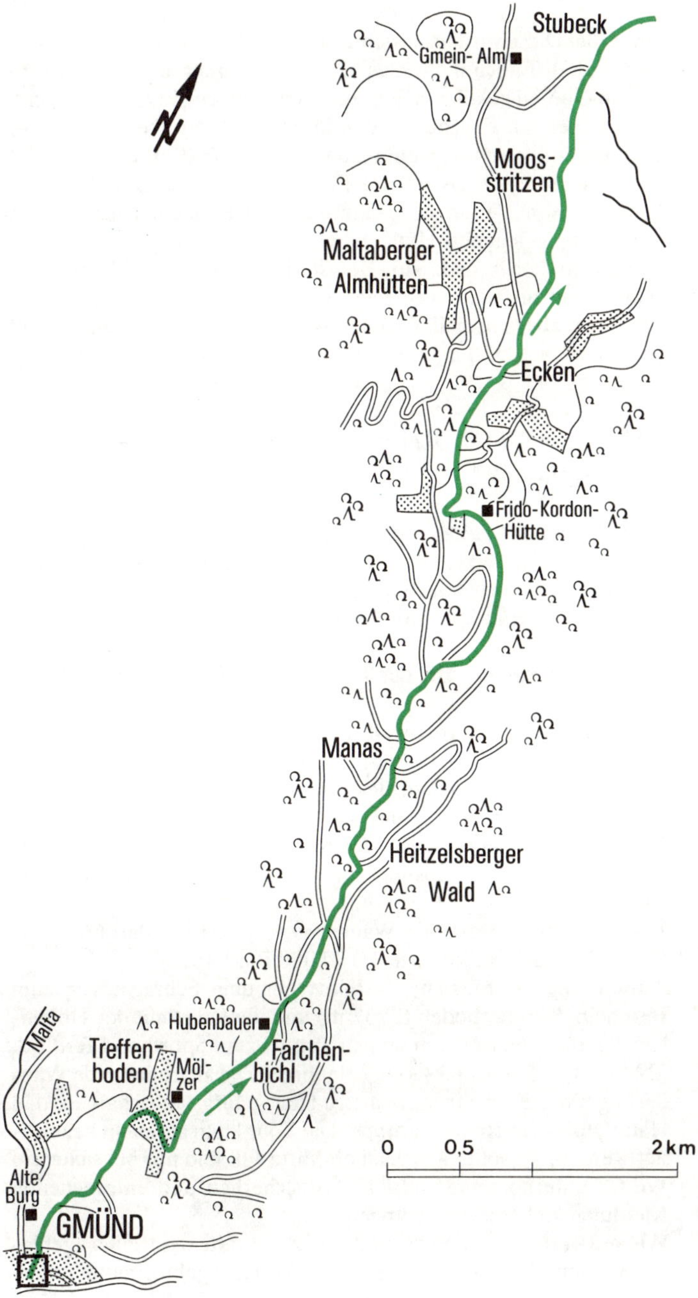
Stubeck
Gmein- Alm
Moos-
stritzen
Maltaberger
Almhütten
Ecken
Frido-Kordon-
Hütte
Manas
Heitzelsberger
Wald
Hubenbauer
Treffen-
boden
Möl-
zer
Farchen-
bichl
Malta
Alte
Burg
GMÜND
0
0,5
2 km

terstraße. Diese wird nach wenigen Schritten nach rechts verlassen, später jedoch noch mehrmals berührt bzw. gekreuzt. Gut 2 Stunden ab Gmünd gelangt man nach einem ebenen Wegstück zu einer alleinstehenden Holzhütte. Von hier steigt man über eine Wiese steil nach links an und steht bald vor der *Frido-Kordon-Hütte* des Österreichischen Alpenvereines (1649 m, 2½ Stunden von Gmünd). Von der in der Nähe eines im Entstehen begriffenen Almdorfes gelegenen Hütte leitet die Markierung, eine Schiabfahrtspiste berührend, zur Bergstation eines Schleifliftes. Der Wald bleibt zurück, man erreicht einen Almzaun und folgt diesem in langem aber nur mäßig steilen Anstieg bis zum Gipfelkreuz auf dem *Stubeck* (2370 m, 1½ – 2 Stunden von der Kordon-Hütte).

100 Sporthotel Reisseck – Riekentörl – Großes Reisseck

Verkehrsmöglichkeiten Bahn von Villach oder Mallnitz-Obervellach bis Kolbnitz. Direkte Busverbindung von vielen Oberkärntner Ferienorten nach Kolbnitz. Auffahrt von Kolbnitz mit der Reißeckbahn zum Sporthotel Reißeck auf dem Reißeck-Seenplateau.

Parkmöglichkeiten Bei der Talstation der Reißeckbahn in Kolbnitz.

Wegmarkierungen Rot-weiß-rot. Bis zum Riekentörl Wegnummer 575 bzw. 510, dann Wegnummer 562.

Tourenlänge Hin und zurück etwa 9 km.

Wanderzeit Hin und zurück 4 bis 5 Stunden.

Höhenunterschiede Etwa 750 m. Meist angenehme Neigungsverhältnisse, steiler Anstieg zum Riekentörl und zum Großen Reißeck.

Wanderkarten Kompass-Wanderkarte 1:50 000 Blatt 66, Freytag & Berndt-Wanderkarte 1:100 000 Blatt 19.

Anmerkung Bereits die Auffahrt mit dem Schrägaufzug zum Bergheim Schoberboden (2237 m) und die Fahrt mit der Höhenbahn durch einen 2,2 km langen Tunnel zum Sporthotel Reißeck (2244 m) sind eindrucksvolle Erlebnisse. Die anschließende Wanderung führt durch eine großartige Hochgebirgslandschaft auf den Hauptgipfel der Reißeckgruppe. Die Tour kann als leicht bezeichnet werden, sie sollte aber erst ab Mitte Juli und nur bei sicherem Wetter unternommen werden. Trittsicherheit und entprechende Kleidung sind Voraussetzungen.

Wissenswertes Zur Nutzung der Wasserkräfte des Reißeckgebietes wurden gigantische Eingriffe in die Hochgebirgsnatur unter-

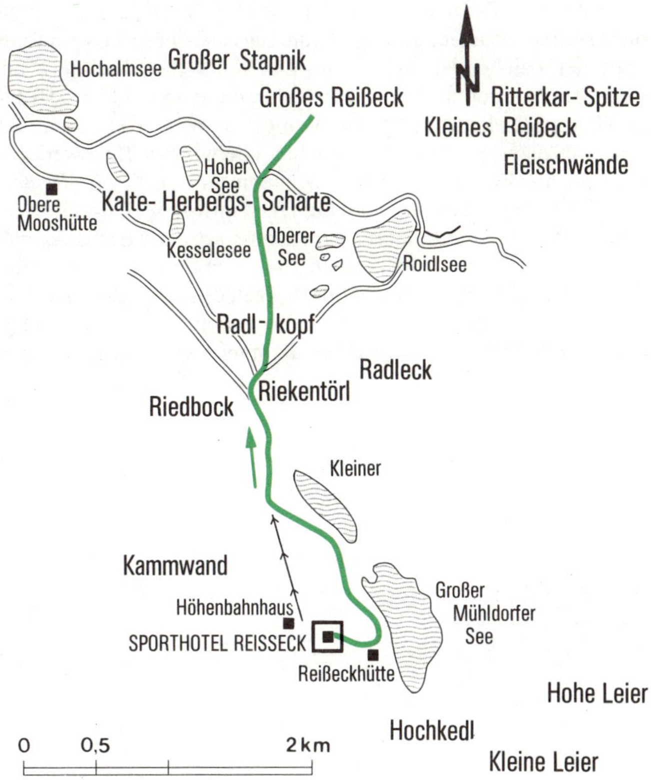

nommen. Daß diese nicht störend wirken müssen, zeigen die großartigen Anlagen der Österreichischen Draukraftwerke. Das im Großen und Kleinen Mühldorfersee, im Hochalmsee, im Kesselsee, im Quarzsee und im Radlsee gesammelte Wasser wird bei einer Fallhöhe von 1772 m (der höchsten der Welt) dem Kraftwerk Kolbnitz zugeleitet. Dieses erzeugt gemeinsam mit der Kraftwerksgruppe Malta elektrische Energie mit einer Gesamtleistung bis zu 1000 Megawatt.

Tourenbeschreibung Von der Endstation der Höhenbahn erreicht man in Kürze den von der unter der Staumauer des *Großen Mühldorfer Sees* gelegenen Reißeckhütte des Österreichischen Alpenvereines zum *Kleinen Mühldorfer See* führenden Weg. Dieser führt, erst mäßig, dann steiler ansteigend, zu dem zwischen dem Riedbock und dem Radlkopf gelegenem *Riekentörl* (2525 m, 1 bis

1 ¼ Stunden). Beim Törl wird der zur Mooshütte führende Steig nach rechts verlassen. Man quert, anfangs fast eben, die vom Radlkopf herabziehenden Schutthänge in nördlicher Richtung und steigt dann steiler zur *Kalten Herbergsscharte* an (2712 m, 50 Minuten vom Riekentörl, Kreuzung mit dem Weg 561). Dem Südwestgrat folgend, gelangt man von hier über grobes Blockwerk und über leichte Felsen in etwa 35 Minuten auf das *Große Reißeck* (2965 m). – Die Aussicht vom Gipfel ist großartig. Über die Seen und Grate der unmittelbaren Umgebung schweift der Blick zum Großglockner, zur Hochalmspitze, zu den sanften Nockbergen und zu den Felsgipfeln der Südlichen Kalkalpen. Der Abschied, den man vor dem Abstieg von den umliegenden Bergen und Tälern nimmt, soll vom Wunsch, wiederzukommen und Kärnten neu zu erleben, erfüllt sein.

Wanderausrüstung

Die Wanderausrüstung soll in erster Linie funktionsgerecht sein.
Schuhe Wichtig: Profilgummisohle! Bei längeren Wanderungen ist ein über den Knöchel reichender Schuh zu empfehlen, bei Bergwanderungen unbedingt erforderlich. Weicher, gepolsterter Abschluß. Wasserdichtes Leder.
Neue Wanderschuhe sollen eingegangen werden; nicht gleich bei längeren Touren verwenden.
Strümpfe, Socken Wollstrümpfe, eventuell mit Frottee verstärkt. Bei Kniebundhosen sollen die Strümpfe bis über das Knie reichen. Eventuell können über den Wollstrümpfen noch Socken getragen werden.
Unterwäsche Schweißsaugend, am besten aus Baumwolle. Soll nicht beengend sein.
Hemd, Bluse Schweißsaugend. Baumwolle, Flanell oder Jersey sind die zweckmäßigsten Materialien. Schmutzunempfindliche Farben sind vorteilhaft. Hemd oder Bluse soll lang genug sein; die Ärmel dürfen nicht zu knapp angeschnitten sein (Ärmelloch weit genug). In der Taille sehr enge Hemden oder Blusen behindern die Beweglichkeit.
Pullover Es ist besser, zwei dünnere als einen sehr dicken Pullover mitzunehmen. Bei Kälte ergeben sich durch Übereinanderziehen günstigere Wärmeverhältnisse (Mehrschichtenprinzip). Die Ärmel sollen so lang sein, daß die Handgelenke gut geschützt sind. Der Pullover soll bis unter die Hüfte reichen. Material: möglichst gute, weiche Wolle. Kunstfasern sind nicht empfehlenswert.
Hose Bevorzugt Kniebundhose, wichtig: bequemer Schnitt! Beinlänge soll weit genug unter das Knie reichen. Die Hose soll nicht zu eng sitzen; das behindert die Beweglichkeit. Enge Kleidung ist überdies kälter als weite. (Es kann sich keine wärmende Luftzwischenschicht bilden.) Die Verschlüsse am Bund und unter den Knien sollen nicht zu straff sitzen. Geeignete Materialien sind Loden, Cord, elastische Gewebe, für sehr warme Tage auch Leinen und Jeansstoff. An heißen Tagen als Zweithose eventuell Shorts.
Anorak Wichtig ist eine gute Paßform. Gute Beweglichkeit muß gewährleistet sein; Ärmel dürfen daher nicht zu eng angeschnitten sein. Die Länge soll bis unter das Gesäß reichen; die Kapuze soll mit dem Anorak fest verbunden sein und sich bis hoch in das Gesicht schließen lassen. Die Ärmel brauchen einen guten Abschluß, der aber nicht zu eng sein darf. Genügend Taschen zum Einstecken kleiner Ausrüstungsgegenstände sind günstig. Verschluß: am besten durchgehender Reißverschluß – vorteilhaft Doppelzipp – und eine über den Reißverschluß reichende Druckknopfleiste.

Das Material soll atmungsaktiv und geschmeidig sein; Anoraks aus reiner Kunstfaser entsprechen dieser Forderung vielfach nicht. Daher besser Popeline, eventuell kunststoffverstärkt, Segeltuch, Ninoflex u. a. m.

Regenschutz Weiter Regenumhang (Pelerine, Cape), der auch über den Rucksack getragen werden kann. Am besten sind leichte, klein zusammenlegbare Modelle. Der Umhang soll nicht zu lang sein, sonst Gefahr des Draufsteigens und Hängenbleibens. Eventuell auch zusammenlegbarer Regenschirm.

Kopfbedeckung Als Kälte- und Windschutz: Lodenhut mit Sturmband oder Wollmütze mit gutem Ohrenschutz.

Als Sonnenschutz: zusammenlegbarer Leinenhut mit Krempe oder Kopftuch.

Handschuhe Am zweckmäßigsten sind Wollhandschuhe oder -fäustlinge (Fausthandschuhe), deren Schaft über die Handgelenke reicht.

Rucksack Material: mehrfach beschichtetes Kunststoffgewebe oder starkes Segeltuch. Eventuell Polsterung am Rücken. Breite gepolsterte Traggurte, Außentasche mit Reißverschluß wichtig. Klemmschnallen und Schnallengürtel sollen angenäht und nicht nur angenietet sein.

Sonnenbrille 60 bis 80 Prozent Lichtabsorption. Um seitlichen Einfall der Sonnenstrahlen zu verhindern, sollen die Gläser der Brille groß genug sein.

Sonnenschutzmittel Sehr wichtig, vor allem in größeren Höhelagen wegen der stärkeren Wirkung der UV-Strahlen. Möglichst hoher Lichtschutzfaktor. Bei starker Sonneneinstrahlung ist auch die Verwendung einer Lippenschutzsalbe notwendig.

Kleine Rucksackapotheke Mindestausstattung: Mullbinde, elastische Binde, Pflasterschnellverband, Heftpflaster, schmerzstillende Tabletten, Insektenstift. Eventuell Aluminiumschutzdecke (Gewicht nur zirka 90 Gramm).

Taschenmesser Am zweckmäßigsten ist eines mit einfachem Werkzeug (Dorn, Schraubenzieher, Korkenzieher, Flaschenöffner).

Toilettenpapier Ein kleiner Vorrat gehört in jeden Tourenrucksack.

Kleinigkeiten Schnüre, Reserveschuhbänder (Schnürsenkel), Sicherheitsnadeln, Notizblock, Schreibstift, Taschentücher.

Proviant Als Zwischenverpflegung: Obst, Schokolade in stabiler Verpackung, Fruchtschnitten, Dörrobst. An heißen Tagen und bei längeren Wanderungen – vor allem mit Kindern – ist die Mitnahme von Getränken zu empfehlen (Flasche aus Kunststoff oder Aluminium).

10 Regeln für richtiges Verhalten in den Bergen

Herausgegeben von der Internationalen Bergsteigerunion

1. Vor jeder Tour muß die Bergerfahrung und körperliche Eignung aller Teilnehmer – Erwachsener und Kinder – geprüft werden. Bergwandern verlangt oft Trittsicherheit und Schwindelfreiheit.
2. Jede Bergtour soll an Hand von Tourenbeschreibungen und Landkarten genau geplant werden. Auch Auskünfte alpiner Vereine und Ortskundiger, wie Bergführer und Hüttenwirte, können dabei entscheidend helfen.
3. Entsprechende Ausrüstung und Bekleidung sind beim Bergwandern notwendig: vor allem feste hohe Schuhe mit griffiger Sohle. Da das Wetter in den Bergen oft sehr rasch umschlägt, sind Regen- und Kälteschutz ebenfalls sehr wichtig.
4. Aus Gründen der Sicherheit sollten vor dem Aufbruch Weg und Ziel der Tour sowie der voraussichtliche Zeitpunkt der Rückkehr dem Hüttenwirt bzw. Hotelier oder Freunden bekanntgegeben werden.
5. Das Tempo beim Wandern muß der Kondition der ganzen Gruppe angepaßt werden. Zu rasches Gehen am Beginn einer Tour führt unweigerlich zu frühzeitiger Erschöpfung.
6. Markierte Wege nicht verlassen. Um Stürze zu vermeiden, ist auch im leichten Gelände größte Aufmerksamkeit notwendig. Vorsicht beim Begehen von steilen Grashängen, vor allem bei Nässe. Besonders gefährlich sind Querungen von Schneefeldern und Gletschern.
7. Das Abtreten von Steinen ist unbedingt zu vermeiden, weil dadurch andere Bergwanderer verletzt werden könnten. Steinschlaggefährdete Stellen sollen möglichst rasch und ohne anzuhalten passiert werden.
8. Wenn das Wetter umschlägt, Nebel einfällt, der Weg zu schwierig wird oder in schlechtem Zustand ist, sollte man umkehren. Das ist keine Schande, sondern ein Zeichen der Vernunft.
9. Tritt ein Unfall ein, Ruhe bewahren. In manchen Fällen wird man sich selbst helfen können. Wenn nicht, soll durch Rufen, Lichtzeichen oder Winken mit großen Kleidungsstücken versucht werden, Hilfe herbeizuholen. Ein Verletzter ist in der Regel am Unfallort zu belassen und soll nach Möglichkeit nicht allein gelassen werden. Der Standort soll durch Markierung leicht einsehbar gemacht werden.
10. Die Berge sind für alle da. An ihrer Erhaltung und Sauberkeit

mitzuhelfen, ist Pflicht jedes Bergwanderers. Man soll seine Abfälle ins Tal mitnehmen, die Tier- und Pflanzenwelt soll geschont werden.

Einen Wanderurlaub sollte man der persönlichen Kondition entsprechend einteilen. Es wird davor gewarnt, die eigenen Kräfte zu überschätzen. An den ersten beiden Tagen soll man nur kleine Touren machen und am dritten Tag einen Rasttag einschalten. Danach kann man längere Wanderungen unternehmen.

Was man beim Bergfahren wissen soll

Bergauf. Kühler dampft! Wie fährt man bergauf?	*Kleiner Gang, Halbgas.*
Kühlwasser kocht, Fahrer manipuliert am Kühlerverschluß! Was tun Sie, wenn das Kühlwasser kocht?	*Motor im Leerlauf laufen lassen! Verschluß nicht öffnen, Verbrennungsgefahr.*
Wagen talwärts, Bremsen rauchen! Wie bremsen Sie beim Bergabfahren?	*Mit niederem Gang und notfalls zusätzlich bremsen. Bei Dauerbremsung verlieren die mechanischen Bremseinrichtungen ihre Wirkung!*
Wagen rast ohne Bremswirkung talwärts! Fußbremse versagt, Gang geht nicht mehr hinein, was tun Sie?	*Sofort zum Berghang fahren und dort mit der entsprechenden Wagenseite entlangschleifen!*
Warnzeichen 20 % Gefälle: Wann legen Sie den kleinen Gang ein?	*Zeitgerecht, mindestens bei der Tafel!*
Wagen in der Kurve, der Fahrer fotografiert: Wo dürfen Sie fotografieren?	*Wagen so abstellen, daß niemand gefährdet oder behindert wird!*
2600 m Seehöhe, Familie schiebt Wagen: Worauf tippen Sie, wenn Motorleistung nachläßt?	*Luft dünn, Sauerstoffmangel!*

Begegnungsverkehr in Steilstück ohne Ausweichmöglichkeit: Wer muß zur nächsten Ausweiche zurück?	*Der Talfahrende, ausgenommen schwer bewegliche Fahrzeuge oder Omnibusse!*
Steinschlagzeichen: Was macht man?	*Bremsbereit sein!*
Radwechsel, Wagen fixiert, Fahrer lockert Muttern bei angesetztem Wagenheber: Welche Reihenfolge ist richtig?	*a) Warndreieck oder (und) Warnblinkanlage verwenden.* *b) Gegen das Abrollen des Wagens absichern (Keile oder Steine).* *c) Radmuttern lockern.* *d) Wagenheber verwenden.* *e) Rad abnehmen.* *f) Reserverad aufschieben.* *g) Radmuttern befestigen.* *h) Wagenheber zurückwinden.* *i) Radmuttern fest anziehen, und zwar nicht der Reihe nach, sondern immer die gegenüberliegende Mutter festziehen!*

Entnommen aus »*Urlaub bei Freunden – Kärnten Kompaß*«, einem Urlaubsführer, der vom Fremdenverkehrs- und Gewerbereferent des Landes Kärnten herausgegeben wurde.

Erste Hilfe – 12 Verhaltensregeln für jedermann am Unfallort

6 Gebote

1. Berge einen Verunglückten unverzüglich aus der Gefahrenzone, wenn Du annehmen kannst, daß er dadurch nicht zusätzlich geschädigt wird. Sonst belasse ihn an Ort und Stelle, schütze ihn aber vor weiterer Gefährdung durch **Absicherung der Unfallstelle.**

2. Bringe einen bewußtlosen Verunglückten sofort schonend in Bauchseitenlage, damit er nicht an seiner eigenen Zunge oder an Erbrochenem, Blut oder Speichel, erstickt. Dann öffne vorsichtig alle beengenden Kleidungsstücke.

3. Überzeuge Dich durch laufende Kontrolle davon, daß der Bewußtlose atmet. Sollte die Atmung aussetzen, so beuge den Kopf vorsichtig so weit nackenwärts, wie dies möglich ist, und beginne sofort mit der Atemspende. Zu diesem Zweck blase ohne Kraftanwendung Deine Ausatemluft durch Mund oder Nase des Verunglückten in seine Lungen. Hast Du dabei Schwierigkeiten, so kontrolliere sofort, ob die Atemwege frei sind und ob der Kopf genügend weit zurückgebeugt ist.

4. Erst dann versorge Blutungen, indem Du sterile Druckverbände anlegst. Auch bei Schlagaderblutungen, aus denen das Blut stoßweise hervorspritzt, findest Du meist mit einem Druckverband das Auslangen. An bestimmten Körperstellen wirst Du Schlagaderblutungen nur durch Abdrücken mit dem Finger stillen können. Abschnürungen sind fast immer entbehrlich.

5. Alle Wunden sind mit keimfreier Gaze zu bedecken und vorsichtig zu verbinden.

6. Decke den Verunglückten zu und schütze ihn vor Wärmeverlust. Erst jetzt schiene vorsichtig, falls dies überhaupt vor dem Eintreffen weiterer Hilfe notwendig ist, die gebrochenen Gliedmaßen oder verschwollenen Gelenke; den Abtransport aber überlasse dafür eingerichteten Rettungsfahrzeugen.

6 Verbote

1. Versuche niemals einen Verunglückten zu untersuchen, gebrochene Gliedmaßen einzurichten oder herausquellende Eingeweide (Gedärme, Gehirn) in die Körperhöhle zurückzudrängen.

2. Entferne niemals eingedrungene Fremdkörper aus dem Brust- oder Bauchraum, Auge oder Kopf, sondern laß sie auf jeden Fall, gleichgültig ob sie klein oder groß sind, stecken.

3. Laß den bewußtlosen Verunglückten niemals auf dem Rücken liegen und zwinge den bei Bewußtsein befindlichen Verunglückten nicht eine Lage oder Haltung auf, die er nicht einnehmen will.

4. Flöße niemals einem Bewußtlosen etwas ein. Gib einem Verunglück-

ten, auch wenn er bei Bewußtsein ist und danach verlangt, nichts zu essen oder zu trinken oder gar Arzneimittel. Dadurch könnte er bei einer später notwendigen Operation schwer gefährdet werden.

5. Berühre niemals Wunden mit bloßen Händen oder irgend welchen Behelfen (eine Ausnahme ist nur zur Abdrückung schwerer Schlagaderblutungen erlaubt).
Wasche Wunden niemals aus (ausgenommen Verätzungen mit Säuren oder Laugen), sondern bedecke sie nur keimfrei. Auf keinen Fall verwende zum Verbinden Watte oder Zellstoff.

6. Bringe den Verunglückten niemals, auch wenn er bei Bewußtsein ist, in unsachgemäßer Lagerung, etwa im eigenen Auto oder gar auf dem Soziussitz eines Kraftrades, weg.

(Entnommen aus »*Urlaub bei Freunden – Kärnten Kompaß*«, einem Urlaubsführer, der vom Fremdenverkehrs- und Gewerbereferent des Landes Kärnten herausgegeben wurde.)

Anschriften-Verzeichnis

Deutsche Zentrale für Tourismus e. V. (DZT)
Beethovenstraße 69, D-6000 Frankfurt 1, Telefon (06 11) 7 57 21.

Deutscher Fremdenverkehrsverband e. V. (DFV)
Untermainanlage 6, D-6000 Frankfurt 1, Telefon (06 11) 23 63 51.

Europäische Wandervereinigung e. V.
Falkertstraße 70, D-7000 Stuttgart 1, Telefon (07 11) 29 53 36.

Verband Deutscher Gebirgs- und Wandervereine e. V.
Falkertstraße 70, D-7000 Stuttgart 1, Telefon (07 11) 29 53 36.

Deutsche Wanderjugend
Falkertstraße 70, D-7000 Stuttgart 1, Telefon (07 11) 29 53 36.

Deutscher Alpenverein
Praterinsel 5, D-8000 München 22, Telefon (0 89) 29 30 86.

Deutsches Jugendherbergswerk
Bülowstraße 26, D-4930 Detmold, Telefon (0 52 31) 2 27 72-1.

Touristenverein »Die Naturfreunde«
Bundesgruppe Deutschland e. V.
Großglocknerstraße 28, D-7000 Stuttgart 60, Telefon (07 11) 33 76 87/88.

Österreichische Fremdenverkehrswerbung (ÖFVW)
Margaretenstraße 1, A-1010 Wien, Telefon innerösterreichisch (02 22) 56 16 66, von Deutschland aus (00 43 2 22) 56 16 66.

Österreichische Fremdenverkehrswerbung
Roßmarkt 12, D-6000 Frankfurt, Telefon (06 11) 28 31 81, 29 36 73.

Österreichische Fremdenverkehrswerbung
Rosental 21, D-8000 München 2, Telefon (0 89) 2 60 70 35.

Österreichische Fremdenverkehrswerbung
Tauentzienerstraße 16, D-1000 Berlin 30, Telefon (0 30) 24 80 35, 24 10 12.

Österreichische Fremdenverkehrswerbung
Komödienstraße 1, D-5000 Köln, Telefon (02 21) 21 52 93, 23 97 31.

Österreichische Fremdenverkehrswerbung
Tesdorpfstraße 19, D-2000 Hamburg 13, Telefon (0 40) 4 10 20 13.

Österreichischer Alpenverein (ÖAV), Sektion Klagenfurt
Lydmanskygasse 2, A-9020 Klagenfurt, Telefon innerösterreichisch (0 42 22) 8 21 60.

Landesfremdenverkehrsamt Kärnten
Kaufmanngasse 13, A-9010 Klagenfurt, Telefon innerösterreichisch (0 42 22) 8 05 11-14, von Deutschland aus (00 43 42 22) 8 05 11-14.

Kärntner Zimmerreservierung
Neuer Platz 2, A-9010 Klagenfurt, Telefon innerösterreichisch (0 42 22) 7 04 71, von Deutschland aus (00 43 42 22) 7 04 71.

Fremdenverkehrsamt Klagenfurt
Rathaus, A-9010 Klagenfurt, Telefon innerösterreichisch (0 42 22) 79 61-2 23, 2 24.

Kur- und Fremdenverkehrsamt Villach
Kongreßhaus Europaplatz, A-9500 Villach, Telefon innerösterreichisch (0 42 42) 2 35 61.

Fremdenverkehrsbüro der Stadt Villach
Hauptplatz 7, A-9500 Villach, Telefon innerösterreichisch (0 42 42) 2 44 44.

Fremdenverkehrsamt Spittal a. d. Drau
Schloß Porcia, Burgplatz 1, A-9800 Spittal a. d. Drau, Telefon innerösterreichisch (0 47 62) 34 20.

Österreichischer Alpenverein, Sektion Villach
Schanzgasse 3, A-9500 Villach, Telefon innerösterreichisch (0 42 42) 28 95 84.

Österreichischer Alpenverein, Sektion Spittal a. d. Drau
Schloß Porcia, A-9800 Spittal a. d. Drau, Telefon innerösterreichisch (0 47 62) 32 68.

Außer den angeführten Stellen erteilen die Fremdenverkehrs- bzw. Gemeindeämter aller Kärntner Urlaubsorte Auskünfte. Prospektmaterial ist bei den örtlichen Fremdenverkehrsämtern anzufordern.

Jugendherbergen in Kärnten

Baldramsdorf
Jugendherberge Goldeck, A-9800 Spittal/Drau, Goldeck 2, Telefon (0 47 62) 27 01 oder A-9020 Klagenfurt, Bahnhofstraße 20, geöffnet von 26. Dezember bis 25. April und von 26. Juni bis 26. September, für 44 Personen.

Feld am See
Jugendherberge A-9544 Feld am See, Seestraße 64, Auskunft: Telefon (0 47 66) 21 08, 50 Betten, 20 Notbetten.

Flattnitz
Katholisches Jugendheim, 66 Betten, A-9363 Flattnitz, Telefon (0 42 22) 8 43 21 oder (0 42 67) 3 01 02, Jugendheim Zechnerhof (Gradenegger), Bischofsberg, A-9572 Deutsch Griffen, 60 Betten.
Jugendheim Moserwirt, A-9572 Deutsch Griffen, Telefon (0 42 79) 2 11 04, 50 Betten.

Gerlitze
Jugendherberge Erwin Berger, Gerlitzenalpe (1800 m), A-9551 Bodensdorf, Telefon (0 42 48) 28 80 oder (0 42 43) 2 29, 70 Betten, männlich, weiblich, alle Mahlzeiten im Hotel nebenan, ganzjährig außer den Monaten Mai, Oktober und November

Heiligenblut
A-9844 Heiligenblut, Telefon (0 48 24) 22 59, geschlossen vom 10. Oktober bis 31. Oktober, 100 Betten, männlich, weiblich, Mahlzeiten erhältlich, Vollpension für Gruppen.

Innerkrems
Jugendherberge Pfarramt Kremsbrücke, A-9862 Kremsbrücke 17, Telefon (0 47 65) 2 18, 30 bis 35 Betten männlich, weiblich, Spielplatz, Küche, Aufenthaltsraum, Selbstverpflegung.

Klagenfurt
Jugendherberge im Haus der Jugend, A-9020 Klagenfurt, Kumpfgasse 20, Telefon (0 42 22) 7 17 52, 140 Betten, männlich, weiblich, Frühstück erhältlich.

Rennweg
Jugendherberge »Mühlbacherwirt«, Mühlbach 4, A-9863 Rennweg, Telefon (0 47 34) 3 64, ganzjährig, 70 Stockbetten, alle Mahlzeiten erhältlich.

Spittal/Drau
Jugendherberge zur Seilbahn, A-9800 Spittal/Drau, Stadiongelände (neben Goldeck-Talstation), Telefon (0 47 62) 34 20, 64 Betten männlich, weiblich, nur Frühstück erhältlich.

Villach
Standard-Jugendherberge, A-9500 Villach-St. Martin, Dienzlweg 34, Telefon (0 42 42) 2 71 40, 54 Betten, männlich, weiblich, Mahlzeiten erhältlich, Frühstück.

Gebiet Wolfsberg
Jugendherberge »Verein Volksheim«, A-9431 St. Stefan i. L., Auskunft: Horst Trippolt, A-9400 Wolfsberg, Telefon (0 43 52) 26 90, ganzjährig, 22 Betten, nur Frühstück.
Jugendherberge ÖAV Görtschitztal, A-9462 Klippitzthörl, Auskunft: ÖAV Görtschitztal, A-9373 Wieting, Telefon (0 42 64) 3 31, 40 Betten, ganzjährig geöffnet.

Berg- und Almhütten zum Selberbewirtschaften

Baldramsdorf

Berghaus Thaler
Auskunft: Ernst Thaler, Ortenburgerstraße 56, A-9800 Spittal/Drau, Telefon (0 47 62) 25 15.
Oberlercher Walter
Auskunft: A-9805 Baldramsdorf 1, Telefon (0 47 62) 71 68.
Mandl Josefine
Auskunft: A-9800 Spittal/Drau, Höhenstraße 13, Telefon (0 47 62) 31 24.

Ebene Reichenau – Falkert

Ochsenalmhütte
Auskunft: Hotel Falkertsee, Telefon (0 42 75) 2 55, 1600 m, 8 Betten, nur zu Fuß erreichbar.

Gitschtal – Weißbriach

Napaln-Alm
Selbstversorgerhütte des ÖAV, Auskunft: Raika Weißbriach, Telefon (0 42 86) 2 32, 1500 m, 12 Betten.
Compton-Hütte
Auskunft: Anni Pichler, A-9900 Lienz, 1650 m, Ende Juni bis Mitte September, 10 Betten.

Gmünd

Bärnthalers Almhütte
Auskunft: Philomena Bärnthaler, Treffenboden 31, A-9853 Gmünd, Telefon (0 47 32) 20 05.
Almhütte Unterwandling
Auskunft: Herta Unterwandling, Unterkreuschlach 26, A-9853 Gmünd.

Gnesau

Almhütte

für 4 Personen, Burgstalleralm, 1600 m, mit Pkw leicht erreichbar. Auskunft: Hans Aigner, A-9563 Gnesau 44, Telefon (0 42 78) 2 71 und 5 18.

Almhütte

für 4 Personen, oberhalb von Gnesau, 1000 m, mit Pkw leicht erreichbar. Komfort. Auskunft: Erwin Ehrlich, A-9546 Bad Kleinkirchheim 83, Telefon (0 42 40) 3 70.

Almhütte

für 6 Personen, Gitzleralm, 1400 m, mit Pkw leicht erreichbar. Auskunft: Heinz Niederbichler, A-9560 Zedlitzdorf 20, Telefon (0 42 78) 3 42.

Almhütte

für 7 Personen, Morackalm, 1600 m, mit Pkw erreichbar, Komfort. Auskunft: Petronella Meislitzer, A-9560 Zedlitzdorf 11, Telefon (0 42 78) 3 24.

Heiligenblut

Almhütten Anderleskasa

für 4 bis 6 Personen, 1670 m, am Tauernberg – Roßbachnähe, Mautstelle Glocknerstraße, mit allem Komfort, ganzjährig. Auskunft: Simon Brandstätter, Untertauern 19, A-9844 Heiligenblut, Telefon (0 48 24) 22 61.

Kanzhütte

für 6 Personen, 1700 m, im Gößnitztal, romantisches Hochtal in der Schobergruppe – erreichbar nur zu Fuß, ca. 1½ Stunden, nur im Sommer, einfach ausgestattet. Auskunft: Fremdenverkehrsamt A-9844 Heiligenblut, Telefon (0 48 24) 20 02.

Almhütte Zlöbl-Kasa

für 5 Personen, 1700 m, Äußere Eben-Alm im Gößnitztal erreichbar nur zu Fuß, 1½ Stunden, nur im Sommer, einfach ausgestattet. Auskunft: Urban Pichler, A-9844 Heiligenblut, Rojach 7.

Römerhütte

8 bis 12 Personen, 2200 m im Almgebiet Fallbichl-Wallackhaus, komfortable Einrichtung, Sauna, Kachelofen und Elektroheizung, ganzjährig. Auskunft: Simon Brandstätter, Untertauern 19, A-9844 Heiligenblut, Telefon (0 48 24) 22 61.

Irschen

Almhütte Ebner

für 3 Personen, Leppener-Alm, 1581 m, erreichbar mit Pkw, nur für Sommer. Auskunft: Peter Ebner, vgl. Pucher, Leppen, A-9773 Irschen, Telefon (0 47 10) 4 32.

Almhütte Hassler

für 6 Personen, Leppener Alm, 1581 m, erreichbar mit Pkw, nur für Sommer. Auskunft: Anton Hassler, Leppen 12, A-9773 Irschen, Telefon (0 47 10) 4 34.

Almhütte Taurer

für 4 Personen, Leppener Alm, 1581 m, mit Pkw erreichbar, nur für Sommer. Auskunft: Norbert Taurer, A-9773 Irschen 48.

Almhütte Laßnig
für 4 Personen, Leppener Alm, 1581 m, mit Pkw erreichbar, nur für Sommer. Auskunft: Otto Laßnig, A-9781 Simmerlach 55.

Lurnfeld

Almhütte
1300 m, 6 bis 8 Betten, mit Pkw erreichbar. Auskunft: Josefine Pichler, Tröbach 13, A-9812 Pusarnitz.

Malta

Drei *Almhütten*
mit fünf abgeschlossenen Wohnungen, zwei für je 4 und eine für 2 Personen, im hinteren Maltatal in ebener Lage, 1100 m. Auskunft: Katharina Ebner, Schloßbichl 15, A-9853 Gmünd.
Almferienhaus
am Maltaberg für 9 Personen, 1600 m. Auskunft: Ernst Gritzner, Griesplatz 11, A-8580 Köflach, Steiermark.
Almferienhaus
für 10 Personen am Maltaberg, 1300 m. Auskunft: Simon Gritzner, Maltaberg 19, A-9854 Malta.
Almhütte
mit zwei abgeschlossenen Wohnungen, für 4 und 2 Personen im hinteren Maltatal in ebener Lage, 1100 m. Auskunft: Matthias Tuppinger, A-9854 Malta 35.

Mallnitz

Talherberge Mallnitz
1200 m, 20 Matratzenlager, ganzjährig. Auskunft: Johann Überbacher, A-9822 Mallnitz-Stappitz.

Radenthein

Grafeggerhütte
Almhütte für 7 Personen, kein elektrisches Licht, Kaltfließwasser im Haus – im Kärntner Nockgebiet, Schwarzwalder Wipfel, 1500 m. Auskunft: Alfred Glanzer, vlg. Grafegger, Schwarzwald 1, A-9545 Radenthein, Telefon (0 42 46) 2 99 12.

Reichenfels

Grünhütte
für 12 Personen, 1650 m, Bes. Franz Steinkellner, Weitenbach 1, Reichenfels, A-9463 Reichenfels, Telefon (0 43 59) 2 62, Öffnungszeiten nach Bedarf.

Reisseck

Zwei Jagdhütten
nebeneinander, im Reißeckgebiet, für je 7 Personen.
Riekenhütte
für 6 Personen im Reißeckgebiet.
Mernikhütte
für 5 Personen im Kreuzeckgebiet, Petroleumlicht. Alle 4 Hütten mit Pkw erreichbar, in ca. 1500 m Seehöhe, kein Fließwasser. Auskunft: Herbert Walter, Marhof, Unterkolbnitz 11, A-9815 Kolbnitz, Telefon (0 47 83) 2 43.
Almhütte
für 14 Personen, 1500 m, an der Reißeckbahn. Auskunft: Hans Platzer, Hattelberg 10, A-9815 Kolbnitz, Telefon (0 47 83) 6 54.
Almhütte
für 6 Personen, 1500 m, an der Reißeckbahn. Auskunft: Melchior Rindler, Hattelberg 4, A-9815 Kolbnitz.
Adlerhorst Reißeck
(Naturfreundehaus), 2333 m, Reißeckgruppe, ¼ Stunde Gehweg von der Bergstation der Reißeck-Höhenbahn, 23 Betten, einfach, ganzjährig. Auskunft: Michael Kronegger, Porciastraße 22, A-9800 Spittal/Drau, telefonische Voranmeldung Walter Rauter, Telefon (0 47 62) 3 76 35.

Rennweg

Strafnerhütte
4 Wohnungen für je 4 bis 6 Personen, ca. 1250 m, im wildromantischen Pöllatal (Landschaftsschutzgebiet), Kaltfließwasser. Auskunft: Herbert Strafner, A-9863 Rennweg 46, Telefon (0 47 34) 3 43.
Zechnerhütte-Laußnitz
für 10 Personen, im Laußnitzgebiet in der Nähe der bewirtschafteten Bonner-Hütte, 1700 m – Kaltfließwasser. Auskunft: Andreas Pleschberger, St. Georgen 1, A-9863 Rennweg, Telefon (0 47 34) 2 12.
Bergbungalow Zobernig
für 6 Personen, Katschberghöhe, 1650 m, mit allem Komfort, ganzjährig. Auskunft: Matthias Zobernig, A-9722 Gummern 43, Telefon (0 42 58) 3 57.
Hoferhütte
am Eingang zum Pöllatal, für 4 bis 5 Personen, Du./WC, Holzheizung und Elektroheizung, 1200 m. Auskunft: Johann Peitler, Zanaischg 2, A-9863 Rennweg.
Rambsbacherhütte
im Pöllatal, bis 4 Personen, Holzheizung, 1150 m. Auskunft: Adolf Rambsbacher, A-9863 Rennweg 46, Telefon (0 47 34) 2 55.

St. Stefan/Gail

Almhütte
für 6 Personen, Werbutzalm, 1400 m, mit allem Komfort. Auskunft: Diethelm Pipp, Dr.-Lemisch-Platz 5, Bank für Kärnten, A-9020 Klagenfurt, Telefon (0 42 22) 7 09 01, 8 19 51.
Almhaus
für 4 Personen, Dolinzaalm, 1400 m, Kaltfließwasser. Auskunft: Michael Grafenauer, A-9614 Vorderberg 44.
Almhaus
für 7 Personen, Werbutzalm, 1400 m. Auskunft: Maria Pichler, A-9614 Vorderberg 10.

Trebesing

Bergfriedhütte am Gmeineck
für 8 bis 10 Personen, 1775 m. Auskunft: Österreichischer Alpenverein, Sektion Spittal/Drau, Telefon (0 47 62) 25 43.

Weitensfeld/Flattnitz

Fürstenhütte
für ca. 30 Personen, Flattnitz, 1400 m, Kaltfließwasser, ganzjährig. Auskunft: H. Zimmermann, Seiserastraße 12, A-9020 Klagenfurt.

Gebiet Wolfsberg

Almhaus Forst
für 5 Personen, im Saualpengebiet, 1350 m, kein Fließwasser (Brunnen vor dem Haus), ganzjährig. Auskunft: Lotte Siebeneicher, A-9400 Wolfsberg, Gries 48, Telefon (0 43 52) 20 61.

Einfache Unterkünfte – Berghütten

Arriach

Alpenpension »Geigerhütte« am Wöllaner Nock
1750 m, Laastadt 16, A-9543 Arriach, Telefon (0 42 47) 85 38 – 27 Betten, ganzjährig, sämtliche Mahlzeiten.
Alpenpension »Walderhütte« am Wöllaner Nock
1960 m, Oberwöllan, A-9543 Arriach – 27 Betten, geöffnet nur Sommerhalbjahr, sämtliche Mahlzeiten.
Alpenpension »Hinterbuchholzer Hütte« am Nordhang der Gerlitze
Hinterbuchholz 1, A-9543 Arriach, Telefon (0 42 47) 85 17, 1550 m – 46 Betten, geöffnet nach Vereinbarung, sämtliche Mahlzeiten.
Tragonihütte am Wöllanernock (Naturfreundehütte)
Pkw-Zufahrt, 1667 m – 24 Betten, 14 Matratzenlager, bewirtschaftet nur im Sommer. Auskunft: Josef Ölwein, Engelhofstraße 10, A-9500 Villach, Telefon (0 42 42) 23 89 95.

Bad Kleinkirchheim – St. Oswald

Berghaus Brunnachhof
A-9546 St. Oswald Nr. 39, 1720 m, unmittelbar an der Mittelstation des Sesselliftes – 8 Betten und 40 Lagerbetten, geöffnet nach Bedarf. Auskunft: Peter Hinteregger, A-9546 St. Oswald 39, Telefon (0 42 40) 4 78 oder 8 30 92.
Falkertschutzhaus
A-9546 St. Oswald 38, 1520 m – 10 Betten, 40 Lagerbetten, von Mai bis Oktober und von Weihnachten bis Ostern. Auskunft: Heinz Gritzner, Gasthof Falkerthaus, A-9546 St. Oswald 38, Telefon (0 42 40) 6 90.

Bad St. Leonhard i. Lav.

Hohenwarthütte in Almgebiet
1700 m – 20 Betten, sämtliche Mahlzeiten, geöffnet von Ende Mai bis Ende September. Auskunft: Franz und Christine Schleinzer, A-9461 Gräbern 2 i. Lav.

Berg im Drautal

Schutzhaus Hochtristen
1697 m, Oberberg 14, A-9771 Berg im Drautal – 20 Betten, sämtliche Mahlzeiten, geöffnet von Juni bis Ende September.
Pension Fichtenheim
Emberger Alm, A-9761 Greifenburg, Telefon (0 47 12) 2 74, 1755 m, 40 Betten, alle Mahlzeiten, ganzjährig.
Alpengasthof Sattlegger
Emberger Alm, A-9761 Greifenburg, Telefon (0 47 12) 4 33, 1700 m – 80 Betten, alle Mahlzeiten, ganzjährig.
Alpenpension-Skiheim Unterdünhofen
Emberger Alm, A-9761 Greifenburg, Telefon (0 47 12) 4 49, 1800 m – 40 Betten, alle Mahlzeiten, ganzjährig.

Bad Bleiberg

Aichingerhütte
Dobratsch, A-9500 Villach, Telefon (0 42 44) 3 06 14, 1689 m – 30 Betten, alle Mahlzeiten, ganzjährig.
Knappenhütte
Dobratsch, A-9500 Villach, Telefon (0 42 44) 3 06 02, 1667 m – 50 Betten, alle Mahlzeiten ganzjährig. Auskünfte: Fremdenverkehrsamt der Marktgemeinde A-9530 Bleiberg, Telefon (0 42 44) 2 80.

Ebene Reichenau – Falkert – Turrach

Priesshütte
A-9565 Ebene Reichenau, Siegfried Weissmann, 1500 m, alle Mahlzeiten, geöffnet von 15. Juni bis Ende September.

Flattach im Mölltal

Weißseehaus Wurtental (Sommerschigebiet Wurtengletscher)
2500 m, A-9831 Flattach, Innerfragant, Telefon (0 48 25) 2 39-15, 12 Betten, 19 Lagerbetten, geöffnet von Anfang Juli bis Mitte September, alle Mahlzeiten. Auskunft: Naturfreunde, Bahnhofstraße 44, 9010 Klagenfurt.

Weißbriach/Gitschtal

Kohlröslhütte
Jadersdorf 38, A-9620 Hermagor, 1534 m, mit Pkw erreichbar – 35 Betten, alle Mahlzeiten, geöffnet von Ende Mai bis Ende September. Auskunft: Heinz Jung, A-9620 Jadersdorf 38, Telefon (0 42 86) 2 55 18.

Greifenburg

Gaugenschutzhaus in der Kreuzeckgruppe
alle Mahlzeiten, 30 Betten, ganzjährig, 1650 m. Auskunft: Balthasar Brandner, Gnoppnitz 30, A-9761 Greifenburg.

Heiligenblut

Schutzhütte Alter Pocher
im Kleinen Fleißtal am Weg von Heiligenblut zum Sonnblick, 1807 m – 12 Betten und 7 Matratzenlager, alle Mahlzeiten, geöffnet von 15. Juni bis 1. Oktober. Auskunft: Math. Schmidl, A-9843 Döllach 87.
Berggasthof Wallackhaus
Auskunft: Gerwald Wallner, A-9844 Heiligenblut, Telefon (0 48 24) 22 23 (außer Saison: 0 48 24/21 55 95), 50 Betten, 2340 m, an der Großglockner-Hochalpenstraße (Hochtor), gemütliche Gasträume, Kellerbar, Sauna.
Pasterzenhaus
Auskunft: Felix Trojer, A-9844 Heiligenblut, Telefon (0 48 24) 21 05 17 (im Winter 0 48 24/22 62), 30 Betten, 2112 m, an der Großglockner-Hochalpenstraße, geöffnet von Juni bis Oktober.

Hüttenberg

St. Martiner Almhütte
St. Martin/Silberberg 63, A-9375 Hüttenberg, 1700 m – 7 Betten, event. Notbetten, alle Mahlzeiten, geöffnet von Mai bis Oktober, bei Bedarf auch zu den übrigen Zeiten. Auskunft: Gasthof Wieland-Silberberg, St. Martin am Silberberg, A-9375 Hüttenberg, Telefon (0 42 63) 2 19.

Kirchbach

Straniger Almhütte
1480 m, in den Karnischen Alpen – 4 bis 6 Betten, alle Mahlzeiten (einfache Kost), geöffnet vom 20. Juni bis 18. September. Auskunft: Peter Buchacher, Goderschach 6, A-9634 Gundersheim.

Klein St. Paul

Breitofner-Hütte
Oberwietingberg, A-9374 Wieting, 1600 m – ca. 15 Betten, alle Mahlzeiten, geöffnet vom Frühjahr bis Spätherbst.
Weißbergerhütte
Unterwietingberg, A-9374 Wieting, 1610 m – ca. 25 Betten, alle Mahlzeiten, ganzjährig. Auskunft: Telefon (0 42 64) 2 15 (Funkstation zum Betrieb).
Enzian-Hütte
Unterwietingberg, A-9374 Wieting, 1500 m – ca. 15 Betten, alle Mahlzeiten, geöffnet vom Frühjahr bis Spätherbst und über Weihnachten.

Kötschach-Mauthen

Plöckenhaus an der Plöckenpaß-Bundesstraße
A-9640 Plöcken 4, 1250 m – 30 Betten, geöffnet von Mai bis Oktober, Telefon (0 47 15) 3 81 oder 2 63.

Malta

Almrauschhütte
Brandstatt 27, A-9854 Malta, 1565 m – ca. 30 Betten, Mahlzeiten in beschränkter Auswahl, geöffnet von Juni bis Oktober. Für Unterbringung von Bergsteigergruppen und Schulklassen geeignet. Auskunft: Werner Brugger, A-9812 Pusarnitz 92.
Sporthotel Kölnbreinsperre
A-9854 Malta, Telefon (0 47 32) 28 51-0 bzw. RKM., Kohldorfer Straße 98, A-9020 Klagenfurt, Telefon (0 42 22) 2 37 16, 1900 m – ca. 60 Betten, geöffnet von Juni bis Mitte Oktober, Speiserestaurant, für Unterbringung von Bergsteigerschulen und sonstigen Gruppen geeignet.

Millstatt

Glocknerhütte
Sappleralm, 1400 m – 4 Betten, geöffnet von Mitte Mai bis Anfang Oktober. Auskunft: Jakob Obweger, Dellach, A-9872 Millstatt, Telefon (0 47 66) 25 29.
Ambroshütte
Sappleralm, 1300 m – 7 Betten, geöffnet von Mitte Mai bis Anfang Oktober. Auskunft: August Lackenbucher, Sappl, A-9872 Millstatt, Telefon (0 47 66) 30 73.
Lammersdorfer Hütte
Lammersdorfer Alm, geöffnet von Mitte Mai bis Anfang Oktober, 1700 m. Auskunft: H. W. Schmölzer, Grantsch, A-9872 Millstatt.
Schwaigerhütte
Schwaiger Alm, 1690 m, geöffnet von Mitte Mai bis Anfang Oktober. Auskunft: Almgenossenschaft Schwaigerschaft, A-9872 Millstatt.

Alexanderhütte
Millstätter Alpe, 1876 m, geöffnet von Mitte Mai bis Anfang Oktober. Auskunft: Josef Rebou, Laubendorf 52, A-9872 Millstatt.

Möllbrücke

Christebauerhütte
1630 m – 8 Betten, geöffnet von Juni bis September, einfache Mahlzeiten, Brettljause. Auskunft: Peter Zauchner, Göriach, A-9812 Pusarnitz, Telefon (0 47 69) 28 14.

Obervellach

Gatternig-Almhütte
Pfaffenberg 4, A-9821 Obervellach, 1620 m, ebenes Almtal – 5 Betten, einfache Mahlzeiten, geöffnet von 15. Juni bis 15. September.
Urbanaalmhütte
A-9821 Obervellach 3, am Ende eines Almtales in 1830 m – 6 Betten, einfache Mahlzeiten, geöffnet von Juni bis Ende August.

Radenthein

Erlacher Touristenhaus
Kaning 68, A-9545 Radenthein, im Langalmtal zwischen Rosennock und Malnock, 1650 m – 20 Betten, alle Mahlzeiten, kein Fließwasser, geöffnet vom 1. Mai bis 31. Oktober. Auskunft: Josef Erlacher, Kaning 60, A-9545 Radenthein, Telefon (0 42 46) 28 05 07.
Petodnighaus
Mitterberg 6, A-9545 Radenthein, im Langalmtal zwischen Rosennock und Malnock, 1600 m – 6 Betten, warme Mahlzeiten, kein Fließwasser, geöffnet von 1. Juli bis 31. August. Auskunft: Walter Petodnig, Mitterberg 4, A-9545 Radenthein, oder Matthias Pleschberger, Mitterberg 3, 9545 Radenthein, Telefon (0 42 46) 23 54.

Rangersdorf

Almgasthof »Marterle«
Elisabeth Thaler, Rangersdorf 85, 1860 m – 15 Betten, alle Mahlzeiten, geöffnet von 1. Juli bis 30. September.

Reichenfels

Grünhütte
Franz Steinkellner, Weitenbach 1, A-9463 Reichenfels, Telefon (0 43 59) 2 62, 1650 m – 12 Betten, alle Mahlzeiten, geöffnet von Juni bis Mitte September, nach Bedarf auch im Winter.
Feldalmhütte
bewirtschaftet von Johann Gugl, vgl. Kössl, Weitenbach 72, A-9463 Reichenfels, 1750 m, liegt zwischen Hohenwart und Zirbitzkogel – 6 Betten,

Suppen und kalte Speisen erhältlich, geöffnet von Juni bis Mitte September. Auskunft: Verkehrsverein A-9463 Reichenfels, Telefon (0 43 59) 2 21.

Petereralmhütte

Besitzer: Agrargemeinschaft St. Peter, liegt am Fuße des Petererkogels, 1591 m – 6 Betten, alle Mahlzeiten, geöffnet von Juni bis Mitte September. Auskunft: Verkehrsverein A-9463 Reichenfels, Telefon (0 43 59) 2 21.

Axterhütte

Besitzer: Theresia Sturm, St. Peter 57, A-9436 Reichenfels, liegt im Bereich der Petereralpe, 1500 m, keine Unterkunft, nur kalte Speisen. Auskunft: Verkehrsverein A-9463 Reichenfels, Telefon (0 43 59) 2 21.

Reisseck

Zandlacher Hütte

A-9815 Kolbnitz, 1500 m – 10 Betten, 2 Notbetten, alle Mahlzeiten, geöffnet ab 31. Mai bis 1. Oktober. Auskunft: Ella Wernitznig, Bergsiedlung 13, A-9500 Villach (außer Saison).

St. Urban am Urbansee

Bergbauernhöfe

Haus Buggl

Valentin Stubinger, Bach 7, St. Urban, A-9560 Feldkirchen, 1090 m – 12 Betten, alle Mahlzeiten, geöffnet 1. Mai bis 30. September.

Haus Adam

Konrad Kogler, Retschitz-Simonhöhe, St. Urban, A-9560 Feldkirchen, 1100 m – 18 Betten, ohne Frühstück, Küchenbenützung, ganzjährig.

Haus Lugge

Josef Scheiber, Lawsen 10, St. Urban, A-9560 Feldkirchen, 1100 m – 6 Betten, ohne Frühstück, Küchenbenützung, ganzjährig.

Haus Gore

Johann Posarnig, Zirkitz 4, St. Urban, A-9560 Feldkirchen, 950 m – 6 Betten, mit Frühstück, ganzjährig.

Seeboden am Millstätter See

Sommereggerhütte

1720 m, erreichbar mit Pkw über die Tschiernockmautstraße – 16 Betten und größeres Matratzenlager, alle Mahlzeiten, geöffnet von Anfang Juni bis Ende September, über Weihnachten und an schönen Wochenenden. Auskunft: Josef Erlacher, A-9871 Treffling 22, oder Gasthof Bergheimat, A-9871 Treffling 6, Telefon (0 47 62) 51 76.

Hansbauerhütte (Alpengasthof)

1700 m, direkt neben Tschiernocksessellift, erreichbar über Tschiernockmautstraße, keine Unterbringungsmöglichkeit, alle Mahlzeiten, geöffnet wie Sommereggerhütte. Auskunft: Hans Unterlerchner, A-9871 Kötzing, Telefon (0 47 62) 5 42 03.

Pichlhütte
1400 m, mit Pkw über Tangern erreichbar, sonnseitig am Aufstieg zum Tschierwegernock – 6 bis 8 Betten, kleine Imbisse, geöffnet von Ende Mai bis Anfang Oktober. Auskunft: Arnold Maier, Bahnhofstraße 5, A-9800 Spittal/Drau, Telefon (0 47 62) 3 54 42.

Gebiet Wolfsberg

Saualpenschutzhaus »*Wolfsbergerhütte*«
A-9431 Aichberg, 1850 m, am Osthang der Saualpe gelegen – 8 Betten, Massenlager für 20 Personen, Vollpension, geöffnet von 1. Juni bis 30. September. Auskunft: Aloisia Mitterbach, A-9400 Reding 374, Telefon (0 43 52) 3 79 13.
Hütte »*Alpenrose*«
A-9431 Aichberg 21, 1550 m, am Osthang der Saualpe gelegen – 12 Betten, Vollpension, geöffnet von 1. Juni bis 3. September. Auskunft: Hans Waschnig, A-9431 Reisberg 58.
Naturfreundehaus »Klippitztörl«
auf der Saualpe, direkt am Paßübergang Klippitztörl gelegen, 1642 m – 15 Betten, Massenlager für 20 Personen, alle Mahlzeiten, geöffnet von 1. Mai bis Ende Oktober. Auskunft: Margarethe Dersola, A-9314 Launsdorf, Unterbrückendorf 9.
Hipflhütte
Koralpe, am Ende der Koralpen-Höhenstraße am Westhang der Koralpe, 1627 m – 20 Betten, alle Mahlzeiten, ganzjährig geöffnet. Auskunft: Walter Frühberger, A-9431 Hartelsberg 28.
Schulterkogelhütte
im Prebl, auf einem Ausläufer der Saualpe, 1440 m, 10 Betten, Vollpension, geöffnet von 15. Mai bis 30. September. Auskunft: Marianne Rampitsch, A-9461 Prebl 81.
Kleinhinderbergerhütte
auf der Saualpe, über Forst erreichbar, 1500 m – 6 Betten, alle Mahlzeiten, geöffnet von 1. Juni bis 30. September. Auskunft: Jakob Reinisch, A-9413 Forst 35.
Gießlhütte
am Osthang der Saualpe gelegen, 1350 m – 15 Betten, alle Mahlzeiten, ganzjährig geöffnet. Auskunft: Antonis Tatschl, A-9411 Aichberg 77, Telefon (0 43 52) 42 50.

Schutzhütten

der alpinen Verbände in Kärnten, die auch für Ferienaufenthalte (auch von Nichtmitgliedern!) in Betracht kommen:

Die Eigentümer werden hierbei wie folgt bezeichnet:
DAV: Deutscher Alpenverein
ÖAV: Österreichischer Alpenverein
ÖTK: Österreichischer Touristenklub

TVN: Touristenverein »Die Naturfreunde«
Anfragen sind an die jeweiligen Bewirtschafter der Hütten zu richten.

Glockner-Gruppe

Glockner-Haus: In 2132 m Seehöhe, unmittelbar an der Großglockner-Hochalpenstraße gelegen. Voll bewirtschaftet von etwa Mitte Mai bis etwa Mitte Oktober. 60 Betten. Mit Rücksicht auf das Alter des Gebäudes einfache Ausstattung. Fließwasser in den Zimmern, Bergwandergebiet.
Eigentümer: ÖAV, Sektion Klagenfurt, Lidmanskygasse 2, A-9020 Klagenfurt; Bewirtschafter: Albert Amort, Hotelier, Glockner-Haus, A-9844 Heiligenblut.
Karl-Volkert-Haus: 2154 m, unmittelbar an der Großglockner-Hochalpenstraße (in der Nähe des Glocknerhauses) gelegen.
Eigentümer: TVN, Landesorganisation Kärnten, Viktringer Ring 28, A-9020 Klagenfurt; Bewirtschafter: p. A. Karl-Volkert-Haus, A-9844 Heiligenblut.
Schutzhütte Hoffmannshütte: 2244 m, 30 Gehminuten v. d. Franz-Josefs-Höhe – 15 Betten und 50 Matratzenlager, alle Mahlzeiten, geöffnet von Juli bis September. Auskunft: Günther Damith, A-9844 Heiligenblut.
Schutzhütte Oberwalderhütte: Auskunft: Peter Oberhauser, A-5760 Saalfelden, 2972 m, am Weg v. d. Franz-Josefs-Höhe über Hoffmannshütte zum Johannisberg – 30 Betten, 80 Matratzenlager, alle Mahlzeiten, geöffnet von Juli bis September.
Schutzhütte Salmhütte: A-9844 Heiligenblut, 2644 m, im Leitertal, auf dem Weg zum Großglockner – 12 Betten, 30 Matratzenlager, alle Mahlzeiten, geöffnet von Juli bis September.

Schober-Gruppe

Wangenitzseehütte: 2508 m, nur zu Fuß über Debanttal oder Winklerner Alm oder Mörtschach aus in etwa je 3 Stunden erreichbar. Materialseilbahn vom Debanttal aus für Gepäckstransport. Voll bewirtschaftet während der Sommersaison (etwa Juni bis September).
Eigentümer: ÖAV, Sektion Nederlandse Bergsportvereniging, Den Haag, NL; Bewirtschafter: Anton Wilhelmer, Hüttenwirt, Postfach 71, A-9900 Lienz.
Schutzhütte Elberfelderhütte: A-9844 Heiligenblut, 2340 m, im hinteren Gössnitztal in der Schobergruppe – 9 Betten, 24 Matratzenlager, alle Mahlzeiten, geöffnet von Juli bis September.

Goldberg-Gruppe

Duisburger Hütte: Flattachberg 6, 2550 m – 16 Betten, 32 Matratzenlager, alle Mahlzeiten, Wurtental (Sommerschigebiet Wurtengletscher), geöffnet von Anfang Juli bis 15. September. Auskunft: Eleonore Ebenberger, Flattachberg 6, A-9831 Flattach, Telefon (0 47 85) 3 01.

Hagenerhütte: Johann Aschbacher, A-9822 Mallnitz, 2450 m hoch im Tauerntal, Übergang nach Badgastein – ca. 15 Betten, 25 Matratzenlager, warme Speisen und Getränke, geöffnet von ca. Ende Juni bis Ende September.
Fraganter Hütte: 1810 m, im allgemeinen nur durch einen Fußmarsch von 2 Stunden aus Innerfragant erreichbar, Materialseilbahn für Gepäckstransport, modernes Haus, einfach ausgestattet, inmitten eines vielfältigen Wandergebietes. Für Ferienaufenthalt besonders geeignet. Bewirtschaftet von Weihnachten bis Ostern und etwa von Mitte Juni bis Mitte Oktober. Eigentümer: ÖAV, Sektion Klagenfurt, Lidmanskygasse 2, A-9020 Klagenfurt; Bewirtschafter: Andreas und Inge Hanser, Fraganter Hütte, A-9831 Flattach, Telefon (0 47 85) 3 96.
Zittelhaus: Auf dem Gipfel des Hohen Sonnblick, 3106 m. Bewirtschaftet von Anfang Juli bis Ende September. 22 Betten, 50 Lager.
Eigentümer: DAV, Sektion Halle an der Saale; Bewirtschafter: Anton Fellner, Schachern Nr. 17, A-9644 Heiligenblut.
Sadnig-Haus: 1950 m, Zufahrt mit Pkw bis zum Haus möglich, Wangergebiet.
Eigentümer: ÖAV, Sektion »Wiener Lehrer«, Josefsgasse 12, A-1080 Wien; Bewirtschafter: Ehegatten Dörflinger, Sadnig-Haus, A-9842 Mörtschach.

Ankogel-Gruppe

Osnabrückerhütte: Brandstatt 1, A-9854 Malta, 2022 m – ca. 40 Betten (Schlafgelegenheiten), Mahlzeiten in beschränkter Auswahl, geöffnet von Anfang Juli bis Mitte September, ÖAV-Hütte. Auskunft: Anni Welz, Brandstatt 23, A-9854 Malta, Telefon (0 47 60) 24 60 02.
Kattowitzerhütte: Brandstatt 2, A-9854 Malta, 2319 m – ca. 25 Betten (Schlafgelegenheiten), Mahlzeiten in beschränkter Auswahl, geöffnet von Anfang Juli bis Anfang September, ÖAV-Hütte. Auskunft: Erna Rosenauer, Kleinhattenberg 9, A-9853 Gmünd.
Giessenerhütte: Franziska Baier, A-9854 Malta 29, 2218 m, Hütte neu aufgebaut – 24 Betten (Schlafgelegenheiten für 100 Personen), Mahlzeiten in beschränkter Auswahl, geöffnet von Anfang Juli bis Ende September, DAV-Hütte.
Gmünderhütte: Brandstatt 3, A-9854 Malta, 1190 m – 20 Betten (Schlafgelegenheiten), alle Mahlzeiten, geöffnet von Mai bis November. Auskunft: Rosa Feistritzer, Brandstatt 26, A-9854 Malta, Telefon (0 47 60) 24 68, ÖAV Hütte.
Hannoverhaus: Walburga Schober, A-9822 Mallnitz, 2719 m, oberhalb der Ankogelseilbahn, Ausgangspunkt zum 3250 m hohen Ankogel – ca. 25 Betten, 50 Matratzenlager, warme Speisen und Getränke, geöffnet von Ende Juni bis Ende September, bei Bedarf (Gruppen) auch Weihnachten und Ostern.
Arthur-von-Schmidt-Haus: Johann Pschernig, A-9822 Mallnitz, 2281 m hoch am Dösenersee gelegen, Übergang ins Maltatal, Ausgangspunkt für Säuleck und Hochalmspitze (ca. 3350 m) – ca. 20 Betten, 25 Matratzenla-

ger, warme Speisen und Getränke, geöffnet von ca. Ende Juni bis Ende September.

Frido-Kordon-Hütte: Sonnalm Stubeck, 1700 m – 10 Betten, 15 Matratzenlager, ganzjährig außer Mai und November, alle Mahlzeiten. Auskunft: Fremdenverkehrsamt Gmünd, Telefon (0 47 32) 21 97.

Reißeck-Gruppe

Reißeck-Hütte: 2281 m unter den Reißeck-Stauseen, Verbindung über Reißeck-Höhenbahn. 10 Minuten Fußmarsch, Hütte einfachst ausgestattet.

Eigentümer: ÖAV, Sektion ÖGV, Lerchenfeldstraße 28, A-1080 Wien; Bewirtschafter: Paula Roßkopf, Reißeck-Hütte, A-9815 Kolbnitz.

Kreuzeckgruppe

Salzkofelhütte: ÖAV, 2000 m – 12 Betten, ca. 15 bis 20 Matratzenlager, geöffnet von Mitte Juni bis Ende September, einfaches Bergsteigeressen. Auskunft: Karoline Schmölzer, Göriach 30, A-9812 Pusarnitz, Telefon (0 47 69) 21 47.

Polinikhütte: A-9821 Obervellach, ÖAV-Hütte, am Fuße des Polinik in 1873 m – ca. 30 Betten, einfache Verpflegung – Sommermonate geöffnet.

Norische Alpen

Bonner Hütte: 1720 m auf der Zechneralm östlich des Katschbergpasses, Pkw-Zufahrt bis zur Hütte.

Eigentümer: DAV, Sektion Bonn, D-53 Bonn, Postfach 435; Bewirtschafter: Herbert Genser, Hüttenwirt, A-9863 St. Georgen 3.

Dr. Josef-Mehrl-Hütte: 1730 m, im westlichen Nockgebiet. Ganzjährig bewirtschaftet, Ausnahme 1. bis 15. 5. und 1. bis 30. 11. 20 Betten, 42 Lager. Kfz-Zufahrt bis zur Hütte möglich.

Eigentümer: ÖAV, Sektion Wien, Rahlgasse 6, A-1060 Wien; Bewirtschafter: Marlene Tockner, A-9862 Kremsbrücke.

Koralpen-Schutzhaus: 1962 m, auf der Koralpe, Zufahrt mit Pkw bis ½ Stunde unter der Hütte, Gepäcktransport bis zur Hütte möglich (gesperrte Straße), ganzjährig bewirtschaftet, modern, aber einfach eingerichtet.

Eigentümer: ÖAV, Sektion Wolfsberg, Dkfm. Benno Schober, St. Jakob 15, A-9400 Wolfsberg; Bewirtschafter: Ehegatten Putzer, Koralpenhaus, A-9400 Wolfsberg.

Wolfsberger Hütte: 1850 m, auf der Saualpe, Zufahrt mit Pkw bis zur Hütte möglich, sehr einfache Ausstattung.

Eigentümer: Sektion Wolfsberg des ÖAV, Dkfm. Benno Schober, St. Jakob 15, A-9400 Wolfsberg; Bewirtschafter: Aloisia Mitterbacher, Reding 187, A-9400 Wolfsberg.

Millstätter Hütte: Millstätter Alpe, 1876 m, geöffnet von Mitte Mai bis Anfang Oktober. Auskunft: ÖAV, Sektion Millstatt, Mag. Gottfried Illing, A-9872 Millstatt, Telefon (0 47 66) 21 30.

Bonner-Hütte (Deutscher Alpenverein): gelegen im Laußnitzgebiet, 1700 m – 32 Betten, Zentralheizung, alle Mahlzeiten, geöffnet Sommer und Winter. Auskunft: Pächter Herbert Genser, A-9863 Rennweg 36.

Gailtaler Alpen

E. T. Compton-Hütte: 1927 m, einfach ausgestattet, Zufahrtsmöglichkeit bis zur Hütte.
Eigentümer: ÖAV, Sektion Austria, Renngasse 4, A-1010 Wien I; Bewirtschafter: Anni Pichler, Laurinweg 1, A-9900 Lienz.
Hochstadlhütte: 1802 m, Eigentümer: ÖTK, Sektion Oberdrauburg, Hans Niedermüller, A-9781 Oberdrauburg, Telefon (0 47 10) 2 44, geöffnet von 20. Juni bis 20. September. Pächter: Siegfried Gailberger, A-9781 Oberdrauburg.
Goldeck-Hütte: 1927 m, Zugang zu Fuß von Bergstation oder Mittelstation der Goldeckseilbahn, 40 Minuten Gehzeit. Bewirtschaftet von Mitte Juni bis Mitte September, einfachst eingerichtet.
Eigentümer: ÖAV, Sektion Spittal/Drau, Dr. Herwig Gräbner, Höhenstraße 3, A-9800 Spittal; Anfrage: Ernst Graimann, Liesersiedlung 47, A-9800 Spittal/Drau, Telefon (0 47 62) 4 26 34.
Ludwig-Walter-Haus (ÖAV): Dobratsch, A-9500 Villach, Telefon (0 42 44) 3 06 12, 2167 m – 30 Betten, sämtliche Mahlzeiten, geöffnet von Juni bis Oktober.

Karnische Alpen

Hochweißstein-Haus: 1868 m, Zufahrt bis 1 Stunde unter der Hütte, einfach eingerichtet.
Eigentümer: ÖAV, Sektion Austria, Renngasse 4, A-1010 Wien; Bewirtschafter: Josef Guggenberger, Klebas 23, A-9653 Liesing im Lesachtal.
Naßfeld-Haus: 1513 m auf dem Naßfeldpaß unmittelbar an der Autostraße, über dem bergsteigerischen Durchschnitt eingerichtet, Wandergebiet, ganzjährig bewirtschaftet.
Eigentümer: ÖAV, Sektion Hermagor, Hans Kandutsch, A-9620 Hermagor 157; Bewirtschafter: Naßfeld-Haus, A-9631 Rattendorf.
Dr. Steinwender-Hütte: 1750 m, am Zollner See. Bewirtschaftet vom 30. 6. bis zum 30. 9. 12 Lager.
Eigentümer: ÖAV, Sektion Austria, Renngasse 4, A-1010 Wien; Bewirtschafter: Armand van de Putte, A-9635 Dellach im Gailtal.
Treßdorfer Alm – Naturfreundehaus: 1690 m, in der Nähe des Naßfeldpasses, Zufahrt bis zur Schutzhütte möglich.
Eigentümer: TVN, Landesorganisation Kärnten, Bahnhofstraße 44, A-9020 Klagenfurt; Bewirtschafter: Treßdorfer Alm, Naturfreundehaus, A-9631 Rattendorf, Telefon (0 42 85) 3 41 16.

Karawanken

Bertahütte: Mittagskogel, A-9581 Ledenitzen (ÖAV-Schutzhütte), 1567 m – ca. 40 Matratzenlager, alle Mahlzeiten, geöffnet von Mai bis September. Auskunft: Verkehrsamt A-9583 Faak am See, Telefon (0 42 54) 21 10.
Klagenfurter Hütte: 1663 m, bei guten Straßenverhältnissen Zufahrt bis ½ Stunde unter die Hütte möglich, sonst 2½ Stunden, Gepäcktransport mit Jeep möglich, bewirtschaftet von Juni bis 10. Oktober, einfach eingerichtet.

Eigentümer: ÖAV, Sektion Klagenfurt, Lidmannskygasse 2, A-9020 Klagenfurt; Bewirtschafter: Rudolf Kleinhansl, Hüttenwirt, A-9181 Feistritz i. Ros.
Koschutahaus: 1279 m, Pkw-Zufahrt bis zur Hütte möglich (Mautstraße), einfach eingerichtet.
Eigentümer: TVN, Landesorganisation Kärnten, Bahnhofstraße 44, A-9020 Klagenfurt; Bewirtschafter: Koschutahaus, A-9170 Ferlach.
Eisenkappeler Hütte: 1555 m, bei guten Straßenverhältnissen Zufahrt bis zur Hütte.
Eigentümer: ÖTK, Sektion Südkärnten, Eberhard Klaura, Eisenkappel 114, Telefon (0 42 38) 2 15, Eisenkappeler Hütte, A-9135 Eisenkappel; Pächter: Katharina Mainigg, A-9135 Eisenkappel.

Ein komplettes Verzeichnis der Schutzhütten und touristisch interessanten Berggasthäuser Österreichs ist in dem alljährlich erscheinenden »Taschenbuch für Alpenvereins-Mitglieder« des Alpinen Verlages, A-1040 Wien IV, Schelleingasse 10 (München 15, Sonnenstraße 29), enthalten.

Unterkünfte für Jugendgruppen in Kärnten

A-9601 Arnoldstein
Frühstückspension Brunhilde Nessmann, Arnoldstein 178, Telefon (0 42 55) 2 14, 36 Betten
Gasthof Erika Wallner, Gailitz 43, Telefon (0 42 55) 3 56, 19 Betten
Hotel Grenzlandhof-Linde, Pöckau 32, Telefon (0 42 55) 3 73, 70 Betten
A-9543 Arriach
Alpenpension Hinterbuchholzerhütte, Hinterbuchholz 1, Telefon (0 42 47) 85 17, 46 Betten
A-9546 Bad Kleinkirchheim
Gasthof Alpenblick, Bad Kleinkirchheim 21, Telefon (0 42 40) 2 41, 30 Betten
Gasthof Görtschacher, Zirkitzen 31, Telefon (0 42 40) 2 28, 33 Betten
Berghaus Brunnachhof, Bad Kleinkirchheim, St. Oswald 39, Telefon (0 42 40) 4 78 oder 8 30 92, 8 Betten und 40 Lagerbetten
A-9805 Baldramsdorf
Alpengasthof Karl Sattlegger, Goldeck 1, Telefon (0 47 62) 29 94 oder 71 75, 32 Betten
Schi- und Ferienheim der Sportgemeinschaft Spittal/Drau, Telefon (0 47 62) 22 94, 50 Betten
A-9551 Bodensdorf-Gerlitzenalpe
Jugendherberge neben Alpenhotel Berger, Telefon (0 42 48) 28 80 oder (0 42 43) 2 29, ganzjährig, außer den Monaten Mai, Oktober und November, 70 Betten
A-9572 Deutsch-Griffen
Jugendheim Zechnerhof, Bischofsberg, 60 Betten
A-9580 Drobollach am Faaker See
Jugendheim, 190 Betten, Auskunft: Kinderheim Anton Falle, A-9020

Klagenfurt, Bahnhofstraße 44, Telefon (0 42 22) 8 52 01
A-9125 Edling/Eberndorf
Gasthof Krainz, Telefon (0 42 32) 21 05 16, 40 Betten
A-9583 Faak am See
Bundessportheim Faaker See, Halbinselstraße 14, Telefon (0 42 54) 21 20, April bis Oktober, 120 Betten, nur für Sportgruppen
A-9544 Feld am See
Jugendherberge, Seestraße 64, 50 Betten, 20 Notbetten, Auskunft: Hotel Post, A-9872 Millstatt, Telefon (0 47 66) 21 08
A-9831 Flattach/Mölltal
Pension Helmut Weixelbaum, A-9831 Flattachberg 5, Telefon (0 47 85) 3 51, 35 Betten, ganzjährig.
A-9360 Flattnitz
Fürstenhütte, ganzjährig, 30 Betten, Auskunft: H. Zimmermann, A-9020 Klagenfurt, Seiserastraße 12, Telefon (0 42 22) 21 00 44
A-9520 Gerlitzen/Sattendorf
Alpengasthof Pacheiner, Telefon (0 42 48) 28 88, 25 bis 35 Betten
A-9585 Gödersdorf
Stiegerhof, Techanting, Telefon (0 42 42) 2 68 54, Juli und August, 100 Betten
A-9362 Grades
Jugenderholungsheim Schloß Grades 1, 150 Betten, Telefon (0 42 67) 4 32
Gasthof Sandwirt, Telefon (0 42 67) 2 16, 24 Betten, Grades 54
Bauernhof Christine Seidl, Schnatten 18, Telefon (0 42 67) 3 97, 20 Betten
A-9761 Greifenburg-Emberger Alm
Gasthof Sattlegger, ganzjährig, 60 Betten
Unterdünhofenhütte, ganzjährig, 50 Betten
A-9844 Heiligenblut
Gasthof Lacknerhof, Telefon (0 48 24) 22 20, 20 Betten
Maierhof, Telefon (0 48 24) 22 47, 20 Betten
A-9863 Katschberghöhe/Rennweg
Alpengasthof Bacher, Telefon (0 47 63) 3 18, 45 Betten
A-9020 Klagenfurt
Hochschülerheim »Concordia«, Hubertusstraße 5, Juli und August, Telefon (0 42 22) 2 24 75
Hochschülerheim »Volkshilfe«, Mozartstraße 7, Juli und August, Telefon (0 42 22) 2 37 82
A-9462 Kliening/Bad St. Leonhard
Gasthof Hochegger, Telefon (0 43 50) 2 76, 40 Betten
A-9640 Kötschach-Mauthen
Gasthof Lamprechtbauer, Telefon (0 47 15) 4 22, 26 Betten, ganzjährig
Hotel Kürschner, Nebengebäude »Altes Bezirksgericht«, Telefon (0 47 15) 2 59, 20 Betten
A-9815 Kolbnitz
Höhenbahnhaus am Reißeck (2300 m), Telefon (0 47 83) 4 20, Winter und Sommer, 40 Betten
Gasthof Herculeshof, Danielsberg, Telefon (0 47 83) 2 88, Sommer und Winter, 45 Betten

Bergpension Platzer, Hattelberg 10, Telefon (0 47 83) 6 54, 40 Betten, 1100 m
Haus Scheiflinger, Preisdorf 17, Telefon (0 47 83) 3 64, Mai bis Oktober, 30 Betten, 750 m
Gasthof Almrausch, Zwenberg, Telefon (0 47 83) 3 04, Mai bis Oktober, 30 Betten, 1050 m
Gasthof Winkler, Mühldorf, Telefon (0 47 69) 24 24, 37 Betten, Sommer und Winter
Gasthof Alpenheim, Teuchl, Telefon (0 47 83) 1 10-4 74, 30 Betten, Mai bis Oktober

A-9582 Latschach ober dem Faaker See

Sepp Springer-Heim, Unteraichwald, Telefon (0 42 54) 21 95, April bis Oktober, 100 Betten

A-9363 Metnitz

Jugenderholungsheim Wairer, Teichl 41, Telefon (0 42 67) 6 43, 40 Betten
Pension Schwegl, Oberhof 9, Telefon (0 42 67) 5 08, 40 Betten

A-9872 Millstatt

Pension Postklause, Telefon (0 47 66) 22 69 oder 25 52, 28 Betten, einfach
Haus Rieder, Telefon (0 47 66) 21 06, 40 Betten, einfach
Hotel Millstätterhof, Telefon (0 47 66) 20 46 oder 20 11, 65 Betten, einfach, Mai bis Oktober

A-9813 Möllbrücke

Gasthof Moser, Pattendorf 4, Telefon (0 47 69) 22 73, 30 bis 40 Betten, ganzjährig

A-9816 Napplach/Penk

Gasthof Pesentheiner, Napplach 16, Telefon (0 47 83) 3 29, Mai bis Oktober, 35 Betten

A-9210 Pörtschach am Wörther See

Pension Flaschberger-Straußhof, Sallacherstraße 80, Telefon (0 42 72) 25 71, Mai bis Oktober, 44 Betten

A-9833 Rangersdorf

Hotel-Pension Obersteiner in Lainach, A-9833 Rangersdorf, 39 Betten und 20 Betten im Zweitgasthof
Gasthof Margarethenbad in Lainach, A-9833 Rangersdorf, 43 Betten (im Herbst Betrieb für kurze Zeit geschlossen)

A-9814 Rappersdorf/Mühldorf

Gasthof Dürnle, Telefon (0 47 69) 24 04, 40 Betten

A-9863 Rennweg

Gasthof Katschtalerhof, Telefon (0 47 34) 2 10, 45 Betten
Pension Edelweiß, St. Georgen, Telefon (0 47 84) 2 03, ca. 40 Betten

A-9431 Rieding bei Wolfsberg

Alpenpension Waldrast, Rieding 54, Telefon (0 43 52) 22 77, 20 Betten

A-9751 Sachsenburg

Pension Lampersberger, Telefon (0 47 69) 25 77, 30 Betten

A-9536 St. Egyden/Velden am Wörther See

Gasthof Sonnenhof-Lorenzihof, St. Egyden 3, Telefon (0 42 74) 29 55 99, 50 Betten
Pachernighof, Latschach 11, Telefon (0 42 74) 32 05 15, 92 Betten

A-9546 St. Oswald/Bad Kleinkirchheim
Gasthof Brunnachhof, St. Oswald 39, Telefon (0 42 40) 4 78 oder 8 30 92, ganzjährig, Zimmer mit Stockbetten, Zimmer für Aufsichtspersonen, 8 Betten und 40 Lager
A-9431 St. Stefan im Lavanttal
Jugendheim »Volksheim«, St. Stefan 245, ganzjährig, 22 Betten, Telefon (0 43 52) 26 90, Horst Trippolt
Alpenheim Jäger, Hartelsberg 51, 60 Betten, Auskunft: Dieter Prag, A-9431 Hartelsberg 51
A-9560 St. Urban am Urbansee
Konrad Kogler, Retschitz-Simonhöhe 10, Winter, 45 Betten
A-9871 Seeboden/Millstätter See
Paulihof, Techendorfer Straße, Telefon (0 42 22) 8 52 61, 160 Betten (teilweise Stockbetten)
Tannenheim, Steinerstraße 22, Telefon (0 47 62) 8 17 06, ca. 20 Betten
A-9571 Sirnitz-Albeck
Alpengasthof und Jugendheim Hochrindl, Hochrindl 1, Telefon (0 42 79) 3 21 11 ganzjährig (außer Juli und August), 74 Betten
A-9800 Spittal an der Drau
Skihaus der Sportgemeinschaft (an der Goldeck-Mittelstation, nur mit der Seilbahn erreichbar), 50 Betten; Auskunft: SPS, 10. Oktober-Straße 17, Telefon (0 47 62) 22 94
A-9541 Verditz
Alpengasthof Almrausch, Verditz 25, Telefon (0 42 47) 24 05, ganzjährig, 40 bis 50 Betten
A-9721 Weissenstein ob der Drau
Pension Franz Bär, Tscheuritsch 13, Telefon (0 42 45) 26 75, ganzjährig, 36 Betten
A-9400 Gebiet Wolfsberg
Gasthof Pension »Jäger«-Koralpe, A-9431 Hartelsberg 51, 60 Betten, ganzjährig, Auskunft: Dieter Prag, A-9431 Hartelsberg 51

Bergbahnen und Sessellifte

Talstation	Bergstation
Arnoldstein-Seltschach (695 m)	Seltschacher Alpe (1450 m) [4]
Bad Kleinkirchheim (1070 m)	Waldtratte (1375 m) [4]
Bad Kleinkirchheim, Waldtratte (1375 m)	Kaiserburg (1910 m) [4]
Flattnitz (1400 m)	Hirnkopf (1860 m) [3]
Gerlitze (1800 m)	Gerlitzengipfel (1910 m) [3]
Heiligenblut, Pasterzengletscher (2212 m)	Freiwandeck (2358 m) [2]
Heiligenblut (1310 m)	Roßbach (1750 m) [3]
Heiligenblut, Roßbach (1750 m)	Schareck (2550 m) [3]
Heiligenblut, Fallbichl (2220 m)	Schareck (2550 m) [3]
Innerkrems (1530 m)	Grünleitennock (2130 m) [3]
Kanzelbahn Annenheim (527 m)	Kanzelhöhe (1472 m) [1]
Kanzelhöhe-Gerlitze, Waldtratte (1503 m)	Pöllingerhütte (1655 m) [4]
Kanzelhöhe-Gerlitze, Pöllingerhütte (1655 m)	Gerlitzengipfel (1902 m) [4]
Kanzelhöhe-Gerlitze, Pöllingermulde (1627 m)	Gerlitzengipfel (1881 m) [3]
Kolbnitz/Mölltal (719 m)	Schütter (1240 m) [2]
Kolbnitz/Mölltal, Schütter (1240 m)	Trog (1800 m) [2]
Kolbnitz, Trog (1800 m)	Schoberboden (2236 m) [2]
Kolbnitz, Kreuzeckbahn (600 m)	Roßwiese (1200 m) [2]
Kötschach-Mauthen (710 m)	Lamprecht-Kreuzberg (1005 m) [3]
Kötschach-Mauthen, Lamprecht-Kreuzberg (1005 m)	Mauthner Alm (1482 m) [3]
Mallnitz-Stappitzsee (1281 m)	Hochalmblick (1942 m) [1]
Mallnitz, Hochalmblick (1942 m)	Elschesattel (2636 m) [1]
Mallnitz (1182 m)	Häusleralm (1862 m) [3]
Petzen-Feistritz ob Bleiburg, Petzenkönig (650 m)	Siebenhütten (1715 m) [3]
Reichenfels/Rainsberg (820 m)	Wölflhoiskogel (1100 m) [3]
St. Oswald bei Bad (1355 m)	Brunnachalm (1722 m) [3]
St. Oswald bei Bad, Brunnachalm (1722 m)	Brunnachhöhe (1905 m) [3]
Seeboden, Hausbauerhütte (1700 m)	Tschiernock (2080 m) [3]
Sonnenalpe Nassfeld, Wulfenia Tratte (1462 m)	Watschiger Alm (1594 m) [3]
Sonnenalpe Nassfeld, Watschiger Alm (1594 m)	Garnitzenhöhe (1882 m) [3]
Spittal/Millstätter, See Goldeckseilbahn (550 m)	Krendlmaralm (1646 m) [1]

Spittal/Millstätter, See-Krendlmaralm (1646 m)	Goldeck (2059 m) [1])
Spittal/Millstätter, See, Goldeck, Eggeralm (1730 m)	Goldeck (2100 m) [3])
Turracher Höhe (1763 m)	Kornock (2008 m) [3])
Verditz-Einöde (663 m)	Verditz (1041 m) [3])
Verditz (1076 m)	Verditz/Almgebiet (1314 m) [3])
Villacher Alpe (Dobratsch), Roßtratte (1743 m)	Höhenrain-Zehnernock (1958 m) [3])
Weissensee (955 m)	Naggler Alm (1335 m) [4])

[1]) = Seilbahn, [2]) = Bergbahn, [3]) = Sessellift, [4]) = Doppelsessellift

Orte, die Wandernadeln ausgeben

Albeck/Sirnitz
Wandernadel in Bronze und Gold, Eisenhut. Tourenbeschreibung für den Erhalt der Wandernadel und des Eisenhutes im Gemeindeamt erhältlich.
Bad Kleinkirchheim
Kleinkirchheimer-Wanderstock mit Plakette in Bronze, Silber und Gold. »Vom Berg ins Bad – Wandernadel« in Bronze, Silber und Gold; Wanderschuh – Leistungsabzeichen d. Österr. Bundessportorganisation.
Baldramsdorf
Goldeck – Wandernadel in Bronze, Silber und Gold, Wanderbüchlein mit Tourenbeschreibung im Fremdenverkehrsamt erhältlich.
Berg im Drautal
Wandernadel »Goldene Lilie« – 6 Nachbargemeinden verleihen weitere örtliche Wandernadeln. Bei Erwanderung von 4 örtlichen Wandernadeln erhält man gratis das »Oberdrautaler Edelweiß«. Wanderprogramm mit Wanderpaß bei der Gemeinde erhältlich.
Dellach im Drautal
Wandernadel »Frauenschuh« – Wanderziele an der Kreuzeckgruppe und in den Gailtaler Alpen. »Oberdrautaler Edelweiß« nach Erwanderung von 4 örtlichen Wandernadeln wie bei Berg im Drautal. Wanderprogramm und Wanderpaß bei der Gemeinde erhältlich.
Döllach im Mölltal
Wandern um den Bronzenen, Silbernen und Goldenen Bergknappen von Döllach – »Döllacher Wandernadel« nimmt auf den früheren Goldbergbau in diesem Gebiet Bezug und zeigt einen im Stollen arbeitenden Bergknappen. Wandernadel in Bronze für zwei Wanderungen, in Silber für vier Wanderungen und in Gold für fünf Touren, in Gold mit Silberkranz (Sonnblick), in Gold mit Goldkranz (zu den fünf Touren noch der Großglockner).
Ebene Reichenau
»Nockgebiet Wandernadel« in Bronze, Silber und Gold. Tourenbeschreibung im Gemeindeamt erhältlich.
Eberndorf
Wandernadel in Bronze, Silber und Gold. Wanderpaß mit Tourenbeschreibung im Gemeindeamt erhältlich.

Eberstein
Plaketten für Wanderstock in Bronze, Silber und Gold.
Faak am See
Faaker-See-Wanderstock, erhältlich im Gemeindeamt Faak am See
Feld am See
Wandernagel aus Altsilberlegierung bei Ersteigung von Mirnock, Wöllaner Nock und einem der umliegenden Berge (muß im Wanderpaß enthalten sein). Wanderpaß in den Fremdenverkehrsämtern Feld am See und Afritz erhältlich.
Ferndorf
»Österreichischer Wanderschuh«.
Flattach
4-Hütten-Wandernadel (Duisburgerhütte, Polinikhütte, Arthur v. Schmidt Haus, Reißeckhütte).
Gitschtal – Weißbriach
4-Hütten-Wanderung und 3-Gipfel-Wanderung (Bronze, Silber, Gold).
Gmünd
Wandernadel in Bronze, Silber und Gold, Tourenbeschreibung für den Erhalt der Wandernadel im Fremdenverkehrsamt der Stadtgemeinde Gmünd erhältlich. Auskunft auch bei ÖAV – Sektion Gmünd.
Greifenburg
Oberdrautaler Wanderpaß – wie bei Berg im Drautal und Dellach i. D. – Greifenburg Wandernadel »Steinnelke«.
Heiligenblut
Wanderpaß I – Der goldene Wanderschuh von Heiligenblut, Wanderpaß II – Der silberne Wanderschuh von Heiligenblut, Wanderpaß III – Der bronzene Wanderschuh von Heiligenblut. Merkblatt und Wanderpaß im Fremdenverkehrsamt erhältlich.
Hüttenberg
Wandernadel in Silber und Gold, Wanderpaß mit Tourenbeschreibung erhältlich im Marktgemeindeamt.
Irschen
Wandernadel »Kohlrösl« – gleich wie bei Greifenburg und den anderen Orten im oberen Drautal (7 Gemeinden), Wandernadel. Tourenbeschreibung im Oberdrautaler Wanderpaß.
Kleblach-Lind
Wandernadel »Alpenrose« – siehe andere Gemeinden im oberen Drautal.
Kötschach-Mauthen
Es können das Gailtaler Höhenwanderabzeichen in Silber und Gold und das Karnische Wanderabzeichen erworben werden, sowie die Kötschach-Mauthener Wandernadel in Bronze, Silber und Gold. Wanderkarten und Wanderbroschüren sowie Auskünfte erhältlich beim ÖAV Kötschach-Mauthen.
Krems – Innerkrems
Die Gemeinde veranstaltet jedes Jahr im August eine Nockbergwanderung. Den Teilnehmern wird die »Innerkremser Wandernadel« verliehen.
Mallnitz
Die »Mallnitzer Wandernadel« kann in Gold, Silber und Bronze erworben werden. Wanderpaß im Fremdenverkehrsamt anfordern.

Malta
Wanderpaß zum Erwerb der Wandernadel in Bronze, Silber und Gold liegt im örtlichen Fremdenverkehrsamt auf.
Maria Saal
Wandernadel und Plakette (Bronze, Silber und Gold) für Wandertour Ulrichsberg. Auskunft: ASV Maria Saal, Willi Wohlgemuth, Kaufhaus Maria Saal.
Maria Wörth
Wanderpaß, Wandermedaille, Wandernadel.
Millstatt
Wandernadel in Bronze, Silber und Gold, Wanderausweis des ÖAV – Sektion Millstatt. Österreichischer Wanderschuh und Oberkärntner Wanderstock – Auskunft: Kurverwaltung.
Möllbrücke
Wandernadel in Silber und Gold, Tourenbeschreibung im Fremdenverkehrsamt Lurnfeld im Gemeindeamt in Möllbrücke.
Oberdrauburg
Wandernadel »Enzian« – siehe Berg im Drautal und die anderen Orte im Oberdrautal.
Obervellach
»Obervellacher Wandernadel«, Teilnahmebedingungen im Wanderbüchlein, das im örtlichen Fremdenverkehrsamt erhältlich ist.
Pörtschach am Wörther See
Eine eigene Wandernadel hat Pörtschach nicht, es kann jedoch in Zusammenarbeit mit dem »Österreichischen Kneippbund«, Postfach 200, A-9500 Villach, die Wandernadel dieses Vereins erworben werden.
Radenthein
»Radentheiner Wandernadel« in Bronze, Silber und Gold. Bei Ersteigung von 4 Gipfel – Bronze, 7 Gipfel – Silber, 10 Gipfel – Gold. Wanderkarte erhältlich in den Verkehrsämtern Döbriach, Radenthein und Kaning.
Rangersdorf
Wandernadel in Bronze und Silber. Tourenbeschreibung und Wanderpaß im Gemeindeamt.
Reisseck – Kolbnitz im Mölltal
Wandernadel der Gemeinde Reisseck – bronzener Wanderschuh – silberner Wanderschuh – goldener Wanderschuh. Wanderpaß im Fremdenverkehrsamt Reisseck (Kolbnitz) erhältlich, 4 Hütten-Wandernadel.
Rennweg
»Katschtaler Wandernadel« in Bronze, Silber und Gold. Sie können auch das Abzeichen »Wanderbares Österreich« erwandern. Wanderpaß im Fremdenverkehrsamt erhältlich.
St. Jakob im Rosental
Wandernadel in Bronze, Wanderpaß und Tourenbeschreibung im Gemeindeamt erhältlich.
St. Urban am Urbansee
Wanderplakette in Bronze, Silber und Gold. Wanderpaß im Gemeindeamt erhältlich.
Sonnenalpe Nassfeld
Wanderplakette oder Stocknadel in Bronze, Silber und Gold. Wanderpaß

im Sportgeschäft »Alpensport« auf der Sonnenalpe Naßfeld.
Seeboden am Millstätter See
Bronzenes, silbernes und goldenes Wanderabzeichen. Wanderpaß im Fremdenverkehrsamt Seeboden erhältlich.
Spittal/Drau
Spittaler Wandernadel, Oberkärntner Wanderstock – Abzeichen. Wanderpaß im Fremdenverkehrsamt Spittal erhältlich.
Steinfeld im Drautal
Wandernadel »Alpenglöckchen«, Details siehe Berg im Drautal.
Velden
Wandernadel von Velden in Bronze, Silber und Gold. Wanderkarte mit Erläuterungen bei der Kurverwaltung erhältlich.
Weißensee
Bronzene, silberne und goldene Wandernadel vom Weißensee. Auskünfte bei Verkehrsamt in Techendorf.
Weitensfeld-Flattnitz
Wandernadel in Bronze, Silber und Gold, Tourenbeschreibung und Auskünfte im Marktgemeindeamt Weitensfeld.
Wolfsberg
Hütten-Wandernadel in Bronze, Silber und Gold für Hüttenwanderung auf der Koralpe. Anmeldungen bei der Raiffeisenbank 9431 St. Stefan i. Lav. und Verkehrsamt Wolfsberg oder bei einem der Hüttenwirte. Österr. Wanderschuh »Wolfsberg« für jede 15stündige Wanderung (mit Unterbrechungen). Leistungsabzeichen für den Lavanttaler Höhenweg – Auskünfte: Benno Schober, A-9400 Wolfsberg, St. Jakob 15.

Organisierte Wanderungen

Arnoldstein
Wanderungen mit Wanderführern. Auskunft: Informationsbüro Arnoldstein, A-9601, Telefon (0 42 55) 2 60 oder 3 14.
Bad Kleinkirchheim
Wanderungen mit Wanderführern in das Nockgebiet 2mal wöchentlich von Juni bis Oktober. Auskunft: Kurverwaltung, A-9546 Bad Kleinkirchheim, Telefon (0 42 40) 82 12. Wanderführungen für Kinder von 6 bis 15 Jahre von Juli bis Anfang September 2mal wöchentlich. »7 Tage über die Gipfel des Kärntner Nockgebietes« von Ende August bis Anfang Oktober.
Bodensdorf-Steindorf
Wöchentlich geführte Wanderungen mit Geländespielen. Auskunft: Fremdenverkehrsamt, A-9551 Bodensdorf, Telefon (0 42 43) 4 76 und 3 05.
Ebene Reichenau
Geführte Wanderungen in Reichenau-Patergassen, Falkertsee und Turracherhöhe. Auskunft: Gemeindeamt, A-9565 Ebene Reichenau, Telefon (0 42 75) 2 18.
Eberstein
Geführte Wanderungen von Ende Juni bis Anfang September. Auskunft: Marktgemeindeamt, A-9372 Eberstein, Telefon (0 42 64) 81 68.

Faaker See – Finkenstein
Von Mai bis Ende September jeden Dienstag geführte Wanderung (Halbtag) in die Umgebung, leichte Höhenwanderung bis max. 1000 m. Bergwanderungen, Kletterführungen bzw. Kletterkurse auf Anfrage. Auskunft: Verkehrsamt, A-9583 Faak am See, Telefon (0 42 54) 21 10.
Klettergarten Kanzianiberg/Faaker See
700 m Felswand, 50 bis 70 m Höhenunterschied, 15 erschlossene Routen der Schwierigkeitsgrade III und VI und A 2. Drei Kletter-Aussichtssteige der Schwierigkeitsgrade I bis II. Geführte Wanderungen von Mai bis Ende September. Wanderungen mit Fackeln.
Feld am See
Wöchentlich geführte Almwanderungen auf den Mirnock, Wöllanernock, Rosennock oder Falkert-Schutzhaus vom 15. Juni bis 25. September jeden Jahres. Auskunft: Fremdenverkehrsamt Feld am See, Telefon (0 42 46) 22 73 oder Fremdenverkehrsamt Afritz, Telefon (0 42 47) 21 26.
Feldkirchen
Geführte Wanderungen in den Monaten Juli, August. Auskunft: Verkehrsamt, A-9560 Feldkirchen, Hauptplatz 5, Telefon (0 42 76) 21 76. Geführte Wanderung von der Gerlitzen-Höhe nach Feldkirchen (1 Tageswanderung). Auskunft: Hotel Rainer, 9560 Feldkirchen, Telefon (0 42 76) 20 97.
Ferndorf
Geführte Wanderungen auf den Mirnock alle zwei Wochen, dabei kann man die »Franz-Klammer-Medaille« erwandern. Auskunft: Gemeindeamt, A-9702 Ferndorf, Telefon (0 42 45) 20 86.
Flattach
1- bis 3mal wöchentlich geführte Wanderungen von Mitte Juni bis Anfang September. Auskunft: Informationsstand Flattach, Telefon (0 47 85) 3 33.
Fresach
Jeden Sonntag Wandertage vom 1. Juni bis 15. September. Teilnehmer erhalten eine Medaille mit Sportlerabbildung (Nenngeld). Auskunft: Gemeindeamt, A-9712 Fresach, Telefon (0 42 45) 20 60.
Gitschtal-Weißbriach
Geführte Wanderungen in den Monaten Juli und August. Auskunft: Fremdenverkehrsamt, A-9622 Weißbriach, Telefon (0 42 86) 2 19.
Gnesau
Geführte Wanderungen von Mitte Juni bis Mitte September. Auskunft: Gemeindeamt A-9563 Gnesau, Telefon (0 42 78) 2 71.
Heiligenblut
Heiligenbluter Wanderwochen, September bis Oktober. Mineralogische Exkursionen, Eis- und Kletterführungen. Auskunft: Fremdenverkehrsamt, A-9844 Heiligenblut, Telefon (0 48 24) 20 02.
Hüttenberg
Geführte Wanderungen in einer Seehöhe zwischen 700 und 2400 m. Auskunft: Marktgemeindeamt, A-9375 Hüttenberg, Telefon (0 42 63) 2 19.
Keutschach am See
Geführte Wanderungen von Mai bis September (alle 14 Tage). Auskunft: Fremdenverkehrsamt der Gemeinde, A-9074 Keutschach, Telefon (0 42 73) 22 91.

Kötschach-Mauthen
Geführte Wanderungen von Mai bis Oktober. Auskunft: ÖAV, A-9640 Kötschach Mauthen Nr. 194, Telefon (0 47 15) 5 70.
Mallnitz
Führungen in die Hochregion je nach Schneelage ab 10./25. Juni bis 15./25. September. Wichtigste Ziele: Ankogel (3252 m), Säuleck (3087 m), Geiselspitze (2997 m); Tauernübergang: Hagenerhütte (2446 m) – Sportgastein, Korntauern (2463 m) – Böckstein. Mineralogische Führungen zum Auernig (2161 m). Hannoverhaus (2722 m) – Schwußnerhütte – Seebachtal. Auskunft: Fremdenverkehrsamt, A-9822 Mallnitz, Telefon (0 47 84) 2 90.
Maria Wörth
Wöchentlich geführte Wanderungen ab dem Verkehrsamt in Reifnitz. Auskunft: Gemeindeamt Maria Wörth/Reifnitz am Wörther See, Telefon (0 42 73) 22 40.
Millstatt
Von Mai bis Ende September jeden Dienstag, Mittwoch, Freitag und Samstag gesteinskundliche und mineralogische Führungen, Pilze- und Beerensammeln. Pflanzenkundliche Führungen, Führungen zum neu angelegten Alpengarten auf der Millstätter Alpe, Nockwanderungen und Bergführungen in die weitere Umgebung (Reißeck- und Kreuzeckgruppe, Glocknergebiet, Lienzer Dolomiten, Karnische und Julische Alpen). Auskunft: Kurverwaltung, A-9872 Millstatt, Telefon (0 47 66) 20 22, 20 23.
Möllbrücke
Geführte Wanderungen von Mitte Juni bis Ende September. Auskunft: Fremdenverkehrsamt Lurnfeld im Gemeindeamt Möllbrücke, Telefon (0 47 69) 24 06 oder 22 11.
Obervellach
Wöchentlich geführte Wanderungen von Juni bis September. Auskunft: Fremdenverkehrsamt, A-9821 Obervellach, Telefon (0 47 82) 25 10.
Pörtschach am Wörthersee
Geführte Wanderungen, Montag, Mittwoch und Freitag, Mai und September 14 Uhr, Juni, Juli, August 8.30 Uhr, Treffpunkt Bahnhofplatz, einmal wöchentlich Besichtigung eines Kärntner Bauernhofes. Auskunft: Kurverwaltung, A-9210 Pörtschach a. WS, Telefon (0 42 72) 28 10.
Radenthein
Geführte Wanderungen von Mai bis Ende September. Auskunft: Bei den Verkehrsämtern Döbriach, Radenthein und Kaning, Telefon (0 42 46) 22 88/24
Rangersdorf
Wöchentlich geführte Wanderungen. Auskunft: Verkehrsamt, A-9833 Rangersdorf, Telefon (0 48 23) 2 55.
Reisseck
Wöchentlich geführte Wanderungen und Touren nach Anmeldung. Auskunft: Verkehrsamt, A-9815 Kolbnitz, Telefon (0 47 83) 2 52.
Rennweg
Vom 15. Juni bis 10. September wöchentlich eine geführte Wanderung, fallweise große Gesellschaftswanderungen mit Musik. Auskunft: Verkehrsamt, A-9863 Rennweg, Telefon (0 47 63) 3 30.

St. Jakob/Rosental
Geführte Wanderungen. Auskunft: Gemeindeamt, A-9184 St. Jakob i. R., Telefon (0 42 53) 2 95.
Seeboden
Wöchentliche Wanderungen, meist mittwochs, in die nähere Umgebung (bis zu 7 Wanderstunden – Wanderführer). Auskunft: Fremdenverkehrsamt, A-9871 Seeboden, Telefon (0 47 62) 8 12 10.
Spittal/Drau
Geführte Wanderungen in den Monaten Juli und August. Auskunft: Fremdenverkehrsamt, A-9800 Spittal/Drau, Telefon (0 47 62) 34 20.
Trebesing
Von Juni bis Anfang September wöchentlich ein bis zwei geführte Wanderungen. Auskunft: A-9852 Trebesing, Telefon (0 47 32) 23 91.
Velden/Wörther See
Jeden Dienstag geführte Halbtagswanderung, Abmarsch 8.30 Uhr Schubertpark, jeden Freitag geführte Ganztagswanderung in die Karawanken, Abmarsch 7.30 Uhr Schubertpark – Mai bis September. Auskunft: Kurverwaltung, A-9220 Velden, Telefon (0 42 74) 21 03.
Villach
Ab Mai bis Ende September jeden Mittwoch geführte Wanderungen ab Warmbad Villach. Ab Mai bis Ende September jeden Donnerstag geführte Wanderungen ab Drobollach am Faaker See. Auskunft: Fremdenverkehrsbüro, A-9500 Villach, Hauptplatz 7 und Kongreßhaus, Telefon (0 42 42) 2 44 44 und 2 35 61.
Weitensfeld-Flattnitz
Geführte Wanderungen nach Bedarf und Vereinbarung mit den Beherbergungsbetrieben. Weitere Wanderungen siehe Veranstaltungskalender.
Wolfsberg
Ab Anfang Juni bis Ende September wöchentlich geführte Wanderungen im Kor- und Saualpengebiet. Auskunft: Fremdenverkehrsamt, A-9400 Wolfsberg, Telefon (0 43 52) 33 40.

(Die Informationen »Jugendherbergen in Kärnten«, »Berg- und Almhütten zum Selberbewirtschaften«, »Einfache Unterkünfte – Berghütten«, »Schutzhütten«, »Unterkünfte für Jugendgruppen in Kärnten«, »Bergbahnen und Sessellifte«, »Orte, die Wandernadeln ausgeben« und »Organisierte Wanderungen« sind entnommen aus der Informationsbroschüre »Wanderfreuden« des Landesfremdenverkehrsamts Kärnten und der Kärntner Zimmerreservierung.)

Schneegeräumte Spazierwege in Kärnten

Albeek, 10 km
Afritz, 18 km
Arnoldstein, 25 km
Bad Bleiberg ob Villach, 20 km (10 Routen)
Bad Kleinkirchheim, 42 km
Bad St. Leonhard, ca. 10 km
Baldramsdorf, 10 km
Berg im Drautal, ca. 15 km
Bodensdorf, 10 km
Bodental, 10 km
Diex, 10 km
Döllach im Mölltal, ca. 30 km
Hermagor, 8 km
Hochrindl/Albeck, 10 km
Innerkrems-Nockgebiet, 5 km
Kanzelhöhe-Gerlitzengebiet, 12 km
Katschberghöhe/Rennweg, 10 km
Kirchbach/Gailtal, 30 km
Klagenfurt, 10 km
Klippitzthörl/Bad St. Leonhard im Lavanttal, 10 km
Koralpe/Rieding, 20 km
Kötschach-Mauthen, je 5–10 km (26 Routen)
Mallnitz, 35 km
Malta, 10 km
Millstatt, 60 km
Obervellach, ca. 25 km (15 Routen)
Petzengebiet/Bleiburg, 12 km
Pörtschach am Wörther See
Radenthein-Döbriach, 10 km
Rangersdorf, 10 km
Reichenfels, 30 km
Reisseck-Kolbnitz, 35 km
Eberndorf, 10 km
Falkert/Ebene Reichenau/Pattergassen, 18 km
Feld am See, 25 km
Ferlach, 20 km
Finkenstein-Faak am See, 50 km
Flattach/Mölltal, 5 km
Flattnitz, 6 km
Gmünd, 5 km
Gnesau, 10 km
Greifenburg, 40 km
Heiligenblut, 30 km
Heiligengeist, 10 km
Rennweg, 85 km
St. Jakob im Rosental, 74 km
St. Paul im Lavanttal, 15 km
St. Urban-Simonhöhe, 20 km
St. Veit an der Glan, 20 km
Seeboden, 7 km
Sirnitz, 20 km
Sonnenalpe-Nassfeld, 4 km
Spittal an der Drau-Goldeck, 10 km
Steindorf/Ossiacher See
Strassburg, 25 km
Techendorf/Weissensee, 31 km
Turracher Höhe/Reichenau, 8 km
Velden am Wörther See, ca. 5 km
Verditz, 15 km
Warmbad Villach, 50 km
Weinebene, 10 km
Weißbriach, ca. 10 km
Weissensee, 20 km
Winklern-Mörtschach, 25 km
Wolfsberg und Umgebung, 50 km
Zell/Karawanken, 1 km

(Entnommen aus der »austria information – Auf geräumten Wegen« der Österreichischen Fremdenverkehrswerbung, Wien.)

wandern + radwandern

Die zuverlässigen, tausendfach bewährten Wegweiser mit der Marke ‚Kompass‘ und dem roten Punkt

Allgäu I: Ober-/Ostallgäu
Allgäu II: Wanderregion Westallgäu
Altmühltal/Frankenalb-Süd
Bayerischer Wald
Berchtesgadener Land
Bergisches Land
Bodensee und Umgebung
Deutsch-Belgischer Naturpark
Eifel (Nord) – Hohes Venn
Eifel
Ems – Weser
Fichtelgebirge
Großer Fränkische-Schweiz-Führer
Fränkische Schweiz/Frankenalb Nord
Frankenwald
Frankfurt-Offenbach
Hamburg, Wanderregion
Harz
Hohenlohe mit Georg-Fahrbach-Weg
Holsteinische Schweiz
Hunsrück
Lüneburger Heide
Mark Brandenburg
Mittelrhein
Mosel, Wanderregion
Münsterland
Neckarland
Niederrhein
Oberbayern I: Bayerische Voralpen/West
Oberbayern II: Bayerische Voralpen/Ost
Oberschwaben
Odenwald
Ostfriesland
Pfalz
Burgen- und Felsenwanderungen Pfalz
Großer Pfalz-Führer
Rhön mit Vogelsberg
Saarland
Sauerland
Schönbuch mit Stuttgart
Schwäbische Alb
Schwäbischer Wald
Schwarzwald Nord
Schwarzwald Süd 1: Zwischen Kinzig und Feldberg
Schwarzwald Süd 2: Zwischen Feldberg und Rhein
Spessart
Taunus
Teutoburger Wald
Weserbergland
Westerwald
Limes I: Vom Rhein zum Main
Limes II: Obergermanischer Limes: Vom Miltenberg bis Lorch/Remstal
Limes III: Von Lorch/Remstal bis zur Donau
Spuren der Römer im Rheinland

Streckenwanderwege

Deutschland-Wanderung von Jugendherberge zu . . .
Ahrhöhenwege – Ahrtalwege
Albrandweg
Lech – vom Ursprung bis zur Mündung
Mainwanderweg
Main-Donau-Wege
Main-Neckar-Rhein: Wanderweg Baden-Württemberg
Moselhöhenwege
Rheinhöhenwege
Sauerland-Höhenring
Schwarzwaldhöhenwege
Fernwanderwege im Voralpenland
(König-Ludwig-Weg/Lech-Höhenweg/Schwäbisch-Allgäuer Wanderweg/Prälatenweg
Westpfalz-Wanderwege

Notizen

Notizen